本书为中国法学会部级法学研究课题"交叉上市、多层资本市场法律约束与公司治理改进机制研究"［批准号：CLS（2017）D99］的最终成果

中南民族大学法学文库

孙光焰公司治理系列之五

公司上市、证券市场法律约束与公司治理研究

孙光焰 等 ◎ 著

中国社会科学出版社

图书在版编目(CIP)数据

公司上市、证券市场法律约束与公司治理研究 / 孙光焰等著 . —北京：中国社会科学出版社，2017.12（2019.6 重印）
ISBN 978-7-5203-1730-6

Ⅰ.①公⋯　Ⅱ.①孙⋯　Ⅲ.①上市公司-公司法-研究-中国　Ⅳ.①D922.291.914

中国版本图书馆 CIP 数据核字（2017）第 314155 号

出 版 人	赵剑英
责任编辑	任　明
责任校对	韩天炜
责任印制	李寡寡

出　　版	中国社会科学出版社
社　　址	北京鼓楼西大街甲 158 号
邮　　编	100720
网　　址	http：//www.csspw.cn
发 行 部	010-84083685
门 市 部	010-84029450
经　　销	新华书店及其他书店

印刷装订	北京君升印刷有限公司
版　　次	2017 年 12 月第 1 版
印　　次	2019 年 6 月第 2 次印刷

开　　本	710×1000　1/16
印　　张	26
插　　页	2
字　　数	452 千字
定　　价	128.00 元

凡购买中国社会科学出版社图书，如有质量问题请与本社营销中心联系调换
电话：010-84083683
版权所有　侵权必究

目　　录

第一章　公司上市与公司治理的分析框架 …………………………… (1)
　第一节　公司上市的一般动机、条件和治理标准 ………………… (1)
　　一　公司上市的一般动机 ……………………………………… (1)
　　二　公司上市的一般条件 ……………………………………… (3)
　　三　公司上市的一般治理标准 ………………………………… (18)
　第二节　证券市场的监管理念与主要法律约束制度 ……………… (29)
　　一　证券市场监管的一般理念 ………………………………… (29)
　　二　证券市场的主要法律约束制度 …………………………… (33)

第二章　交叉上市与公司治理 ………………………………………… (53)
　第一节　交叉上市对公司治理影响的理论分析 …………………… (54)
　　一　交叉上市的内涵 …………………………………………… (54)
　　二　交叉上市的约束假说 ……………………………………… (55)
　第二节　我国公司交叉上市的发展历程及现状分析 ……………… (56)
　　一　我国公司交叉上市的发展历程 …………………………… (56)
　　二　我国公司交叉上市的特点 ………………………………… (59)
　　三　我国交叉上市公司面临的不同法律制度环境的比较分析 …… (63)
　第三节　我国由外向内交叉上市公司治理的实证考察 …………… (70)
　　一　研究方法 …………………………………………………… (71)
　　二　研究结果及分析 …………………………………………… (72)
　　三　研究结论 …………………………………………………… (80)
　第四节　我国由内向外交叉上市公司治理的实证考察 …………… (81)
　　一　研究方法 …………………………………………………… (81)
　　二　研究结果及分析 …………………………………………… (82)
　　三　研究结论 …………………………………………………… (89)

第五节　结论和启示 …………………………………………… (90)
　　　一　比较分析 …………………………………………………… (90)
　　　二　研究结论 …………………………………………………… (92)
　　　三　研究启示 …………………………………………………… (93)

第三章　创业板上市与公司治理 …………………………………… (101)

　　第一节　我国创业板上市公司股权结构及其成因分析 ………… (102)
　　　一　我国创业板上市公司股权结构分析 ……………………… (102)
　　　二　我国创业板上市公司的股权制衡度 ……………………… (102)
　　　三　我国创业板上市公司的家族化特征 ……………………… (103)
　　　四　我国创业板上市公司股权现状的历史成因分析 ………… (104)
　　第二节　我国创业板上市公司治理现状 ………………………… (108)
　　　一　特别适用于创业板上市公司治理的法律文件
　　　　　及规定概述 ………………………………………………… (108)
　　　二　创业板相对于主板、中小板市场的特殊性 ……………… (109)
　　　三　上市之前家族化民营企业的公司治理状况 ……………… (110)
　　　四　创业板上市后家族化民营企业在公司治理方面的变化 … (112)
　　第三节　我国创业板上市公司治理的特点及面临的问题 ……… (115)
　　　一　创业板上市公司治理的总体特点 ………………………… (115)
　　　二　我国创业板上市公司治理面临的问题 …………………… (117)
　　第四节　我国创业板上市公司治理的完善 ……………………… (122)
　　　一　创业板上市公司治理要解决的主要问题 ………………… (122)
　　　二　家族化在创业板——坚守还是退让 ……………………… (122)
　　　三　家族化背景下解决我国创业板上市公司治理问题的
　　　　　对策分析 …………………………………………………… (126)

第四章　新三板上市与公司治理 …………………………………… (135)

　　第一节　新三板的实践应用及其对公司治理要求的必要性
　　　　　　分析 ……………………………………………………… (136)
　　　一　新三板市场的发展现状 …………………………………… (136)
　　　二　新三板上市条件及三个板块的比较 ……………………… (138)
　　　三　新三板上市公司设置公司治理条件的必要性 …………… (140)
　　第二节　新三板上市企业的公司治理现状的实证考察 ………… (142)
　　　一　中小型企业在上市前的公司治理情况 …………………… (142)

二　研究方法 …………………………………………………… (143)
　　三　研究结果与分析 ………………………………………… (145)
　　四　研究结论 ………………………………………………… (150)
第三节　新三板上市企业的公司治理现状存在的问题 ………… (151)
　　一　实际控制人一股独大、"人治"色彩明显 ……………… (151)
　　二　董事以内部董事为主、类型较为单一 ………………… (154)
　　三　职工监事的设置趋于形式化 …………………………… (155)
　　四　主办券商持续督导工作的实践效果不佳 ……………… (156)
第四节　新三板上市企业的公司治理状况持续改进的建议 …… (158)
　　一　设计实际控制人的持股比例 …………………………… (158)
　　二　合理引入外部董事 ……………………………………… (159)
　　三　完善职工监事行使权利的保障措施 …………………… (161)
　　四　落实主办券商的持续督导工作机制 …………………… (161)

第五章　境外上市与公司治理 ……………………………………… (164)
第一节　我国中小企业境外上市的公司治理效应 ……………… (164)
　　一　企业境外上市的动因 …………………………………… (165)
　　二　上市地市场环境对外来公司治理潜在性的约束 ……… (166)
　　三　上市地证券市场对上市公司治理的具体要求及其影响
　　　　比较 ………………………………………………………… (169)
　　四　内地中小企业境外上市地的选择偏好 ………………… (177)
　　五　中小企业在境外上市后公司治理状况的个案考察 …… (183)
　　六　小结 ……………………………………………………… (189)
第二节　我国互联网企业在美上市的公司治理风险 …………… (191)
　　一　中国互联网企业赴美上市的现状及原因 ……………… (193)
　　二　中国互联网企业赴美上市潜在的公司治理风险 ……… (199)
　　三　中国互联网企业赴美上市已出现的危机 ……………… (205)
　　四　中国互联网企业在美上市化解法律风险的对策 ……… (209)
第三节　我国在美上市公司 IPO 信息披露的涉诉问题 ………… (214)
　　一　IPO 信息披露制度在美国的确立与发展 ……………… (216)
　　二　2003—2013 年在美上市的中国公司 IPO 信息披露主要
　　　　涉诉案例概述 …………………………………………… (217)
　　三　2003—2013 年在美上市的中国公司 IPO 信息披露涉诉
　　　　案共有特征分析 ………………………………………… (226)

四　2003—2013年在美上市的中国公司IPO信息披露涉诉
　　　　案和解原因分析 ……………………………………………（230）
　　五　企业有效避免在美上市中国公司IPO信息披露涉诉的
　　　　建议 …………………………………………………………（238）
　　六　启示与立法建议 ……………………………………………（241）
　　七　结论 …………………………………………………………（246）

第六章　累积投票制与公司治理 …………………………………（248）
　第一节　上市金融企业股权结构及相关概况 …………………（248）
　　一　我国上市金融企业股权结构分析 …………………………（248）
　　二　我国上市金融企业股权制衡状况 …………………………（249）
　　三　我国上市金融企业第一大股东性质分析 …………………（250）
　第二节　我国关于累积投票制度的法律移植 …………………（253）
　　一　累积投票制度的功能及立法变迁 …………………………（253）
　　二　我国关于实施累积投票制度的规定 ………………………（255）
　　三　上市金融企业实施累积投票制度状况 ……………………（256）
　第三节　我国上市金融企业实施累积投票制度的特点及面临的
　　　　　问题 ………………………………………………………（265）
　　一　我国上市金融企业实施累积投票制度的特点 ……………（265）
　　二　我国上市金融企业实施累积投票制度面临的问题 ………（267）
　第四节　上市金融企业实施累积投票制度的完善 ……………（270）
　　一　强化累积投票制度实施的根基 ……………………………（270）
　　二　完善关于累积投票制度的立法 ……………………………（270）
　　三　弱化国家的干预 ……………………………………………（271）
　　四　制定相关的配套制度 ………………………………………（271）
　　五　提供相应的技术支持 ………………………………………（272）
　　六　鼓励中小股东广泛参与 ……………………………………（273）

第七章　董事会信息披露与公司治理 ……………………………（274）
　第一节　董事会治理信息披露的基本理论 ……………………（274）
　　一　董事会治理信息披露的概念及分类 ………………………（274）
　　二　强制性信息披露和自愿性信息披露之间的差异 …………（275）
　　三　强制性信息披露和自愿性信息披露之间的联系 …………（276）
　　四　董事会治理信息现有披露形式及主要内容 ………………（276）

第二节 董事会治理信息披露制度存在的问题 ……………（283）
    一 强制性信息披露存在的问题 ………………………（283）
    二 自愿性信息披露存在的问题 ………………………（285）
    三 董事会治理信息监管现状及存在的主要问题 ……（288）
第三节 完善董事会治理信息披露制度的思路和建议 ……（290）
    一 完善董事会治理信息披露制度的基本思路 ………（290）
    二 完善强制性信息披露制度的建议 …………………（292）
    三 完善自愿性信息披露的建议 ………………………（295）
    四 完善董事会治理信息披露追责机制和监管机制 …（296）

第八章 董事责任追究与公司治理 ……………………………（300）
第一节 对我国董事会模式的比较分析 ……………………（301）
    一 英美单层制模式 ……………………………………（301）
    二 德国双层制模式 ……………………………………（301）
    三 日本内部主导制模式 ………………………………（302）
    四 我国双轨制模式 ……………………………………（302）
第二节 违法董事在董事会中的构成分析 …………………（303）
    一 内部人控制现象严重 ………………………………（303）
    二 独立董事未起到应有作用 …………………………（305）
第三节 我国公司董事违法行为分析 ………………………（307）
    一 上市公司虚假陈述泛滥 ……………………………（307）
    二 操纵证券市场与欺诈客户频发 ……………………（312）
    三 内幕交易时有发生 …………………………………（316）
第四节 法律责任追究机制的完善 …………………………（318）
    一 完善监督机制，强化行政责任 ……………………（318）
    二 完善民事责任追究机制 ……………………………（327）
    三 完善《刑法》与相关法律的配套，提高刑罚威慑力 …（328）
    四 强化公司内部处分 …………………………………（330）
结语 ……………………………………………………………（333）

第九章 股东代表诉讼与公司治理 ……………………………（334）
第一节 样本的统计分析 ……………………………………（335）
    一 样本的描述统计 ……………………………………（335）
    二 样本反映的疑难问题 ………………………………（352）

第二节　制度的移植与司法的应对 ……………………………… (365)
    一　立法规则的移植 …………………………………………… (365)
    二　司法的应对 ………………………………………………… (371)
  第三节　观察与思考 ……………………………………………… (372)
    一　研究结论 …………………………………………………… (372)
    二　完善股东代表诉讼制度的建议 …………………………… (372)
    三　研究的不足及有待进一步研究的问题 …………………… (373)

第十章　非讼程序与公司治理 ………………………………………… (375)
  第一节　司法介入公司治理的新路径：非讼程序 ……………… (375)
  第二节　公司治理非讼程序在国外的应用 ……………………… (377)
    一　公司非讼程序的内涵与特征 ……………………………… (377)
    二　国外公司非讼程序简析 …………………………………… (382)
  第三节　我国公司治理非讼程序存在的问题分析 ……………… (384)
    一　我国公司治理非讼程序的发展趋势 ……………………… (384)
    二　实体法的不足 ……………………………………………… (385)
    三　程序法相关规定的缺失 …………………………………… (386)
    四　缺乏有效的救济机制 ……………………………………… (387)
  第四节　我国公司治理之非讼程序的完善 ……………………… (390)
    一　立法体例的选择 …………………………………………… (390)
    二　程序构建的具体建议 ……………………………………… (390)
    三　公司治理领域非讼程序的特殊规则设计 ………………… (392)
    四　公司非讼程序纠错机制的构建 …………………………… (397)

主要参考文献 …………………………………………………………… (400)
后记 ……………………………………………………………………… (407)

第一章

公司上市与公司治理的分析框架

第一节　公司上市的一般动机、条件和治理标准

一　公司上市的一般动机

股份有限公司发行的股票上市交易，又称为公司的上市。公司上市具有多方面的动机，不同的公司往往基于不同的动机寻求上市。一般说来，公司上市的动机大致有以下几种。

第一，解决融资的难题。

证券交易所进行的交易是市场最为集中、交易方式最为便捷快速的交易方式，在现有市场条件下，股票的上市交易将使股票具有最强的流通性和变现性，因而成为最受投资者欢迎的投资方向。因此，公司上市将为其以上市方式进行增资和日后进行的新股发行创造有利的条件，将使公司在资本市场上的融资功能得到实质性的增强。事实上，股份有限公司的融资功能主要是表现在上市公司身上。尤其在我国目前情况下，国家对公司上市条件严格掌握、对公司上市数量实行控制，上市公司是一种较为稀缺的市场资源，是一种宝贵的融资壳体，许多公司都是基于融资的迫切需要而争取上市。①

第二，提高股东的投资回报。

股东对股份有限公司的投资，不仅是为了获取公司盈余分配的收益，而且也为了获取股票在市场上进行交易的增值收益，甚至许多投资者往往更关注交易市场上的收益。公司的上市，将使股东获得在交易市场上获利的机会，从而提高股东的投资回报。② 此外，有些公司选择交叉上市，可以改善

---

① 赵旭东主编：《公司法学》，高等教育出版社2003年版，第98—99页。
② 同上书，第99页。

公司信息环境，提升公司价值。交叉上市的公司如果身处信息披露充足、透明度高的环境中，可以引起更多分析师关注，进而对公司进行预测并提出精确的估值建议，以此影响信息环境并增加公司价值。[①]

第三，增强公司的管理水平。

上市公司的行为会受到比非上市的普通公司更多的规范和约束。首先，除受公司法规范外，上市公司特别受证券法的约束和规范。其次，上市公司必须接受证券市场监管机关的行政管理和证券交易所的市场管理。再次，上市公司因其面向公众和信息公开而受到社会公众和广大投资者的监督和约束，包括媒体的舆论监督。这些都使得上市公司的行为更为规范、更能符合法律的要求。同时，也要求公司的管理者具有较高的业务素质和管理能力，并促使管理者勤勉尽责；提高业务管理水平和经营效益。[②]

第四，减缓信息的不对称。

信息是证券市场的基石。上市公司实行严格的信息公开制度，公司一经上市，其一切的重要事项都要向社会公开，证券法对上市公司的信息公开有全面、系统、具体的规范和要求，并且上市公司的信息公开必须在指定的媒体和网站上公布。由于真正意义上完全有效的市场不可能存在，因此在现代资本市场上，信息不对称的问题总是或多或少地存在着。选择一个市场监管较为严格、较为完善的市场将会在一定程度上减少信息不对称的现象。

第五，提升公司的知名度。

在现代市场经济条件下，证券市场成为社会经济的重要组成部分和经济发展情况的晴雨表，证券交易的行情成为普遍关注的经济新闻，上市公司成为公众密切关注的对象，因此其具有一般公司难以达到的市场认知度或知名度，业绩良好的公司由此会获得更高的商业信誉和更强的市场竞争优势。此外，部分公司赴境外上市，将在国际化的技术、市场、管理和人才等方面，得到更多的合作机会，为企业走向国际市场创造条件，并迅速打响国际知名度。而国际知名度，对增强企业的凝聚力、吸引力、兼容性及扩张力都会产生不可估量的作用。

第六，增加股票的流动性。

上市使得公司股票的流动性提高从而对股价产生影响。交易成本的降低是流动性提高的一个主要因素。而且公司交叉上市除了能吸引更多的投资者

---

① 张烨：《交叉上市的公司治理效应研究》，《现代管理科学》2008年第8期。
② 赵旭东主编：《公司法学》，高等教育出版社2003年版，第99页。

之外，由于其在境外上市可能会面临着更多、更为严厉的信息披露要求，从而减轻信息不对称的问题，这些也会使得交易成本降低。选择交叉上市，相较于在单一市场上市，公司可以吸引更多的潜在的投资者进行投资。由于交叉上市能够使得国外的投资者更接近公司的股票，因此能够提升投资者对股票的关注和了解程度。与此相对应的是，由于对股票的熟悉程度上升，投资者会相应调整其原先对持有股票的期望收益。[①]

第七，解决市场分割的问题。

由于资本市场的国内管制，国际资本流动存在进入壁垒，导致各国资本市场存在一定程度上的分割问题。交叉上市在一定程度上部分地解决了市场分割的问题，而这问题又是源于融资成本问题。市场分割问题的解决同时意味着融资成本的降低。但是随着国际市场一体化进程的加快，国际资本流动的壁垒在很多国家已经降低甚至不复存在，因此解决市场分割的问题可能并非企业选择境外上市的主要动机。

二 公司上市的一般条件

（一）公司上市条件设定的基本原则

1. 信息公开性原则

公司一旦选择公开发行股票并上市，其一切必要事项都须向社会公开，所公开的信息必须符合全面系统具体的规范和要求，并且在指定的媒体和网站上公布。所公开的信息还应当以客观事实或具有事实基础的判断和意见为依据，如实反映客观情况，具备真实性和准确性，不得有虚假记载和不实陈述，以便于将整个股票的发行及购买过程置于公开监督之下，防止发行过程中的欺诈。

有关发行人向社会公众公开的事项，还应依照有关行为惯例和活动准则，对于应当同时向所有投资者公开披露的重大信息，向股东、实际控制人或第三方报送的文件涉及未公开重大信息的，还要及时向交易所报告。从而加强对于公开信息的监管，一定程度上避免了信息分布的不均匀和信息传播的停滞性，以便于公众购买。

信息公开能够最大限度地吸收社会闲散资金，缓解出资人的资金压力，利于公司融资。还可以保障交易安全，使投资者有一个价值判断的依据，一

[①] 张烨：《交叉上市的公司治理效应研究》，《现代管理科学》2008 年第 8 期。

定程度上维护了投资者的信心及市场的稳定。在吸收资金的同时也能够防止某些内幕交易或操纵市场等违法行为的发生。

2. 股份流动性原则

由于公司的上市涉及广泛的非特定社会公众的利益，因而在上市条件中一般都会设定股票资金及股东人数的最低数值，最大限度保证股本及股东的参与度，扩大股东的范围和提升公司的知名度。股份流动性原则不仅要求设定股本总额和股东人数的最低数值，而且要求设定向社会公开发行的最低股份比例。其目的主要是明确法定的上市门槛，以满足不同企业的融资需求。

关于股东人数及公司股份比例计算的股本总额都只能是指在本次公开发行后可能达到的结果。其目的是使股份公司的股权分散化，保证更多的股东人数参与，从而使股票有更多的人交易，达到一定的流动性，可能促使公司在资本市场上的融资能力得到实质性的增强。

股份流动性原则给予上市主体一定的自由度，以最大限度保证股本和股东的流动，激发市场活力。但是这种自由度并不意味着不受约束，满足条件的股份须依照规定的条件和程序进行交易和流转。而股份所代表的股东可依照相关规定享受股东身份带来的各种利益及履行相应的义务。

3. 盈利持续性原则

公司的上市涉及面广对公司的盈利能力具有较高要求。盈利持续就成为各发行上市实质条件中最为关键也是最为硬性的要求。如何定性为盈利持续是一个非常复杂的问题，需要借助相应的财务知识和财务技术指标来判断。我国证监会要求计算的盈利是投入股份有限公司的经营性资产的业绩，这就要求上市公司提供强大的资金实力以及持续经营能力。①

对于在不同层次的证券市场上市的公司的盈利持续能力的要求并不完全相同。如依我国法律的规定，在创业板上市的标准是在主板市场基础上作了较大幅度的降低，但仍需达到相关规定，以保证创业板的风险基本可控。如果存在影响公司不能合法存续的情形，则公司一旦上市将有可能造成非常恶劣的影响。②此时，盈利持续性原则就显得尤为重要，需要严格依照法律规定核查公司的持续经营时间和资本金额，从而为公司的经营稳健提供条件。

---

① 彭冰：《中国证券法学》，高等教育出版社2007年版，第61页。
② 赵廷凯、韩健：《企业上市法律调查指引》，法律出版社2014年版，第19页。

4. 经营稳健性原则

公司上市的盈利持续性也要求上市主体的经营稳健性。该稳健性原则要求上市主体在一定年限内保持稳定。其中，董事和高级管理人员因其职务的重要性，在一定程度上能够决定公司的生产经营方向和管理水平。因此，公司的主要业务及董事监事高层管理人员在一定期间内不能发生重大变化。公司的实际控制人也代表着公司的经营范围和经营方向，为了维护公司经营和管理的稳定性，公司实际控制人也应在一定期间内保持稳定。

此外，公司的上市涉及重大资金安全及公众利益，还要求上市公司比普通公司具有更稳定的公司内部环境。稳定的内部环境要求董事及其高级管理人员无重大违法行为，即董事及其高级管理人员符合法律规定的任职资格和行为权限，保证发行人内部控制制度的健全和执行，促进增强公司融资功能及经营效益。

5. 治理规范性原则

上市公司的治理规范性原则是盈利持续原则的必要条件。发行人在公开发行股票并上市后，即成为上市公司，拥有数量庞大的投资者。如果公司不能持续经营，将损害广大投资者利益，社会危害巨大。而且公众投资者股权分散，容易受到大股东剥夺。所以，监管者一般会要求上市公司具备良好的治理规范，独立于发起人和大股东，资产完整，避免关联交易和同业竞争，建立独立的财务部门和财务核算体系。[①]

发行人的独立包括发行人的资产、人员等方面的独立，更重要的是发行人具备面向市场的自主经营能力。发行人的自主经营能力是独立性的重要体现，而独立性是良好治理规范的前提。因此，良好的治理规范要求公司具备完整独立的经营管理体系。若对公司疏于管理，必然会导致市场混乱，进而损害投资者的利益。

公司的治理规范性原则，不仅要求公司内部强大的经营能力和经营管理体系，还要求具有不断完善的法律法规和会计准则等行业外部规制体系。做到各司其职和相互配合，有利于上市公司治理的规范性。

（二）国外主要证券市场对公司上市条件的具体规定

企业发展到一定阶段，为了可持续发展的长远目标，或者解决资金缺口的瓶颈，将企业推向资本市场，将其市场化，以此获得所需资金，无疑是一

[①] 彭冰：《中国证券法学》，高等教育出版社2007年版，第66页。

条切实可行的道路。如果走境外上市，将在国际化的技术、市场、管理和人才等方面，得到更多的合作机会，为企业走向国际市场创造条件，对其提升竞争力、兼容性及扩张力都会产生不可估量的作用。① 不同证券市场所规定的条件不尽相同，美国纽约证券交易所、日本东京证券交易所和英国伦敦证券交易所并称世界三大证券交易所，其规定的上市条件具有一定的代表性。

1. 美国证券市场

美国证券市场具有的稳定性以及其代表的雄厚的资金来源为企业融资提供了很大空间。在美国上市有助于提高公司的全球知名度和良好声誉。公司良好的知名度在一定程度上代表着公司的价值，而通过上市在美国的资本市场亮相，借助路演等方式以及媒体的曝光，取得类似促销的作用，能够提高企业的声誉，同时能够进一步促进中国企业的内部改革和提高公司治理的水平。美国市场具有更为严格的信息披露和公司治理要求。② 美国证券市场是一个多层次的市场体系。美国主要的全国性证券市场包括纽约证券交易所（NYSE）、全美证券交易所（AMEX）和纳斯达克证券交易所（NASDAQ）。

（1）纽约证券交易所（NYSE）

纽约证券交易所（NYSE）是目前世界上规模最大的全球性证券交易所。纽约证券交易所历史悠久，市场运作较为成熟，其交易市场的资金量和流动性都相当大，对拟上市公司的吸引力自然不小，但与此同时该证券交易市场所规定的上市条件和管理要求相对来说也就严格得多。通常来讲，适合于规模较大、运作成熟的公司在此上市。

表1-1　　　　　纽约证券交易所的上市条件和管理要求

标准	条件	非美国公司	美国公司
股权分布	持有100股以上的股东人数	5000人	满足其任何一个标准即可： 持有100股以上的美国股东人数不少于2000人； 股东人数在2200人以上，最近6个月的月平均股票交易量超过10万股； 股东人数在500人以上，最近12个月的月平均股票交易量超过100万股
	公众股数量	250万股	110万股
	公众持股市价	1亿美元	1亿美元

---

① 潘峰、刁芳远编：《企业境内外上市的法律风险及防范》，中国法制出版社2007年版，第132页。

② 同上书，第151—152页。

续表

标准	条件	非美国公司	美国公司
财务指标	收入		
	最近3年税前收入累计	1亿美元	1000万美元
	最近2年每年最低税前收入	2500万美元	200万美元,且3年收入全部为正
	评估/营业收入测试（需满足A或B）		
	A. 现金流量测试评估		
	全球市值	5亿美元	5亿美元
	营业收入（最近12个月）	1亿美元	1亿美元
	前3年现金流量累计	1亿美元	2500万美元,且3年收入全部为正
	最近2年每年的最低现金流量	2500万美元	无要求
财务指标	B. 单纯评估标准		
	全球市值	7.5亿美元	7.5亿美元
	营业收入（最近会计年度）	7500万美元	7500万美元
	关联公司——对于母公司或子公司已经在NYSE上市的公司		
	全球市值	5亿美元	5亿美元
	至少12个月的经营历史	是	是
	关联的已上市公司声誉良好	是	是
	关联的已上市公司对其保持控制权	是	是

资料来源：伏军：《境外间接上市法律制度研究》，北京大学出版社2010年版，第21页。

（2）美国证券交易所（AMEX）

美国证券交易所是一家国际性的证券交易所，成立于1921年，规模小于纽约证券交易所。美国证券交易所上市的要求不像纽约证券交易所那样严格，其不以申请上市公司设立的年限为标准，而关心该上市公司是否可能随着现有规模的扩大、业务的增多产生良好的业务状况和发展前景。

表 1-2　　美国证券交易所规定的挂牌上市的主要条件

标准	条件	选择 1	选择 2	选择 3	选择 4
股权分布	股东人数/最低公众流动股数	800 名/50 万股 或 400 名/100 万股			
	公众持股市价	300 万美元	1500 万美元	2 亿美元	1500 万美元
财务指标	总股本	400 万美元	400 万美元	—	400 万美元
	税前利润	75 万美元	—	—	—
	公司市值	—	—	7500 万美元	5000 万美元
	上市最低股价	3 美元			2 美元
其他	公司历史	—	2 年以上	—	—

注："—"表示不作要求；

资料来源：尚宏金：《企业境外上市之路》，中国政法大学出版社 2015 年版，第 157 页。

(3) 美国纳斯达克证券交易所（NASDAQ）

纳斯达克证券市场是 1971 年在华盛顿建立的全球第一个电子交易市场，采用证券公司代理制。纳斯达克共有两个板块：全国市场（National Market）和小型资本市场（Small Cap Market）。随着上市企业的规模越来越大，2006 年纳斯达克进行重大变革，其股票市场拆分为纳斯达克全球精选市场、纳斯达克全球市场以及纳斯达克资本市场三个不同层次的市场，进一步优化了市场结构，总部也迁至纽约，以便吸引不同层次的企业上市。

A. 纳斯达克全球精选市场

纳斯达克全球精选市场的标准在财务和流通性方面的要求非常高，进入纳斯达克精选市场是成为品质优良的公司的象征与体现，要在该市场首次上市，申请人必须满足以下任何一个标准。[①]

表 1-3　　纳斯达克全球精选市场的上市标准

标准	条件	选择 1	选择 2	选择 3
股权分布	股东人数	持有 100 股以上的股东不少于 500 人，或全体股东不少于 2200 人		
	公众股数量	不低于 125 万股		
	公众持股市价	7000 万美元		

[①] 伏军：《境外间接上市法律制度研究》，北京大学出版社 2010 年版，第 26 页。

续表

标准	条件	选择1	选择2	选择3
财务指标	上市证券市值	—	不低于5.5亿美元	不低于8.5亿美元
	总股本	1500万美元	3000万美元	—
	税前收益	前三年累计超过1100万美元，前两年每年不低于220万美元，前三年任一年度不得为负	—	—
	收入	—	前一年度不低于1.1亿美元	前一年度不低于9000万美元
	最低买入价	不低于5美元		
	做市商	不少于3个		

注："—"表示不作要求。

资料来源：伏军：《境外间接上市法律制度研究》，北京大学出版社2010年版，第26—27页。

B. 纳斯达克全球市场

作为纳斯达克最大且交易最活跃的股票市场，该市场拥有包括许多世界知名公司在内的上市公司。要在该市场首次上市，申请人必须满足以下任何一个标准。[①]

表1-4　　　　　　　　纳斯达克全球市场的上市条件

标准	条件	选择1	选择2	选择3
股权分布	股东人数	持有100股以上的股东不少于400人		
	公众股数量	不低于110万股		
	公众持股市价	不低于800万美元	不低于1800万美元	不低于2000万美元
财务指标	总市值、总资产或总收入	—	—	不低于7500万美元
	总股本	不低于1500万美元	不低于3000万美元	—
	税前收益	前一年度或前三年度中的两个年度不低于100万美元	—	—
	收入	—	前一年度不低于1.1亿美元	前一年度不低于9000万美元

[①] 伏军：《境外间接上市法律制度研究》，北京大学出版社2010年版，第26页。

续表

标准	条件	选择1	选择2	选择3
财务指标	最低买入价	不低于5美元		
	做市商	不少于3个		

注:"—"表示不作要求。

资料来源:伏军:《境外间接上市法律制度研究》,北京大学出版社2010年版,第26—27页。

C. 纳斯达克资本市场

纳斯达克资本市场是专为成长型公司建立的融资市场,其上市财务指标没有前两个市场那样严格。当成长型公司经过发展,达到前两个市场的上市标准后,可以提升至纳斯达克全球市场或全球精选市场。要在该市场首次上市,申请人必须满足以下任何一个标准。①

表1-5　　　　　　　　纳斯达克资本市场的上市标准

标准	条件	选择1	选择2	选择3
股权分布	股东人数	持有100股以上的股东不少于300人		
	公众股数量	不低于100万股		
	公众持股市价	不低于1500万美元		不低于500万美元
财务指标	总市值	—	不低于5000万美元	—
	总股本	不低于500万美元	不低于400万美元	
	净收益	—	—	前一年度或前三年度中的两个年度不低于75万美元
	最低买入价	不低于5美元		
	做市商	不少于3个		

注:"—"表示不作要求。

数据来源:伏军:《境外间接上市法律制度研究》,北京大学出版社2010年版,第28—29页。

2. 东京证券交易所(TSE)

东京证券交易所是目前仅次于纽约证券交易所的世界第二大证券交易所,是日本最大和最具有代表性的证券交易所。东京证券交易所分三个部,市场第一部(主板)、市场第二部(中小板)和创立于1999年的"MOTHERS"(Market of the high-growth and emerging stocks,即创业板)市场。市场

---

① 伏军:《境外间接上市法律制度研究》,北京大学出版社2010年版,第26页。

第一部的上市企业多为股票流动性大、在全球范围内拓展业务的大型企业；市场第二部的上市企业主要是已经稳固了企业根基的骨干企业；而"MOTHERS"则是面向具有较高增长潜力的新兴企业。

（1）第一部市场、第二部市场

第一部市场上市的股票，如果其指标下降而低于第一部上市标准，就降到第二部市场。东京证券交易所接受非日本公司以普通股的形式公开发行股票，同时对非日本公司在东京证券交易所上市规定了条件及进行相应的审查。①

表 1-6 外国公司到东京证券交易所上市的主要条件

	市场二部	市场一部
上市股票数（交易单位数）	上市时 2000 单位以上，流通股比例为 35% 以上	上市时 4000 单位以上，流通股比例为 30% 以上（2 万股为 1 单位）
股票的分布状况	特定股东没有明显持有大部分的股票	
股东人数	1. 重复上市： 日本国内 800 人以上 2. 单独上市： 全世界 800 人以上	1. 重复上市： 日本国内 800 人以上，全世界 2200 人以上 2. 单独上市： 全世界 2200 人以上
经营持续年数	3 年以上，设置了董事会并开展持续的经营活动	
股本金额（合并结算）	申请时最近财务年度末 10 亿日元以上	
市价总值	20 亿日元以上	500 亿日元以上
利润额或市价总值	必须符合 A—C 中的任何一项： A. 最近 2 年的利润额，最初 1 年在 1 亿日元以上，最近 1 年 4 亿日元以上 B. 最近 3 年的利润额，最初 1 年在 1 亿日元以上，最近 1 年 4 亿日元以上且最近 3 年合计 6 亿日元以上 C. 市价总值在 1000 亿日元以上且最近 1 年的销售额在 100 亿日元以上	
审计意见	最近 2 年（利润适用 B 项时为 3 年）无虚假陈述，且保留意见 最近 1 年无保留审计意见	
其他	在证券保管转账机构进行有关股票的事务处理， 取消股票转让限制市场一部、二部数据标准	

（2）"MOTHERS"市场

日本"MOTHERS"是"Market of the high-growth and emerging stocks"的缩写，意为"高增长新兴股票市场"。其成立的宗旨是为了促进牵引日本经济增长的新兴企业的成长，在它们的成长过程中，提供方便的筹资机会，同时

---

① 刘乃忠、戴瑛：《中国公司境外上市法律监管研究》，社会科学文献出版社 2014 年版，第 36—37 页。

给日本的证券市场和经济增加活力。东京证券交易所将它定位为"与已有东证一、二部市场并立的、在日本各地都可以上市的股市"。在"MOTHERS"上市的审查中,不设置"利润等的财务标准"。[①] 其上市条件如下。

表 1-7　　　　　　　　"MOTHERS"市场的上市条件

	"MOTHERS"
上市股票数（交易单位数）	单独上市： 必须符合以下任何一项： A. 2000 交易单位以上 B. 流通股市价总值至少为 5 亿日元 C. 流通股比例至少为 25% 重复上市：2000 交易单位以上
股票的分布状况	—
股东人数	重复上市：新增 300 人（日本国内） 单独上市：新增 300 人（全世界）
经营持续年数	1 年以上,设置了董事会并开展持续的经营活动。
股本金额（合并结算）	—
市价总值	10 亿日元
利润额或市价总值	—
虚假陈述或非标准审计意见等	最近两个财务年度的财务报告（无虚假陈述,且保留意见；最近 1 个月财务年度的审计意见为无保留意见）
其他	在证券保管转账机构进行有关股票的事务处理,取消股票转让限制

注："—"表示不作要求。

资料来源：伏军：《境外间接上市法律制度研究》,北京大学出版社 2010 年版,第 25 页。

（3）小结

表 1-8　　　　　　　　东京证券交易所上市标准表

标准	市场一部	市场二部	"MOTHERS"
上市股票数（交易单位数）	上市时 2000 单位以上,流通股比例为 35% 以上	上市时 4000 单位以上,流通股比例为 30% 以上（2 万股为 1 单位）	单独上市： 必须符合以下任何一项： A. 2000 交易单位以上 B. 流通股市价总值至少为 5 亿日元 C. 流通股比例至少为 25% 重复上市： 2000 交易单位以上

---

① 伏军：《境外间接上市法律制度研究》,北京大学出版社 2010 年版,第 24 页。

续表

标准	市场一部	市场二部	"MOTHERS"
股票的分布状况	特定股东没有明显持有大部分的股票		—
股东人数	1. 重复上市：日本国内 800 人以上，全世界 2200 人以上 2. 单独上市：全世界 2200 人以上	1. 重复上市：日本国内 800 人以上 2. 单独上市：全世界 800 人以上	重复上市：新增 300 人（日本国内）单独上市：新增 300 人（全世界）
经营持续年数	3 年以上，设置了董事会并开展持续的经营活动		1 年以上，设置了董事会并开展持续的经营活动
股本金额（合并结算）	10 亿日元以上	申请时最近财务年度末	—
市价总值	500 亿日元以上	20 亿日元以上	10 亿日元
利润额或市价总值	必须符合 A—C 中的任何一项：A. 最近 2 年的利润额，最初 1 年在 1 亿日元以上，最近 1 年 4 亿日元以上 B. 最近 3 年的利润额，最初 1 年在 1 亿日元以上，最近 1 年 4 亿日元以上且最近 3 年合计 6 亿日元以上 C. 市价总值在 1000 亿日元以上且最近 1 年的销售额在 100 亿日元以上	同左	—
审计意见	最近 2 年（利润适用 B 项时为 3 年）无虚假陈述，且保留意见 最近 1 年无保留审计意见	同左	最近两个财务年度的财务报告（无虚假陈述，且保留意见；最近 1 个月财务年度的审计意见为无保留意见）
其他	在证券保管转账机构进行有关股票的事务处理，取消股票转让限制		

注："—"表示不作要求。

从表 1-8 可以看出，东京证券交易所规定了严格的上市公司内部状况公开制度和限制投机规则，注重审计意见的审查。日本东京证券交易所的主要股票交易市场是市场一部和市场二部。根据上市股票数、股东人数、市价总值的具体要求的差异，市场一部的上市条件明显严于市场二部。日本股票上市可以首先在市场二部上市，再根据更严格的标准在市场一部上市。相对来说，"MOTHERS"的上市要求宽松得多，对资本金额、持续经营年数、审计意见的要求大大降低，在利润额方面也没有严格的规定，且赋予企业上市更多的选择范围,旨在鼓励新兴企业的成长与发展。

3. 伦敦证券交易所(LSE)

作为世界第三大证券交易中心,伦敦证券交易所是世界上历史最悠久的证券交易所。伦敦证券交易所作为广受外国公司青睐的国际证券融资市场,具有开放的引资政策环境。任何经济行业都是对所有投资者开放的,并没有国别限制,而且也不会要求英国国民持有多数股或一定比例股等方面的要求。① 在伦敦证券交易所主板挂牌首次申请上市,必须满足以下条件。

表 1-9　　　　　　　　伦敦证券交易所的上市条件

标准	条件	伦敦证券交易所
股权分布	法定资本	70 万英镑
	公众持股比例	25%
财务指标	审计意见	3 年以上的经营记录与经审计账目
其他	聘请经伦敦证券交易所认可的保荐人	

4. 法兰克福证券交易所

法兰克福证券交易所(亦称德意志证券交易所),仅次于伦敦的欧洲第二交易所,也是德国最大的证券交易所。法兰克福证券交易所受联邦金融监管局的直接管辖,非欧盟国家的上市公司可以全面涉足欧盟资本市场。

德国股票市场结构清晰,有两个市场、四个板块可供企业选择。两个市场是指受欧盟法规管理的监管市场(Regulated Market)和受交易所法规调整的非官方管理市场(Regulated Unofficial Market)或称公开市场(Open Market)。四个板块是指监管市场中的普通市场(General Standard)和高级市场(Prime Standard);公开市场中的初级市场(Entry Standard)和准入市场(First Quotation Board)。企业可以根据自身情况和上市目的进行选择。② 其上市条件如表 1-10。

---

① 尚宏金:《企业境外上市之路》,中国政法大学出版社 2015 年版,第 349 页。
② 伏军:《境外间接上市法律制度研究》,北京大学出版社 2010 年版,第 33 页。

表 1-10　　法兰克福证券交易所的上市条件

标准	条件	交易所监管市场		欧盟监管市场	
		准入市场	初级市场	普通市场	高级市场
股权分布	发起人	30 人		—	
	股本发行量	—		1 万股	
	公众持股量	—		25%（存在例外）	
财务指标	经营历史	—	1 年（存在例外）	3 年（存在例外）	
	财务标准	欧盟发行者：国家 GAAP 或 IAS/IFRS；非欧盟发行者：IAS/IFRS 或与之等同的标准		欧盟发行者：IAS/IFRS；非欧盟发行者：IAS/IFRS 或美国、加拿大、日本等同于 IAS/IFRS 的标准	
	审计意见	—	披露最近经审计的合并财务报告及合并的公司治理报告	3 年，存在例外；发行者必须公布其过去 3 年的财务报告	

注：GAAP 是 "Generally Accepted Accounting Principles" 的缩写，即一般公认会计原则；IAS 是 "International Accounting Standards" 的缩写，即国际会计准则；IFRS 是 "International Financial Reporting Standards" 的缩写，即国际财务报告准则。

资料来源：伏军：《境外间接上市法律制度研究》，北京大学出版社 2010 年版，第 33—34 页。

5. 小结

世界上绝大多数发达国家的证券市场都允许外国公司到本国发行证券及在本国证券交易所上市。这些证券交易一般明确规定了外国公司上市的具体条件、上市费用及上市程序等。企业决定在哪个证券市场上市取决于很多因素，如上市条件、融资效果、市场形象、市场认同度等。我国内地的一些高新科技企业，如新浪、百度、盛大、巨人网络等，往往倾向于选择在美国上市，这主要是因为美国证券市场，尤其是在纳斯达克市场上市可以为高新技术企业带来更为乐观的前景。随着我国经济的快速发展，世界上主要发达国家的证券交易所也纷纷吸引我国企业到这些国家上市。目前已经开始有一些中国企业在德国、日本、英国等国家证券交易所上市。①

（三）我国不同层次证券市场对公司上市条件的具体规定

证券市场分为场内交易市场和场外交易市场，我国的场内交易市场可以分为主板市场和创业板市场。曾任中国证监会市场部副主任的欧阳泽华曾经把我国多层次资本市场体系的规划大体上分为三个层次：如果把这个体系比

---

① 伏军：《境外间接上市法律制度研究》，北京大学出版社 2010 年版，第 17—18 页。

喻为一个金字塔的话，塔尖就是现在的主板（含中小板）市场，塔腰上则是创业板市场，塔基上应该是新三板。而创业板市场在整个资本市场中是一个承上启下的角色。①

1. 主板市场

主板市场是专为成熟的大中型企业的股票上市所开辟的股票市场。目前上海交易所就是一个主板市场，深圳证券交易所在创业板没有开设之前，也是一个单纯的主板市场。上海证券交易所股票上市条件如表1-11所示。

表1-11　　　　　　　　上海证券交易所的上市条件

条件	上海证券交易所
是否经核准公开发行	是
股东人数	超过200人
股本总额	5000万元以上
上市时公开招股	公开发行的股份达到公司股份总数的25%以上；公司股本总额超过人民币4亿元的，公开发行股份的比例为10%以上
审计意见	最近3年无重大违法行为，财务会计报告无虚假记载

2. 创业板市场

创业板，也称二板市场，是与主板市场相对应的一种证券市场。凡是针对大型成熟公司的股票市场，称为主板市场；而面向中小公司的股票市场，可以称其为创业板市场。创业板市场主要是吸纳那些能够提供新产品、新服务，或者是公司的运行有创意或有增长潜力的公司，以高新技术公司为主。② 2009年10月，深圳证券交易所创业板成功推出，标志着我国初步完成了场内交易市场的多层次建设。深圳证券交易所创业板股票上市条件如表1-12所示。

表1-12　　　　　　　深圳证券交易所创业板的上市条件

条件	深圳证券交易所创业板
是否经核准公开发行	是
股东人数	200人以上
股本总额	3000万元以上

---

① 尚宏金：《企业境内上市之路》，中国政法大学出版社2015年版，第1—2页。

② 张宇润：《论创业板市场的法律地位、宗旨和原则》，《安徽大学学报》（哲学社会科学版）2002年第2期。

条件	深圳证券交易所创业板
上市时公开招股	公开发行的股份达到公司股份总数的25%以上；公司股本总额超过人民币4亿元的，公开发行股份的比例为10%以上
审计意见	最近3年无重大违法行为，财务会计报告无虚假记载

3. 香港联合交易所（HKEX）

香港证券市场是亚太地区最重要的金融中心之一，其主要组成部分是股票市场，并有主板市场和创业板市场。无论是香港主板市场还是创业板市场，都对中国内地企业香港上市规定了相关的条件。①

表1-13　　　　　　　香港证券市场的上市条件

标准	条件	主板市场	创业板市场
营业记录	申请人	不少于3个财政年度	不少于2个财政年度
营业记录	管理层	最近3个财务年度维持不变；最近1个经审核的财政年度内完全重新描述和控制权不变	最近2个财务年度维持不变；最近1个完整的财政年度内公司的拥有权和控制权维持不变
股权分布	股东人数	300人	100人
股权分布	公众持股市价	由持股量最高的3名公众股东所拥有的百分比不得超过上市时由公众人士持有的证券的50%；已发行的股本总额中有25%以上的部分被公众股东持有	公众持股比例一般不得少于25%；已发行的股本总额市值不得少于3000万港元
财务指标	收入		
财务指标	最近1年	5亿港元	—
财务指标	评估/营业收入测试（需满足A或B）		
财务指标	A. 现金流量评估		
财务指标	市值	20亿港元	1亿港元
财务指标	净现金流入	过去3年净现金流入1亿港元	过去2年净现金流入2000万港元
财务指标	B. 单纯评估测试		
财务指标	市值	40亿港元	—
财务指标	股东	300人	

注："—"表示不作要求。

---

① 刘乃忠、戴瑛：《中国公司境外上市法律监管研究》，社会科学文献出版社2014年版，第37—38页。

4. 小结

从首次公开发行股票的基本条件看，中国创业板与主板的区别没有国外那么大。① 中国内地主板与创业板的对比如表 1-14。

表 1-14　　　　中国内地主板与创业板的上市条件对比

标准	条件	主板	创业板
股权分布	股本总额	发行前不少于 3000 万元 发行后不少于 5000 万元	发行后不少于 3000 万元
	公众持股量	占公司股份总数的 25%以上	
财务要求	持续经营	3 年	
	净资产（最近一期末）	—	2000 万元
	无形资产占净资产比例（最近一期末）	不高于 20%	—
财务要求	评估/营业收入测试（需满足 A 或 B）		
	A. 现金流量测试评估		
	净利润	最近 3 年为正且累计超过 3000 万元	最近 2 年连续盈利且累计超过 1000 万元
	现金流量净额	最近 3 年累计超过 5000 万元	—
	B. 单纯评估标准		
	营业收入	最近 3 年累计超过 3 亿元	最近 1 年不少于 5000 万元

注："—"表示不作要求。

从表 1-14 可以看出，我国主板市场对上市公司的要求相对要严格一些。创业板市场的上市公司一般处于初创阶段，资本金规模较小，对其股本规模要求有所降低，不设最低盈利要求，侧重于发展公司潜力，主要支持成长型创业企业。

三　公司上市的一般治理标准

海外主要证券交易所对上市公司的公司治理的监管最早是从引进独立董事开始的，后来发展到对公司审计、公司商业及道德行为规范的要求等多方面，可以说越来越严格，越来越完善。境外主要证券市场包括美国纽约证券交易所、日本东京证券交易所、英国伦敦证券交易所、香港联合证券交易

---

① 尚宏金:《企业境内上市之路》，中国政法大学出版社 2015 年版，第 18 页。

所、德国法兰克福证券交易所、加拿大多伦多证券交易所等。① 下文对美国纽约证券交易所、英国伦敦证券交易所、日本东京证券交易所和德国法兰克福证券交易所对于上市公司的公司治理相关规定进行具体的阐述。

(一) 纽约证券交易所

纽约证券交易所制定了适用于上市公司的公司管理权的监管政策，涉及公司内部各种管理制度，例如，公司董事会应包含非执行董事的名额、投票权、法定决议票数等。一般来说，即使非美国公司的管理制度不符合纽约证券交易所的要求，但只要不违背该公司本国的法律，纽约证券交易所仍可以接受。

美国公司的特点是股东与管理者的分离程度高，公司的治理活动主要是通过外部制度的约束来实现，这些国家的市场监管机构对上市公司的信息披露、董事会的组织结构和运作方式有明确的规定和要求，股东的利益通过外部法规的保障和受此限定的治理活动得到实现。

1. 权力结构

美国公司内部的权力结构是二元制，即由股东大会和董事会组成，不设监事会。从理论上看，美国公司的股东大会是公司的最高权力机构，公司的一切重大决策和人事任免均需得到股东大会的批准和认可。股东大会选出董事会组成生产经营管理的决策机构。但实际上，美国公司的董事会却拥有公司的控制权，在公司治理结构中具有重要的地位。公司的董事分为外部董事和内部董事。内部董事是指公司现在的职员，以及过去曾经是公司的职员且现在仍与公司保持着重要的商业联系的人员。内部董事一般在公司中担任重要职务，是公司经营管理的核心成员。外部董事通常是不在公司中任职，但专门监督公司经营活动的专家和社会名流，他们负责考核执行董事业绩，参与公司重大决策，维护股东权益，董事会的很大一部分实权掌握在外部董事中。董事长一般由外部董事兼任，外部董事有权对公司人事安排作出决策。②

美国证券交易委员会要求上市公司必须拥有多位独立董事。该董事是否独立是董事会根据其是否与上市公司之间有实质联系（直接的或者作为与公司有联系的某个组织的合伙人、股东或官员而形成的联系）来判断的。

---

① 张小波：《全球主要证券交易所监管上市公司的比较研究》，西南财经大学出版社 2016 年版，第 42 页。

② 于群：《上市公司治理的法学视角》，人民出版社 2008 年版，第 195 页。

另外，如果该董事符合某种条件，比如，三年内曾为公司的雇员、每年从上市公司获得超过十二万美元的报酬等，则该董事不被视为具有独立性。同时，美国证券交易委员会授权不参与公司日常管理的董事对管理层形成更有效的控制，他们必须定期召开没有管理层参加的行政会议。

2. 内部监督

董事会下设各种委员会以协助其进行决策并行使监督职能。

为制衡董事会及高级管理人员的权力，上市公司需要成立独立的审计委员会，审计委员会负责任命和监督审计人员。审计委员会的成员应全部由独立董事组成，而下列人员不得成为审计委员会的成员：(1) 在上市公司中担任董事以外其他职务的人员（但审计委员会中允许有一名非管理层职工代表）；(2) 在控制上市公司的机构中或直接或间接地持有上市公司不少于10%股权的大股东处任职的人员（但审计委员会中允许有一名由政府部门任命的成员，同时大股东也可以在审计委员会中设一观察席）；(3) 任何从上市公司获取除董事费之外其他报酬的人员（或其所任职的单位获取此类报酬的人员）。

审计委员会的书面规章应规定，该委员会具有协助董事会监督公司财务报表完整性、公司遵守法律法规要求情况、独立审计师资格和独立性、公司内部审计部门与独立审计师履行职责等目的。

审计委员会主要有以下权责：(1) 独立聘用或解聘外部审计师，决定其薪酬，并对其进行指导，外部审计师应直接向公司审计委员会汇报工作；(2) 完善制度及程序以有效处理针对上市公司会计、内控及审计方面问题的诉求以及雇员的匿名举报；(3) 独立聘请法律或会计顾问以协助其开展工作。该委员会应对其表现进行年度评估，并编制美国证监会要求的必须包含在公司年报中的审计委员会报告。

上市公司必须设立全部由独立董事构成的提名/公司治理委员会。提名/公司治理委员会必须采用并向公众提供规定了上述委员会目的和职责的书面规章，包括搜寻合格的董事会人员；挑选或建议参加下一届股东年度大会的候选人；研究并建议公司的治理原则；监督对董事会和管理人员的评估；等等。而且还应对该委员会进行年度评估。

要求上市公司必须设立全部由独立董事构成的报酬委员会。该报酬委员会的书面规章必须表明，其主要目的和职责至少为：(1) 审查并通过与首席执行官和高级管理人员薪酬有关的公司目标和目的，根据这些目标和目的评估他们的业绩；(2) 决定（或者向董事会提议）首席执行官和高级管理人员薪酬和收益；（3）审查所有与高级管理人员和董事签订的聘用和人事协议；（4）决定并定期审查管理人员的薪酬方案，逐步修改与管理人员和公司业绩的联系不合理或者在实践中过多的管理人员薪酬方案；（5）向董事会总括地提议激励薪酬计划和股权计划；（6）决定并定期审查高级管理层的额外补贴；（7）如果没有其他的委员会负责的话，决定董事薪酬的形式和数额；（8）参加准备并通过公司授权代理委托书中规定的管理人员薪酬报告；（9）进行年度自我评估。①

3. 外部监督

关于公司的财务状况的审计由公司聘请专门的审计事务所负责。政府的审计机构也在每年定期或不定期地对公司经营状况进行审计并对审计事务所的任职资格进行审查。对于公司财务报告，要求所有上市公司都必须公布期中和年度收益报表，向股东分发符合通用会计准则的年度报告。期中收益的报告频率可根据公司所在国的惯例决定，但是不得少于每半年报告一次。每个财政年度结束之后，最迟不超过 6 个月，非美国公司必须将其年度报告递交给股东。非美国公司可以按照其本国通行的会计准则编制并公布财务报表。如果按照基本国会计准则编制的报表上的财务数据明显地不同于按照美国通用会计准则计算的结果，则公司必须在分发给股东的年度报告里说明这些差别，并指出它们对财务数据的影响。②

美国证券交易委员会要求 CEO/CFO 认证公司的年报和季报。CEO/CFO 必须在公司的报表中认证：（1）他们审查了报告；（2）就其所知，报告不存在任何重大事实的虚假陈述，或者报告没有遗漏任何重大事实，而遗漏这类重大事实依当时所作陈述的情形会误导对陈述的理解；（3）就其所知，报告中的财务陈述和其他信息在所有重要方面公允地反映了公司财务情况及运营结果；（4）CEO/CFO 已采取措施在公司内设立财务和其他类型的控制系统。

上市公司因重大违规而导致重大失实陈述、误导或遗漏的，签署了保证书的首席执行官及财务总监应退回近 12 个月中所有奖金及其出售上市公司股票所得利润。

实施细则要求上市公司设立"财务报告内控机制"。同时，美国证券交

---

① 沈四宝、丁丁主编：《公司法与证券法论丛》（第 1 卷），对外经济贸易大学出版社 2005 年版，第 319 页。

② 申林平、邢会强主编：《中国企业境外上市法律实务》，法律出版社 2006 年版，第 107 页。

易委员会要求上市公司的年报必须：（1）说明管理层有责任建立完善的财务报告内控机制；（2）公司的外部审计师必须对公司的财务报告内控机制的有效性进行评估并给予认证。①

（二）伦敦证券交易所

1. 权力结构

英国的单层委员会模式把管理权和控制权都授予董事会行使，董事会被赋予全面的权利。管理权又移交于不同的董事团组（委员会）或者董事会下属的个人，这种权力是可撤销的。为了强化监督和控制职能，必须对执行董事和非执行董事加以区别。执行董事是在任职董事同时还受雇为经理的人，而非执行董事则不参与公司的日常运营。②

除非得到股东大会的批准，执行董事的服务合同不应超过三年。执行董事及董事长的报酬（包括退休金计划、股票方案）应全面而清楚地公布于众。报酬应分为基本工资和基于业绩的报酬部分。评价业绩的标准应当以书面解释。执行董事的报酬大小应由非管理董事组成的报酬委员会拟定并向董事会提出建议。③

非执行董事应当就公司的战略、业绩、资源、关键经理的聘用、行为标准等提出自己独立的判断和意见。大多数非执行董事应独立于管理层，并且没有足以影响公司独立性判断能力的关系和交易（董事从公司领取补贴和在公司持股等关系除外）。非执行董事的收入应反映他们对公司投入的时间和贡献。非执行董事的聘用应有一定的期限，不得自动续聘。非执行董事应通过一种正式的程序进行选聘，其选聘过程应是整个董事会共同决定的事情。

2. 内部监督

董事会应与审计师保持一种客观的和专业性的关系。董事会应建立一个审计委员会，由至少三名非执行董事组成，且具有明文规定的权力和责任。董事会应就年度报告中的数据和指标给予解释。董事会应当向股东大会报告公司的内部管理控制系统运作情况及其有效性。董事会应当包括有相当能力

---

① 申林平、邢会强主编：《中国企业境外上市法律实务》，法律出版社2006年版，第148页。

② 沈四宝、丁丁主编：《公司法与证券法论丛》（第1卷），对外经济贸易大学出版社2005年版，第229页。

③ 孙永祥：《公司治理结构：理论与实证研究》，上海三联书店、上海人民出版社2002年版，第280页。

的非管理董事，其人数应足以使其意见在董事会的决策中占足够的分量。董事会应当正式确定一系列特别保留给董事会决策的事项，以确保公司的方向和控制权牢牢地掌握在董事会手中。

董事应当定期开会，保持对公司全面和有效的控制，并对企业管理层实施有效的监控。公司的最高管理层的职责应该有明确的规定，以使得权力和权威划分清楚，从而使得没有哪一个个人具有无制约的决策权力。在董事长兼任总经理的情况下，董事会应具有很强的独立性，由另外一个有威望的非管理董事领导。应该制定一定程序，使董事在履行其职责时可以听取独立的职业顾问的建议，其费用由公司承担。所有的董事应当有获得公司秘书的建议和服务的渠道。公司秘书的作用是对董事会负责，以确保董事会程序得到执行，法规得到遵守。公司秘书的任免应当是整个董事会集体决定的事项。

3. 外部监督

《伦敦城收购与合并守则》推行的内部控制体系包括有关财务、经营、顺从控制和风险管理的广泛监督。内部控制体系的效果至少每年被复查一次，而且复查的结果必须报告给股东。审计委员会的任务是确定范围、复核审计的结果及成本效率和审计人员的独立性和客观性。审计委员会进一步审查公司与审计人员的财务关系。再有，《伦敦城收购与合并守则》提出了一个灵活的方法，如果审计机构也向公司提供了非审计服务，审计委员会必须努力去平衡客观性和金钱价值。

（三）东京证券交易所

日本在公司内部监督机制立法上吸收了美国和德国的特点，呈现出自己独有的特色。日本的公司治理模式被称为"三角制"。但一般认为，在内外部监督机制的力量对比上，其与德国的治理模式都是属于银行控制主导型或内部监控模式。

1. 权力结构

日本的治理模式中，股东大会为公司最高权力机关，董事会和监事会（监事）都由股东大会选举产生，对股东大会负责，各司其职，彼此互不隶属，处于权力的平行状态。这种模式被称为三角制。股东大会享有选任、解任董事以及监事，决定公司重大事项的权力。董事会是公司经营事务的决策机关，承担着约束执行董事会决议的代表董事的义务。公司根据自己的规模，按照法律的规定设置监事会或者监事作为公司的监督机关。监事大多由与本企业交叉持股或有资金借贷关系的银行、业务关系密切的其他公司代表担任。监事实行个别工作的制度。

在每年召集一次的股东大会上,股东可以向董事会提出质询,以此了解公司内部行政管理和经营业绩的相关情况;进行董事会成员的选任;审批公司年账和听取会计师报告;等等。公司不得对任何人提供与股东行使权利有关的财产方面的利益;公司无偿给予特定股东财产方面的好处时,将推定为与股东行使权利有关;公司有偿向特定股东提供财产方面的好处时,若该公司获取的利益明显少于其提供的利益时,也推定为与股东行使权利有关。

任何连续持有公司股票6个月以上的股东,可以以书面形式要求公司提起诉讼,以追究董事就其违反义务的行为所应承担的责任。如果公司未能在此项要求提出后的30日以内提起诉讼,则提出该要求的股东可以以公司的名义对董事起诉;如果存在使公司遭受不可挽回的损失的危险时,股东不必等至上述期限届满,有权立即提起诉讼。[①]

董事会的成员至少在3名以上,董事由股东大会选举产生,但其自身不必是股东,董事的每届任期不得超过两年。董事会再推选代表董事来具体负责公司经营的最高决策并对外代表公司。董事会的主要构成要素包括:(1)内部董事,日本社会长期实行"终身聘用制"和"年功制",使得大多数董事会成员都是从公司员工中进行任命,外部董事只在董事会中占有很少席位;(2)代表董事,公司的代表董事可以为一人、也可以为数人,代表董事除了对外代表公司和负责执行股东会决议及董事会决议以外,还实际主管公司日常经营业务的进行。并且,在代表董事为数人的情况下,既可以单独代表公司,也可以依照公司的要求对外共同代表公司。通常情形下,公司的会长(董事长)或社长(总裁)都会出任代表董事的职务。

2. 内部监督

监事的职能分为会计监察和业务监察。会计监察指对公司财务报表和预决算账目等文件的审查,业务监察指监事就董事执行业务的行为所进行的监督。公司依规模不同被要求设置不同的监事制度。(1)资本额在5亿日元或负债额在200亿日元以上的大公司必须设置3名以上的监事,其中必须至少有一名全职监事(常务监事),并且至少有一名外部监事,由这些监事共同组成作为公司法定机构的监事会。这些大公司必须接受由注册会计师担任的会计监察人的强制监察。(2)资本额在1亿—5亿日元的中型公司必须设置一名以上的监事,监察的范围也包括会计和业务两个方面,但注册会计师

---

① [日]滨田道代、吴志攀主编:《公司治理与资本市场监管——比较与借鉴》,北京大学出版社2003年版,第368页。

或会计师事务所的强制监察则不是法定的要求。(3) 资本额在 1 亿日元以下的小公司也须至少设置一名监事，但法定监察的范围只限于会计监察。

监事的职权包括如下几方面。(1) 监事有权出席公司的董事会会议并陈述意见，在他们有理由认为董事的行为违反法律或公司章程的规定、有可能对公司造成损失时，有权向法院申请禁止令。(2) 监事有义务向董事会报告某一董事违反法律或公司章程规定的任何行为，在必要时就此类事项召集董事会或向股东大会作出报告。(3) 监事还有权代表公司提起撤销股东大会决议的诉讼。(4) 监事也被赋予了对本公司及其子公司的财务状况进行调查的权力，可要求董事、经理人员和职工就这方面的情况提出报告。

按照对监事会的规定，应公开大公司的监事会构成中包括半数以上的社外监事。社外监事是指过去不曾担任公司或子公司管理人员的监事。监事会有对公司或子公司报告的请求权、提案权、董事违法行为的停止请求权、业务监督权、财务监督权、参与董事会会议陈述意见权、代表公司诉讼权、审核公司表册和文件权、对监事选任的同意权、对监事解任的会议出席权和意见陈述权、董事会召集权、减免董事责任的同意权等。除了要选择监事会制，公开大公司还应设置会计监察人负责财务方面的监督。会计监察人由股东大会选举，但其选任和解任都受到监事会的制约。

3. 外部监督

由于股权结构相对集中，资本市场不够发达，法人之间相互持股，管理人员实行终身雇用制，信息公开和外部审计的作用相对较弱。

(四) 法兰克福证券交易所

德国证券市场的最大特点是，与其雄厚的经济实力相比，德国证券市场不发达、也不成熟；参与证券市场活动的主要是大型企业，中小企业很少参与证券市场活动；专业投资者不如美国市场上的专业投资者那样活跃。

1. 权力结构

德国公司的股东与管理者的分离程度低，对公司的直接控制强，公司的治理活动较多都是由股东直接推动的，股东对治理活动有较多的资源投入，公司监事会较多地参与经营活动中的决策，对管理者进行直接的控制和监督。公司股东主要通过一个能信赖的中介组织或股东当中有行使股东权力的人或组织，通常是一家银行来代替他们控制与监督公司经理的行为，从而达到参与公司控制与监督的目的。银行对公司的控制方式是通过控制股票投票权和向监事会派驻代表，甚至担任监事会主席，银行代表就占股东代表的 22.5%。

公司内部的组织机构上是设立双层董事会，即监督董事会和执行董事会。监督董事会即监事会是公司股东、职工利益的代表机构和监督机构，是一个实实在在的行使控制与监督权力的机构，因为它拥有对公司经理和其他高级管理人员的聘任权与解雇权。这样无论从组织机构形式上，还是从授予的权力上，都保证了股东确实能发挥其应有的控制与监督职能。德国公司治理模式的另一特色就是强调职工参与，在监事会中，根据企业规模和职工人数的多少，职工代表可以占到1/3—1/2的职位。

另外，公司相互持股比较普遍。至少持有公司5%的股份或者持股金额达到50万欧元的股东才能向法院提起诉讼申请，同时，只有证明有紧急事由而怀疑董事违反义务时，法院才会委托一位中立的代表来决定是否提起诉讼。外部审计员由股东大会选举产生，成为股东控制公司的主要手段。审计员应当提交一份阐明自己独立性的详细声明，以便为股东大会的选任提供合适的资料。①

2. 内部监督

监事会的成员不得同时在管理委员会内任职，并且，一个人不能同时接受10个以上监事会的授权。拥有2000人或2000人以上工人的公司，其监事会的成员当中必须有一半是由职工代表组成。当监事会在作出某项决议时，如果赞成票和反对票持平，则主席享有最终决定权。监事会负责签订审计合同和委托审计，这项委托权涵盖与监事会工作有关的所有事项。《公司治理守则》规定，管理委员会的成员原则上不得担任监事会主席。由经理转为监事的人数必须限定在两人以内，并且不得任命管理委员会的前任成员为审计委员会的主席。公司成员不得接受竞争对手的管理委员会或监事会的类似授权，也不得为竞争对手提供建议。通过报告向股东大会公布监事会成员与其他公司之间的从属关系，在监事会自身认为存在利益冲突的关系时，需要公布报告。如果董事行事时是为了公司的利益并且是基于充足的信息，那么他就不必为自己的此项行为所带来的后果承担任何责任。

3. 外部监督

在公司外部，董事会是公司法人代表，自主领导公司的经营业务。董事会实行集体代表，在执行公司具体业务时，个别董事可单独或同其他董事一

---

① 沈四宝、丁丁主编：《公司法与证券法论丛》（第1卷），对外经济贸易大学出版社2005年版，第221页。

起代表公司。当董事会由于严重违法使公司债权人受到损失，而公司不能赔偿时，董事应对公司债权人的损失承担赔偿责任。

（五）小结

从全球范围看，证券市场对公司治理有两种典型的模式：一种是以英国和美国为代表的英美法系型治理结构；另一种是以日本和德国为代表的大陆法系型治理结构。一些学者将英、美模式称为"保持距离型"融资模式或称市场型的治理结构；而将德、日模式称为"控制导向型"融资模式或管理型的治理结构。

由于不同的市场经济模式、公司的经营导向以及相关的法律环境和文化理念等诸多因素的影响，两种模式在对公司的股权安排、制度安排、对管理层的监督约束与激励机制方面都呈现出鲜明的导向差异。

由于英美的股市比较发达，企业资产结构中股市的地位举足轻重，而且公司拥有的众多小投资者对经理层的影响力弱，因而英美法系的公司治理更多地依赖于公司外部市场的力量，更强调股市的流动性。于是，这种模式比较强调保护少数股东的利益，要求公司财务数据充分公开，增强透明度，禁止内部人交易，用证券市场监督经理层。兼并、收购等公司控制市场在这种模式中起着重要的作用。

日本和德国等大陆法系的公司治理则由于企业资本主要来自占据支配地位的银行和财团，因而更多地依靠债务约束、经营者的"团队精神"以及法人股东在公司非正常状态下的控制力。投资者持有大比例的股份，他们与经理层保持长期关系，并对经理层实施直接监督。由于股权集中于几个大股东手中。因而他们有足够的动力，也有足够的能力对经理层实施监督和控制，详见表1-15。[1]

表1-15　　　两种典型的公司治理模式在监督与激励方面的比较

指标体系	英美	德日
股权结构	股权高度分散，且具有较强的流动性	股权相对集中：在德国多是大银行直接持股；日本则是公司间环形交叉持股，主体银行虽不直接持股，但对企业有实际的控制权

---

[1] 郝旭光、戴轶：《中外证券公司治理结构的比较分析》，《福建论坛》（人文社会科学版）2005年第8期。

续表

指标体系	英美	德日
董事会结构	一般不设监事会，监督的职能由董事会履行。董事会一般由内部董事和外部董事组成，外部董事所占比例较高。董事会的主要作用依次是监督与评价经理层的工作、对经理人员进行任免以及对公司的经营管理活动进行指导与咨询	日本在股东大会下面设有董事会和监事会，对股东大会负责，各司其职。董事会是决策机构，监事会是监督机构。董事会成员一般由公司内部产生，多数董事由公司各部门的行政领导人兼任，外部董事占董事会的比例很低。 德国在股东大会下设置监事会，由监事会决定董事成立董事会。保证股东能够确实发挥其应有的控制与监督职能
激励机制	激励手段多样化：采用工资、奖金作为短期激励，同时普遍运用股票期权等多种金融工具来强化中长期激励	经理的报酬设计主要是年薪而非股票和股票期权制。如日本公司以低薪和很高的社会声望来实现对经理人员的激励。 德国监控机构还设置职工参与决定制度。职工通过选派职工代表进入监事会参与公司重大经营决策，即所谓"监事会参与决定"。保护了经理人员作为长期投资的积极性

不同治理结构的形成有其不同的历史、法律等方面的原因，它们与各国的宏观环境相适应，很难简单地区分孰优孰劣。从国际经济界的动向看，在20世纪80年代，国际经济界对日德体制比较推崇，认为这种银行和企业集团控股方式有利于鼓励企业着眼于长期发展；而英美以股市为主的证券市场则容易导致经理层因为关注短期的市场压力而采取短期行为，可能为了眼前的投资回报而损害企业的长远利益。20世纪90年代以来，随着美国经济对日德经济相对优势地位的上升，认为美国体制更优越的观点渐渐占了上风，其重要看法是，英美体制更强调保护投资者，股市发育比较完全，融资成本低，能够有效地推动企业之间的重组，从而推动经济发展。近年来，英美等国开始对其公司治理模式进行了一系列改革，包括制定公司治理的各种原则、指引、章程，鼓励机构投资者参与公司治理，要求公司增强董事会的独立性，在董事会内引入一定数量的独立董事等，希望通过这些措施增强公司的内部监控力度，以弥补外部监控不足的缺陷。而德日企业也开始效仿英美的公司治理模式。[1]

---

[1] 孙光焰：《公司治理模式趋同化研究》，中国社会科学出版社2007年版，第140—145页。

第二节 证券市场的监管理念与主要法律约束制度

一 证券市场监管的一般理念

（一）美国证券监管理念

美国在历史上长期信奉自由放任和自由竞争的经济理论，对证券市场也基本采取自由主义的监管模式。但这种完全自由的证券监管理念，随着美国1929年经济危机的爆发，其弊端暴露无遗。之后以国家干预经济为核心的凯恩斯理论成为主流，美国政府陆续颁布相关的法案对证券市场进行干预，对当时美国证券市场秩序的重建和国民经济的恢复产生了重大影响。随着证券市场的发展变化，以及金融市场的国际化，美国政府又适当减少对经济干预，逐步形成了以事后监管为核心的市场监管理念。

所谓事后证券监管，是指监管机构主要针对证券活动开展之后的市场主体的不适当行为进行管理和整治，即"法无禁止即可为"。事后监管放宽了证券市场准入的条件，对证券市场主体的微观活动减少干预，让证券市场主体充分发挥自主创新，平等参与市场竞争，不仅有利于节约监管成本，而且有助于提高证券市场的效率。

1. 以投资者为中心的信息披露制度

美国的信息披露制度是以传统信息披露哲学为基础发展起来的。但为适应证券市场发展，美国对相关证券信息披露制度的法规进行了修改和重新制定，形成了新的以投资者为中心的信息披露制度。其发展主要在于两个方面：第一，信息披露的义务人从传统的发行人扩展到其他市场主体；第二，信息披露制度对具体的证券交易行为进行干涉，保证目标公司股东获得平等的对待，保证投资者有充足的时间作出信息充分的明智判断与决策。以投资者为中心的信息披露制度的出发点和落脚点在于满足投资者的信息需求，促进信息披露的有效性。

2. "双重注册制"

根据是否存在实质性审核，将证券发行制度分为核准制与注册制，是我国现行经济法学类教科书所普遍持有的观点。所谓核准制，是指证券监管机关在审查证券发行人的发行申请时，不仅要依信息披露原则作形式审查，还要对发行人是否符合发行条件进行价值判断并据此作出是否核准其申请的决定,以我国传统证券监管制度为代表。① 而注册制以美国联邦证券立法为典型,是指监管机关不对证券发行的实质条件作限定和价值判断,发行人只需依法全面、准确且真实地将投资人判断投资价值所必需的证券发行信息,向监管机构予以申报注册,即可发行证券。且在实践中,中国企业赴美上市,也仅需在美国联邦进行注册,更加深了中国有些经济法学者对美国IPO注册制的误解。

事实上,实质审核才是美国IPO注册制度体系的核心。美国本土公司在美国境内IPO,一般必须在联邦与州两个层面同时注册(联邦或州豁免注册的情形除外)。② 从学理上说,美国实行的是一种双重许可上市制,即双重注册制。美国各州证券发行注册的方式又可分为通知注册型、协调注册型以及审查注册型三大基本类型。③ 不同类型的注册方式对证券发行的实质审核的要求存在较大差异,其中审查注册制的监管最为严苛。与此同时,美国的证券交易所也在上市资格审查、持续上市资格审查等方面对美国本土公司规定了严格的实质标准,如美国纽约证券交易所就对公司持续上市规定了定性和定量的相关标准,并会对未达到持续上市相关标准的公司进行审查,审查确属未达标的公司将被予以除牌。故完整意义上的美国IPO注册制度是在其宪政分权的政治体制下形成的联邦披露监管与州实质审核并进互存的双重注册制。④

3. 以集团诉讼为特色的威慑型证券民事责任

美国采用公私并重的证券监管模式。在救助投资者利益和维护证券市场稳定方面,除注重刑事和行政手段外,也采用民事手段,其中证券集团诉讼的威慑力和影响范围最为强大。

美国的证券集团诉讼源于英国衡平法的集团诉讼。集团诉讼,是指为了集团成员的共同利益,委托一个或数个代表人,代表集团成员进行诉讼。美国援用集团诉讼的原理和模式,但也对相关制度进行了修改,如"选择退出"规则就是美国证券集团诉讼区别于其他集团诉讼的关键点。作为美国证券市场投资者权利获得保护的一种主要途径,证券集团诉讼具有便利分散

---

① 叶林:《证券法》,中国人民大学出版社2008年版,第142—143页。

② 沈朝晖:《流行的误解:"注册制"与"核准制"辨析》,《证券市场导报》2011年第9期。

③ 李燕、杨淦:《美国法上的IPO"注册制":起源、构造与论争——兼论我国注册制改革的移植与创生》,《比较法研究》2014年第6期。

④ 同上。

的小额多数请求得到有效审理的独特优势,并被认为是美国投资者最有效的维权武器。① 但在实践中也存在着很多滥用证券集团诉讼的现象,亟待规制。

(二) 中国证券监管理念

我国的证券市场起步晚,且托生于以政府主导为核心的计划经济体制,致使我国证券市场监管理念的行政主义色彩浓厚,证券市场长期处于政府的严格监管体制之中,形成了以事前监管为核心的政府监管理念。

所谓事前证券监管,是指在证券活动开展之前,监管机构围绕着证券市场主体开展证券活动的行为所进行监督管理,即"法无授权不可为"。监管机构严格的事前监管,一定程度上对证券投资者利益的保护、证券市场发展的稳定起到了积极作用。

1. 以监管者需求为导向的信息披露制度

我国的证券信息披露是在监管者主导下展开的,公司的信息披露主要是为了满足监管者管理证券市场和监管执法的需求。② 在监管者主导的信息披露制度下,监管者取代投资者而对信息披露内容有决定权,不仅使投资者被动地接受所披露的信息,也干扰了发行人通过投资者的需求进行市场分析,降低了市场资源配置的效率。

2. 上市核准制

我国证券立法规定,公开发行证券,必须符合法律、行政法规规定的条件,并依法报经国务院证券监督管理机构或者国务院授权的部门核准;未经依法核准,任何单位和个人不得公开发行证券。由此可见,我国采用的是与政府事前监管理念相一致的核准制的证券发行制度。核准制的理论根源是准则主义,即强调制度的硬约束,以寻求法律功能上的公共利益和社会安全为本位,限制发行人的行为自由。

3. 证券民事诉讼中的行政前置程序

我国证券侵权责任追究偏重于行政和刑事手段。为努力适应 WTO 的市场化取向,加快我国社会主义市场经济体制的改革,我国分别在 2005 年、2014 年两次修订《中华人民共和国证券法》,在平衡市场自由与经济监管以及投资者利益保障方面产生了较多的积极效应。但依然存在着与证券管理体制市场化改革背道而驰的诸多传统规范,最为突出的是证券民事诉讼的前置

---

① 任自力:《美国证券集团诉讼变革透视》,《环球法律评论》2007 年第 3 期。
② 程茂军、徐聪:《投资者导向信息披露制度的法理与逻辑》,《证券市场导报》2015 年第 11 期。

程序的相关规定。

所谓证券民事诉讼中的行政前置程序，是指投资者提起有关证券民事赔偿诉讼时，必须根据中国证监会或者其他行政部门作出的行政处罚决定，或者是人民法院的刑事裁判文书。这一制度的设定，显然根源于我国维护市场稳定的政策考虑。这一制度对抑制诉权滥用、减轻原告的证明责任等方面有积极价值。但从保障投资者权益和维护司法独立的角度分析，其弊大于利。

从证券投资者权益保障的角度看，前置程序给证券投资者主张救济权利设置了不合理的障碍，拖延了权利救济的时间，增加了救济成本，最终致使证券投资者的权益难以及时得到保障。从维护司法独立的角度看，证券民事诉讼的启动，必须以证监会等行政机关的具体行政行为为前提，这一规则存在着将行政权凌驾于司法权之上的嫌疑，削弱了司法权的裁判地位，违背了司法独立原则。

（三）我国证券监管市场化改革的方向

第一，借鉴美国信息披露制度的设计，完成由以监管者主导到以投资者为中心的信息披露制度的构建。确立以满足投资者需求为落脚点的信息披露制度，披露义务人积极地分析投资者的投资习惯和能力，及时、准确、完整地披露信息，使投资者真正理解信息披露文件的内容，从而作出真实且理性的投资选择。

第二，参照美国对公司持续上市的规定，完善我国的退市制度。目前，在事前监管理念及上市核准制下，我国公司上市后就如同买了保险，许多公司上市后的质量远不如上市前。为消除这一弊端，可以参照美国纽约证券交易所对公司持续上市所作的规定，对上市公司的可运行财产、信息披露以及财务报告等相关条件进行不定期跟踪审查，对不符合持续上市标准的上市公司暂停、中止上市，同时健全退市责任追究机制，进而保障证券投资者的利益。

第三，吸收美国证券集团诉讼的经验，构建退出制证券集团诉讼。由于行政和司法救济的门槛高、不及时，我国证券市场投资者的利益在遭受损害后往往难以得到补偿。美国的证券集团诉讼在保障证券投资者利益方面有很多值得我国借鉴的经验。我国目前已经具备了建立退出制证券集团诉讼制度的环境和技术条件，同时，导致美国集团诉讼负面作用较大的因素中，有的在我国并不存在，例如错综复杂的双重法院制度；有的在我国比较容易得到控制，例如巨额的律师费用和好讼的法律文化。① 我国可引入退出制证券集团诉讼，在具体适用机制中，注重对立案标准、管辖法院以及电子数据证据保存等方面的制度确定，为我国证券投资者权益保障开辟新渠道。

证券市场监管理念是证券监管机关对证券市场各类活动进行监管的指导思想和价值观念，因此，转变监管理念是加快市场化监管体制的首要任务。我国的证券市场发展历史较短，与发展相对成熟的美国证券市场相比，在理念和具体制度的完善方面还存在着一定的差距。

在推进股票注册制改革的政策背景下，应以监管理念的转变为突破口，牵动监管规则的修正以及监管技术的改进，从而为推进我国证券资本市场的转型奠定良好的制度环境。

二 证券市场的主要法律约束制度

（一）证券发行监管制度

证券发行监管制度首先需要解决的问题就是证券发行采用什么样的审核制度，是由证券监管机构根据法律的规定，对证券发行进行审查，决定是否同意发行人发行证券的一种法律制度。由于不同时期法律理念的差异以及不同阶段对证券发行采取的原则和方法也不尽相同，我国证券发行体制也经历了漫长的演变历程，从早期的证券发行审批制，到目前的证券发行核准制，未来可能向着证券发行注册制迈进。

1. 证券发行审批制

在 1998 年的《证券法》颁布之前，根据 1993 年的《公司法》第 84 条第 2 款、第 139 条和第 163 条第 3 款等规定，我国证券发行实行审批制。当时我国正处于从计划经济向市场经济转型的过渡时期，因此在证券监管方面，采取用行政手段主导证券市场，决定资源的配置。

证券发行审批制是在实质管理的内容中加入了计划管理的因素，任何意欲发行证券的申请人，不仅需要取得发行额度的许可，而且在发行前还须取得行政管理机关和证券管理机构的批准，发行审批部门对于发行人的申请采取实质审查制度。② 其主要特点是额度管理和指标分配。我国证券发行审批制的实施具体又可以分为以下两个阶段。

第一，"额度管理"阶段（1993—1995 年）。主要做法是指，国务院证

---

① 章武生：《我国证券集团诉讼的模式选择与制度重构》，《中国法学》2017 年第 2 期。
② 赵旭东主编：《商法学教程》，中国政法大学出版社 2004 年版，第 348 页。

券管理部门根据国民经济发展需求及资本市场实际情况，先确定发行总额度，然后根据各个省级行政区域和行业在国民经济发展中的地位和需求进一步分配总额度，将发行指标分配给地方政府以及中央企业的主管部门。地方政府或者中央主管部门在自己管辖区内或者行业内，对申请上市的企业进行筛选，选择和确定可以发行股票的企业（主要是国有企业）。经过实质审查合股以后，报中国证监会批准。在执行中，由于地方政府或者中央主管部门尽量将有限的股票发行规模分配给更多的企业，结果造成了发行公司规模小，公司质量差的情况。

第二，"指标管理"阶段（1996—2000年）。所谓指标管理是指，按照"总量控制，限定家数"的管理办法，由中国证监会根据国务院要求及证券市场发展的实际情况，向各省、自治区、直辖市和计划单列市人民政法及国务院有关产业部门下达股票发行家数指标。地方政府或者中央主管部门根据上述指标，审定申请上市的企业，向证券管理部门推荐。证券管理部门同意符合条件的预选企业上报发行股票正式申报材料并给予审核。①

在当时的计划经济体制转向市场经济体制的社会背景下，审批制具有一定的现实意义。首先，审批制注重政府的作用，强调审批部门对于发行人的申请采取实质审查，进行额度管理与指标管理，通过此手段剔除了一些不良证券，防止了证券的滥发行，避免了资金资源的浪费。其次，当时的社会经济发展水平并不高，通过额度管理与指标管路的方式过滤掉一部分发行人，使投资者投资的证券具有一定的水准，也在一定程度上稳定了市场秩序，促进证券市场的长远发展。最后，对于投资者来说，良好的证券市场环境有利于培育投资者队伍，维持公众对市场的信心。

但随着社会经济的不断发展，审批制已经越来越不适应现代社会的需要。一方面，在审批制度下，企业行政化色彩浓厚，资源按照行政原则进行配置，上市企业往往承担了为地方企业脱贫解困的任务。同时，由于指标名额较少，审批制度容易滋生证券主管部门的"寻租"空间，导致腐败问题和权钱交易行为。另一方面，我国当前已经采取了市场经济体制，而审批制扭曲了中国证券市场上的供求关系。在审批制下由政府决定证券供给，与市场需求之间存在着不可调和的矛盾。

---

① 黄运成、葛蓉蓉：《中国股票发行监管制度的演变与评析》，《国际金融报》2004年9月17日第5版。

2. 证券发行核准制

由于审批制逐渐成为市场规范有序发展的绊脚石，亟须对发行监管制度进行改革。为了顺应时代的要求，1999年实施的《证券法》第15条规定，国务院证券管理机构依照法定条件负责核准股票发行申请。核准制取消了按照额度管理和指标管理等行政做法，而是采取由主承销商推荐、发行审核委员会表决、证监会核准的办法。在核准制的体制下，不需要由国务院有关部门和地方政府的推荐，只要符合法律法规的要求，是否上市取决于企业的质量好坏。证券发行审批方式的更替反映了证券市场的发展规律。

核准制是指发行人发行证券，不仅要公开全部的、可以供投资人判断的材料，还要符合证券发行的实质性条件。证券监管机构有权依照法律规定，对发行人提出的申请以及有关材料进行实质性审查，发行人得到批准以后，才可以发行证券。国家通过《证券法》对证券发行作出实质性的要求，根据不同证券的类别对发行人的最低资本额、盈利能力、资本结构等进行了区别规定。只有满足法定条件的发行申请才有可能得到发行的核准文件。

我国于2001年开始实行核准制下的"通道制"，其核心是"证券公司自行排队、限报家数"，是指每家证券公司一次只能推荐一定数量的企业申请发行股票，由证券公司将拟推荐的企业逐一排队、按序推荐。2003年证监会发布《证券发行上市保荐制度暂行办法》，决定引入保荐人制。保荐人制是指股份有限公司首次公开发行股票和上市公司发行新股、可转换公司债券必须由具有一定资格并注册登记为保荐机构的证券经营机构进行推荐方能上报。2005年修订的《证券法》明确规定了发行保荐制度，这样，保荐制全面取代了"通道制"。

3. 证券发行注册制

注册制是指法律并不限定证券发行的实质条件，证券发行人只需按照法律规定将依法应当公开的与所发行证券有关的信息和资料向证券监管机构申报注册后即可公开发行证券。在注册制下，证券监管机构不再对发行申请进行实质性审查，仅对申请文件进行形式性审查。

注册制的关键在于信息公开，在市场机制与法律机制健全的条件下，证券市场只要信息完全真实，及时公开，证券市场本身就会对上市证券自动作出最优选择。注册制反映了市场经济自由性以及政府监管效率性的理念。

（二）持续信息披露制度

持续信息披露制度，是发行人在其证券上市后，作为信息披露的义务主体，在其证券交易的过程中或在其公司上市的存续期间，及时地、持续地向全体股东和社会公众披露一切与公司有关的重要信息的制度。上市公司持续信息披露法律制度的内容，关系到投资者的切身利益，反映出上市公司的透明度，保证投资者在投资过程中得到收益及保证其合法权益得到有效保护；同时，有效的信息披露法律制度能够约束上市公司的内幕交易、虚假陈述等行为，促使上市公司不断地改善经营管理，有利于公司加强内部管理，提高公司的经济效益，维护公司在证券市场的良好信誉。目前，我国已经形成了较为完善的规范上市公司持续信息披露行为的法律制度体系，包括持续信息披露的主体、内容、形式以及违反持续信息披露义务的相关主体的法律责任等一整套制度体系。

1. 持续信息披露的主体

持续信息披露的主体包括持续信息披露的义务主体以及持续信息披露义务的执行主体。我国《证券法》第 69 条规定：发行人、上市公司公告的招股说明书、公司债券募集办法、财务会计报告、上市报告文件、年度报告、中期报告、临时报告以及其他信息披露资料，有虚假记载、误导性陈述或者重大遗漏，致使投资者在证券交易中遭受损失的，发行人、上市公司应当承担赔偿责任；发行人、上市公司的董事、监事、高级管理人员和其他直接责任人员以及保荐人、承销的证券公司，应当与发行人、上市公司承担连带赔偿责任，但是能够证明自己没有过错的除外；发行人、上市公司的控股股东、实际控制人有过错的，应当与发行人、上市公司承担连带赔偿责任。从该规定中可以看出我国持续信息披露义务主体包括以下三种。

第一，发行人、上市公司是持续信息披露义务的主体。发行人、上市公司是证券的提供者，同时也是资金的需求方，其有义务将自己的财务状况、经营状况以法定的形式向投资者公布。证券发行人的信息披露义务并不因证券发行完毕而结束，而是要一直延续到其证券退出交易市场。上市公司是已发行证券的公司其股票在证券交易所交易的公司，因此为了保护投资者的合法权益，发行人、上市公司必须承担严格的信息披露义务。如果因虚假陈述给投资者造成损害的，必须承担无过错责任。

第二，发行人、上市公司的董事、监事、高级管理人员以及其他依法履行职责的人员和机构，如律师事务所和会计事务所等，属于持续信息披露义务的执行主体。通常这些主体接受上市公司的授权，基于职务的要求而执行信息披露义务，并协助、监督义务人履行披露义务。因此，如果发行人、上市公司因虚假陈述等给投资者造成损害的，这些主体承担过错推定责任。

第三，在上市公司收购中，收购人通过证券交易所的证券交易，以要约收购、协议收购及其他合法方式收购上市公司的,除了上市公司必须将收购事项作为重大事项以临时报告的形式披露外,收购方也必须对其他证券持有人(即潜在被收购方)履行信息披露义务。

2. 持续信息披露的内容与形式

在整个持续性信息披露阶段,从持续信息披露的内容上看,持续信息披露可分为定期信息披露和临时信息披露。无论是国外还是我国都作出明确的规定,要求上市公司按期公布定期报告,及时公布临时报告,并根据监管机构或者证券交易所的要求,以指定形式披露其他有关信息。因此,编制、公布定期报告和临时报告成为持续信息披露的基本途径。根据我国《公司法》《证券法》《公开发行股票公司信息披露实施细则》以及《公开发行证券的公司信息披露内容与格式准则》第2号、第3号、第13—19号的规定,上市公司上市证券持续性信息披露的范围包括:定期报告(包括季度报告、半年度报告、年度报告);临时报告和上市公司收购报告。①

(1) 定期报告

定期报告是指上市公司依照法律规定,定期向证券主管机关提交的公司财务报告和其他报告,主要包括年度报告、半年度报告和季度报告。

其一,年度报告。

年度报告是上市公司在每个会计年度结束后的四个月内编制完成的,并向证券管理部门报送和向社会公众披露的定期文件。年度报告必须在年度股东大会召开之前交给公司每一位在册股东。根据中国证监会2003年修订的《公开发行证券的公司信息披露内容与格式准则第2号——〈年度报告的内容与格式〉》,上市公司应当披露该准则列举的各项内容。但是,该准则的某些具体要求对公司确实不适用的,公司可以根据实际情况在不影响披露内容完整性的前提下作出适当的修改,同时予以说明。

根据该准则的规定,年度报告必须如实地披露以下事项:重要提示及目录;公司基本情况简介;会计数据和业务数据摘要;股本变动及股东情况;董事、监事、高级管理人员和员工情况;公司治理结构;股东大会情况简介;董事会报告;监事会报告;重要事项;财务报告;备查文件目录。该规则还规范了年度报告摘要的内容与格式。

其二,半年度报告。

---

① 参见朱锦清《证券法学》(第三版),北京大学出版社2011年版。

半年度报告属于中期报告，是定期报告的一种，它是指上市公司在每个会计年度的前 6 个月结束后的 2 个月内向证券管理部门报送，并向社会公众公告的定期报告。中国证监会于 2003 年颁布了《公开发行证券的公司信息披露内容与格式准则第 3 号〈半年度报告的内容与格式〉》。上市公司应当根据该准则，编制半年度报告。

根据该准则的规定，中期报告必须披露的年内容包括：重要提示、释义及目录；公司基本情况；股本变动和主要股东持股情况；董事、监事、高级管理人员情况；管理层讨论与分析；重要事项；财务报告。上市公司除了应当披露该准则列举的各项内容以外，还可以根据其自身的实际情况增加其他内容。

其三，季度报告。

季度报告是中期报告中的一种，但在内容与格式上相对于半年度报告有所简化与修改，其特点体现在：季度报告信息内容要求"新"，即季度报告注重披露公司新发生的重大事项；披露时间要求"短"，相对于半年度报告和年度报告，季度报告披露时应在会计年度前 3 个月、9 个月结束后的 30 日内编制季度报告，并同其他中期报告和年度报告的披露规定相一致，将正文刊载于中国证监会指定报纸和互联网网站上。

中国证监会于 2001 年发布了《公开发行证券的公司信息披露编报规则第 13 号——季度报告内容与格式特别规定》，规定季度报告必须披露的事项包括：公司简介；主要财务指标；报告期内股东总数；报告期内经营情况；重大事项；财务会计报表变化情况；对已披露的年度计划或预算调整的内容。

（2）临时报告

上市公司的持续性信息披露义务不限于对年度报告、半年度报告和季度报告等法定文件的定期公告，更强调对上市公司某些重大事项和重大消息的报告，这种报告称为临时报告。

临时报告，是指上市公司在发生可能对公司上市证券市场价格产生较大影响的重大事件时向社会公众公开披露的报告，它包括重大事件的报告和重大消息的报告。重大事件一般指证券上市的公司发生可能对其生产经营产生重大影响，并对其发行的证券市价或资信等级产生重大影响，而社会投资者除了正当公开渠道不能获知的重大变化情况。而重大消息一般指上市公司收购。

根据《证券法》第 67 条的规定，上市公司应公告的重大事件包括：

(一) 公司的经营方针和经营范围的重大变化；(二) 公司的重大投资行为和重大的购置财产的决定；(三) 公司订立重要合同，可能对公司的资产、负债、权益和经营成果产生重要影响；(四) 公司发生重大债务和未能清偿到期重大债务的违约情况； (五) 公司发生重大亏损或者重大损失；(六) 公司生产经营的外部条件发生的重大变化；(七) 公司的董事、三分之一以上监事或者经理发生变动；(八) 持有公司百分之五以上股份的股东或者实际控制人，其持有股份或者控制公司的情况发生较大变化；(九) 公司减资、合并、分立、解散及申请破产的决定；(十) 涉及公司的重大诉讼，股东大会、董事会决议被依法撤销或者宣告无效；(十一) 公司涉嫌犯罪被司法机关立案调查，公司董事、监事、高级管理人员涉嫌犯罪被司法机关采取强制措施；(十二) 国务院证券监督管理机构规定的其他事项。

3. 上市公司收购公告

上市公司收购公告，是指持股达到法定比例的法人，就其所持股份情况或其公司收购信息进行披露的公告。此类信息披露与前者不同，信息披露的义务人是上市公司以外的该公司股份的持有人，而不是上市公司。为了保证上市公司收购的信息披露，中国证监会发布了《上市公司收购管理办法》和《上市公司股东持股变动信息披露管理办法》。同时，为了落实上述两个办法的有关规定，中国证监会发布了 5 个与之配套的文件，即《公开发行证券的公司信息披露内容与格式准则》第 15 号——《上市公司股东持股变动报告书》、第 16 号——《上市公司收购报告书》、第 17 号——《要约收购报告书》、第 18 号——《被收购公司董事会报告书》和第 19 号——《豁免要约收购申请文件》。

上市公司收购的信息披露包括大量持股预警公告，如《证券法》第 86 条规定：通过证券交易所的证券交易，投资者持有或者通过协议、其他安排与他人共同持有一个上市公司已发行的股份达到百分之五时，应当在该事实发生之日起三日内，向国务院证券监督管理机构、证券交易所作出书面报告，通知该上市公司，并予以公告；在上述期限内，不得再行买卖该上市公司的股票。投资者持有或者通过协议、其他安排与他人共同持有一个上市公司已发行的股份达到百分之五后，其所持该上市公司已发行的股份比例每增加或者减少百分之五，应当依照前款规定进行报告和公告。在报告期限内和作出报告、公告后二日内，不得再行买卖该上市公司的股票。还包括全面收购公告，如《证券法》第 88 条规定：通过证券交易所的证券交易，投资者持有或者通过协议、其他安排与他人共同持有一个上市公司已发行的股份达到百分之三十时，继续进行收购的，应当依法向该上市公司所有股东发出收购上市公司全部或者部分股份的要约。收购上市公司部分股份的收购要约应当约定，被收购公司股东承诺出售的股份数额超过预定收购的股份数额的，收购人按比例进行收购。

(三) 累积投票制度

累积投票制是相对传统直接投票制而言的，是对"一股一权""资本多数决"原则的修正。所谓累积投票制度，是指在股东大会选举的董事、监事人数为两名以上时，股东所持每一股份拥有的投票权与所选举的董事、监事人数相等，股东既可以把所有的投票权集中起来选举一人，也可以分散选举数人。这就使得少数股东可以将其拥有的投票权捆绑起来，集中地投向自己满意的部分董事、监事候选人，确保其在公司机关内有相当于其所持股份比例的发言权和投票权，改变普通选举中由控制股东包揽全部董事人选的局面，从而改变大股东对董事会一统天下的控制状况。[1]

累积投票权作为一种共益权，是实现制约控股股东的滥权、维护中小股东权益的一种手段，有典型的工具价值。[2] 该制度使中小股东有机会选出代表自己利益的董事或监事进入公司的董事会或监事会，从而制衡控股股东及其操纵的董事会和监事会，使控股股东不能无视中小股东利益的存在，更不能随意侵害中小股东的合法权益。其本质是一种对抗控股股东滥用持股优势、维护中小股东权益的机制，该制度的价值在于对小股东以制度救济，增强其对公司的人事控制力。[3] 这能够对大股东、控制股东通过操纵董(监)事会滥用权力的行为进行一定的约束，增强决策的公正性、科学性，在一定程度上平衡小股东与控制股东之间的利益关系，刺激小股东的投资热情与积极性。

我国国内首次引入累积投票制是 2002 年初颁布实施的《上市公司治理准则》，该准则中的第 31 条规定：在董事的选举过程中，应充分反映中小股东的意见。股东大会在董事选举中应积极推行累积投票制度。控股股东控股比例在 30% 以上的上市公司，应当采用累积投票制。采用累积投票制度的上市公司应在公司章程里规定该制度的实施细则。随后 2005 年修正的

---

[1] 宋智慧：《我国公司法累积投票制度研究》，《社会科学辑刊》2011 年第 2 期。

[2] 李勇军、朱月娟：《公司累计投票制的性质、价值及其实现——基于对〈公司法〉第 106 条的分析》，《西北农林科技大学学报》（社会科学版）2012 年第 3 期。

[3] 王继军：《股份有限公司累积投票制度研究》，《中国法学》1998 年第 5 期。

《公司法》第 106 条对累积投票制作了专门规定：股东大会选举董事、监事，可以依照公司章程的规定或者股东大会的决议，实行累积投票制。本法所称累积投票制，是指股东大会选举董事或者监事时，每一股份拥有与应选董事或者监事人数相同的表决权，股东拥有的表决权可以集中使用。这是我国首次以法律的形式提出累积投票制度，是新公司法的一大进步之处。

累积投票权制度的独特作用主要在于：一是限制"资本多数决"原则的滥用，二是增强对中小股东权益的保护。具体来说，"资本多数决"制度本应是无可争议的法律原则和表决机制，是公司法最可选择的公平手段。这一原则对于保护大股东的投资热情、平衡股东间的利益关系和提高公司决策效率等均有十分重要的作用。这是股东平等的基本体现，在普遍意义上"资本多数决"原则是公平的。然而，基于"资本多数决"原则被滥用的现实，出于对中小股东利益进行保护的考虑，有必要对大股东表决权进行限制。因此累积投票制就是该直接限制原理在公司法中的运用，它实际上是增强了中小股东的表决权，弱化了大股东或控股股东的表决权的明显优势，在一定程度上缓冲了大股东利用表决权优势产生的对公司的控制并由此而形成的二者的对立状态，成为限制"资本多数决"原则被滥用的方式之一。

在实践中，累积投票制不仅可以通过约束大股东，防止大股东利用表决权优势操纵董事、监事的选举，矫正"一股一票"表决制度存在的弊端，该制度还可以限制表决权的重复使用，避免大股东垄断全部董事、监事。按照这种投票制度，在选举董事时每一股份代表的表决权数不是一个，而是与待选董事的人数相同。股东在选举董事时拥有的表决权总数，等于其所持有的股份数与待选董事人数的乘积。投票时，股东表决不再是一股一表决权，而是一股数权，股东可以将其表决权集中投给一个或几个董事候选人。与单纯的资本多数决原则相比，中小股东选举获胜的机会大大增加。通过集中投票的方法，中小股东选出代表自己利益的董事，避免大股东垄断全部董事的选任。同时还可以减少大股东利用表决权优势产生的对公司的控制，增强小股东在公司治理中的话语权，有利于公司治理结构的完善。

通过适用累积投票制，中小股东选举代表自身利益的董事机会增加了，中小股东群体表达意志的可能也增加了。因此，中小股东有机会将自己的利益代言人选入董事会内部，而一旦在董事会获得一席之地，中小股东的利益代言人便能在董事会内部行使一定的知情权、决策权和监督权，中小股东将会有更多的机会参与公司治理。而大股东的控制权并不会因此而受到致命的影响，即使小股东能够借助这种方式获得一定比例的董事会席位，大股东照样能够在这项制度下获得对董事会相对的控制权。此时，控股股东和中小股可以共同参与公司决策、治理，加强了股东之间的对话沟通，避免了不必要的误解和冲突，也起到了公司内部权力制衡的作用。

同时，累积投票制还能提高董事会的工作效率，降低公司的决策风险。董事会作为公司的业务执行机关和决策机关，在公司治理中处于中心地位，因此董事会的工作效率极大地影响着公司的业绩。通过累积投票制选出的中小股东的代言人进入董事会，给董事会注入了新鲜血液，大股东和小股东的利益代言人在一起各抒己见，能够发挥集体智慧的力量。中小股东的代言人进入董事会，使董事会的决策过程中有了另外一种声音，其他的董事成员在协商决定的时候会更加谨慎和稳健，因为他们知道这位代表小股东利益的董事会对违反投资规则的行为保持警惕。因此，累积投票制对于减少大股东侵害小股东利益、监督公司的管理层、防止出现过于独立的董事会都能起到积极作用。

（四）证券集团诉讼制度

证券集团诉讼制度是指当上市公司等违法主体的证券侵权行为损害了股东群体性利益时，少数股东为群体甚至全体股东的利益向侵权人（包括但不限于上市公司及其高管人员）提起的民事赔偿诉讼结果适用于全体受损害股东的制度。该制度起源于英国，发展在美国。因其独特的社会功用和特征在美国各个领域内起到了一定的社会效果。单个中小投资者的损失额可能会比较小，而起诉的成本会非常高，使得单个的受侵害人没有动力去维护自己的权利。证券集团诉讼制度使得更多的中小投资者可以通过一个拟制集团的方式，使得他们的诉讼权利能得到救济。这个集团包容数量巨大的中小投资者，有利于保护广大中小投资者的权利，更有利于实现诉讼上的救济。同时，证券集团诉讼制度可以减轻法院负担避免重复诉讼，减少社会诉讼资源的浪费，实现诉讼经济，更有利于实现司法救济上的公平。证券集团诉讼制度保护了易受侵害的小额多数权利人的利益，并在一定程度上增加了证券发行人的违法成本，对其起到了震慑效果，也起到了改善公司治理结构，纠正证券市场的违法行为，促进证券市场良好秩序运行的作用。

1. 证券集团诉讼的制度特色

解决人数众多的纠纷是集团诉讼的特点，人数越多越能显示出这一制度的优势。和其他诉讼比较而言，集团诉讼能够真正地发挥其群体诉讼的功能，或者说其在程序设计上能够明确地作出群体诉讼的功能定位。作为针对证券违法行为所具有的特点而设计出来的诉讼机制，证券集团诉讼具有以下三大特色。

第一，采用"明示退出"的规则。

只有当股东以明示方式退出时才不受判决拘束，否则即受判决拘束。这相对于分别起诉再合并审理或是必须等待公告期内对权利人逐一进行资格审核与造册登记来说，效率要高、成本要低，因此更利于保护人数众多且分布在不同地域的股东的利益，更利于保护广大中小股东的权益。

第二，施行胜诉酬金制。

证券集团诉讼制度多由专业诉讼律师牵头召集进行，并且律师多以风险代理方式接受委托。从诉讼开始到结束，律师几乎是全程提供服务，甚至可以代垫案件受理费，股东从签署全权委托代理诉讼合同至案件结束几乎不用操任何心。如果胜诉，只需从获得的赔偿额中支付一定的诉讼代理费用。如果败诉，则免缴诉讼代理费用。这样不仅降低了诉讼门槛，使弱者得到了救助，而且高额甚至巨额的诉讼请求吸引了大批高水平律师的加盟，增强了原告获得优质法律服务的能力。

第三，法院在诉讼中成了积极主动的司法管理者。

证券集团诉讼制度对法官素质的要求较高，在证券集团诉讼制度中法院的职能定位稍有不同。它不再是中立的裁判者，而是以积极主动的姿态参与到诉讼中去，成为原被告双方利益的监督者，更有甚者成为公共政策的制定者。证券集团诉讼提出后，集团诉讼的诉讼代表人和律师就被假定承担了代表广大集团成员利益的信托责任，法院必须承担包括监督集团诉讼代表人和集团律师在内的、从各方面维护集团成员利益的责任，法院拥有广泛的管理案件的权力。①

2. 证券集团诉讼的价值分析

证券集团诉讼制度最重要的内在价值是其可以在一个单一的诉讼中将广大的中小投资者集中到一个拟制的集团中作为原告，使其具备强大的力量对抗诉讼中的被告，平衡了原被告双方的诉讼地位，提高了诉讼效率，维护了资本市场的良性运作和证券市场的稳定。

第一，证券集团诉讼制度更有利于保护中小投资者的利益。

单个中小投资者的损失额可能会比较小，而起诉的成本会非常高，使得单个的受侵害人没有动力去维护自己的权利。证券集团诉讼制度使得更多的

---

① 任自力等：《证券集团诉讼：国际经验 & 中国道路》，法律出版社 2008 年版，第 30 页。

中小投资者可以通过一个拟制集团的方式，进行诉讼。强大的集团使广大投资者尤其是中小投资者不再处于弱者的地位，能够与力量强大的上市公司相对抗。在法律关于集团的相关规定中通过诉讼弥补自己受到的损害，实现对个体损害的补偿。

第二，证券集团诉讼更有利于发挥诉讼程序优势。

证券集团诉讼制度可以使法院避免重复诉讼的负担，减少社会诉讼资源的浪费，实现诉讼经济，更有利于实现司法救济上的公平。若单个受损害的投资者都进行诉讼，则法院面对相同或是相类似的案子都要审判一次，这样不仅加重了法院的负担，也造成了社会司法资源的浪费。虽然法律规定相同，但是各地审判水平、社会环境等各方面的差异，会得出同案不同判的结果，相同的受害人拿到不同的判决结果，获得不同的赔偿金额，造成了不平等的现象，而证券集团诉讼可以改变这种现状。

第三，证券集团诉讼更有利于规制证券市场上的不法行为。

由于证券集团诉讼可以包容相当数量规模的受害人，众多的受害人要求的赔偿额往往非常巨大，这样在一定程度上增加了证券发行人的违法成本，对其形成很大的震慑和教育作用。

（五）董事责任追究制度

无论是大陆法系还是英美法系，董事对公司都负有注意义务和忠实义务。如果董事没有完全履行其义务，他们将会因此而承担相应的责罚。为了避免和减少经营者的滥权行为，除规定董事要对自己的不法行为承担责任外，还应该有科学可行的董事责任追究制度。

1. 我国董事责任追究制度的立法现状

1993年制定的《公司法》较早提出了董事对公司应该负担的义务，但是该规定较为抽象，第59—62条只是规定了董事、监事、经理不得利用其地位和职权谋取私利、不得侵占公司财产、不得挪用公司资金等部分具体的董事忠实义务事项，并未能对董事的忠实义务作出一般性的规定，也没有对董事的注意义务作出规定。此外，该法对于董事责任的追究的规定也仅限于其第63条规定的"董事、监事、经理执行公司职务时违反法律、行政法规或者公司章程的规定，给公司造成损害的，应当承担赔偿责任"，并未对受损害的第三人的救济途径或救济方式作出规定。

直到2013年修订的《公司法》第147条就董事对公司负有忠实义务和勤勉义务进行了一般性的规定，还在第151条引进了股东代表诉讼制度，该制度对强化董事责任、增强责任追究的操作性具有重要意义。此外，该法第

152条还以股东在董事损害股东利益时有权向法院直接起诉的规定方式，体现了其认可董事对第三人也负有义务的立法精神，这对于因董事违反义务而遭受损害的第三人的利益的保护是一个重大突破。

2. 我国董事责任的追究机制

在我国，传统上法律首先重视的是行政责任的追究，对董事责任的追究也不例外。证监会非常重视对上市公司董事的行政处罚和市场禁入。详见本书第八章。在民事责任方面，公司法主要规定了下列两种对董事的民事诉讼制度。

（1）直接诉讼

第一，董事对公司担责的追究机制如下。

当董事违法侵害公司利益时，只有公司才有权追究董事的责任。我国《公司法》第149条规定：董事、监事、高级管理人员执行公司职务时违反法律、行政法规或者公司章程的规定，给公司造成损失的，应当承担赔偿责任。《公司法》第151条规定，当董事、高级管理人员有本法第149条规定的情形的，由监事会或者不设监事会的有限责任公司的监事向人民法院提起诉讼；监事有本法第149条规定的情形的，则由董事会或者不设董事会的有限责任公司的执行董事向人民法院提起诉讼。

董事会是公司的代表机关，其通过会议的形式作出决定，决定由董事会授权给单个董事或经理执行，董事对公司业务执行负有监督义务。因此，单个董事违法行为给公司带来损害时，其他董事往往被规定为与违法董事一起承担连带责任。这样，公司对违法董事责任的追究就变成了对所有应该对这一行为承担责任的董事的追究。我国《公司法》第112条第3款规定：董事应当对董事会的决议承担责任。董事会的决议违反法律、行政法规或者公司章程、股东大会决议，致使公司遭受严重损失的，参与会议的董事对公司负赔偿责任。但经证明在表决时曾表示异议并记载于会议记录的，该董事可以免除责任。根据该条款规定，对公司的严重损失承担责任的应为公司大多数董事，而不仅仅是单个董事。因此，董事对公司的责任承担主体通常是具有团体性的。

第二，董事对单个股东担责的追究机制如下。

一般说来，董事的违法行为造成公司利益损失，最后将使公司的股东遭受损失。股东的损失是通过公司这个中介而遭受的，为间接损失。董事的违法行为有时还会给单个股东造成损失。为此，有些国家规定，当董事的行为使单个股东遭受损失时，股东有权追究董事的责任。我国《公司法》第152

条规定：董事、高级管理人员违反法律、行政法规或者公司章程的规定，损害股东利益的，股东可以向人民法院提起诉讼。这样，单个股东在其权益受到损害时，可以依法追究侵权董事的责任。

第三，董事对公司债权人担责的追究制度如下。

如果董事的违法行为造成公司债权人损失时，董事还应当承担责任，债权人享有追究董事责任的权利。基于其地位，董事对公司债权人没有独立的义务。但是，在特别情况下，董事对公司债权人负有义务。我国《公司法》没有规定董事对公司债权人的义务，董事不对公司债权人承担责任。

（2）股东派生诉讼

股东派生诉讼是指当公司的利益受到由公司董事、高管和相关人员造成的侵害，公司又疏于追究责任时，股东可以通过诉讼来追究责任的一种制度。具体论述详见下文。

（六）股东代表诉讼制度

股东代表诉讼，是指当公司拒绝或怠于通过诉讼追究公司董事、监事、高管、控股股东、实际控制人和第三人对公司所负的义务和责任时，具备法定责任的股东有权依据法定程序以自己的名义，但为了公司利益而提起诉讼。股东代表诉讼又称为"股东派生诉讼"。

股东代表诉讼提起权是一种共益权，而非自益权。股东提起代表诉讼的诉讼利益并非属于作为公司投资者的股东，而是属于公司整体。代表诉讼获胜的结果往往导致公司获得相应的利益，这种结果又间接使公司股东、债权人和职工受益。既然股东提起代表诉讼并非只为追求自身的利益，因此代表诉讼的提起权属于共益权的范畴。[①] 进一步说，代表诉讼提起权在有限责任公司中属于单独股东权，而在股份有限公司中属于少数股东权。根据《公司法》第 151 条的规定，有限责任公司的任何股东，无论其持股时间、持股比例如何，均可具备股东资格。立法者如此设计的原因，是为了鼓励小股东监督公司的正常运营，维护公司的整体利益。至于股份有限公司的股东，则并非当然具备股东代表诉讼的原告资格。原告股东必须是连续 180 日以上单独或合计持有公司 10% 以上股份的股东。立法者如此设计，主要是为了防止个别居心不良的投机股东滥用权利。

---

① 刘俊海：《现代公司法》，法律出版社 2008 年版，第 274—275 页。

1. 股东提起代表诉讼的前置程序

根据《公司法》第 151 条的规定，原告股东可书面请求监事会、董事会、执行董事向人民法院提起诉讼；监事会、董事会、执行董事收到前款规定的股东书面请求后拒绝提起诉讼，或自收到请求之日起 30 日内未提起诉讼，或情况紧急、不立即提起诉讼将会使公司利益受到难以弥补的损害的，原告股东方有权为了公司的利益以自己的名义直接向人民法院提起诉讼。此即竭尽公司内部救济规则。

根据该法条，原告股东应该区分两种情况分别向不同的公司机关提出落实股东诉权的请求：董事和高级管理人员执行公司职务违反法律、行政法规或公司章程的规定，给公司造成损失的，原告股东应该请求公司监事会对其提起诉讼；监事执行公司职务时违反法律、行政法规或公司章程的规定，给公司造成损失的，原告股东应该请求公司董事会或执行董事对其提起诉讼。股东对董事会或监事会提出上述请求时，应该以书面形式作出，书面请求中应当载明原告股东欲提起代表诉讼的诉讼请求、主要事实和理由。

竭尽公司内部救济规则的主要作用在于，可向公司提供由公司亲自出面提起诉讼的机会，因为公司毕竟是真正的原告。如果公司决定接受股东建议，亲自出马向责任人提起诉讼，则可节省股东提起代表诉讼的时间和费用；如果公司通过诉讼外的途径能够更好地维护公司的利益，弥补公司遭受的损害，则公司和股东都可以免除讼累；如果股东提出的诉讼请求缺乏事实根据，公司有机会向股东作出澄清，从而避免误解和不必要的诉讼活动。

2. 股东代表诉讼的具体制度设计

（1）原告股东的资格确定

《公司法》将原告股东的资格界定为有限责任公司的任何股东，股份有限公司连续 180 日以上单独或合计持有公司 1% 以上股份的股东。而且，提起代表诉讼的股东不仅包括记名股东，也包括无记名股东；既包括普通股东，也包括特别股东。若股东在提起代表诉讼后死亡（自然人股东）或消灭（法人股东），则自然人股东的继承人或法人股东的概括继承人可续行代表诉讼。因为股东的继承人或概括承继人在取得股份后，就变成作为真正原告的公司的新股东，与代表诉讼当然存在着间接利害关系。

（2）股东代表诉讼的被告范围

根据《公司法》第 151 条的规定，不仅适格股东可对违背诚信义务的董事、监事、高级管理人员提起股东代表诉讼，他人侵犯公司合法权益，给公司造成损失的，适格股东也可依法向人民法院提起股东代表诉讼。此处的

"他人"既包括控制股东和实际控制人等，也包括侵害公司权利、违背对公司所负义务的其他私法（如公司的债务人）和公法主体（如侵害公司合法权益的行政机关）。概而言之，股东代表诉讼的被告既包括董事，也包括监事、经理和其他公司经营者；既包括公司内部人，也包括公司外的第三人；既包括民事主体，也包括行政机构。

（3）持股"连续180日"的解释

《公司法》第151条的解释难点之一是，股份有限公司中原告股东的持股期限问题。根据"谁主张，谁举证"的原则，原告股东应当就其"连续持股180日"承担举证责任。2006年《最高人民法院关于适用〈中华人民共和国公司法〉若干问题的规定（一）》（以下简称《公司法解释（一）》）第4条指出：公司法第151条规定的180日以上连续持股期间，应为股东向人民法院提起诉讼时，已期满的持股时间。可以理解为，股东向人民法院提起代表诉讼之日起向前追溯180日，原告依然是公司的股东。

（4）代表诉讼费用的算定

原告股东提起代表诉讼时，应当向法院预缴案件受理费和其他诉讼费用。由于民事诉讼往往涉及损害赔偿的问题，原告理应按照争议金额和法定比例预缴案件受理费和其他诉讼费用。但原告股东提起代表诉讼毕竟是为了公司的整体利益而非个人利益，而且代表诉讼所涉及争议金额有时又十分可观，这就决定了由原告股东按照普通财产案件的情形预缴诉讼费用，既有失公平，也缺乏财力。法律若要求员工股东按照诉讼标的的金额为准计算并预缴诉讼费用，那么请求金额越高，原告股东的诉讼负担就越重，股东提起代表诉讼的概率就越小。为保护广大股东依法提起代表诉讼的积极性，应该类推适用最高人民法院审判委员会第411次会议通过的《民事诉讼收费办法》关于非财产案件的规定，每件代表诉讼案件受理费为10—50元。这符合构建和谐社会的时代要求，也体现人民法院司法为民的先进司法理念。

（七）公司非讼程序制度

公司非讼程序制度的概念是建立在非讼程序基础之上的。所谓非讼程序，是指法院在审理非讼案件的过程中，针对非讼案件的特点所适用的一种特殊程序。所谓非讼案件，是指当事人或利害关系人之间不存在民事权利义务争议，只是请求法院确认某种事实是否存在，从而使一定的法律关系发生、变更或者消灭的案件。与诉讼程序相比较，非讼程序具有快捷、迅速、及时解决纠纷的特点，在一定程度上能够预防纠纷的恶化，对非讼案件的解决较之诉讼程序更具有制度优势。公司非讼程序制度就是用来解决公司非讼案件的非讼程序，是非讼程序在公司纠纷领域适用的具体表现。公司非讼程序制度是民事非讼程序的一个重要部分，只是涉及公司这一商事主体，是一种商事性质的非讼纠纷处理程序。

1. 公司非讼程序制度介入公司治理的价值

首先，公司非讼程序制度的构建有利于我国解决公司纠纷的司法资源配置不当的问题，实现节约司法资源、优化资源配置的目的。我国《公司法》并无非讼程序的规定，只能以诉讼程序审理。法院居于裁判者的地位，对双方当事人的纠纷进行居中裁判，所耗用的时间长，大量司法资源被浪费。而在非讼机制中，法院通过选任、指定等方式来直接干预公司事务，不涉及公司实体权利、义务的纠纷，这种直接干预方式简便而高效。因此当纠纷的救济程序不能有效保障当事人的合法权益时，我们就有必要重新考虑该程序的适用是否合理。

其次，公司非讼程序制度的构建有利于预防纠纷的发生。诉讼机制一般是一种事后性的解决纠纷的机制，对于已经发生的权利义务纠纷进行审理，达到平息纠纷的目的。而非讼机制是一种事前性的解决纠纷的机制，在纠纷发生之前，通过司法干预公司的相关事务，避免公司出现相关运营问题。这种预防机制更有利于实现公司治理的目标，防止董事、监事、高级管理人员等滥用权利，达到平衡公司经营的目的。

最后，公司非讼程序制度的构建有利于弥补司法介入公司治理的结构性缺陷。公司内部解决机制是解决公司自治纠纷的主要途径，但并不是万能的，其解决纠纷的手段或制衡机制是有限的，并不能解决所有纠纷，当救济不能时，司法就有必要介入公司治理。公司非讼程序的股东诉讼的直接目的在于实现某种权利，但其实质作用在于司法权经非讼程序这一独特的方式介入公司治理当中，重点保障和协调公司程序的健康运行，起到不可替代的公司润滑剂的作用。

2. 公司非讼程序制度应遵循的基本原则和适用条件

由于公司非讼程序属于非讼程序的一种，只是对适用于公司法领域的非讼程序的一个便宜称谓，因此非讼程序的一般原则和适用条件同样适用于我国公司非讼程序的构建。同时，公司非讼程序作为特别领域的非讼程序，也有其特定的规则需要去遵守。

（1）审理以简易主义和职权主义为原则

简易主义表现在，非讼案件的审理通常采取不公开审理、书面审理，简洁、迅速地作出裁判，满足非讼案件对效率的要求，减少司法资源的过多占用和当事人的诉讼成本。在证据标准上采取较为宽松的证明标准，一般的公司非讼案件采取独任制，疑难复杂案件才适用合议制。职权主义表现在以下两方面：在程序主导权上，非讼案件往往涉及第三方权益，为公平保护各方利害关系人合法利益，在程序进程中法院应起主导作用，约束当事人的权利，限制当事人对程序进程的影响；在非讼程序中实行职权探知主义，限制或排除处分原则，法官具有较大的自由裁量权。

（2）裁判的效力具有继续性

由于诉讼案件对实体权益有较大争议，所以对裁判公信力和安定性有较高要求，即在诉讼程序中，生效裁判非经法定程序不得擅自变更或撤销。而在非讼案件审理中对实体权益争讼性较小，但认定的事实往往会因为实体权利的变更等某些原因而发生变化，即具有继续性。同时，由于非讼事件的涉他性，案件的结果往往关涉他人利益，所以法院依职权作出的裁判要更加注重妥当性，符合案件审理目的。但法院的原裁判在情事变更时往往与最初的审理目的背道而驰或者不适当，不利于合法权益人的利益保护甚至达到损害的程度。如依照一般诉讼程序那样，对生效裁判的变更或撤销要经过再审程序才能得以实现，不仅时间漫长而且程序复杂，不利于裁判的及时变更和撤销。可能通过再审程序完成对原裁判的变更或撤销时，情事又发生变更，此时司法的权威性将大打折扣，而且纠纷迟迟得不到解决。所以对非讼程序原裁判的变更或撤销较之诉讼裁判的变更或撤销要更加便捷和及时，以确保裁判的和目的性。最好的解决办法是赋予原审法院变更或撤销自身依非讼程序所作的裁判的权利。

3. 公司非讼程序制度介入公司治理的主要情形

（1）关于股东查阅权的保护

股东的查阅权是指公司股东有权查阅公司会议记录和账簿等公司文件以了解公司信息的工具性权利。在公司中小股东不能有效行使其股东权利的主要原因在于股东间的信息不对称，因此股东查阅权是中小股东获取公司信息维护合法利益的重要手段。虽然我国《公司法》第33条规定了有限责任公司股东的查阅权，第97条规定了股份有限公司股东的查阅权。但是仍存在不足之处。

其一，对于股东查阅权的有关规定过于原则化，导致法条的操作性较弱。虽然《最高人民法院关于适用〈中华人民共和国公司法〉若干问题的规定（四）》（以下简称《公司法解释（四）》）第10条对查阅权进行了补充规定，"人民法院审理股东请求查阅或者复制公司特定文件材料的案件，对原告诉讼请求予以支持的，应该在判决中明确查阅或者复制公司特定文件材料的时间、地点和特定文件材料的名录"。但是，该条规定只是明确了相应的辅助条件，如时间、地点与名录等，对于有限责任公司的股东"有权请求"查阅相关会计账簿但是"能否查阅"的相关问题并没有予以明确。其二，对股东查阅权的救济制度不够完善。当有限责任公司的股东查阅权受阻时，仅规定股东有权请求法院要求公司提供查阅，并没有相应司法救济途径。因此通行办法只能是走诉讼程序，法院依据《公司法》第33条受理以后，经过审理与判决，可能还要经过上诉与二审，这样就花费了股东大量的时间与精力成本。但是，这些材料大多具有很强的时效性，股东查阅的目的也在于通过这些材料及时了解公司状况和行使其他股东权利，如果通过诉讼解决纠纷，即使股东胜诉，经过漫长的等待这些材料的查阅价值也已大打折扣，股东提起的诉讼已经没有意义了。其三，针对股份有限公司股东的查阅权甚至没有规定寻求救济的权利，更加没有救济途径的规定。纵然股东为维护权利诉至法院，由于没有相应的救济程序，法院也只能走诉讼程序，同样不能妥当地救济股东的权利。

(2) 股份回购请求权中回购股份的价格确定

异议股东股份回购请求权，指的是在特定的情形下，异议股东得以要求公司以合理价格收购自己股份的权利，这是在"资本多数决"原则下，保护少数股东权益的一项救济性权利。

对此我国《公司法》也作出了相应的规定，但美中不足的是对回购股份价格的确定含混不清，仅针对有限公司作出"合理价格"这种原则性规定，甚至没有提及股份有限公司。很明显《公司法》关于这部分的规定过于粗略和原则化，这为实际操作带来很大的困扰。异议股东股份回购请求权纠纷的重点在于回购股份的价格确定问题，且并不涉及实体权利本身，符合非讼纠纷讼争性不强的特征。法院依职权调查确定或者指定专业第三方来确定价格和期限是解决该问题行之有效的方式。非讼程序完全可以胜任，而且较诉讼程序不仅减少了司法资源的浪费又能减轻当事人的负担，保证当事人得到妥当迅捷的裁判。

(3) 股东会召集权的行使

股东会是公司的权力机关和决策机关，也是公司治理的核心机构。出资人以盈利为目的投资设立公司成为公司股东，通过参加股东会议，并在股东会议上通过投票表决的方式表达使自己或一部分股东的意志上升为公司的意志参与公司治理。因此，股东会能否正常召开，与股东的权力能否正常行使息息相关。① 我国《公司法》第 40 条对于有限责任公司股东会和第 101 条对于股份有限公司股东会的召集权分别作了规定，还存在着以下不足之处。

一方面，《公司法》只规定了在董事会和监事会都不召集的情况下，可由股东自行召集。说明对于股东会的召集问题只是规定了自力救济的程序，尚未规定相应的司法途径。另一方面，《公司法》针对股东的股东会召集权的规定过于简单，仅对股东的客观资格条件作出了规定且缺乏权利约束，这大大增加了权利滥用的风险。众所周知，股东大会的召集将耗费大量时间成本和经济成本，故只有在确有必要的情况下，董事会才会同意该项申请。因此"各国在规定股东大会召集提议权的同时，要求股东以书面形式说明目的和理由，以便董事会讨论其适当性"。而我国《公司法》对股东召开股东会的说明理由义务并未考虑，只要股东符合资格就可以自行召集和主持股东会。

---

① 刘桂清：《公司治理视角中的股东诉讼研究》，中国方正出版社 2005 年版，第 87 页。

第二章

交叉上市与公司治理

随着经济全球化的发展和资本市场的不断开放，越来越多企业基于募集资金、降低资本成本、提高资本流动性等的财务动机和提高企业声誉、扩大企业规模、增强企业竞争力等的商业动机开始进入国际资本市场。与此同时，全球主要证券交易所为了各自的利益和竞争地位，也采取各种措施努力吸引各国优质的潜在上市资源，这进一步推动了企业在不同国家和地区交叉上市的浪潮。对于我国来说，自1993年7月15日青岛啤酒在香港上市并于1个多月后回归A股市场成为首家实现A+H交叉上市的内地公司后，截至2014年8月，在香港证券交易所主板实现A+H交叉上市的我国公司已达88家，在美国场外交易市场（简称OTC市场）和纽约证券交易所实现A+N交叉上市的我国公司已达19家。随着我国企业的快速增长和金融市场的进一步开放，可以预见到未来会有更多的公司在国内和国外股票市场上交叉上市。

公司治理作为解决现代公司所有权与控制权分离问题的制度安排，最近几十年来在全球范围内受到理论界和实务界极大的关注。它不仅是现代公司运行、管理和持续发展的必要条件，在很大程度上决定着公司的效率，而且也是现代市场的微观基础，对一国的资本市场乃至整个经济的发展具有重要影响。我国公司选择在境外证券市场上交叉上市，必然会面临着与内地不同的法律环境、不同的监管机制和不同的金融市场，这些不同的市场环境会对上市公司产生一定的约束，而且不同的证券市场对于上市公司在规模、盈利能力以及企业制度上有不同的要求，这些因素不可避免地对公司治理产生影响。同时交叉上市股东具有国际化、多元化的特点，不同股东又具有差异化的利益诉求，这些都需要公司治理机制去协调股东间的利益关系。因此，就有这样的问题值得我们去思考：由于交叉上市，上市公司面临着两个或两个以上的证券市场的监管，这必然使得交叉上市公司治理有一定的改进，那么交叉上市这个外部机制对上市公司治理的改进具体表现在哪些方面？同时，根据公司在不同证券市场上市的先后顺序，交叉上市分为三种模式，即由内向外交叉上市模式、由外向内交叉上市模式和同时交叉上市模式，这些不同的上市模式对上市公司治理改善的效果又有哪些不同？对这些问题的探索对我国国有企业的改制、民营企业规范公司治理等具有十分重要的现实意义。

第一节　交叉上市对公司治理影响的理论分析

一　交叉上市的内涵

交叉上市（Cross Listing）是指同一家公司在两个或两个以上不同证券市场上发行股票上市的行为。在国外相关文献中有一些学者用双重上市（Dual Listing）来表述，但交叉上市（Cross Listing）和双重上市（Dual Listing）是有区别的，前者的概念范畴大于后者，交叉上市不仅包括双重上市，还包括多重上市。① 我们之所以采用交叉上市的概念是因为我们的研究对象——我国交叉上市公司虽然主要在香港和内地两个证券交易所挂牌上市，但也有部分同时还在美国证券交易所等地挂牌，实行三地甚至更多地点上市，因此用交叉上市表达更准确一些。

交叉上市的模式主要有三种：第一种是"由内向外"交叉上市模式，即上市公司先在境内市场上市再到境外市场上市，大多数国家的公司采取这种方式；第二种是"由外向内"交叉上市模式，即上市公司先在境外证券市场上市再到境内市场上市，我国公司主要采取这种方式；② 第三种是同时上市模式，即上市公司同时在境内、境外证券市场发行股票上市。

公司到境外交叉上市的方式主要有两种，一种是发行普通股（即基础股份），另一种是在境外发行代表基础股份的衍生凭证（即代表持有外国公司股份的存托凭证）。③ 这两种方式的区别主要体现在证券持有者的法律地位上。前一种方式是发行股票的公司直接在上市地依照当地的证券法律法规按一定的程序和要求在证券交易所发行普通股上市，普通股依照

---

① 潘越：《中国公司双重上市行为研究》，北京大学出版社2007年版，第1页。
② 尽管香港市场和内地市场均属于中国市场，但由于历史遗留问题，香港市场在法律制度环境、投资者、监管要求、交易规则方面均优于内地市场，更与国际市场接轨，因此在大多数文献中香港市场（H股市场）均被称为境外市场，内地市场（A股市场）均被称为境内市场。
③ ［西班牙］戈西马丁·阿尔弗雷泽：《跨境上市：国际资本市场的法律问题》，刘轶、卢青译，法律出版社2010年版，第10页。

上市地市场计价、交易和结算，股票持有者为公司股东，与公司其他股东的法律地位一样。而后一种方式是发行股票的公司将普通股托管给上市地具有相关资质的银行，由托管银行代为发行代表普通股股份的存托凭证，其计价、交易和结算均为在本国的衍生证券，托管银行是真正的股权行使机构，存托凭证的持有者只是持有托管银行发行的证券，并不是真正的股东，因此他们不能与公司其他股东一样行使股东的权利。

二 交叉上市的约束假说

（一）约束假说的内涵

约束假说最初是由科菲（Coffee）和斯图尔兹（Stulz）提出的，他们通过研究发现，美国的法律法规能够有效保护中小投资者的利益，遏制在美国交叉上市公司的控股股东攫取中小股东利益，使控股股东的代理成本降低。而且美国证券市场上的各种声誉中介机构也会对上市公司产生约束，由此对中小投资者的利益产生一定的保护作用。随后越来越多的学者开始对约束假说展开讨论，通过对相关文献的梳理和归纳，约束假说主要分为两个方面：法律约束和声誉约束。

法律约束以委托—代理理论为基础，包含两个方面的含义。一是由于控股股东与外部股东存在着代理问题，在对投资者保护较弱或法律执行不力的环境里，控股股东在公司面临好的投资机会时，会自愿地将公司放在一个法律制度相对完善的证券市场上市，以此来达到约束自身对中小股东利益的侵占、加强对中小股东的投资保护的目的。二是一旦公司交叉上市，上市地的证券监管机构及其他声誉机构也会对这些公司的控股股东对中小股东利益攫取的行为进行惩戒。

在声誉约束方面，西格尔（Siegel）最先将法律约束效应与声誉约束效应分离。他通过研究发现，如果一个公司在证券市场上长期具有良好的表现行为，那么这家公司就会因为良好的市场声誉而获得更多的外部投资。基于此，他提出了一个新的观点：交叉上市公司不仅受到上市地的法律约束还受到上市地证券市场的声誉约束。沃伊齐克（Wójcik）等认为，声誉约束效应是投资者、投资顾问、评级机构、审计师等投资机构和中介机构通过外部信息传递对交叉上市公司的监督作用。[1]

---

[1] 转引自徐健、李维安《交叉上市约束效应研究述评与未来展望——基于法律约束和声誉约束视角》，《外国经济与管理》2014年第4期。

(二) 交叉上市的约束效应

作为约束理论的两个方面，法律约束和声誉约束对交叉上市公司的影响机制是不同的。斯图尔兹、科菲、道伊奇（Doidge）等的研究认为法律约束主要通过筛选机制和监管机制发挥作用。筛选机制是指美国证券法律法规执行部门通过重重审核，对那些想要在美国上市的公司在其符合相应的申请条件时准予上市。筛选机制对想要在境外上市的公司的上市政策有一定影响，这些公司想要在美国证券市场上成功上市就需要考虑自身所应具备的条件。监管机制是指在美国交叉上市的公司需要接受美国证券监管部门对其股票的交易和相关财务信息的监管，并做好接受因自身违规行为而带来的法律惩罚的准备。因此，在美国上市的公司一方面会因遵守美国证券市场相关法律法规承担相应的合规成本，另一方面也会因为美国严格的监管制度环境而带来公司治理方面的改善和公司价值的提升。

科菲、沃伊齐克、道伊奇等人通过研究发现，声誉约束对交叉上市公司的约束作用是通过信息传导机制和监督机制起作用的。

信息传导机制是指声誉媒介在公司、证券投资者和证券监管部门之间进行信息传递的过程。声誉媒体监督作用能否有效发挥与美国的信息环境的有效与否密切相关。在一个良好的信息环境里，交叉上市公司的相关信息能够有效地被传递给证券投资者和证券监管部门，这对那些有着良好声誉的上市公司会产生积极影响，而那些声誉较差的公司就会受到相应的惩罚，从而增大公司交叉上市的风险。

第二节 我国公司交叉上市的发展历程及现状分析

一 我国公司交叉上市的发展历程

（一）第一阶段（1993—1997 年）

这一阶段的主要特点是：政策鼓励，快速发展。

这一时期我国正处于资本市场起步阶段，为了推动资本市场的发展，国家对企业交叉上市的态度是鼓励支持，我国公司交叉上市活动得到了快速发展。

最早我国公司赴境外上市实行分批预选制，由国务院证券监管部门选择部分大型国有企业分批到境外上市，这一政策实施到1999年。① 这一时期共确定了三批境外上市公司的名单。1992年10月，首批赴港上市的9家H股试点公司确定，主要是生产型企业，涉及钢铁、机械、石化领域。至1994年6月，这9家公司全部在香港成功上市，它们的主挂牌地在香港，但同时也在英国、新加坡、美国的证券市场上通过发行存托凭证的方式上市。与此同时，国家也在积极推动这些公司在内地股市融资，这9家公司均得到了回归内地市场发行A股交叉上市的批准。其中，1993年8月青岛啤酒股份有限公司在发行H股1个多月后返回内地成功发行A股，成为我国首家A+H交叉上市公司。

1994年7月国务院确定第二批共22家境外上市公司预选名单，但由于这一时期国内经济宏观调控，国有企业改组导致企业经营业绩不佳等方面的原因，最终这22家只有6家在香港证券市场上成功上市，后来有5家又返回境内证券市场上发行了A股。

1997年1月第三批境外上市公司预选名单公布，在香港回归祖国之际，境外居民投资H股热情高涨，共有16家公司成功发行H股，但只有3家公司返回内地市场发行A股成为交叉上市公司。

这一阶段我国公司的交叉上市是在政府的主导下进行的，实行分批预选制，主要是大型国有企业。截至1997年年底共有16家公司返回内地市场发行A股上市成为交叉上市公司。

(二) 第二阶段 (1998—2005年)

这一阶段的主要特点是：政策限制，有序发展。

受国内外宏观经济环境的影响，这一时期，国家对交叉上市的政策由原来的鼓励转变为限制，我国公司交叉上市发展缓慢。

香港证券市场由于受亚洲金融危机的冲击，H股国企指数大跌。特别是1999年的"广信事件"给中国概念股带来了极不好的影响。在此背景下，证监会发布实施《关于股票发行工作若干问题的补充通知》，原则上规定不允许H股公司返回内地发行A股，同时也不允许A股公司发行H股。受这一规定的影响，1998—2000年近三年的时间里，我国只有两家公司从境外证券市场上返回境内证券市场上市。

---

① 1999年7月14日，中国证监会发布了《关于企业申请境外上市有关问题的通知》，规定凡符合境外上市条件的公司均可自愿向中国证监会提出境外上市申请，证监会依法按照"成熟一家，批准一家"的程序审批，至此改变了以往只针对国有企业境外上市的预选制。

由于亚洲金融危机的影响,在香港上市的内地公司境外融资受到冲击。鉴于此,我国证监会于 2000 年 4 月发布了《上市公司向社会公开募集资金股份暂行办法》,鼓励境外上市公司返回内地上市。与此同时,证监会联同原对外经济贸易部发布了《关于上市公司涉及外商投资有关问题的若干意见》,对外资公司在境内融资的相关原则作出了规定,我国公司交叉上市活动有所升温。2001 年 1 月,江苏宁沪高速公路股份有限公司成为政策松动后第一家返回内地发行 A 股的交叉上市公司,至 2002 年共有 8 家公司成功返回内地 A 股市场交叉上市。

随着交叉上市公司数量的增加,对其质疑的声音也逐渐增多。一是交叉上市公司在国内业绩普遍下滑,引起市场参与各方对其返回国内"圈钱"的质疑;二是这些交叉上市公司的筹资额都相当大,如 2001 年中国石油化工集团公司返回时在 A 股市场募集发行 28 亿股,大量境外上市公司返回境内上市给我国证券市场带来了压力。于是 2003 年证券监管部门对交叉上市制定的政策再次发生变化,由之前的明确支持转为观望,我国公司交叉上市速度减慢。这一政策的调整,使得 2003—2005 年只有 3 家 H 股公司返回内地市场上市。

(三) 第三阶段 (2006 年以后)

这一阶段的主要特点是:政策支持,加速发展。

从 2006 年开始,国内经济发展开始走上正轨,同时股权分置改革也有序进行,我国证券市场全面复苏,股票市场活跃。这一时期国家开始积极鼓励境外上市公司返回内地 A 股市场上市,我国公司交叉上市处于加速发展阶段,交叉上市模式较之以前也有了很大的改变。

2007 年,中国人民银行发布了《2006 年中国金融市场发展报告》,在报告中明确规定下一年度的工作重点是大力推动优质红筹股回归国内 A 股市场。基于此,2006—2007 年有 16 家在境外发行 H 股上市的公司返回内地发行 A 股实现交叉上市,其中,中国工商银行、中信银行、中国中铁股份有限公司采用了在 A 股、H 股同时上市的交叉上市模式。

2008 年全球金融危机的爆发对世界经济造成了重大影响,也对中国资本市场造成了冲击。国家出于国内外因素的考虑,放缓了我国公司交叉上市的进程。这一年有 6 家公司实现了交叉上市。

2009 年以后,随着我国证券市场的迅速发展,证券市场的基础性建设受到相关部门的重视,证券监管部门开始推进证券市场相关制度的改革和完善,这使得我国公司交叉上市速度减缓,2009—2010 年只有 9 家公司交叉上市成功。这一阶段最有特点的是交叉上市公司的上市模式与以往有很大的不同，出现了先内后外的交叉上市模式和同时交叉上市模式。

二 我国公司交叉上市的特点

我国资本市场起步较晚，我国公司的交叉上市活动起步也比较晚。自1993年青岛啤酒股份有限公司成为内地首家实现 A+H 交叉上市的企业后，交叉上市逐渐成为我国优秀大型企业上市的主要选择。通过对相关市场数据的整理可以发现，目前我国交叉上市的企业主要集中在中国香港、美国等地。截至 2014 年 8 月，在香港证券交易所主板上市的内地企业有 197 家，其中有 88 家同时在内地发行 A 股实现交叉上市。在美国发行股票上市的内地企业有 289 家，其中有 37 家在美国 OTC 市场上交易，这 37 家中有 6 家同时又在内地发行 A 股交叉上市；另有 252 家在美国股票交易所上市，这 252 家中在纽约证券交易所上市的有 82 家，在纳斯达克交易所上市的有 151 家，在美国证券交易所上市的有 19 家，这其中有 11 家同时又在内地发行 A 股实现交叉上市。

（一）交叉上市时间

表 2-1、表 2-2、表 2-3 分别显示了 1993—2014 年我国在内地和香港交叉上市的 88 家企业的年度统计情况。其中表 2-1 显示了 62 家采取"先外后内"模式的交叉上市公司返回内地证券市场发行 A 股的年度统计情况。根据交叉上市的发展阶段，其中第一阶段交叉上市公司有 16 家，第二阶段交叉上市公司有 14 家，第三阶段交叉上市公司有 32 家。从具体的上市时间分布上看，国家对公司从境外返回境内的融资政策的变化会对企业交叉上市的行为产生重要的影响。在交叉上市发展历程的第一阶段和第三阶段，国家在政策上鼓励支持境外上市公司返回境内融资，这两个阶段交叉上市公司的数量就比较多，尤其是 2006 年之后。

表 2-2、表 2-3 分别显示了 18 家采取"先内后外"模式、8 家采取同时交叉上市模式的交叉上市公司在香港证券交易所发行 H 股的年度统计情况，由表中的统计情况可以看出，它们实现交叉上市的年度集中在 2006 年之后。

表 2-1　H 股上市公司返回 A 股市场交叉上市时间间隔及年度统计
（即由外向内模式）

交叉上市发展阶段	A 股发行上市年度	交叉上市企业简称及交叉上市时间间隔（月）	交叉上市企业数量（家）	合计
第一阶段 （1993—1997 年）	1993	青岛啤酒（1）、广船国际（3）、上海石化（4）	16	62
	1994	昆明机床（1）、马钢股份（2）、*ST 京城（9）		
	1995	*ST 仪化（12）、创业环保（14）、东方电气（16）、洛阳玻璃（15）、东北电气（3）		
	1996	南京熊猫（6）、经纬纺机（8）		
	1997	新华制药（8）、东方航空（9）、鞍钢股份（5）		
第二阶段 （1998—2005 年）	1998	兖州煤业（3）	14	
	1999	海信科龙（36）		
	2000	0		
	2001	江西铜业（55）、宁沪高速（42）、白云山（39）、中国石化（10）、华能国际（46）、深高速（56）		
	2002	海螺水泥（51）、中海发展（78）、中国联通（4）		
	2003	皖通高速（62）、南方航空（60）		
	2004	0		
	2005	华电国际（67）		
第三阶段 （2006 年至今）	2006	中国银行（1）、中国国航（20）、北辰实业（113）、大唐发电（117）、广深铁路（127）	32	
	2007	中国人寿（36）、重庆钢铁（112）、中国平安（33）、潍柴动力（37）、交通银行（23）、中国远洋（24）、建设银行（23）、中海油服（58）、中国神华（28）、中国石油（26）、中海集运（42）		
	2008	中国铝业（72）、中煤能源（13）、紫金矿业（52）、上海电气（44）		
	2009	四川成渝（142）		
	2010	山东墨龙（44）、大连港（55）		
	2011	金隅股份（19）、比亚迪（107）、长城汽车（94）		
	2012	中国交建（63）、广汽集团（19）、东江环保（195）、一拖股份（181）、洛阳钼业（66）、浙江世宝（78）		
	2013	0		
	2014	0		

表 2-2　A 股上市公司向 H 股市场交叉上市时间间隔及年度统计
（即由内向外模式）

交叉上市 发展阶段	H 股发行 上市年度	交叉上市企业简称及 交叉上市时间间隔（月）	交叉上市企业 数量（家）	合计
第一阶段 （1993—1997 年）	1993—1997	0	0	
第二阶段 （1998—2005 年）	1998	0	3	
	1999	0		
	2000	同仁堂（40）		
	2001	0		
	2002	0		
	2003	0		
	2004	中兴通讯（84）		
	2005	东风汽车（77）		
第三阶段 （2006 年至今）	2006	招商银行（53）	15	18
	2007	0		
	2008	晨鸣纸业（89）		
	2009	民生银行（108）、 中国太保（24）		
	2010	中联重科（122）、 金风科技（34）		
	2011	上海医药（91）、京能电力 （103）、中信证券（105）		
	2012	海通证券（218）、中集集团 （208）、复星医药（170）、 郑煤机（27）		
	2013	光大银行（40）		
	2014	丽珠集团（123）		

表 2-3　A+H 股同时交叉上市的公司名单及上市年度统计

交叉上市年度	A+H 股同时交叉 上市的公司简称	交叉上市企业 数量（家）	合计
2006	工商银行	1	8
2007	中信银行、中国中铁	2	
2008	中国铁建、中国南车	2	
2009	中国中冶、农业银行	2	
2011	新华保险	1	

(二)交叉上市的模式和行业分布

在以上 88 家我国实现 A+H 交叉上市的企业中,共有三种实现交叉上市的模式:先外后内、先内后外、同时上市。由表 2-1、表 2-2、表 2-3 可以知道,采用先外后内交叉上市模式的企业共有 62 家,约占 A+H 交叉上市企业的 70%;采用先内后外交叉上市模式的企业共有 18 家,约占 A+H 交叉上市企业的 20%;采用同时上市模式的企业有 8 家,约占 A+H 交叉上市企业的 9%。由此可以看出,与国外"先内后外"的交叉上市顺序不同,我国 A+H 交叉上市公司主要采取的是由外向内的交叉上市顺序,即由境外发达证券市场向境内新兴证券市场进行交叉上市。

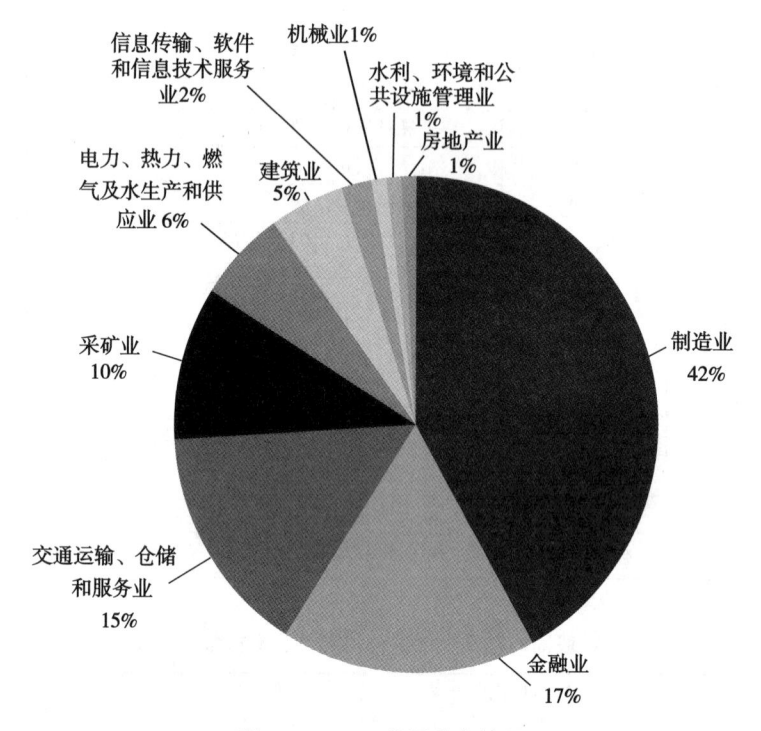

图 2-1 A+H 公司分布情况

说明:行业分类参照中国证监会 2012 年颁布的《中国上市公司行业分类指引》。

通过图 2-1 我们可以看出,我国交叉上市公司的行业分布较为集中,主要分布在制造业,金融业,交通运输、仓储和服务业,这些行业属于资本和技术密集型产业。

三 我国交叉上市公司面临的不同法律制度环境的比较分析

香港是世界上著名的金融中心，资本市场的国际化程度较高，证券法律法规相对比较完善；作为新兴资本市场的内地证券市场，在各方面均落后于香港证券市场。而拉波塔、洛配兹·西拉内斯、安德烈·施莱弗和罗伯特·维什尼（以下简称 LLSV）的法与金融理论认为，不同国家的法律对投资者的保护程度是有差异的。科菲和斯图尔兹的约束假说也认为，企业在投资者法律保护程度较高的证券市场上市能够有效地约束企业行为，不同上市地的法律对交叉上市公司治理也会有不同的影响。

（一）两地法律渊源的比较

1997 年以前香港是英国的殖民地，经历了英国长期的殖民统治，其法律体制主要是从英国成文法移植而来。虽然 1997 年以后香港回归了中国，但在"一国两制"的背景下，香港和内地依然是两个独立的法域。香港地区的法律制度沿袭了英国法律原则，属于普通法系。而我国内地的法律制度主要源于成文法系尤其是德、法等法典化国家的法律精神及司法制度，[①] 比较接近大陆法系，与普通法系差别较大。因此，两者的法律渊源存在着较大的差异。拉波塔等人制定了一系列指标来衡量各国及各法律体系对股东权利的保护情况，见表 2-4。

表 2-4 各国股东权利的比较

国家或法系	一股一票	通讯投票权	无障碍出售权	累积或比例投票权	受压少数股东机制	优先权	特别股东大会持股要求	对抗董事权
英国法系平均	0.17	0.39	1.00	0.28	0.94	0.44	0.09	4.00
法国法系平均	0.29	0.05	0.57	0.29	0.29	0.62	0.15	2.33
德国法系平均	0.33	0.00	0.17	0.33	0.50	0.33	0.05	2.33
斯堪的纳维亚法系平均	0.00	0.25	1.00	0.00	0.00	0.75	0.10	3.00
全体样本平均	0.22	0.18	0.71	0.27	0.53	0.53	0.11	3.00
中国香港	0.00	1.00	1.00	0.00	0.00	1.00	0.10	5.00
中国	1.00	0.00	1.00	0.00	0.00	0.00	0.10	2.00

由表 2-4 可知，从法律体系上看，普通法系国家对股东权利保护程度最高，法国法系国家对股东权利的保护程度最低，德国和斯堪的纳维亚法系

---

① 张乃根：《论西方法的精神———一个比较法的初步研究》，《比较法研究》1996 年第 1 期。

国家居于中间。从国家和地区的法律上看,香港地区的法律对股东和股东权利的保护总体上高于各个法系国家的平均值,而内地法律对股东权利的保护总体上低于各个法系和国家的平均值。由此,与内地相比,公司在香港地区上市有利于保护公司中小股东的利益。

(二) 两地公司法比较

公司法有利于保护公司、股东和债权人的合法权益,维护市场秩序,促进经济发展。对两地公司法的比较,有助于正确认识两地在投资者保护程度上的不同。

根据 LLSV1998 年对全球公司法评价的标准,我们对两地公司法进行了比较,结果如表 2-5 所示。

表 2-5　　中国内地与香港地区公司法规定的股东权利比较

指标	香港地区	内地
一股一票	是	是
邮寄投票	是	否
股票在股东大会前后不被冻结	是	否
累积投票权	是	是
小股东反抗公司不合理行为的权利	是	否
股东优先认购增发股票的权利	是	是
要求召开特别股东大会的最低股份比例不超过 10%	是	是

注:表格转引自陈昀《双重上市对公司治理与公司绩效的影响研究》,博士学位论文,华中科技大学,2008 年。

根据表 2-5 我们可以发现,第一,香港地区和内地的公司法中均规定了"一股一票""累积投票权"等,这些指标的规定,有利于规制大股东的行为,保护中小股东的利益不被侵犯。

第二,香港地区和内地的公司法中规定不同的指标主要有"邮寄投票""股票在股东大会前后不被冻结""小股东反抗公司不合理行为的权利"。在股东投票上,香港地区的公司法允许股东通过邮寄的方式进行投票,而内地则规定股东只能亲自或委托股东代表投票。是否允许邮寄投票关系着对中小股东利益保护程度的高低,对于中小股东而言,亲自前往股东大会投票的成本较高,禁止邮寄投票可能会阻碍中小股东行使自身的权利,损害到中小股东的利益。香港地区的公司法没有规定股票在股东大会前必须存交公司,而内地公司法规定股票在股东大会前必须存交公司。股票在股东大会前存交公司的做法,虽然使股东在股东大会召开前后买卖股票的做法得到了遏制,但对中小股东对自身权益的保护造成了不便。在小股东反抗公司不合理决策的权利方面,香港地区的公司法作出了相关规定,而内地公司法则没有。

通过上述分析我们发现,香港地区的公司法对投资者的保护程度要高于内地。LLSV 为了衡量公司法在中小股东利益保护方面的状况,将后 6 项指标组合起来构成了一个小股东"对抗董事指数",结果显示,香港地区的公司法在该指标的得分上为 5 分,而内地只有 2 分。这足以说明,香港地区的公司法在中小股东利益的保护上远远高于内地公司法。同时,LLSV 在对全球 49 个国家和地区的公司法的研究中发现,香港的公司法是全球得分最高的地区之一。因此,总体上说,香港地区的公司法在对投资者利益的保护上要领先于内地公司法。

(三)两地证券法的比较

证券法制定的目的是规范上市公司证券发行和交易行为,保护证券投资者合法权益。对两地证券法的比较,不仅有利于了解交叉上市公司所处的不同证券市场法律环境,同时也有助于正确认识两地投资者法律保护的差异。

LLSV 通过制定一系列的指标来评价证券法对中小股东利益的保护程度,我们借鉴其评价方法,来检验中国内地和香港地区的证券法在保护小股东利益方面的有效程度,结果如表 2-6 所示。

表 2-6　　　　　中国香港地区和内地证券法的比较

指标	香港地区	内地
招股说明书	1	0
高管薪酬	0.5	1
大股东	1	1
高管控股	1	1
非经常性业务披露	1	0
关联交易披露	1	1
披露要求总计	5.5	4
举证责任:针对董事	2/3	2/3
举证责任:针对承销商	2/3	2/3
举证责任:针对审计师	2/3	2/3
举证责任总计	2	2

续表

指标	香港地区	内地
证券市场监管者的任命	0	0
任职期	0	0
专注	1	1
制定规则	1	1
市场监管者的特征总计	2	2
文件	1	1
证人	1	1
监管者的调查权限总计	2	2
命令发行者	1	1
命令承销商	1	1
命令审计师	1	1
监管者的命令权限总计	3	3
董事/高管刑事犯罪	1	0.5
承销商刑事犯罪	1	0.5
审计师刑事犯罪	1	0.5
刑事处罚总计	3	1.5
证券法总计	17.5	14.5

注：(1) 表格转引自陈昀《双重上市对公司治理与公司绩效的影响研究》，博士学位论文，华中科技大学，2008年。(2) 指标说明详见附录B。

通过对表2-6相关指标的分析，我们可以得出如下结论。

第一，从披露要求看，在招股说明书这一指标设置上，香港地区的证券法规定潜在投资者必须交送招股说明书，而内地证券法则规定对于申请上市的公司，招股说明书必须放在指定的公共场合方便公众查阅；在高管薪酬披露上，香港地区的证券法规定上市公司只需披露总额，而内地证券法则要求披露每个高管的薪酬额；在大股东和高管控股指标设置上，两地证券法均规定上市公司要披露各个大股东的持股比例和高管的控股比例，并且要披露上市公司与关联方间的关联交易。不同的是，香港证券法规定上市公司的非正常性交易必须披露，而内地则无须披露。总体上，香港地区证券法的披露要求高于内地法。

第二，从举证责任看，在投资者起诉要求公司董事赔偿因虚假信息造成的损失时，香港地区的证券法规定，投资者必须证明投资者自身的损失与虚假信息之间有因果关系才能追究董事的责任；这一规定与内地一致，根据《最高人民法院关于审理证券市场因虚假陈述引发的民事赔偿案件的若干规定》，内地投资者也必须证明虚假信息和投资者损失之间有因果关系。因此，香港地区证券法在举证责任上与内地要求相同。

第三，从证券市场监管者的特征看，两地证券市场监管部门的负责人都是由政府任命，在任职期间可以被解职；两地的证券监督部门均承担对证券市场的唯一监管责任，均有单独制定监管法规政策的权限。因此，两地的证券法在市场监管者特征的规定上是相同的。

第四，从证券监管者的调查权限和命令权限看，两地证券监管机构都有查阅文件及传召证人方面的权限；两地的证券监管机构都能够命令行为不当的上市公司、承销商和审计师停止其不当行为并纠正其行为。因此，两地的证券法在证券监管者的调查权限和命令权限的规定上是一致的。

第五，从刑事处罚上看，两地证券法对高管有关虚假信息的处罚态度上有所不同。香港地区的证券法规定董事或高管包括承销商和审计师即便是在对虚假信息不知情的情况下也有可能被刑事定罪。而根据内地发布的《股票发行与交易管理暂行条例》的规定，董事或高管包括承销商和审计师只有在对虚假信息知情的前提下才有可能被刑事定罪。因此，香港地区证券法在刑事处罚上的规定要严于内地证券法。

综上，香港地区证券法对中小股东利益的保护程度总体上高于内地证券法。

（四）两地上市公司治理准则的比较

除了法律，两地的证券监管机构和行业协会也制定了有关上市公司治理的准则和指引来解决公司治理中的具体问题，这些准则与法律相比，对上市公司改善公司治理有着更为积极的指导意义。

1. 香港地区的上市公司治理准则

除了将法律作为公司治理的依据外，香港公司注册处、香港联合交易所、香港金融管理局、香港会计师公会、香港董事学会也发布了一系列上市公司治理准则和指引，这也构成了香港上市公司改善公司治理的依据，具体如表2-7所示。

表 2-7　　　　　　　　　　　香港上市公司治理准则

颁布机构	法律名称	实施时间	与公司治理有关的内容
香港联合交易所	主板上市规则	2001 年	规定了申请主板上市的条件及责任,其中对董事进行了详细的规定
	企业管治常规守则	2005 年	提出良好公司治理包括董事、监事及高管薪酬、会计及审计、董事会授权以及股东交流等五个方面内容
	企业管治报告	2005 年	对上市公司年报有关公司治理方面的强制披露和建议披露相关资料提出了要求和建议
香港金融管理局	企业管治指引	2000 年	对本地注册银行机构必须遵守的企业管制最低标准作出了规定
公司注册处	有关董事责任的非法定指引	2004 年	对于判例法中关于董事在执行职能和行使权力时应遵循的原则进行了概述
香港会计师公会	成立审核委员会指引	1997 年	对上市公司董事会审计委员会的构成、权利和职责作出了规定
	审计委员会有效运作指引	2002 年	对上市公司董事会审计委员会作出了更加详细的规定
	董事如何在年报汇报指引	1998 年	为公司董事撰写年报提出建议
	董事酬金—改善透明度及问责性的建议	1999 年	为提高董事酬金的透明度和问责性提出了建议
	年报的公司治理披露—当前要求及增强建议的指引	2001 年	总结了现有公司治理披露时间,并提出了超出现有管制要求的披露建议
	公共部门公司治理的基本架构	2004 年	提出公共部门公司治理的基本架构及建议采取的最佳实践
	内部控制及风险管理的基本架构	2005 年	提出内部监控及风险管理的原则和建议
香港董事学会	董事指引	1995 年	对现有监管董事规则的法例进行了概述,并就法例含混不清的地方为董事提出最佳惯例的建议
	独立非执行董事指南	2000 年	提出独立非执行董事应承担的角色及职责
	独立非执行董事酬金厘定指南	2005 年	为上市公司聘任独立非执行董事及厘定其薪酬待遇提供了指南

注:转引自陈昀《双重上市对公司治理与公司绩效的影响研究》,湖北人民出版社 2012 年版,第 61—63 页。

2. 我国内地上市公司治理准则指引

我国内地对公司治理的法律依据除了《公司法》《证券法》外,主要是中国证监会、上海证券交易所和深圳证券交易所所发布的一些办法、准则、指引,具体如表 2-8 所示。

表 2-8 我国内地相关公司治理准则

颁布机构	法律名称	实施时间	与公司治理有关的内容	备注
中国证监会	关于在上市公司建立独立董事制度的指导意见	2001 年	要求上市公司建立独立董事制度，在董事会中引入独立董事	
	上市公司与投资者关系工作指引	2005 年	通过对上市公司信息披露的规范来改善上市公司与投资者关系	
	上市公司信息披露管理办法	2007 年	一是公司应当制定内部信息披露管理制度；二是细化了上市公司董事、监事和高级管理人员、董事会秘书的职责；三是对公司对其他信息披露人的行为和配合义务进行了规范；四是对委托和信托持有上市公司股份涉及的信息披露事宜进行了详细的规定；五是对信息披露义务人向保荐人、证券服务机构提供资料的要求进行了规定	
	上市公司董事、监事和高级管理人员所持本公司股份及其变动管理规则	2007 年	对上市公司董事、监事和高级管理人员所持本公司股份及其变动作出规定	
中国证监会、国家经贸委	上市公司治理准则	2002 年	衡量上市公司是否具有良好公司治理结构的标准，提出了公司治理结构所应包含七个方面的内容	
上海证券交易所	上海证券交易所股票上市规则	1998 年	规定了申请在上海证券交易所上市的条件和应承担的责任，其中第三章详细列出了对董事、监事和高级管理人员的规定	2013 年 12 月第 8 次修改
	上海证券交易所上市公司内部控制指引	2006 年	要求在上海证券交易所上市的公司建立健全的内部控制制度	
	上海证券交易所上市公司信息披露事务管理制度指引	2007 年	为在上海证券交易所上市的公司建立健全的信息披露事务管理制度提供指导	
	上海证券交易所上市公司控股股东、实际控制人行为指引	2010 年	引导和规范上市公司控股股东和实际控制人的行为	
	上海证券交易所上市公司董事选任与行为指引	2013 年	为上市公司董事的选任与履职行为提供指导	
	上海证券交易所上市公司董事会审计委员会运作指引	2013 年	规范上市公司董事会审计委员会的运作提供指导	

续表

颁布机构	法律名称	实施时间	与公司治理有关的内容	备注
深圳证券交易所	深圳证券交易所股票上市规则	1998年	规定了申请在深圳证券交易所上市的条件和责任,其中第三章详细列出了对董事、监事和高级管理人员的规定	2012年7月第7次修改
	深圳证券交易所独立董事备案办法	2008年	对独立董事的任职资格、条件和要求作了规定	2011年修改
	深圳证券交易所创业板股票上市规则	2009年	规定了申请在深圳证券交易所创业板上市的条件和责任,其中第三章详细列出了对董事、监事、高级管理人员、控股股东和实际控制人的规定	2012年第1次修改
中国注册会计师协会	企业内部控制审计指引实施意见	2011年	规范注册会计师有效执行企业内部控制审计业务	

资料来源:根据中国证监会、上海证券交易所、深圳证券交易所、中国注册会计师协会网站相关资料整理而成。

综上,内地上市公司治理准则主要是行政法规、文件,主要由证券监管部门制定,具有强制性,要求所有上市公司治理均应遵守。而香港地区上市公司治理准则主要是一些指引性的文件,由香港联合交易所和香港会计师公会等自律性组织发布,对上市公司既有强制性遵守规定也有建议遵守的规定,具有一定的弹性空间,这有利于上市公司根据自身情况制定相关公司治理内容。

第三节 我国由外向内交叉上市公司治理的实证考察

由前文的分析我们可以知道,在我国境内交叉上市的公司主要采用三种交叉上市模式:一种是大多数企业采取的由境外证券市场(主要是香港市场)返回境内证券市场交叉上市的模式,目前采取这种模式的公司有62家;第二种是近年来开始的少数企业所采取的由内证券市场到境外证券市场交叉上市的模式,目前有18家企业采取这种模式;第三种是在境内和境外证券市场"同时上市"。由于在第三种模式中,公司在上市时间上是同时的,不好区分其对公司治理的影响,因此我们在分析交叉上市对我国公司治理影响的时候主要对前两种模式进行研究。下文主要对第一种交叉上市模式即"由外向内"的交叉上市模式对我国公司治理的影响进行研究,以期找出对公司治理的改善建议。

一 研究方法

（一）样本选取及数据来源

我们选取了2009—2013年所有由外向内交叉上市的企业作为研究样本，经过统计总共有12家，具体情况如表2-9所示。

表2-9　　　　2009—2013年由外向内交叉上市企业情况

序号	企业名称	A股上市时间	A股代码	H股上市时间	H股代码	所属行业
1	四川成渝	*2009-07-27*	601107	1997-10-07	00107	交通运输、仓储和邮政业
2	山东墨龙	*2010-10-21*	002490	2007-02-07	00568	制造
3	大连港	*2010-12-06*	601880	2006-04-28	02880	交通运输、仓储和邮政业
4	金隅股份	*2011-03-01*	601992	2009-07-29	02009	制造
5	比亚迪	*2011-06-30*	002594	2002-07-31	01211	制造
6	长城汽车	*2011-09-28*	601633	2003-12-15	02333	制造
7	中国交建	*2012-03-09*	601800	2006-12-15	01800	建筑
8	广汽集团	*2012-03-29*	601238	2010-08-30	02238	制造
9	东江环保	*2012-04-26*	002672	2003-01-29	00895	水利、环境和公共设施管理业
10	一拖股份	*2012-08-08*	601038	1997-06-23	00038	制造
11	洛阳钼业	*2012-10-09*	603993	2007-04-26	03993	采矿
12	浙江世宝	*2012-11-02*	002703	2006-05-16	01057	制造

注：（1）表格数据来源于上海证券交易所网站、深圳证券交易所网站、香港联合交易所网站。
（2）表中斜体加黑一栏为由外向内交叉上市的时间。

在对这些样本公司进行分析时，基于数据的可得性，我们主要从12家样本公司交叉上市前两年、交叉上市当年及交叉上市后两年为时间段对样本公司的公司治理情况进行分析。数据主要来源于上海证券交易所网站、深圳证券交易所网站、香港联合交易所网站、东方财富网、证券之星网、新浪财经网、和讯网、各样本公司历年年报和公告等。

（二）变量选择

基于数据的可得性，我们选取了董事会、股权结构和高管激励三项主要的指标对样本公司的公司治理水平进行研究，具体的变量定义如表2-10所示。

表 2-10　　　　　　　　　　公司治理变量定义

变量名	指标	评价指标	说明
董事会	董事会规模	董事会规模	董事会中董事的人数
	董事会独立性	独立董事人数	独立董事的人数
		董事会专门委员会数量	董事会下属的专门委员会的总数
		董事长是否兼任CEO	董事长与CEO一职是否由同一人兼任
董事会	董事会会议次数	董事会会议次数	年度董事会召开的会议次数
	董事会异质性	年龄的异质性	董事会董事的平均年龄
		教育水平的异质性	根据我国传统的教育水平的划分标准，我们将教育水平划分为5类：中学、中专及以下；专科；本科；硕士；博士①
		职业背景异质性	职业背景为董事会成员进入董事会之前的职业，根据相关资料将职业背景划分为8类，生产制造、研发、金融财会、市场营销、法律、行政管理、政府职员、学者②
股权结构	股权集中度	股权集中度	最大股权和最大5个股权之和
	股东类型	股票类型	公司股东所持股票的种类
		股东类型	公司股东的类型
高管激励	高管激励	高管激励	是否实施长期的高管激励计划

二　研究结果及分析

（一）董事会

董事会作为公司资产控制权的拥有者，往往在公司治理结构中占据着重要的地位，是公司治理中最重要的内部治理机制。下文从董事会规模、董事会独立性、董事会会议及董事会异质性四个方面来衡量交叉上市对样本公司董事会有效性的影响。

---

① 张平：《高层管理团队的异质性与企业绩效的实证研究》，《管理学报》2007年第4期。
② 同上。

1. 董事会规模

表 2-11　　　　样本公司交叉上市前后董事会规模变化　　（单位：人）

评价指标	公司简称	年份							
		2007	2008	2009	2010	2011	2012	2013	2014
董事会规模	四川成渝	12	12	***12***	12	12	—	—	—
	山东墨龙	—	9	9	***9***	9	9	—	—
	大连港	—	9	9	***9***	8	9	—	—
	金隅股份	—	—	11	11	***11***	11	11	—
	比亚迪	—	—	7	6	***6***	6	6	—
	长城汽车	—	—	11	11	***11***	11	11	—
	中国交建	—	—	—	7	9	***9***	8	9
	广汽集团	—	—	—	15	15	***15***	14	14
	东江环保	—	—	—	9	9	***9***	9	9
	一拖股份	—	—	—	11	12	***12***	12	12
	洛阳钼业	—	—	—	11	11	***10***	11	11
	浙江世宝	—	—	—	11	11	***11***	11	11

注：（1）表中斜体加黑数据为我国交叉上市企业交叉上市当年的数据。
（2）画"—"部分表示没有相关数据。

董事会规模在衡量董事会结构上发挥着重要的作用，董事会规模体现了董事会获取资源的能力，董事会规模扩大意味着董事会获取资源的能力增强，但是董事会过大容易因组织协调问题带来损失，这远远超过因董事数量增加所带来的收益。① 因此，董事会应该保持一个合适的规模。通过表 2-10 12 家由外向内交叉上市样本公司的统计数据我们可以发现，在董事会规模方面，12 家样本公司交叉上市前后董事会人数没有显著变化。出现这种情况的原因可能是由外向内交叉上市公司对内地证券市场的外部环境比香港证券市场的外部环境更熟悉，交叉上市公司对于外部信息获取的需求就没有显著的变化。

2. 董事会的独立性

在董事会独立性方面，我们选取了独立董事人数、董事会专门委员会数

---

① Martin Lipton and Jay W. Lorsch, "A Modest Proposal for Improved Corporate Governance", *Business Lawyer*, Vol. 48, No. 1, November 1992.

量及董事长兼任 CEO 的情况三个指标来衡量，通过对 10 家样本公司相关数据的统计，得出结果如表 2-12、表 2-13 所示。

表 2-12　　　　样本公司交叉上市前后独立董事人数变化　　　（单位：人）

评价指标	公司名称	年份							
		2007	2008	2009	2010	2011	2012	2013	2014
独立董事人数	四川成渝	4	4	*4*	4	4	—	—	—
	山东墨龙	—	3	3	*3*	3	3	—	—
	大连港	—	3	3	*3*	3	3	—	—
	金隅股份	—	—	4	4	*4*	4	4	—
	比亚迪	—	—	3	3	*3*	3	3	—
	长城汽车	—	—	4	4	*4*	4	4	—
	中国交建	—	—	—	4	5	*5*	5	5
	广汽集团	—	—	—	5	5	*5*	4	4
	东江环保	—	—	—	3	3	*3*	3	3
	一拖股份	—	—	—	4	4	*4*	4	4
	洛阳钼业	—	—	—	4	4	*4*	4	4
	浙江世宝	—	—	—	3	4	*4*	4	4

注：（1）表中斜体加黑数据为我国交叉上市企业交叉上市当年的数据。
　　（2）画"—"部分表示没有相关数据。

通过对上述 12 家由外向内交叉上市样本公司数据的分析可以发现，交叉上市前后董事会独立董事人数没有变化。依据香港联合交易所的《企业管治守则》及《企业管治报告》规定，企业在年报中区分了执行董事与非执行董事，而且非执行董事人数（包括独立非执行人数）在董事会中所占比例提高，保证了董事会的独立性。相对于内地证券市场，香港证券市场对上市公司董事会的组成要求更加严格。因此，从监管更加严格的香港证券市场返回内地交叉上市，董事会中独立董事人数没有变化。

表 2-13　　　样本公司交叉上市前后董事会专门委员会的数量变化

评价指标	公司简称	年份							
		2007	2008	2009	2010	2011	2012	2013	2014
董事会专门委员会的数量	四川成渝	1	1	*1*	4	4	—	—	—
	山东墨龙	—	3	3	*3*	3	3	—	—

续表

评价指标	公司简称	年份							
		2007	2008	2009	2010	2011	2012	2013	2014
董事会专门委员会的数量	大连港	—	4	4	*4*	4	4	—	—
	金隅股份	—	—	3	3	*3*	3	3	—
	比亚迪	—	—	4	4	*4*	4	4	—
	长城汽车	—	—	3	3	*3*	4	4	—
	中国交建	—	—	—	4	4	*4*	4	4
	广汽集团	—	—	—	4	4	*4*	4	4
	东江环保	—	—	—	4	4	*4*	4	4
	一拖股份	—	—	—	4	4	*4*	4	4
	洛阳钼业	—	—	—	3	4	*4*	4	4
	浙江世宝	—	—	—	2	3	*4*	4	4

注：（1）表中斜体加黑数据为我国交叉上市企业交叉上市当年的数据。

（2）画"—"部分表示没有相关数据。

通过对上述 12 家由外向内交叉上市样本公司数据的分析发现，在 12 家样本公司中，有 4 家董事会专门委员会的数量显著增加，8 家保持不变。这说明上市公司在返回内地实现交叉上市后，董事会专门委员会的数量显著增加。这种情况的出现与两地的监管法律法规有关。中国证监会在 2002 年 1 月发布的《上市公司治理准则》规定了上市公司董事会可以设立的专门委员会范围并对其主要职责作了说明。香港联合交易所修订后的《企业管治守则》及《企业管治报告》中也明确规定了上市企业应设立提名、审核和薪酬委员会。

在董事长兼任 CEO 方面，通过对 12 家交叉上市样本公司相关数据的统计可以发现，12 家样本公司中有 8 家样本公司在交叉上市后董事长与 CEO 两职分离由不同人担任，有 2 家样本公司董事长与 CEO 职位在交叉上市前后一直存在合二为一、同一人担任的情况；还有 2 家样本公司在内地交叉上市后出现了董事长与 CEO 两个职位合二为一的情况。从整体上看，交叉上市样本公司在返回内地交叉上市后，董事长与 CEO 两职合一的情况有所下降。

3. 董事会会议次数

表 2-14　　样本公司交叉上市前后董事会会议次数变化　　（单位：次）

评价指标	公司简称	年份							
		2007	2008	2009	2010	2011	2012	2013	2014
董事会会议次数	四川成渝	8	8	***10***	7	7	—	—	—
	山东墨龙	—	4	5	***6***	9	8	—	—
	大连港	—	9	9	***7***	9	6	—	—
	金隅股份	—	—	5	6	***4***	4	6	—
	比亚迪	—	—	7	11	***17***	10	9	—
	长城汽车	—	—	7	8	***15***	12	8	—
	中国交建	—	—	—	9	7	***8***	11	—
	广汽集团	—	—	—	15	17	***20***	19	—
	东江环保	—	—	—	21	20	***26***	17	—
	一拖股份	—	—	—	12	8	***9***	7	—
	洛阳钼业	—	—	—	7	9	***13***	13	—
	浙江世宝	—	—	—	6	14	***6***	9	—

注：（1）表中斜体加黑数据为我国交叉上市企业交叉上市当年的数据。
（2）画"—"部分表示没有相关数据。

在董事会会议方面，通过上表对 12 家由外向内交叉上市样本公司相关数据的统计，我们可以发现，在 12 家样本公司中有 9 家董事会会议在交叉上市当年频次明显增多，而另外 3 家（大连港、金隅股份、浙江世宝）在交叉上市的前一年董事会会议召开次数有所增加。由此，我们可以得出结论，由外向内交叉上市公司在交叉上市前一年和交叉上市当年董事会会议召开频次明显增加。这一结果印证了现有的研究结论，上市公司由境外返回境内交叉上市是公司在面对经营业绩下滑，境外再融资困难情况下的现实选择，[1] 企业业绩的下降导致董事会会议频次增多。[2]

---

[1] 史晋川等：《境外上市企业国内融资机制研究》，《上证联合研究计划第三期课题报告》，2002 年 4 月；潘越、戴亦一：《双重上市与融资约束——来自中国"A+H"双重上市公司的经验证据》，《中国工业经济》2008 年第 5 期。

[2] 宋增基、陈全、张宗益：《上市银行董事会治理与银行绩效》，《金融论坛》2007 年第 5 期；李常青等：《我国上市公司董事会有效性的实证研究》，《上证联合研究计划第八期课题报告》，2003 年 7 月；谷祺、于东智：《公司治理、董事会行为与经营绩效》，《财经问题研究》2001 年第 1 期。

4. 董事会异质性

董事会异质性是衡量董事会的一项重要指标，本部分对董事会异质性的研究主要从董事年龄、教育水平和职业背景三个方面的异质性进行分析。

通过对12家样本公司相关数据的统计我们发现，在董事会年龄异质性方面，交叉上市后样本公司的董事平均年龄在整体上有所增加。

在董事会教育水平异质性方面，在中学、中专及以下这一教育层次上，12家样本公司在交叉上市后有1家董事数量上升，11家保持不变，因此整体有所上升；在专科这一教育层次上，样本公司在交叉上市后有2家董事数量有所上升，1家有所下降，9家保持不变，因此整体有所上升；在本科这一学历层次上，12家样本公司董事数量有5家有所上升，4家保持不变，3家有所下降，因此整体有所上升；在硕士这一学历层次上，12家样本公司董事数量有6家在交叉上市后有所上升，2家保持不变，3家有所下降，因此整体上有所上升；在博士这一学历层次上，12家样本公司董事数量有3家有所上升，5家保持不变，4家有所下降，整体基本持平、略有下降。综上，12家样本公司在返回境内实现交叉上市后董事会整体教育水平有所上升。而董事会董事的受教育水平是评价一个公司董事会内部运作的重要指标，这说明了企业在交叉上市后董事会治理水平有所提高。

在董事会职业背景异质性方面，在返回内地交叉上市后，12家样本公司有8家公司董事会成员中有政府机关工作背景的董事数量增加，而且有5家是在返回内地交叉上市之后才有这些董事进入，其分别是大连港、金隅股份、比亚迪、长城汽车和东江环保。交叉上市企业在返回境内交叉上市后对政府官员董事的偏爱，是因为这些有政府背景的董事能为上市公司带来更多的资源和行业话语权。除此之外，12家样本公司董事会董事职业背景与交叉上市前没有显著变化。这说明了企业在返回境内交叉上市后比较熟悉境内证券市场的外部环境，所以对获取外部信息的需求没有明显变化。

（二）股权结构

股权结构是公司治理的基础，反映了公司股权的分布状态，而衡量公司股权分布状态的重要指标就是股权集中度。我们用最大股权和最大5个股权之和来衡量样本公司的股权集中度。

表 2-15　　样本公司最大股权和最大 5 个股权之和统计　　（单位:%）

评价指标	公司简称		年份							
			2007	2008	2009	2010	2011	2012	2013	2014
股权集中度	四川成渝	最大股权	39.30	39.30	**31.88**	31.88	31.88	—	—	—
		最大 5 个股权之和	71.64	71.64	**83.50**	83.46	82.86	—	—	—
	山东墨龙	最大股权	—	42.49	42.49	**35.03**	35.03	35.03	—	—
		最大 5 个股权之和	—	75.97	75.97	**77.87**	77.87	77.87	—	—
	大连港	最大股权	—	62.09	62.09	**54.42**	54.42	54.42	—	—
		最大 5 个股权之和	—	77.12	77.09	**64.35**	64.36	63.50	—	—
	金隅股份	最大股权	—	—	45.27	45.27	**43.07**	43.07	43.07	—
		最大 5 个股权之和	—	—	61.10	63.39	**58.32**	58.65	54.58	—
	比亚迪	最大股权	—	—	38.50	38.50	**24.24**	24.24	24.24	—
		最大 5 个股权之和	—	—	85.68	85.68	**67.34**	67.34	67.34	—
	长城汽车	最大股权	—	—	62.27	62.27	**56.04**	56.04	56.04	—
		最大 5 个股权之和	—	—	74.19	74.19	**57.73**	67.55	57.90	—
	中国交建	最大股权	—	—	—	70.13	70.13	**63.83**	63.83	63.83
		最大 5 个股权之和	—	—	—	84.41	84.41	**92.96**	92.97	92.97
	广汽集团	最大股权	—	—	—	58.84	58.84	**57.58**	57.58	57.58
		最大 5 个股权之和	—	—	—	73.82	70.68	**96.72**	96.40	96/40
	东江环保	最大股权	—	—	—	48.01	34.40	**28.68**	28.68	28.68
		最大 5 个股权之和	—	—	—	81.73	56.56	**47.44**	68.49	68.49
	一拖股份	最大股权	—	—	—	52.48	52.48	**44.57**	44.57	44.57
		最大 5 个股权之和	—	—	—	77.29	83.55	**45.33**	44.96	44.96
	洛阳钼业	最大股权	—	—	—	50.40	50.40	**47.19**	47.19	47.19
		最大 5 个股权之和	—	—	—	98.83	98.83	**97.94**	97.94	97.94
	浙江世宝	最大股权	—	—	—	62.97	62.97	**59.57**	59.57	59.57
		最大 5 个股权之和	—	—	—	>62.97	>62.97	**>62.97**	>62.97	>62.97

注：（1）表中斜体加黑数据为我国交叉上市企业交叉上市当年的数据。
　　（2）画"—"部分表示没有相关数据。

通过对表 2-15 12 家由外向内交叉上市的样本公司的相关数据进行统计分析，我们发现，在这 12 家交叉上市公司中，所有样本公司在返回内地实现交叉上市后最大股权所占比例都有所下降。在最大 5 个股权方面，12 家样本公司有 5 家最大 5 个股权之和增加，6 家下降，1 家保持不变，从整体上看，样本公司在交叉上市后前几大股东所持比例下降。综上，所有样本公司在返回境内交叉上市后，第一大股东所持股份比例下降，那么第一大股东利用其优势地位损害其他中小股东利益的现象就会减弱，对中小股东利益的保护就会增强。前 5 位股东所持股份比例下降，说明样本公司经过香港相对完善的公司治理后，股权结构变得较为分散，流通股股东数量增加，股权集中度也随之进一步下降。这一研究结论与现有的研究结论相符，查里图等人通过研究发现西方企业在交叉上市后股权趋于分散，① 而股权结构的分散有助于保护投资者的权益。②

（三）股东类型

股东类型是对公司股东的人身属性进行考察，不同类型的股东在公司治理过程中的能力、动机和作用各不相同，对公司治理的影响也各不相同。在上市公司的股权设置中，会因为股份认购的时间、认购的交易场所、认购价格以及认购人身份等的不同，出现类别股份，这些股份在权利和义务以及流通性上与其他股份有所不同，由此产生了类别股东。

类别股东按照股东身份可以划分为自然人股东和法人股东、内资股股东和外资股股东；按照股东投资的目的可以划分为投机股东和投资股东；按照股东是否任职于公司可以分为内部股东和外部股东；按照股东对公司股份占有的份额可以分为大股东和小股东；按照股东是否拥有对公司的控股地位可以分为控股股东和非控股股东；按照股东所持股份的权利优劣可以分为优先股股东、普通股股东等。③ 从我国当前的法律规定中可以发现，目前获得法律认可的类别股份的划分主要有两种：一种是同时发行内资股和外资股或者同时在境外上市的境内公司所拥有的内资股和外资股，即通常所说的 A 股、B 股、H 股等；另一种是流通股份和非流通股份，流通股份是指社会公众股，非流通股股份包括国家股、法人股和内部职工股等。④

在对 12 家交叉上市样本公司股东类型进行统计分析的过程中，我们发现在由内向外交叉上市公司中存在着 5 种类型的股份即国家股、国有法人

---

① A. Charitou, C. Louca and S. Panayides, "Cross-listing, Bonding Hypothesis and Corporate Governance," *Journal of Business Finance & Accounting*, Vol. 34, Iss. 7-8, September/October 2007.

② 白重恩、刘俏、陆洲、宋敏、张俊喜：《中国上市公司治理结构的实证研究》，《经济研究》2005 年第 2 期。

③ 罗培新：《公司法的合同解释》，北京大学出版社 2004 年版，第 120 页。

④ 汪青松：《股份公司股东异质化法律问题研究》，光明日报出版社 2011 年版，第198 页。

股、境外法人股、境内非国有法人股、自然人股，与此相对应地存在着 5 种类型的类别股东。同时还存在着内资股和外资股。随着这些公司返回内地证券市场交叉上市后，国有股、国有法人股所占的股份比例逐渐减少，其他类型的股份比例逐渐增多。综上，交叉上市不仅使得上市企业类别股东大量存在，还丰富了上市公司的股权结构，实现了股东来源的多元化和差异化，改善了上市公司治理。

（四）高管激励

在高管激励方面，通过对 12 家由外向内交叉上市样本公司相关数据统计发现，样本公司返回内地交叉上市后几乎没有企业实施高管长期激励计划。这表明境外上市公司在返回境内交叉上市后，企业的高管激励政策并没有明显改善。出现这种情况的原因可能是当前实现交叉上市的公司主要是大型国有公司，国家在对这些公司的高管激励措施上没有明确具体的政策，使得企业在实践中实施高管股权激励没有政策依据，因此，在返回内地交叉上市后在高管激励措施上没有相应的行动。

三 研究结论

通过统计描述的方式对在 2009—2013 年采取由外向内交叉上市模式的 12 家交叉上市样本公司进行研究发现，我国内地企业从香港证券市场返回内地证券市场交叉上市后，企业内部治理水平有明显的改善。主要表现在以下几个方面。

第一，董事会专门委员会数量增加且非执行董事人数在各专门委员会中占多数，这一指标的改善使得董事会专门委员会在作出决策时受大股东的干预有所缓和，相对容易作出客观的、职业的判断，提高董事会在公司治理决策中的效率；同时董事长兼任 CEO 的情况有所下降，这使得董事会受 CEO 的影响减弱。而董事会在公司治理中发挥着重要的作用，其指标的改善表明企业从境外返回境内实现交叉上市后董事会独立性有所增强。

第二，由外向内交叉上市公司的董事会会议在交叉上市前一年与交叉上市当年召开频次明显增多，这一结论印证了现有研究结果，即境外上市公司返回境内上市是企业在面对经营业绩下降、境外再融资困难下的现实选择，而企业业绩的下降会导致董事会会议频次增多，因此有人形象地说董事会会议是企业业绩下降的"灭火器"。

第三，董事会成员平均年龄有所增长，平均教育水平有所提高。不同年龄、不同教育水平的外部董事进入董事会，有利于董事会获取不同的外部信息，提高董事会决策的有效性、客观性和专业性。

第四，第一大股东所持股份比例下降，这一指标的改善使得第一大股东利用其优势地位损害其他中小股东利益的现象减弱，对中小股东利益的保护增强。前五大股东所持股份比例在交叉上市后也逐渐减少，这说明上市公司在返回境内交叉上市后上市公司的股权结构分散，股权集中度下降，这一指标的改善有效地防止了控股股东利用"隧道行为"来损害其他股东的利益，保护了中小股东的利益。

第五，股东类型增多，出现了不同种类的类别股东。股东类型增多使得交叉上市公司的股权结构丰富，股东来源的多样性为公司治理的改善带来了新的契机。交叉上市公司如何兼顾类别股东的利益，催生了公司治理的法律制度——类别股东表决制度的诞生，为公司治理的实践带来了积极的影响。

综上，我国上市公司从香港市场返回内地证券市场交叉上市后，企业内部治理水平有了明显的改善。这表明，这些上市公司在香港证券市场完善的法律法规和严格监管下，公司内部治理机构逐步完善。即使再返回境内证券市场交叉上市，其仍然要被香港相关法律法规所约束，而且随着境内证券市场监管的日益规范，其对上市公司的监管在某些规定上比香港证券市场更为严格，这使得交叉上市公司一方面要保持原有的内部治理结构，另一方面为了适应内地证券市场还要不断地加以完善。因此，在境外证券市场上市的公司返回境内交叉上市后，公司内部治理结构会有进一步的改善。

第四节　我国由内向外交叉上市公司治理的实证考察

在下文中我们将对第二种交叉上市模式即由内向外交叉上市在公司治理水平方面的变化进行研究分析。通过对我国由外向内交叉上市公司相关数据的统计，我们发现采取这种交叉上市模式的公司主要集中在2006年以后，这成为目前我国资本市场发展过程中的新现象。

一　研究方法

我们选取了2009—2013年期间所有由内向外交叉上市的企业为研究样本，经过统计总共有10家，具体情况如表2-16所示。

表 2-16　　　　　　　2009—2013 年由内向外交叉上市企业情况

序号	企业简称	A 股上市时间	A 股代码	H 股上市时间	H 股代码	所属行业
1	民生银行	2000-12-19	600016	*2009-11-26*	01988	金融
2	中国太保	2007-12-25	601601	*2009-12-23*	02601	金融
3	金风科技	2007-12-26	002202	*2010-10-08*	02208	制造
4	中联重科	2000-10-12	000157	*2010-12-23*	01157	制造
5	上海医药	1993-10-08	601607	*2011-05-20*	02607	批发和零售业
6	中信证券	2003-01-06	600030	*2011-10-06*	06030	金融
7	复星医药	1998-08-07	600196	*2012-10-30*	02196	制造
8	郑煤机	2010-08-03	601717	*2012-12-05*	00564	制造
9	中集集团	1994-04-08	000039	*2012-12-19*	02039	制造
10	光大银行	2010-08-18	601818	*2013-12-20*	06818	金融

注：（1）表格数据来源于上海证券交易所网站、深圳证券交易所网站、香港联合交易所网站。
（2）表中斜体加黑一栏为由内向外交叉上市的时间。

在对这些样本公司进行分析时，基于数据的可得性，我们以 10 家样本公司交叉上市前两年、交叉上市当年及交叉上市后两年为时间段对样本公司的公司治理情况进行分析。数据主要来源于上海证券交易所网站、深圳证券交易所网站、香港联合交易所网站、东方财富网、证券之星网、新浪财经网、和讯网、各样本公司历年年报和公告等。

在变量选择上，基于文献综述分析并考虑到数据的可得性，我们主要从董事会、股权结构、高管激励三项公司内部治理特征指标变量对样本公司进行研究，具体的变量定义详见前文表 2-10（公司治理变量定义表）。

二　研究结果及分析

（一）董事会

董事会作为公司资产控制权的拥有者，往往在公司治理结构中占据着重要的地位。本部分从董事会的规模、董事会的独立性、董事会会议及董事会异质性四个方面来衡量交叉上市对样本公司董事会有效性的影响。

1. 董事会规模

表 2-17　　　　　样本公司交叉上市前后董事会规模变化　　　　（单位：人）

评价指标	公司简称	年份							
		2007	2008	2009	2010	2011	2012	2013	2014
董事会规模	民生银行	18	17	***18***	18	18	—	—	—
	中国太保	15	15	***13***	15	15	—	—	—
	金风科技	—	9	9	***9***	9	9	—	—
	中联重科	—	7	7	***7***	7	7	—	—
	上海医药	—	—	9	9	***9***	9	9	—
	中信证券	—	—	12	12	***12***	9	10	—
	复星医药	—	—	—	8	8	***9***	11	11
	郑煤机	—	—	—	9	9	***9***	9	9
	中集集团	—	—	—	8	9	***8***	7	8
	光大银行	—	—	—	15	15	***15***	15	15

注：(1) 表中斜体加黑数据为我国交叉上市企业交叉上市当年的数据。
　　(2) 画"—"部分表示没有相关数据。

通过表 2-17 10 家由内向外交叉上市样本公司的统计数据我们可以发现，在董事会规模方面，10 家样本公司交叉上市前后董事会人数没有显著变化。造成这种现象的原因可能与两地监管法律法规有关。我国内地公司法规定"股份有限公司设立董事会，其成员为五至十九人"，而香港公司法在董事会人数上对上市公司则没有严格的规定。

2. 董事会的独立性

在董事会独立性方面，我们选取了独立董事人数、董事会专门委员会数量及董事长兼任 CEO 的情况三个指标来衡量，通过对 10 家样本公司相关数据的统计，得出结果如表 2-18、表 2-19 所示。

表 2-18　　　　　样本公司交叉上市前后独立董事人数变化　　　　（单位：人）

评价指标	公司简称	年份							
		2007	2008	2009	2010	2011	2012	2013	2014
独立董事人数	民生银行	6	5	***6***	6	6	—	—	—
	中国太保	5	5	***5***	5	5	—	—	—

续表

评价指标	公司简称	年份							
		2007	2008	2009	2010	2011	2012	2013	2014
独立董事人数	金风科技	—	3	3	*3*	3	3	—	—
	中联重科	—	7	7	*7*	7	7	—	—
	上海医药	—	—	4	4	*4*	4	4	—
	中信证券	—	—	4	4	*4*	4	4	—
	复星医药	—	—	—	3	3	*4*	4	4
	郑煤机	—	—	—	3	3	*4*	4	4
	中集集团	—	—	—	4	3	*3*	3	3
	光大银行	—	—	—	—	5	*5*	5	5

注：（1）表中斜体加黑数据为我国交叉上市企业交叉上市当年的数据。

（2）画"—"部分表示没有相关数据。

通过对上述10家由内向外交叉上市样本公司数据的分析，我们发现，交叉上市前后董事会独立董事人数没有显著变化，但是通过对各公司年报分析，董事会独立性有实质性提高。在香港实现交叉上市后，依据香港联合交易所的《企业管治守则》及《企业管治报告》规定，企业在年报中区分了执行董事与非执行董事，而且非执行董事人数（包括独立非执行人数）在董事会中所占比例提高，保证了董事会的独立性。这说明了相对于内地证券市场，香港证券市场对上市公司董事会的组成要求更加严格，通过在香港证券市场上交叉上市可以有效地提高上市公司董事会的独立性。

表2-19　　样本公司交叉上市前后董事会专门委员会的数量变化

评价指标	公司简称	年份							
		2007	2008	2009	2010	2011	2012	2013	2014
董事会专门委员会的数量	民生银行	6	6	*6*	6	6	—	—	—
	中国太保	4	4	*4*	4	4	—	—	—
	金风科技	—	4	4	*4*	4	4	—	—
	中联重科	—	2	2	*4*	4	4	—	—
	上海医药	—	—	2	2	*4*	4	—	—

续表

评价指标	公司简称	年份							
		2007	2008	2009	2010	2011	2012	2013	2014
董事会专门委员会的数量	中信证券	—	—	2	3	**6**	6	6	—
	复星医药	—	—	—	4	4	**4**	4	4
	郑煤机	—	—	—	0	2	**4**	4	4
	中集集团	—	—	—	3	3	**3**	4	4
	光大银行	—	—	6	6	**6**	6	6	

注：（1）表中斜体加黑数据为我国交叉上市企业交叉上市当年的数据。
（2）画"—"部分表示没有相关数据。

通过表 2-19 我们可以发现，10 家样本公司中有 5 家样本公司（民生银行、中国太保、金风科技、复星医药和光大银行）交叉上市前后董事会专门委员会的数量没有显著变化。而其余 5 家样本公司交叉上市前后董事会专门委员会的数量显著增加，由之前的 2 个增加到 4—6 个。因此，从整体上看，样本公司在香港证券市场上实现交叉上市后董事会专门委员会的数量有显著增加。这也与两地的监管法律法规有关。中国证监会在 2002 年 1 月发布的《上市公司治理准则》规定了上市公司董事会可以设立的专门委员会范围，并对其主要职责作了详细的规定。香港联合交易所修订后的《企业管治守则》及《企业管治报告》中也明确规定了上市企业应设立提名、审核和薪酬委员会。

同时，通过对 10 家样本公司年报的分析可以发现，10 家样本公司董事会在交叉上市后均设立了审计委员会、提名与薪酬委员会，而且独立董事人数在这些专门委员会占多数，这使得董事会专门委员会在决策过程中能够不被大股东所左右，作出客观的、独立的职业判断，提高公司治理的效率。

在董事长兼任 CEO 方面，通过对 10 家交叉上市样本公司相关数据的统计发现，在 10 家样本公司中只有 2 家样本公司即金风科技和中联重科出现董事长与 CEO 由同一人担任的情况，且这两家公司均属于国有制造企业。这不符合香港证券市场对于上市公司董事长与 CEO "两职分离"的要求。而其在香港证券市场成功实现交叉上市从侧面体现了国有企业在境外上市中的政府主导地位。而在其余 8 家样本公司中均是董事长与 CEO 由不同人士担任的情况。"两职分离"能够使董事会不被 CEO 所影响，因此，从整体上看，交叉上市使得样本公司董事长兼任 CEO 的情况有所改善。

3. 董事会会议次数

表 2-20　　样本公司交叉上市前后董事会会议次数变化　　（单位：次）

评价指标	公司简称	年份							
		2007	2008	2009	2010	2011	2012	2013	2014
董事会会议次数	民生银行	13	11	***11***	8	12	—	—	—
	中国太保	13	7	***7***	6	4	—	—	—
	金风科技	—	6	6	***9***	16	7	—	—
	中联重科	—	11	9	***7***	8	8	—	—
	上海医药	—	—	9	10	***9***	6	11	—
	中信证券	—	—	11	14	***14***	12	12	—
	复星医药	—	—	—	38	30	***26***	27	38
	郑煤机	—	—	—	6	5	***1***	4	—
	中集集团	—	—	—	13	18	***21***	16	—
	光大银行	—	—	—	7	16	***10***	14	—

注：（1）表中斜体加黑数据为我国交叉上市企业交叉上市当年的数据。
（2）画"—"部分表示没有相关数据。

在董事会会议方面，通过对10家样本公司交叉上市前后董事会召开会议的次数进行统计发现，交叉上市前后董事会会议次数的变化没有显著的规律。这也与两地的监管法规相关。内地《上市公司治理准则》第四节第四十五条规定"董事会应定期召开会议"，但没有明确规定要召开几次；香港联合交易所的《企业管治守则》及《企业管治报告》A.1.1规定"董事会应定期开会，董事会会议应每年召开至少四次，大约每季一次"。三者均没有明确规定次数，这使得交叉上市前后董事会会议次数没有明显的变化。

4. 董事会异质性

董事会异质性也是衡量董事会的重要指标，本节对董事会异质性的衡量主要从董事会年龄异质性、学历异质性及教育水平异质性三个方面进行分析。

通过对10家样本公司相关数据的统计可以看出，在董事会年龄异质性上，样本公司在香港实现交叉上市后董事会董事平均年龄有所增长。

在董事会教育水平异质性上，在中学、中专及以下学历这一教育层次上，10家样本公司董事数量在交叉上市前后均未变化；在专科学历这一教育层次上，10家样本公司董事数量有4家在交叉上市后有所上升，6家保持不变，因此整体有所上升；在本科学历这一教育层次上，10家样本公司董事数量有4家有所上升，4家保持不变，2家有所下降，因此整体有所上升；在硕士学历这一教育层次上，10家样本公司董事数量有7家在交叉上市后有所上升，3家保持不变，因此整体有所上升；在博士学历这一教育层次上，10家样本公司董事数量有3家有所上升，3家保持不变，4家有所下降，因此整体有所上升。综上，10家样本公司在香港证券交易所成功实现交叉上市后董事会整体教育水平有所上升。而董事会教育水平的上升使得董事会在决策时能够立足于先进的公司治理理念，使得沟通更加理性和客观，增强董事会的有效性。

在董事会职业背景的异质性上，10家样本公司在交叉上市后董事会董事的职业背景领域有所扩大，出现这种情况的原因可能是公司在境外市场实现交叉上市后，对境外市场的外部环境不熟悉，亟须不同背景的外部董事获取相关外部信息来增加董事会决策的有效性。

（二）股权结构

股权结构是公司治理的基础。股权结构的分布状态由股权集中度来衡量。我们用最大股权和最大5个股权之和来衡量样本公司的股权集中度。

表2-21　　样本公司最大股权和最大5个股权之和统计　　（单位：%）

评价指标	公司简称		年份							
			2007	2008	2009	2010	2011	2012	2013	2014
股权集中度	民生银行	最大股权	5.90	5.90	**15.29**	15.27	15.27	—	—	—
		最大5个股权之和	25.57	24.69	**31.31**	31.29	31.29			
	中国太保	最大股权	17.40	17.40	**15.19**	14.93	21.69			
		最大5个股权之和	59.12	59.12	**57.10**	57.71	60.81			
	金风科技	最大股权	—	18.27	18.27	**14.36**	18.48	18.27		
		最大5个股权之和	—	47.73	47.73	**37.15**	48.89	46.74		
	中联重科	最大股权		41.86	24.99	**16.77**	16.19	16.19		
		最大5个股权之和		56.78	49.91	**48.02**	48.03	46.85		
	上海医药	最大股权	—	—	39.91	39.91	**27.89**	27.89	26.65	—
		最大5个股权之和			62.46	62.26	**72.18**	72.40	71.61	
	中信证券	最大股权	—	—	23.45	23.45	**20.30**	20.30	20.30	
		最大5个股权之和			35.08	33.42	**38.58**	37.34	37.55	
	复星医药	最大股权	—	—	—	48.05	48.05	**41.09**	41.09	39.83
		最大5个股权之和				51.91	54.15	**60.76**	59.17	60.08

续表

评价指标	公司简称		年份							
			2007	2008	2009	2010	2011	2012	2013	2014
股权集中度	郑煤机	最大股权	—	—	—	38.80	38.80	*32.14*	32.14	32.14
		最大5个股权之和	—	—	—	59.82	47.31	*52.40*	51.08	49.75
	中集集团	最大股权	—	—	—	25.00	25.54	*53.73*	53.73	53.68
		最大5个股权之和	—	—	—	50.98	51.71	*71.74*	72.54	72.36
	光大银行	最大股权	—	—	—	48.37	48.37	*48.37*	41.66	41.24
		最大5个股权之和	—	—	—	63.51	63.51	*63.51*	65.69	67.09

注：（1）表中斜体加黑数据为我国交叉上市企业交叉上市当年的数据。
（2）画"—"部分表示没有相关数据。

通过对10家交叉上市样本公司最大股权及最大5个股权之和的统计分析发现，在这10家交叉上市公司中，有6家样本公司在香港实现交叉上市后最大股权所占比例下降，2家样本公司最大股权所占比例上升，1家保持不变，因此从整体上看，样本公司在交叉上市后第一大股东所持股权比例有所下降。在最大5个股权方面，10家样本公司有6家最大5个股权之和增加，3家下降，1家保持不变，从整体上看，样本公司在交叉上市后前几大股东所持比例增加。

前几位股东所持股份比例越大，公司股份的稳定性就越强，发生内部人控制现象的概率就越低。而且第一大股东所持股份比例下降，第一大股东利用其优势地位损害其他中小股东利益的现象就会减弱，对中小股东利益的保护就会增强，公司治理就会得到很好的改善。

（三）股东类型

对公司股东的人身属性进行考察可以发现，不同类型的股东在公司治理过程中的能力、动机和作用各不相同，对公司治理有着不同的影响。

在对10家交叉上市样本公司股东类型进行统计分析过程中，我们发现在由内向外交叉上市公司中存在着5种类型的股份即国家股、国有法人股、境外法人股、境内非国有法人股、自然人股，与此相对应地存在着5种类型的类别股东。在10家样本公司中，国有股、国有法人股占据主导地位的有7家，主要有中国太保、金风科技、中联重科、上海医药、中信证券、郑煤机、光大银行。由此可见，在我国由内向外交叉上市企业中国有企业所占比重较大。随着这些公司在香港证券市场成功实现交叉上市，国有股、国有法人股所占的股份比例逐渐减少，其他类型的股份比例逐渐增多。综上，交叉上市不仅使得上市企业类别股东大量存在,还丰富了上市公司的股权结构,提升了股东来源的多元化和差异化,改善了上市公司治理。

（四）高管激励

在高管激励方面,通过对10家由内向外交叉上市样本公司的数据统计发现,交叉上市后实施高管长期激励计划的企业有所增加,有4家样本公司实施了高管长期激励计划,激励手段包括股权激励计划、递延奖金制度①、限制性股票激励计划及经济附加值长期激励方案。综上可以得出,由内向外交叉上市企业在交叉上市后的高管薪酬变得更加以激励为导向,更加注重企业的长期发展。

三 研究结论

通过统计描述的方式对2009—2013年采取由内向外交叉上市模式的10家交叉上市样本公司进行研究发现,交叉上市使得交叉上市公司治理有了较大的改善,主要表现在以下几个方面。

第一,在董事会独立性指标上,通过上文分析,董事会中独立董事人数没有明显变化,但通过对各样本公司年报的进一步分析,董事会中非执行董事人数在交叉上市后有明显增加,说明样本公司在香港证券市场交叉上市后董事会独立性实质上有所提高；董事会专门委员会数量增加且非执行董事人数在各专门委员会中占多数,这一指标的改善使得董事会专门委员会在作出决策时不容易受大股东的干预,容易作出客观的、职业的判断,提高董事会在公司治理决策中的效率；同时,董事长兼任CEO情况有所下降,这有利于削弱CEO对董事会的影响,保持董事会的独立性。这三个指标的改善表明企业从境外返回境内实现交叉上市后董事会独立性有所增强。

第二,在董事会异质性指标上,董事会成员整体平均年龄有所增长。整体平均教育水平有所上升,而董事会董事的受教育水平是评价一个公司董事会内部运作的重要指标,不同年龄、不同教育水平的外部董事进入董事会,有利于董事会获取不同的外部信息,提高董事会决策的有效性、客观性和专业性。同时,董事会成员的职业背景领域有所扩大,出现这种情况的原因可

---

① 递延奖金制度是指公司根据公司整体和高级管理人员个人绩效考评结果于每年年度考核结束后确定授予高管的奖金数额,授予后并不立即支付,而是在以后年度以现金形式递延支付给高管,如果兑付前一个会计年度的公司或个人绩效考核情况未达到要求,还相应扣减高级管理人员的实际兑现金额。

能是公司在境外市场实现交叉上市后，对境外市场的外部环境不熟悉，亟须不同背景的外部董事获取相关外部信息来增加董事会决策的有效性。

第三，在股权结构上，第一大股东所持股份比例下降，这一指标的改善使得第一大股东利用其优势地位损害其他中小股东利益的现象减弱，对中小股东利益的保护增强。前五大股东所持股份比例在交叉上市后逐渐增多，公司股份的稳定性增强，发生内部人控制现象的概率降低，有效地改善了公司的治理结构。

第四，交叉上市公司中股东类型增多，出现了类别股东。类别股东不仅使得交叉上市公司的股权结构进一步丰富，还实现了交叉上市公司股东来源的多样性和差异化，为公司治理带来了新的挑战。交叉上市公司如何兼顾类别股东的利益的问题，也催生了公司治理的法律制度——类别股东表决制度的诞生，为公司治理的实践带来了积极的影响。

本部分对由内向外交叉上市样本公司的研究验证了国外一些学者的理论。国外一些学者认为，上市公司通过到更加成熟的境外证券市场上交叉上市，会使自身置于更加严格的法律法规制度环境之下，会面临更加专业的中介机构的声誉监督，在这些严格的外部公司治理机制的约束下，公司的内部治理结构有了很大的改善，投资者的保护程度也提高了。

第五节　结论和启示

一　比较分析

通过统计描述的方式对2009—2013年在香港和内地证券市场上采取由内向外交叉上市模式的10家样本公司和采取由外向内交叉上市模式的12家样本公司进行研究分析，发现两种不同交叉上市模式对我国上市公司治理的影响有所差异，具体比较如下。

（一）两种交叉上市模式公司董事会的比较

在董事会规模方面，两种交叉上市模式的公司董事会人数在交叉上市前后均没有明显变化。

在董事会独立性方面，从董事会中独立董事人数看，两种交叉上市模式的公司在交叉上市后独立董事人数没有显著变化，但通过对由内向外交叉上市各样本公司年报进行分析发现董事会独立性有所提升，而由外向内交叉上市各样本公司则没有显著变化；从董事会专门委员会数量看，两种交叉上市模式公司董事会中专门委员会的数量均有显著增加；从董事长兼任CEO的情况看，两种交叉上市模式公司董事长与 CEO 由一人同时担任的情况均有所下降。出现上述情况的原因可能与两地监管法律法规有关。相对于内地证券市场，香港证券市场对上市公司董事会的组成要求更加严格，这导致由内向外交叉上市公司治理在董事会独立性这一指标改善上表现明显。

在董事会会议方面，由外向内交叉上市公司董事会会议在交叉上市的前一年和交叉上市的当年召开频次明显增多，而由内向外交叉上市公司董事会会议的次数变化则无明显规律。这种情况的出现印证了现有的研究结论，即上市公司由境外返回境内交叉上市是为了挽回企业经营业绩的下降，缓解企业在境外再融资出现困难情况下的一种现实选择，企业业绩的下降会导致董事会会议的增多。

在董事会异质性方面，两种交叉上市模式公司在交叉上市后董事平均年龄和整体教育水平均有所上升，但是在董事职业背景异质性上，由内向外交叉上市公司董事会职业背景领域有所扩大，而由外向内交叉上市公司则没有显著变化。出现这种情况的原因可能是由于我国上市公司对境内证券市场外部环境的熟悉程度远远大于境外证券市场，因此对获取外部信息的需求会有明显的差异。

（二）两种交叉上市模式公司股权结构和股东类型的比较

在股权结构方面，从控股股东持股比例看，两种交叉上市模式样本公司第一大股东持股比例在交叉上市后均有所下降；从前 5 名股东持股比例看，由外向内交叉上市公司前几大股东持股比例略有下降，而由内向外交叉上市公司前几大股东持股比例则有所增加。股权集中度是衡量公司股权分布状态的重要指标，前几大股东持股比例越大，股权集中度就越高，公司股份的稳定性就越强，发生内部人控制现象的概率就越低，有利于对中小股东利益的保护，公司治理结构的改善就相对明显。

在股东类型方面，两种交叉上市模式样本公司在交叉上市后股东类型均有所增加，出现了不同种类的类别股东。

（三）两种交叉上市模式公司高管激励的比较

在高管激励方面，由外向内交叉上市样本公司在交叉上市后均未实施高管长期激励计划，而由内向外交叉上市样本公司在交叉上市后实施高管长期激励计划的公司有所增加。高管长期激励计划的实施有利于消除高管作为公司代理人的机会主义倾向，将高管个人利益与公司长远利益有机地结合在一起，从而有利于公司的长远发展。由此可以看出，由内向外交叉上市公司在交叉上市后的高管薪酬变得更加以激励为导向，更加注重公司的长期发展。

综上，两种交叉上市模式的公司在交叉上市后公司治理均有一定的改善，但由内向外交叉上市公司在交叉上市后公司治理改善得更加明显些。这一结论的得出在一定程度上印证了现有的研究结论，斯图尔兹和科菲认为交叉上市（尤其是对来自新兴资本市场的企业赴发达资本市场交叉上市而言），迫使企业面对更严格的法律与监管约束、更高的信息披露标准以及更完善的公司治理要求，从而能够给股东，尤其是中小股东提供更好的保护。①

二 研究结论

通过上文的比较分析，我们发现交叉上市有效地改善了上市公司的内部治理结构，具体表现在以下几个方面。

第一，交叉上市使得交叉上市公司董事会的独立性、有效性增强，提高了公司治理效率。通过前文的研究分析，我们发现，在董事会独立性方面，不论是采用由内向外交叉上市模式还是采用由外向内交叉上市模式，交叉上市前后样本公司独立董事人数没有明显变化，但董事会独立性实质上有所提高。而且各样本公司中董事会专门委员会中独立董事的比例占多数，这使得专门委员会在决策过程中能够保持独立，不受大股东的影响，能够作出客观准确的职业判断，提高公司的治理效率。

第二，交叉上市使得交叉上市公司董事会成员异质性增强，有利于董事会获取有效的外部信息，增强董事会内部决策的有效性。通过对各样本公司董事会异质性进行分析可以发现，样本公司在实现交叉上市后，董事会董事平均年龄有所增长，董事会董事整体教育水平有所上升，董事会董事的职业背景领域有所扩大。这些具有不同教育背景代表不同股东群体的外部董事进入董事会，有利于董事会获取相关外部环境信息，获得关键信息。同时，董事会成员异质性的增强也有助于改善董事会内部议事讨论的效果，使得董事会会议效率提高。

第三，交叉上市使得交叉上市公司股东结构类型增多，类别股东种类明

---

① R. M. Stulz, "Globalization, Corporate Finance, and the Cost of Capital," *Journal of Applied Corporate Finance*, Vol. 12, No. 3, Fall 1999; John C., "The Future as History: The Prospects for Global Convergence in Corporate Governance and Its Implications," *Northwestern University Law Review*, Vol. 93, 1999; John C., "Racing Toward the Top?: The Impact of Cross-listings and Stock Market Competition on International Corporate Governance," *Columbia Law Review*, Vol. 102, No. 7, November 2002.

显增多，使得公司治理中出现类别股东表决制度。类别股东的大量出现对于公司治理制度的设计者提出了一个考验：如何兼顾不同类别股东之间的异质化利益？如何保证经由股东大会决议形式而生成的公司意志体现不同类别股东的意思表示，类别股东表决制度在这一背景下应运而生。这一制度的出现，有利于增强对交叉上市公司中不同类型股东的保护，改善公司治理。

第四，交叉上市使得交叉上市公司股权集中度下降，股权结构变得相对分散，有效地保护了中小股东的利益。通过前文的分析，我们发现交叉上市使得交叉上市公司控股股东所持股份比例下降，前五大股东所持股份比例相对降低，公司股权集中度下降。股权集中度是衡量公司股权分布状态的重要标志，股权集中度下降，说明公司股权结构相对分散，大股东对公司的控制权减弱，可以有效减少大股东对中小股东利益的侵占，保护中小股东的利益。

三 研究启示

由上文可知，不论是采取由内向外交叉上市模式还是采取由外向内交叉上市模式，交叉上市作为一种外部机制均能有效地改善交叉上市公司的内部治理结构，这一结论的得出对于我国政府监管部门、上市公司管理层和证券市场来说均有一定的启示意义。

（一）对政府监管部门的启示

对于政府监管部门来说，应该充分认识到交叉上市对企业公司治理所带来的积极作用，积极引导支持完善企业的交叉上市活动。在国内证券市场还不够完善不够发达的情况下，应通过积极支持企业到境外更为发达、监管更为严格的证券市场进行交叉上市，来促进境内企业转变体制，完善公司治理，建立健全现代企业制度。同时也要加强与国际证券市场的监管合作与协调，不断完善境内证券市场的监管制度建设，提高执法水平，促进境内证券市场的繁荣。

具体要做到以下两点。一是加大对境外不同上市地的宣传力度，普及交叉上市的相关知识，使想在境内外交叉上市的公司能够充分认识到交叉上市会带给公司的风险和收益，作出理性客观的判断。二是严格对交叉上市公司进行监督管理，加强对境外上市证券市场的研究和交叉上市相关政策的介绍，并引导证券市场中介机构（如保荐人、律师事务所、培训机构等）的行为，促进境内企业作出正确的上市决策。

(二) 对上市公司的启示

对于上市企业来说，一方面要充分认识到通过到监管更为严格的市场实现企业交叉上市有利于改善公司治理结构，这种改善主要体现在董事会、高管激励、股权结构以及信息披露和透明度等多个方面。另一方面也要保持警惕性，通常交叉上市企业面临着境内、境外两个证券市场的法律约束，而且一般情况下，境外证券市场在法律执行上比境内更为严苛，这给交叉上市的企业带来了诉讼风险。因此，企业在进行交叉上市时要慎重决策，一方面要在公司治理、商业利益、诉讼风险方面进行综合考量，另一方面也要协调好不同类型股东的利益诉求，防止陷入诉讼的旋涡。

(三) 对我国证券市场的启示

随着越来越多的企业境内境外交叉上市，我国的证券市场也得到了快速的发展。为了吸引更多的企业返回境内证券市场交叉上市，就要不断完善我国证券市场制度基础，包括多样化股权类型结构和完善投资者利益保护制度。资本市场的发达程度也是一个国家国民经济发展程度的标志。长期来看，加强内地证券市场制度建设，促进公司治理完善和上市公司质量的提高是资本市场发展的必然选择。

表2-22、表2-23作为本章的补充资料附在此处。

附录表2-22　　　　A+H交叉上市企业概况

序号	股票简称	A股上市时间	A股代码	H股上市时间	H股代码	行业分类
1	青岛啤酒	1993-08-27	600600	1993-07-15	00168	制造
2	上海医药	1993-03-24	601607	2011-05-20	02607	批发和零售业
3	广船国际	1993-10-28	600685	1993-08-06	00317	交通运输、仓储和邮政业
4	丽珠集团	1993-10-28	000513	2014-1-16	01513	制造
5	上海石化	1993-11-08	600688	1993-07-26	00338	制造
6	昆明机床	1994-01-03	600806	1993-12-07	00300	制造
7	马钢股份	1994-01-06	600808	1993-11-03	00323	制造
8	海通证券	1994-02-24	600837	2012-04-27	06837	金融
9	中集集团	1994-04-08	000039	2012-12-19	02039	制造
10	*ST京城	1994-05-06	600860	1993-08-06	00187	制造
11	*ST仪化	1995-04-11	600871	1994-03-29	01033	制造

续表

序号	股票简称	A股上市时间	A股代码	H股上市时间	H股代码	行业分类
12	创业环保	1995-06-30	600874	1994-05-17	01065	电力、热力、燃气及水生产和供应业
13	东方电气	1995-10-10	600875	1994-06-06	01072	制造
14	洛阳玻璃	1995-10-31	600876	1994-07-08	01108	制造
15	东北电气	1995-12-13	000585	1995-07-06	00042	制造
16	南京熊猫	1996-11-18	600775	1996-05-02	00553	制造
17	经纬纺机	1996-12-10	000666	1996-02-02	00350	制造
18	同仁堂	1997-06-25	600085	2000-10-31	01666	制造
19	新华制药	1997-08-06	000756	1996-12-31	00719	制造
20	东方航空	1997-11-05	600115	1997-02-05	00670	交通运输、仓储和邮政业
21	中兴通讯	1997-11-18	000063	2004-12-09	00763	信息传输、软件和信息技术服务业
22	鞍钢股份	1997-12-25	000898	1997-07-24	00347	制造
23	兖州煤业	1998-07-01	600188	1998-04-01	01171	采矿
24	复星医药	1998-08-07	600196	2012-10-30	02196	制造
25	海信科龙	1999-07-13	000921	1996-07-23	00921	制造
26	东风汽车	1999-07-27	600006	2005-12-07	00489	制造
27	中联重科	2000-10-12	000157	2010-12-23	01157	制造
28	晨鸣纸业	2000-11-20	000488	2008-06-18	01812	制造
29	民生银行	2000-12-19	600016	2009-11-26	01988	金融
30	江西铜业	2001-01-11	600362	1997-06-12	00358	采矿
31	宁沪高速	2001-01-16	600377	1997-06-27	00177	交通运输、仓储和邮政业
32	白云山	2001-02-06	600332	1997-10-30	00874	制造
33	中国石化	2001-08-08	600028	2000-10-19	00386	采矿
34	华能国际	2001-12-06	600011	1998-01-21	00902	电力、热力、燃气及水生产和供应业
35	深高速	2001-12-25	600548	1997-03-12	00548	交通运输、仓储和邮政业
36	海螺水泥	2002-02-07	600585	1997-10-21	00914	制造

续表

序号	股票简称	A股上市时间	A股代码	H股上市时间	H股代码	行业分类
37	招商银行	2002-04-09	600036	2006-09-22	03968	金融
38	京能电力	2002-05-10	600578	2011-12-22	00579	电力、热力、燃气及水生产和供应业
39	中海发展	2002-05-23	600026	1994-11-11	01138	交通运输、仓储和邮政业
40	中国联通	2002-10-09	600050	2000-06-22	00762	信息传输、软件和信息技术服务业
41	中信证券	2003-01-06	600030	2011-10-06	06030	金融
42	皖通高速	2003-01-07	600012	1996-11-13	00995	交通运输、仓储和邮政业
43	南方航空	2003-07-25	600029	1997-07-31	01055	交通运输、仓储和邮政业
44	华电国际	2005-02-03	600027	1999-06-30	01071	电力、热力、燃气及水生产和供应业
45	中国银行	2006-07-05	601988	2006-06-01	03988	金融
46	北辰实业	2006-10-16	601588	1997-05-14	00588	房地产
47	中国国航	2006-08-18	601111	2004-12-15	00753	交通运输、仓储和邮政业
48	工商银行	2006-10-27	601398	2006-10-27	01398	金融
49	大唐发电	2006-12-20	601991	1997-03-21	00991	电力、热力、燃气及水生产和供应业
50	广深铁路	2006-12-22	601333	1996-05-14	00525	交通运输、仓储和邮政业
51	中国人寿	2007-01-09	601628	2003-12-18	02628	金融
52	重庆钢铁	2007-02-28	601005	1997-10-17	01053	制造
53	中国平安	2007-03-01	601318	2004-06-24	02318	金融
54	中信银行	2007-04-27	601998	2007-04-27	00998	金融
55	潍柴动力	2007-04-30	000338	2004-03-11	02338	制造
56	交通银行	2007-05-15	601328	2005-06-23	03328	金融
57	中国远洋	2007-06-26	601919	2005-06-30	01919	交通运输、仓储和邮政业
58	建设银行	2007-09-25	601939	2005-10-27	00939	金融
59	中海油服	2007-09-28	601808	2002-11-20	02883	采矿

续表

序号	股票简称	A股上市时间	A股代码	H股上市时间	H股代码	行业分类
60	中国神华	2007-10-09	601088	2005-06-15	01088	采矿
61	中国石油	2007-11-05	601857	2000-04-07	00857	采矿
62	中国中铁	2007-12-03	601390	2007-12-07	00390	建筑
63	中海集运	2007-12-12	601866	2004-06-16	02866	交通运输、仓储和邮政业
64	中国太保	2007-12-25	601601	2009-12-23	02601	金融
65	金风科技	2007-12-26	002202	2010-10-08	02208	制造
66	中国铝业	2007-04-30	601600	2001-12-12	02600	制造
67	中煤能源	2008-02-01	601898	2006-12-19	01898	采矿
68	中国铁建	2008-03-10	601186	2008-03-13	01186	建筑
69	紫金矿业	2008-04-25	601899	2003-12-23	02899	采矿
70	中国南车	2008-08-18	601766	2008-08-21	01766	制造
71	上海电气	2008-12-05	601727	2005-04-28	02727	制造
72	四川成渝	2009-07-27	601107	1997-10-07	00107	交通运输、仓储和邮政业
73	中国中冶	2009-09-21	601618	2009-09-24	01618	建筑
74	农业银行	2010-07-15	601288	2010-07-16	01288	金融
75	郑煤机	2010-08-03	601717	2012-12-05	00564	制造
76	光大银行	2010-08-18	601818	2013-12-20	06818	金融
77	山东墨龙	2010-10-21	002490	2004-04-15	00568	制造
78	大连港	2010-12-06	601880	2006-04-28	02880	交通运输、仓储和邮政业
79	金隅股份	2011-03-01	601992	2009-07-29	02009	制造
80	比亚迪	2011-06-30	002594	2002-07-31	01211	制造
81	长城汽车	2011-09-28	601633	2003-12-15	02333	制造
82	新华保险	2011-12-16	601336	2011-12-15	01336	金融
83	中国交建	2012-03-09	601800	2006-12-15	01800	建筑
84	广汽集团	2012-03-29	601238	2010-08-30	02238	制造
85	东江环保	2012-04-26	002672	2003-01-29	00895	水利、环境和公共设施管理业
86	一拖股份	2012-08-08	601038	1997-06-23	00038	制造
87	洛阳钼业	2012-10-09	603993	2007-04-26	03993	采矿
88	浙江世宝	2012-11-02	002703	2006-05-16	01057	制造

附录表 2-23　　　　　　　证券法评价指标

	指标	评价指标描述与赋值
		1. 披露要求
1	招股说明书	如果证券法规定上市公司必须在股票挂牌之前把招股说明书交到有意向的投资者手中，则此变量为1；如果没有此项规定，则此变量为0
2	高管薪酬	如果证券法规定在招股说明书中必须写明每个董事和高管薪酬，则此变量为1；如果只需写明董事和高管薪酬的总额，则此变量为0.5；如果无须写明，则此变量为0
3	股东	如果证券法规定必须披露每个控股（无论是直接或间接）超过10%的股东名称和股份比例，则此变量为1；如果规定只需披露控股比例超过10%的直接控股股东名称和股份比例，则此变量为0.5；如果没有此项披露规定则此变量为0
4	内部人股权	如果证券法规定每个董事和高管持有的公司股份必须公告，则为1；如果只需公告所有董事和高管持有股份的总数，则此变量为0.5；如果没有规定，则此变量为0
5	非经常性业务	如果证券法规定公司在经常性业务活动之外的业务内容也必须公告，则此变量为1；如果规定只需披露经常性业务之外的部分业务内容，则此变量为0.5；如果没有这方面的规定，则此变量为0
6	关联交易	如果证券法规定所有发生在上市公司与关联方（公司高管、董事、大股东等）的交易都必须披露，则此变量为1；如果只需披露部分内容则此变量为0.5；如果无须披露，则此变量为0
		2. 举证责任
7	针对董事	在投资者起诉要求公司董事赔偿由于招股说明书中的误导信息所导致的损失时，如果投资者只需要证明招股说明书中有误导信息，则此变量为1；如果投资者必须证明他们是根据误导信息作出了投资决策，或是由于误导信息造成了他们的损失，则此变量为2/3；如果投资者必须证明是由于董事失职并且他们是根据误导信息作出了投资决策或是由于误导信息造成了他们的损失，此变量为1/3；如果必须证明董事的蓄意失职或者赔偿基本是不可能的，则此变量为0
8	针对承销商	在投资者起诉要求承销商赔偿由于招股说明书中的误导信息所导致的损失时，如果投资者只需证明招股说明书中有误导信息，则此变量为1；如果投资者必须证明他们是根据误导信息作出了投资决策，或是由于误导信息造成了他们的损失，则此变量为2/3；如果投资者必须证明是由于承销商的失职，且他们是根据误导信息作出了投资决策或是由于误导信息造成了他们的损失，此变量为1/3；如果必须证明承销商的蓄意失职或者赔偿基本是不可能的，则此变量为0
9	针对审计师	在投资者起诉要求审计师赔偿由于招股说明书中被审计的财务信息误导所导致的损失时，如果投资者只需证明被审计的财务信息误导，则此变量为1；如果投资者必须证明他们是根据误导信息作出了投资决策，或是由于误导信息造成了他们的损失，则此变量为2/3；如果投资者必须证明审计师的失职，且他们是根据误导信息作出了投资决策或是由于误导信息造成了他们的损失，此变量为1/3；如果必须证明审计师严重蓄意失职或者赔偿基本是不可能的，则此变量为0
		3. 证券市场监管者的特征

续表

	指标	评价指标描述与赋值
10	任命	如果监管机构的主要成员不是由政府部门单方面任命的，则此变量为1；否则此变量为0
11	任职期	如果监管机构成员在规定任职期间不能被任命机构随意解职，则此变量为1；否则此变量为0
12	专注	如果监管机构只监管证券市场，则此变量为1；否则此变量为0
13	规则	如果监管机构无须其他政府部门的批准就可以发布有关上市管理的规定，此变量为1；如果发布此类规定需要其他政府部门的批准则此变量为0.5；如果监管机构无权发布此类规定则此变量为0
		4. 证券市场监管者的调查权限
14	文件	如果监管者在调查时能够命令任何有关人员呈交所有有关文件，则此变量为1；如果监管者能够命令上市公司的有关人员呈交有关文件，则此变量为0.5；如果监管者无此权限则此变量为0
15	证人	如果监管者在调查时能够传唤任何有关证人作证，则此变量为1；如果监管者能够命令上市公司的董事等人员作证，则此变量为0.5；如果监管者无此权限则此变量为0
		5. 监管者的命令权限
16	命令发行者	命令停止：如果监管者有权力停止上市公司的许多行为，则此变量为1；如果监管者只有权力停止上市公司的有限行为，则此变量为0.5；如果监管者无此权力则此变量为0 命令执行：如果监管者为了纠正上市公司的不当行为，有权力命令上市公司执行许多行为，则此变量为1；如果监管者只有权力命令上市公司执行有限行为，则此变量为0.5；如果监管者无此权力则此变量为0 命令发行者这一指标的值为以上两个指标之值的平均数
17	命令承销者	命令停止：如果监管者有权力停止承销商的许多行为，则此变量为1；如果监管者只有权力停止承销商的有限行为，则此变量为0.5；如果监管者无此权力则此变量为0 命令执行：如果监管者为了纠正承销商的不当行为，有权力命令承销商执行许多行为，则此变量为1；如果监管者只有权力命令承销商执行有限行为，则此变量为0.5；如果监管者无此权力则此变量为0 命令承销商这一指标的值为以上两个指标之值的平均数
18	命令审计师	命令停止：如果监管者有权力停止审计师的许多行为，则此变量为1；如果监管者只有权力停止审计师的有限行为，则此变量为0.5；如果监管者无此权利则此变量为0 命令执行：如果监管者为了纠正审计师的不当行为，有权力命令审计师执行许多行为，则此变量为1；如果监管者只有权力命令审计师执行有限行为，则此变量为0.5；如果监管者无此权力则此变量为0 命令审计师这一指标的值为以上两个指标之值的平均数
		6. 刑事犯罪
19	董事或高管刑事犯罪	即使在由于疏忽、不了解招股说明书上的误导信息情况下，董事或高管也可能被定为刑事犯罪，则此变量为1；如果在了解招股说明书上的误导信息的情况下，董事或高管可能被定为刑事犯罪，则此变量为0.5；如果在发生了招股说明书信息误导时，董事或高管不可能被定为刑事犯罪，则此变量为0

续表

指标		评价指标描述与赋值
20	承销商刑事犯罪	即使在由于疏忽、不了解招股说明书上的误导信息情况下，承销商也可能被定为形式犯罪，则此变量为1；如果必须在了解招股说明书上的误导信息的情况下，承销商可能被定为刑事犯罪，则此变量为0.5；如果在发生了招股说明书信息误导时，承销商不可能被定为刑事犯罪，则此变量为0
21	审计师刑事犯罪	即使在由于疏忽、不了解招股说明书上的误导信息情况下，审计师也可能被定为刑事犯罪，则此变量为1；如果必须在了解招股说明书上的误导信息的情况下，审计师可能被定为刑事犯罪，则此变量为0.5；如果在发生了招股说明书信息误导时，审计师不可能被定为刑事犯罪，则此变量为0

第三章

创业板上市与公司治理

自我国创业板市场于 2009 年 10 月 23 日下午 4 时 25 分由时任中国证监会主席尚福林宣布正式启动以来,吸引了大批民营企业在创业板上市,给民营企业直接融资提供了路径,为解决民营企业融资难的问题创设了新通道,也给民营企业第二次创业提供了机遇。但与此同时,由于民营企业多具有家族化特征,这些民营企业在创业板上市,直接导致了创业板上市公司整体的家族化特征。家族化特征使创业板上市公司治理呈现出一些独特问题。

创业板上市公司与主板上市公司在股权方面最主要的区别不在于是否有绝对控股股东,而在于主板上市公司多由原先的国有企业改制而来,最终控制性股东(终极股东)是国家;而创业板上市公司多由原先的具有高科技因素背景的民营企业转变而来,终极股东是自然人,并且大多是具有亲缘关系的自然人,家族化特征比较明显。这些创业板上市公司在上市之前,不管其是不是家族模式,都不会特别引起公众关注,原因在于在没有上市之前,民营企业家族化与否与公众关系不大。然而,如今这些家族化民营企业通过创业板市场上市,其家族化与否就不再单纯是这些公司自身发展的问题,而更关系到创业板市场的发展如何与是否成功运行。我国的创业板市场开始真正成为高科技企业成长的摇篮,同样,广大创业板投资者也开始面临正当权利的保护问题。

本书根据对创业板上市公司招股说明书的统计分析,总结出创业板上市公司在股权结构、股权制衡度、独立董事的选任、董事长与总经理的任职等多方面的特征,以及创业板上市公司的总体特点和公司治理问题,并根据这些公司治理问题提出相应的对策。

第一节 我国创业板上市公司股权结构及其成因分析

一 我国创业板上市公司股权结构分析

自2009年10月30日首批的28家公司集体在创业板挂牌上市至2011年5月1日，我国共有209家公司在创业板上市。根据对前100家创业板上市公司的招股说明书数据统计，创业板上市公司第一大股东[①]在所在公司的持股比例超过50%的有32家，占100家创业板上市公司的32%；持股比例处于30%—50%的公司有45家，占100家创业板上市公司的45%；总计第一大股东持股在30%以上的创业板上市公司的比例为77%；持股在20%以下的公司有23家，占比为23%。从以上数据可以看出，我国创业板上市公司的股权比较集中，多数公司的第一大股东处于绝对控股地位，除4家创业板上市公司硅宝科技、天源迪科、三聚环保、荃银科技（均为公司简称）没有实际控制人（此处"实际控制人"的用语表述与《公司法》第216条所述的"实际控制人"所述含义并不一致，请特别予以注意，下同）以外，其他96家创业板上市公司均存在实际控制人。其他股东根本无法对第一大股东（实际控制人）形成实质性的股权制约，见表3-1。

表3-1　　　　创业板上市公司第一大股东持股比例情况

实际控制人控制的股权比例	0—30%	30%—50%	50%以上
公司家数	23	45	32
占比	23%	45%	32%

资料来源：根据深圳证券交易所100家创业板上市公司招股说明书整理。

二 我国创业板上市公司的股权制衡度

本书所称的股权制衡度主要用来衡量创业板上市公司各个主要股东的股权制衡关系，它指的是第二大股东与第三大股东持股比例之和与实际控制人或者第一大股东持股比例的比值。[②] 这一比值的高低与股东制衡度成正比。

---

① 为研究需要，本书将创业板上市公司中关联股东的股份总额累计计算为第一大股东的持股比例。

② 蒋学跃：《中小板民营上市公司治理调研分析报告》，《证券市场导报》2010年第3期。

一般而言，这一比值越高，意味着第一大股东或者实际控制人占的比例相对越低，股权制衡度也就越高。根据对这100家上市公司的招股说明书数据统计，有66家公司的股权制衡度低于0.5，有22家公司股权制衡度处于0.5—1，这两者所占研究样本（前100家创业板上市公司）的比例为88%。这说明整个创业板上市公司股权制衡度较低，总体上"一股独大"的特征明显，见表3-2。

表3-2　　　　　　　　　创业板上市公司股权制衡度

制衡度	0—0.5	0.5—1	1以上
公司家数	66	22	12
占比	66%	22%	12%

资料来源：根据深圳证券交易所100家创业板上市公司招股说明书整理。

在股权制衡度高于1的12家创业板上市公司中，9家都存在实际控制人，也就是说第一大股东能够支配的表决权达到30%以上。另外，100家公司中有6家通过签订一致行动协议书的形式形成实际控制人。这一现象也同时表明，股权制衡度并不是决定创业板上市公司控制权的唯一因素。基于生意上的长期合作、实际控制人个人能力及私人情谊也会在很大程度上影响公司的控制权，这些关系不是法定的关联关系，也同样无法通过其他途径被确认为关联关系，因此在很大程度上会加大监管的难度。

三　我国创业板上市公司的家族化特征

通过分析该100家创业板上市公司的招股说明书发现，南风股份、华测检测、上海凯宝、金龙机电等8家公司属于典型的父子（父女）控股公司。其中华测检测的控股人父子持有的股份占公司上市发行前的45.74%；上海凯宝的控股人父女占发行前股份的54.80%；南风股份的控股人父子合并持有的股份在公司上市发行新股后仍达到56.73%；金龙机电的控股人父女几乎完全拥有该公司，上市发行前占公司股份的93.46%，发行后仍然占到公司股份的70.08%。

探路者、汉威电子、上海佳豪、新宁物流、亿纬锂能、银江股份、吉峰农机、宝德股份、阳普医疗、中科电气、新宙邦、梅泰诺、九洲电气、星辉车模等26家公司属于典型的夫妻控股。以上市发行后所占公司股份的比例为例，亿纬锂能的控股人夫妇合计持有公司股份的54.09%；银江股份的控股人夫妇合计持有公司股份的39.48%；宝德股份的控股人夫妇占公司股份的58.5%；新宙邦的控股人夫妇占公司股份的63.85%；星辉车模的控股人夫妇占公司股份的62.06%。

莱美药业、安科生物、大禹节水、华谊兄弟、天龙光电、宝通带业、同花顺、世纪鼎利等19家公司是典型的姐妹兄弟控股，就上市后所占公司股份的比例来看，莱美药业的控股人兄弟持有公司股份的40.15%；安科生物的控股人兄弟持有公司股份的38.98%；大禹节水的控股人兄弟持有公司股份的55.16%；华谊兄弟的控股人兄弟持有公司股份的34.41%；天龙光电的控股人兄妹持有公司股份的43.2%。以上统计的控股股东具有家族化关联关系的公司占样本公司的比例为53%。各控股股东关联关系情况见表3-3。

表3-3　　　　　　　创业板上市公司控制股东的关联情况

关联类型	父子（女）关系	夫妻关系	兄弟姊妹关系	小计
公司家数	8	26	19	53
占比	8%	26%	19%	53%

资料来源：根据深圳证券交易所100家创业板上市公司招股说明书整理。

从以上对创业板前100家上市公司股权结构的分析可以看出，创业板上市公司总体上带有我国普通民营企业普遍具备的家族化特点，这也成为我国创业板上市公司的重要特点之一。

四　我国创业板上市公司股权现状的历史成因分析

从以上关于创业板上市公司股权现状的分析可以看出，前100家创业板上市公司呈现出一股独大、股权制衡度低、家族化因素明显等特征。对其成因的分析会对解决创业板上市公司的相关问题起到导向作用。

（一）民营企业是我国创业板上市公司的主体

在统计的100家创业板上市公司中，国有股控股的公司仅有乐普医疗、机器人、钢研高纳、当升科技以及国民技术公司等共5家公司，其他95家公司均为民营企业。可以说，民营企业是我国创业板上市公司的主体。

1. 直接融资难是民营企业寻求上市的主要动因

资金是企业的血液，融资渠道狭窄，特别是直接融资难导致的资金缺乏成为民营企业发展的瓶颈。我国民营企业的资金来源主要有五种方式：企业组建时投入的资本金、过去的利润留存、商业银行贷款、各种政府政策扶持基金、通过发行股票或债券募集资金。[①] 除此之外，就是其他一些非正常融资渠道。

---

① 王连娟等编：《民营企业上市实务与案例》，中国人民大学出版社2006年版，第52页。

但是，由于民营企业在组建时股东的实力一般较弱，企业注册资金偏少，企业规模较小，过少的注册资本既难以满足企业的投资扩张需要，也在很大程度上限制了企业进行对外融资。相应地，由于企业难以对外融资，而只能单纯地用上一年度的企业利润来增加本年度的营运资金，企业的发展也受到严重制约。此外，民营企业直接从商业银行获得贷款存在不少困难：容易受通货膨胀等多方面因素的影响。中国人民银行存款准备金利率及银行贷款利率多次上调，又导致了贷款成本的增加；加上政府政策扶持基金数量有限，只有国家重点扶持的特定产业才有可能获得资金；而且僧多粥少，也使这种融资方式不具有普遍性和持久性。

基于上述资金来源渠道面临的种种困难，一些具备条件的企业寻求通过公司上市来直接融资，以开拓新的融资渠道，解决资金瓶颈。在主板上市难以进入的情况下，创业板的设立恰好满足了这种需要。

2. 上市是民营企业规范管理、延长企业生命的需要

上市首先有利于提高公司的知名度，而知名度的提高可以吸引更多优秀的人才加入企业中，使企业实现更大程度的发展。一般来讲，上市公司相比非上市公司更容易获得客户的尊敬和信赖，从而有利于促进与客户的长期合作。导致我国民营企业在市场上淘汰率很高的原因很多，其中很重要的一点就是企业内部管理不规范，家族式的人治管理在企业发展到一定阶段后很难再继续推进，上市是摆脱家族干预、实现管理规范化的重要契机。

相对主板市场而言，创业板市场对公司的股本要求较低，只是对公司的盈利能力要求较高，目的是促进自主创新企业及其他成长型企业的发展。因此，与适合于在主板市场上市的资产规模大的国有企业相比，符合条件的民营企业更适合在创业板上市融资。

（二）民营企业家族化的必然性

1. 民营企业家族化的理论依据

（1）企业生命周期理论

美国学者伊查克·爱迪思曾用20多年的时间研究企业如何发展、老化和衰亡。他在《企业生命周期》一书中把企业生命周期分为十个阶段，即孕育期、婴儿期、学步期、青春期、壮年期、稳定期、贵族期、官僚化早期、官僚期、死亡。[1] 爱迪斯准确生动地概括了企业生命不同阶段的特征，

---

[1] ［美］伊查克·爱迪思：《企业生命周期》，赵睿译，华夏出版社2004年版。

并提出了相应的对策,揭示了企业生存过程中基本发展与制约的关系。企业在生命周期不同阶段中,对生产经营管理有不同要求,其中从婴儿期到学步期是离不开创始人的精心照顾的,所以,处于这个阶段时,在外界环境不佳的情况下,采取家族化管理的形式更具备现实合理性。

(2) 产权理论

产权理论认为,私有企业的产权人享有剩余利润占有权,产权人有较强的激励动机去不断提高企业的效益。在民营企业中,由于企业经营权与所有权合二为一,企业的经营者对其实际控制权的预期比较长远和稳定,因此企业的经营者可以不计报酬、夜以继日地工作。同时,采取家族化模式会减少企业内部之间为争夺权力的斗争,降低了企业内的交易成本。

2. 民营企业家族化的现实基础

(1) 亲缘因素

"民营"与"家族化"有着天然的亲缘关系。[①] 民营企业以私有财产为资本金,但由于个人投资能力不足,出于风险承担、筹资方便等多方面的原因,大多数民营企业在公司刚刚起步时往往采取了家族合股的投资方式,这使得民营企业自诞生之日起就带有明显的家族色彩。

(2) 文化因素

任何企业管理模式的背后,都隐含着既定的文化底蕴。传统文化也是民营企业选择家族化管理模式的重要原因。[②] 中西文化的差异,实质上是亲情文化与契约文化之间的差异。在中国,"天下之本在国,国之本在家"(孟子语),"家"文化倡导的是以一个宗族、家族或房族的延续为重,因此十分强调人伦、关系和亲情。后来,这种文化理念又被演绎到整个社会,渗透到经济、政治和文化生活之中。而在西方,家庭关系是建立在一种明确的契约关系之上的,西方普遍认为,如果没有"契约"的支持,那么由血缘建立的亲属关系也会变得脆弱而不稳定。

由此不难发现,在西方,企业与雇员之间的契约关系使企业管理活动更加规范化、制度化,但是劳资双方却缺乏安全感。而在亲情文化倡导下的家族化管理企业中,往往能为广大员工尤其是由"家族"网络为支撑的企业

[①] 刘孟达:《区域经济发展新空间:基于绍兴产业簇群及其竞争力的实证研究》,浙江大学出版社2005年版,第57页。

[②] 郑卫峰、叶圣利编:《晋商、徽商经营管理策略——兼谈其对民营企业的启示》,复旦大学出版社2003年版,第135页。

团队提供一种亲情氛围,而由此激励起来的成就感和归属感远远超出雇用制度。可以说,诱致民营企业家族化管理的传统文化基因,就是"吃苦耐劳、勤奋创业,节俭朴素、富而不奢,齐心协力、团结一致"等家庭信念。

(3) 决策效率因素

民营企业的生存和发展是同业主的权威分不开的。[①] 业主亲手创立企业,往往从刚开始就历经风浪,其丰富的阅历与敏锐的洞察力是其他人难以企及的。在企业初创阶段,由于业主的能力因素加上家族制企业高度集权,企业组织结构简单,规范程度低,正式规章少,业主果断的决策往往能够立即贯彻,从而把握转瞬即逝的机会。因此,决策效率高,成本小。

(4) 资产安全性因素

企业作为一个经济组织,它的建立取决于诸如产权、合同和一系列法律在内的基本的社会机制。[②] 同时,它也取决于一个社会的道德意识和社会成员彼此相互信任的程度。在我国现有的环境下,出于对企业资产安全性的考虑,民营企业的业主通过雇用家族成员,试图用人类最古老的关系——血缘关系来建立现代市场经济所必需的信任关系。此外,民营企业在初创阶段,通过家族化管理,能起到互助、协调的作用,帮助经济力量薄弱的家族成员较快地走上脱贫致富的道路。

(三) 家族化因素对股权结构的影响

一般来说,股权结构包括企业的股份由哪些人持有及每个人持有的股份占公司股份的大小两个方面。由于历史文化原因,华人通常不信任"非我族类"的外人,因此华人家族企业很难与其他人分享企业股权。[③] 所以具有家族化特征的民营企业在未上市之前,股权基本上是由家族成员掌握,包括投资者自己、兄弟姐妹等。虽然在一定情形下,对于企业成长非常重要的专业人才,企业主会采取结婚、嫁女、称兄道弟的方式将其纳入家族伦理规则约束之下同时委以重任或赠送股权。[④]

另外,由于最初设立民营企业之时,难以获得贷款,故设立企业所需的资金多是具有亲缘关系的成员融资组成,在企业的实际运转过程中,共担风

---

① 李仁君:《论我国民营企业的管理创新》,《中州学刊》2002年第1期。
② 同上。
③ 储小平:《家族企业研究:一个具有现代意义的话题》,《中国社会科学》2000年第5期。
④ 余秀江、王宣喻、王陈佳:《家族企业上市前后治理结构的比较与分析》,《上海经济研究》2007年第9期。

险、共享收益的股东也一直被限定在一个狭小的范围内。而且，不是所有者，就不能拥有真正的职权，所有权、控制权和家族化特征三者密切联系。

(四) 公司创业板上市后家族化的沿袭

为了获取公司发展所必需的资金，这些民营企业寻求在创业板上市，通过发行新股的方式筹集资金，当然这也会使得控制企业的家族所有者必须让渡部分股权。实际上，由于在创业板上市，这些民营企业的实际控制人的控股比例都存在一定程度的下降。探路者、莱美药业、汉威电子、安科生物、银江股份、天龙光电、梅泰诺、九州电气等多家公司的第一大股东（指关联关系的股东）的持股比例均从50%以上的绝对控股下降到50%以下的相对控股；阳普医疗、中科电气、金亚科技等公司第一大股东的持股比例在其在创业板上市后甚至降到了30%以下。虽然股权被稀释了，但是由家族成员控制公司、股权制衡度低的大体股权格局没有改变，家族化特征在公司于创业板上市后得以保留。

第二节 我国创业板上市公司治理现状

一 特别适用于创业板上市公司治理的法律文件及规定概述

(一)《深圳证券交易所创业板股票上市规则》

《深圳证券交易所创业板股票上市规则》（以下简称《创业板股票上市规则》）是为了对创业板股票的上市行为及上市公司和相关信息披露义务人的信息披露行为进行规范，维护证券市场秩序，保护投资者合法权益的基本规则。与《深圳证券交易所股票上市规则》相比，《深圳证券交易所创业板股票上市规则》在法人治理方面主要增加了以下三方面的内容。

第一，该规则强化了对上市公司股东和实际控制人行为的监管。

《创业板股票上市规则》规定：公司的控股股东、实际控制人应当在公司股票首次上市前签署一式三份《控股股东、实际控制人声明及承诺书》，并报本所和公司董事会备案。控股股东、实际控制人发生变化的，新的控股股东、实际控制人应当在二个月内完成《控股股东、实际控制人声明及承诺书》的签署和备案工作。同时《创业板股票上市规则》也对声明和承诺的内容作出了明确规定。

第二，增加了董事的忠实义务和勤勉义务。

《创业板股票上市规则》增加了创业板上市公司董事在忠实义务和勤勉义务方面的要求。

第三，该规则规定了独立董事选举方面必须采用累积投票制的要求。

(二)《首次公开发行股票并在创业板上市管理暂行办法》①

第一，要求发行人必须具有完善的公司治理结构。

《首次公开发行股票并在创业板上市管理暂行办法》第 19 条规定：发行人具有完善的公司治理结构，依法建立健全股东大会、董事会、监事会以及独立董事、董事会秘书、审计委员会制度，相关机构和人员能够依法履行职责。

第二，要求发行人必须严格履行信息披露义务。

《首次公开发行股票并在创业板上市管理暂行办法》第 39 条规定：中国证监会制定的创业板招股说明书内容与格式是信息披露的最低要求，不论准则是否有明确规定，凡是对投资者作出投资决策有重大影响的信息，均应当予以披露。

(三)《深圳证券交易所创业板上市公司规范运作指引》

为了规范创业板上市公司的组织和行为，上市公司质量的不断提高，推动创业板市场健康稳定发展，深圳证券交易所特别制定了该规范运作指引。其中明确强调公司治理结构的独立性，公司应当与控股股东，实际控制人及其控制的其他企业人员、资产、财务分开，机构、业务独立，各自独立核算，独立承担责任和风险。

同时，该指引首次明确专门委员会的必设，强调董事会应当设立审计委员会、薪酬和考核委员会，委员会成员应为单数，并不得少于三人。委员会成员中应当有半数以上的独立董事，并由独立董事担任召集人。②

二　创业板相对于主板、中小板市场的特殊性

根据《首次公开发行股票并在创业板上市管理暂行办法》（以下简称《创业板上市管理暂行办法》）第 1 条的规定，创业板市场上市的主体主要是自主创新企业及其他成长型企业。这一定位决定了创业板上市公司区别于主板上市公司的特点。

第一，规模要求相对较小，抵抗风险的能力相对较弱。

创业板市场的推出，本身就是为了促进自主创新及高科技成长企业的发

---

① 2014 年 2 月 11 日中国证券监督管理委员会第 26 次主席办公会议审议通过了新的文本，2015 年 12 月 30 日中国证券监督管理委员会《关于修改〈首次公开发行股票并在创业板上市管理办法〉的决定》相应进行了修正。

② 参见《深圳证券交易所创业板上市公司规范运作指引》第 2、3、4 条。

展，既然属于成长阶段，那么不可避免地，规模肯定无法和主板上市的公司相比。因为《创业板上市管理暂行办法》降低了上市的门槛，故上市公司的抗风险能力也相对较弱。

根据《创业板上市管理暂行办法》的规定，创业板对总股本的要求是在发行后不低于3000万即可，远低于主板（含中小板）市场的5000万股本的要求，股本总量相对较小，致使创业板上市公司抵抗风险的能力不如主板（含中小板）市场。

第二，高利润与高风险并存。

《创业板上市管理暂行办法》第40条明确要求发行人在招股说明书中特别提示：创业板上市公司具有业绩不稳定、经营风险高、退市风险大等特点，投资者面临较大的市场风险。投资者应当充分了解创业板市场的投资风险及本公司所披露的风险因素，审慎地做出投资决定。之所以需要特别提示，原因就在于创业板市场具有高风险，并且抵抗风险的能力较弱。但与此同时，创业板市场又极具发展前景，市场行情看好，如我国首批创业板上市的公司的市盈率平均达到了70倍以上，投资者的资产短时间内迅速膨胀，利润确实惊人。

第三，实际控制人对公司具有更强的控制力。

在创业板上市的公司一般属于成长型企业，并且多为具有明显家族化因素的民营企业。一般是由一个或几个具有启动资金或者专业技术的出资者单独或共同组建，不管是单独或者共同组建，其规模一般比较小，存续的时间不长。首批创业板上市的公司大多成立于20世纪末21世纪初，至其上市时不超过十年时间，因此企业的内部控制制度和治理结构不是很健全，在实际运作过程中容易出现控股股东或者实际控制人说了算的现象。

三 上市之前家族化民营企业的公司治理状况

股权结构是决定公司治理状况的基本因素。在创业板上市之前，由于民营企业中股权基本由家族成员掌控，这必将对其公司的董事会结构、经理层结构以及相关公司治理模式产生重大影响。

（一）董事会结构

董事会的人员构成、领导权结构和规模是考察董事会决策效率的重要因素。具有家族化特征的民营企业的企业主基本上是家族成员。甘德安等人通过对广东、四川、湖北等地的44家具有家族化特征的民营企业调查发现：在这些企业中，设立了董事会的企业有34家，其中董事会成员全部是家族人员的有 29 家，其余 5 家董事会成员中家族成员占绝大多数。一般情况下，股东会成员又和董事会成员重叠，这样就造成了董事会来源的封闭性，同时也导致了董事会规模的普遍偏小。①

（二）经理层结构

由于企业必须考虑盈利因素，因此经理人的能力和素质同样是企业主必须考虑的因素，在这种情况下，企业所有者会综合考虑身份特征与能力素质两个方面。这种权衡我们可以从这些有家族化特征的民营企业的关键岗位的对外开放秩序上看出来。一般来讲，最先向外人开放的岗位主要是不涉及关键信息的岗位，而最后开放的岗位一般是财务经理、采购经理、技术总监等。原因在于这些岗位掌握的信息对企业的经营管理关系重大，除了家族成员无法胜任的情形外，一般是不会轻易让外人进入的。当然，也有少数企业一开始就引入了关键职位上的人才，但是，企业主必然会通过采取泛家族化的形式将其纳入家族伦理的约束之下。也就是说，在公司的用人制度上，"用人唯亲不唯贤"成为主要特征。

（三）关系治理模式

杨光飞认为，关系治理指华人家族企业中，由于"合约者"（实际上是亲缘共同体）之间存在特殊的关系，因而在责、权、利方面并不是依据第三方来监督执行，在治理理念和运作方式上，是依托华人社会中的实质性关系来对企业进行治理，包括委托—代理关系的构建、资源和权益的分配等。② 其特征主要包括以下两个方面。

1. 核心层的"家族式"治理

从这些民营企业的发展阶段来看，家族企业大多脱胎于家庭企业，由于规模小，技术要求相对来说也不高。而且，家庭企业最初只是为家庭经济服务，因此，这些家庭企业最初基本上都是相对封闭的组织，其产权和收益都属于家庭。随着企业规模的扩展，企业的开放程度在增强，虽然"家庭式"治理会仍然延续，但"家族式"治理（含泛家族式治理）成为必然，企业的决策权、关键职位当然由家族成员把持。

2. 用人上的"差序式"推进

企业在发展、扩张过程中不可避免地会遭遇人力资源短缺的情形。由于

---

① 甘德安等：《中国家族企业研究》，中国社会科学出版社 2002 年版，第 124—145 页。

② 杨光飞：《家族企业的关系治理及其演进：以浙江昇兴集团为个案》，社会科学文献出版社 2009 年版，第 22 页。

家族企业一开始时规模比较小，岗位分工简单，家族内部人员尚可以应付过来。随着企业业务、规模的扩展，家族内部的人力资源显然无法满足要求，特别是，企业在战略决策、市场研发、营销部署和财务管理等方面都需要专门人才。因此，对于一般岗位，家族企业不会借助于关系渠道，而是通过市场路径来选择。但是对于一些关键性岗位，则通过对家族内部人进行培训、强化来弥补不足，除非家族内部人员确实无法满足相应岗位的要求，才会选择外部人员。家族外部人员就是这样通过差序式、渐进式推进方式来获取家族企业的重要岗位。这也是这些家族化民营企业在经理层的任用上"唯亲不唯贤"的必然结果。

总体上看来，我国的家族化民营企业是以血缘关系为纽带，以家族成员的权力分配和制衡为核心的。① 虽然也有很多大型民营企业确实建立了股东大会、董事会、监事会等组织机构以及相应的制度，以期逐渐向规范的现代公司制度靠拢，但家族化控制的特征依然比较明显。这种内部治理机制在一定程度上解决了管理层的激励问题，也在一定程度上避免了现代公司治理中最难以解决的委托—代理问题及内部人控制问题，主要原因在于管理层成员中有相当大比例的家族成员和泛家族成员，使得控制权和剩余索取权的匹配程度相当高。

四 创业板上市后家族化民营企业在公司治理方面的变化

（一）家族化民营企业创业板上市后公司治理发生变化的原因

1. 适应相关法律法规对创业板上市公司治理的新要求

由于在创业板上市以及创业板市场与主板市场相比的新特点的双重作用，在公司治理方面除了应当适用主板上市公司的公司治理的一般要求外，也增加了新的规定。

在上市公司管理架构方面，创业板对管理层的稳定性方面比主板市场要求高。《创业板上市管理暂行办法》要求发行人最近两年内主营业务和董事、高级管理人员均没有发生重大变化，实际控制人没有发生变更。这是对管理层稳定的要求，同时也是对公司管理风险的适当控制。因为主板市场对上市公司的资产和业务规模的底线都比创业板市场的高得多，所以主板市场对公司管理层方面并没有这样的特别规定。

---

① 高闯等：《公司治理：原理与前沿问题》，经济管理出版社2009年版，第283—284页。

在信息披露方面，基于创业板上市公司的高风险性，《创业板上市管理暂行办法》要求凡是对投资者作出投资决策有重大影响的信息，均应予以披露，以便投资者审慎决策。

2. 家族化民营企业"第二次创业"的必然要求

一般认为，家族化民营企业发展到一定阶段、达到一定规模时，必然要向现代公司制度转变，进行第二次创业，以求得长久发展。①

（1）家族化民营企业与社会资本融合的必要

由于家族化民营企业在成立初期，基本上靠亲属或者熟人共同融资以解决资金问题。但是当这些民营企业发展到一定阶段后，完全靠自身资本已经无法满足发展要求时，必须进行资本社会化，这就使其必须让渡出一部分股权。而很显然，股权结构的变化是公司治理发生变化的最基本原因。

（2）人才社会化的需要

当企业发展到一定阶段，民营企业原来封闭式的股权结构和"用人唯亲不唯贤"的用人机制阻碍了企业的变革，企业开始遭遇人力资源瓶颈。从自身的利益出发，基于企业自身发展的需要，只要能够继续控制上市公司，在控制权方面作出适当让步是必需的，也是可以接受的。

（二）家族化民营企业创业板上市后在公司治理方面的显著变化

1. 股权结构的变化

尽管这些民营企业中的绝大部分在创业板上市后，其实际控制人基本上没有发生变化，但是由于上市后增发了新股，原实际控制人的股权被稀释，部分绝对控股的股东变成相对控股，实际控制人对公司的控制力度减弱，甚至有少数公司的实际控制人在股票上市发行后所占的股份下降到30%以下。例如，神州泰岳从 37.15% 下降到 27.86%，立思辰从 40.00% 下降到 29.92%，红日药业由 37.10% 下降到 27.82%，金亚科技从 36.36% 下降到 27.21%，碧水源从 34.00% 下降到 25.44%，等等。这都增加了公司被收购的可能性。

2. 董事会结构的变化

在上市之前，部分企业的董事会人数较少，基本上就是由大股东或大股东的代表组成，少数企业甚至没有设立董事会。随着这些民营企业的上市，股份持有者开始多元化，股权结构如前所述开始分散，与之相适应，董事会

---

① 蒋铁杜：《家族企业：第2次创业》，山西人民出版社2006年版，第12页。

结构也相应发生了变化。上市以后，所有公司均设立了董事会，这是创业板上市公司适应相关法律制度的必然要求。

从董事会的规模来看，本次创业板上市公司的董事人员数量最低6人，最高13人，主要集中在7—11人，基本上符合上市公司理想的7—9人董事会规模。董事会规模的扩大，使得董事会被实际控制人直接控制的可能性有所减小，在一定程度上削弱了家族化因素在创业板上市公司中的影响。见表3-4所示。

表 3-4　　　　　　　　创业板上市公司董事会规模情况

规模	7人以下	7—9人	10—11人	11人以上
数量	5	86	6	3
占比	5%	86%	6%	3%

资料来源：根据深圳证券交易所100家创业板上市公司招股说明书整理。

从独立董事的设立上看，独立董事制度在形式上已经完备，是符合创业板相关法律规范的规定，独立董事人数占董事会人数的比例均达到了1/3以上。同时，不管具体执行程度上如何，从制度保障上看，占股1%以上的股东都开始享有独立董事的提名权，使得董事会中相互制约因素增强。

从独立董事的运作制度上看，在这100家被统计的创业板上市公司中，61家上市公司为保障独立董事的运作，专门制定了独立董事工作制度（办法），占100家样板公司的61%，独立董事在董事会中的地位得到重视。

3. 公司治理制度的初步完善

为指导创业板上市公司进行规范运作，深圳证券交易所专门制定了《创业板上市公司规范运作指引》，该指引从公司治理结构、董事、监事和高级人员的管理、控股股东和实际控制人行为规范、公平信息披露、内部控制、投资者关系管理等多方面提出要求，拟在创业板上市的公司基本上按照规范指引进行了完善。在这些公司于创业板上市之后，根据证监会《关于开展加强上市公司治理专项活动有关事项的通知》及深圳证券交易所《关于做好加强上市公司治理专项活动有关事项的通知》以及上市公司所在地区公司治理文件的要求，有51家上市公司对本公司的公司治理状况进行了自查并制订相应的整改计划，同时也对本公司专项治理活动的情况进行了报告。这些行为都在客观上促进了创业板上市公司治理制度的完善。

第三节 我国创业板上市公司治理的特点及面临的问题

尽管民营企业在上市时基于法律的直接规定以及自身发展（第二次创业）的需要对公司治理进行了完善，但是相对于主板市场而言，其仍然具有自身特点，相应地，也面临自身独有的问题。

一 创业板上市公司治理的总体特点

（一）股权结构高度集中，实际控制人的控制力度强

在100家作为研究样本的创业板上市公司中，除4家公司硅宝科技、天源迪科、三聚环保以及荃银高科以外，都存在实际控制人，且持股比例较高。结合前述第一大股东持股比例及实际控制人情况来看，创业板上市的公司基本上属于股权控制型公司。同时，从统计数据来看，58家上市公司的实际控制人是通过直接持股方式控制上市公司的，占比为58%；25家上市公司的实际控制人采取直接控股与间接控股相结合的方式控制上市公司，占比为25%；13家上市公司的控制人采取间接方式控制上市公司，占比为13%；而且在间接持股的公司中，所有的间接持股方式为单纯间接持股，即通过一个控股公司间接控制上市公司，见表3-5。

表3-5　　实际控制人控制上市公司股权的途径

持股方式	直接持股	间接持股	直接加间接
公司家数	58	13	25
占比	58%	13%	25%

资料来源：根据深圳证券交易所100家创业板上市公司招股说明书整理，除4家公司不存在实际控制人的上市公司外，共96家样本。

相对集中的股权结构可以奠定公司稳定的基础。因为股权相对集中，并且基本上存在实际控制人，因此通过外部市场进行敌意收购与接管的可能性比较低，发生内部人控制的可能性也比较低。可以认为，相对集中的股权结构，缓解了股东集体行动的难题。[①] 在很大程度上可以解决公众股东参与公司治理的冷漠问题，有利于公司治理绩效的提升。由于实际控制人持股比例

---

① 蒋学跃：《中小板民营上市公司治理调研分析报告》，《证券市场导报》2010年第3期。

较高,并且,如本章第一节所述,股权的制衡度较低,因此实际控制人更有兴趣监控管理层,传统公司治理面临的委托—代理问题在创业板上市公司治理中不是主要的治理问题。

(二) 内部董事与高管重合度高

根据统计,内部董事兼任高管的比例高于50%的有56家,占整个样本的56%;处于30%—50%的公司有23家,占整个样本的比例为23%;而处于30%以下的公司只有21家,占样本总数的21%。这几个数据显示,创业板上市公司中,内部董事与高管的重合度比较高,这给内部董事监控管理层带来一定难度,董事会的作用未能充分发挥。在内部董事大多由股东直接担任的情况下,这也说明公司所有人对外部经理人的不信任。见表3-6。

表3-6　　　　　兼任高管的内部董事占内部董事的比例

区间	50%以上	30%—50%	30%以下
家数	56	23	21
占比	56%	23%	21%

资料来源:根据深圳证券交易所100家创业板上市公司招股说明书整理。

(三) 实际控制人与管理层同质性较高

根据统计,有90家公司的实际控制人在上市公司担任董事长,约占整个样本90%;并且有70家公司的实际控制人(含实际控制人的关联方)兼任董事长和总经理,比例约为70%;这说明实际控制人与管理层的同质性比较高。

(四) 公司治理中的"亲情束缚"和裙带关系明显

创业板上市公司中众多企业都具有家族化背景,这也是创业板上市公司的一个主要特色。反映到公司治理层面上,就表现为用人制度方面的"亲情束缚"。① 创业板上市公司,尤其是具有家族化因素的民营上市公司,其所有权和控制权重叠度较高,激励约束机制建立在家族利益和亲情基础上,利己主义和个人主义的倾向不是很明显。这种亲情束缚在公司于创业板上市后将会继续存在并将持续发挥作用。

在创业板上市的少数非家族化企业,比如北陆药业、网宿科技、中元华电、回天胶业、合康变频等,虽然第一大股东所控制的股权在公司上市后达

---

① 彭真明、陆剑:《我国创业板上市公司的治理:实现家族制的重生》,《河南省政法管理干部学院学报》2010年第3期。

不到30%以上，但是仍然以同学、同事、师徒等名义存在并以签订一致行动的协议书形式（或默认的一致行动协议形式）来控制上市公司并分配公司相关重要职位。

二 我国创业板上市公司治理面临的问题

（一）家族化民营企业传统公司治理本身的缺陷

1. 家族公司控制模式的惯性对创业板新要求的抵制

新制度经济学派的路径依赖理论学者认为，人们过去作出的选择决定了其现在可能的选择。就公司治理而言，路径依赖理论认为，最初的历史条件对目前的公司治理有着重要影响。[①] 这主要指的是一国的公司治理模式依赖于该国早期形成的结构，而且这种保持最初状态的力量会阻碍其向新的公司治理模式转变。同样，一个公司一直沿用的公司治理模式等也因为其惯性力量会影响其向新的形式转变。在上市之前，这些家族化民营企业有着适用于自己的公司治理结构等，在上市过程中，强制性要求按照创业板市场要求进行变更，虽然形式上会被迫改变，但实质上会因为这种惯性力量而有所阻碍。

2. 缺乏对公司治理文化的建设

公司治理文化是指公司股东会、董事会、监事会以及经理层等公司治理机关，在运作过程中逐步形成的有关公司治理的理念、目标、哲学、道德伦理、行为规范、制度安排及其治理实践。[②] 公司治理文化的核心观念层包括公司宗旨、公司治理目标、理念等，是公司治理文化的内核。[③] 我国民营企业公司治理的文化建设比较薄弱，许多公司在设立之时，虽然也有在公司章程中记载公司的宗旨性条款，比如员工利益保障、社会责任等；但是很多情况下这样所谓的宗旨多停留在纸面上，而不是制度中，民营企业在发展过程中，以追逐利益作为其最大目的，独断专行的现象比较常见。

3. 关系治理的优先性导致了契约治理的缺失

法律、合同固然重要，但是民营企业，特别是具有明显家族化特征的民营企业雇主与经理人在实际工作中并不是都按照正式的合同行动，往往是依靠不成文的非契约条件，即相互之间的信任和默契。正式的合同和制度等一

---

① 孙光焰：《公司治理模式趋同化研究》，中国社会科学出版社2007年版，第8—9页。
② 徐金发、刘翌：《论我国公司治理文化及其建设》，《中国软科学》2001年第12期。
③ 张育军：《投资者保护法律制度与研究》，人民法院出版社2006年版，第983页。

般只是一个底线保障，起着防范作用。① 由于关系治理的优先性，雇主和职业经理人的"委托—代理"关系失效，民营企业中职业经理人的流失大部分并不是薪水问题，而主要是因为得不到真正的信任授权以及相应的晋升空间。

4. 产权不清的隐患

民营企业在成立之初，大多是由家庭、亲戚、朋友等通过共同出资的方式组建。在起步阶段及初步发展阶段，产权是否清晰不是一个突出问题，但这些民营企业在创业板上市以后，产权的厘清则至关重要，因为上市后股份的流通性及极高的市盈率，会使每一份额的股份所代表的价值大大增加。如果不能厘清，也会给上市公司的股权争议埋下隐患。

(二) 家族化民营企业创业板上市后所呈现出的公司治理问题

1. 大股东代理问题突出

股权集中度高，也导致了另一类代理问题的产生，即大股东代理问题。大股东代理问题指大股东凭借其控制权的优势侵占小股东的利益，为其获得私有收益而产生掠夺行为。原因在于，大股东一旦控制了企业，他们常常利用企业的资源谋取私利，损害其他股东和利益相关者的利益。②

由于我国创业板上市公司基本上存在实际控制人，股权集中度相当高，而且股权制衡度较低，高度集中的股权结构造成了控股股东（实际控制人）与各小股东之间比较严重的利益冲突，从而使我国创业板上市公司治理所面临的问题与分散股权结构下资本市场中的公司治理问题有着显著区别。在这种高度集中的股权结构下，由于股权制衡度低，中小股东无法对控股股东（实际控制人）形成有效的制约，导致双方之间存在严重的利益冲突，从而形成大股东代理问题。

大股东代理问题的一个主要表现是实际控制人的"隧道挖掘"行为。隧道挖掘行为最早用来定义大股东获取私人利益的行为，一般指大股东通过各种隐蔽手段侵吞上市公司资源的行为，其形式主要表现为直接或间接占用、关联交易、高派现等。隧道挖掘行为直接侵害了广大中小股东的利益，可能导致债权人和公司员工利益受损，从长远来讲还会阻碍股票市场的

---

① 杨光飞：《家族企业的关系治理及其演进：以浙江异兴集团为个案》，社会科学文献出版社 2009 年版，第 345 页。

② 宋力：《上市公司大股东代理问题实证研究》，光明日报出版社 2009 年版，第 1 页。

发展。①

另外，从统计的 100 家创业板上市公司来看，其实际控制人中有 65 家均同时经营其他公司，包括通过其他公司来控制该上市公司，占样本总数的 65%。这在同时经营其他公司的情况下，给大股东进行关联交易、侵害小股东及上市公司的利益提供了便利条件。

2. 独立董事制度有待进一步完善

从独立董事的选聘机制上看，董事会、监事会、单独或合并持有上市公司股权 1% 以上的股东均有提名资格。根据对创业板 100 家上市公司独立董事提名情况的统计，27 家上市公司的独立董事由董事会提名或参与提名的，占比为 27%；提名有提名委员会参与的有 1 家，占比为 1%；没有由监事会提名独立董事的情况出现；其他公司是由占股 1% 以上的股东提名。但明确由占股 1%—5% 的股东提名独立董事的情况仅有 2 家，基本上是发起人或者控股股东提名。见表 3-7。

表 3-7　　　　　　　　　　独立董事提名情况

提名人	董事会	监事会	提名委员会	股东	
				1%—5%股权	5%以上股权
家数	27	0	1	2	70
占比	27%	0%	1%	2%	70%

资料来源：根据深圳证券交易所 100 家创业板上市公司招股说明书整理。

从独立董事的工作条件和制度保障上看，首先，独立董事属于外部人士，对公司业务情况的了解主要是通过公司选择性提供的书面材料，因此现场调查的条件不足，工作条件的提供主要是依赖公司，如果资料失真，则可能在一定程度上导致决策失误；其次，在统计的 100 家创业板上市公司中，尚有 39 家即近 40% 的公司没有制定专门的独立董事工作制度（细则），独立董事的工作条件和制度保障有待进一步完善。

从独立董事发挥的作用来看，独立董事设立的宗旨在于保护中小股东的利益。但是，由于所有独立董事都是从公司领取津贴，数额从 3 万—5 万元不等，难以跳脱出"你出钱，我办事"的桎梏，加之利益与其所监督的主体产生关联性，也使独立董事难保其独立性。此外，我国创业板上市公司的独立董事成员中大部分是一些有名望的专家学者，通常是兼职，尽管专业水

---

① 高闯等：《公司治理：原理与前沿问题》，经济管理出版社 2009 年版，第 91—94 页。

平比较高，但是由于不是来自企业经营管理领域的人士，缺乏经营、管理与监督经验。

目前，根据创业板相关法律文件的要求，董事会下设了各专业委员会，审计委员会和薪酬、考核委员会属于应该设立的专业委员会，战略委员会、提名委员会也在建议设立之列。董事会下设的各专业委员会对于充分发挥董事会的作用，制约实际控制人，完善公司的治理结构有着重要意义。为了上市的需要，创业板上市公司都设立了相应的专业委员会。在四个专业委员会中，审计委员会在各上市公司均有提名委员会的设立情况不理想的现象。根据《上市公司治理准则》的规定，除战略委员会外，其他各委员会中独立董事的比例应当占 1/2 以上，各上市公司对独立董事比例的贯彻并不严格。

在依照证监会《关于开展加强上市公司治理专项活动有关事项的通知》进行了公司治理方面的自查和整改的公司的自查报告中显示，独立董事方面反映出来的主要问题就是公司在设立独立董事时主要是为了上市的需要，其后并未重视独立董事的作用，也并未为独立董事履行职务创造条件，致使独立董事发挥的作用不明显，与独立董事设立的初衷相距甚远。

从独立董事的处罚机制来看，目前针对独立董事的处罚多为行政处罚，且行政处罚的种类集中于警告、公开批评以及罚款三类，关于独立董事的民事责任规定不明确，对于因独立董事不依法履行职务给公司或其他小股东造成侵害的救济不明确。

3. 监事会在一定程度上的"虚设"

根据我国《公司法》的规定，监事会是股份公司的必设机关，是公司的法定监督机关。监事会成员中，职工监事的比例不能少于 1/3。监事可以召开临时会议，并且至少每半年召开一次。监事会的职权包括检查公司财务，对董事、高级管理人员执行公司事务的行为进行监督，对违法和违反公司章程、股东会决议的董事、高级管理人员提出罢免建议，要求董事、高级管理人员予以纠正损害公司利益的行为，提议召开临时股东会会议，对董事、高级管理人员提起诉讼，聘请会计师事务所等人员协助其工作等，费用由公司承担。

从制度设计上看，监事会是和董事会平级的公司机构，但是针对创业板上市公司，监事会职权方面并没有特殊规定。而创业板上市公司中，实际控制人的控制力度和影响力都很大，监事会在主板上市的公司中发挥的作用尚且不明显，在创业板上市公司中的作用被虚化的情况同样严重。到目前为止，尚没有一例罢免建议被通过并披露。此外，监事会履行职务的费用虽然法律规定由公司承担,但是公司内部的费用报销并不能由监事会掌控;同时,《公司法》第149条规定了监事在履行职务中给公司造成损失的,要承担赔偿责任。在这样的情况下,少做事比做事更有利于保障监事会成员的利益。

4. 职业经理人进入困难

前文已有统计,在100家创业板上市公司中,有70家的实际控制人兼任着董事长和总经理,也就是说,至少有70%的经理层被实际控制人把持,加上其他部分经理人由除实际控制人以外的其他大股东担任,创业板上市公司中经理层留给职业经理人发挥的空间已经不大。

而且,目前我国整体上也还没有成熟的职业经理人市场和科学的评价体系。在创业板的家族化背景下,职业经理人的发展更是受到制约。储小平在他的《家族企业的成长与社会资本的融合》一书中,对职业经理人的评价作了调查分析:50%以上的企业主(家族化民营企业)认为企业的成长得不到社会信用制度的有力支撑;在这个信用制度下,企业主尤其担心经理泄露企业机密和带走企业其他优秀人才。也就是说,企业主得不到有效的经理人市场的支撑。"有效的经理人市场实际上就是一个具有良好信用制度支撑的特殊人力资本市场,是一个能查到个人信用记录的市场,是一个能够对经理人的失信行为实行有效惩罚的市场,是一个不仅依靠法律而且通过声誉机制就可以有效地规范的市场。"①

5. 股权激励机制的缺乏

股权激励机制的缺乏实际上也与职业经理人进入创业板上市公司的现状有一定的关联性,正是由于经理层与实际控制人同质性高,职业经理人进入困难,专门针对经理层适用以充分发挥经理层的积极性的股权激励机制在创业板上市公司中的运用也不普遍。在统计的100家创业板上市公司中,明确制订了股权激励计划(含草案)并在深圳证券交易所网站上披露的公司只有神州泰岳、探路者、鼎汉技术、合康变频、三维丝、蓝色光标、东方财富、中能电气、南都电源、豫金刚石等13家,仅占统计样本总数的13%。

创业板上市公司缺少股权激励方案的主要原因除了实际控制人同时担任企业的董事长、总经理,高管被实际人控制,让实际控制人觉得股权激励计划多此一举外,创业板上市公司多为具有家族化特征的民营企业,习惯用关

---

① 储小平:《家族企业的成长与社会资本的融合》,经济科学出版社2004年版,第165—166页。

系的方式进行约束这种传统的治理方式过高地估计了企业内部的向心力也是一个重要原因。当然，这种关系治理的方式在民营企业最初的成长阶段很有可能让内部成员产生归属感也是一个重要因素。

6. 大股东变相减持限售股问题比较突出

创业板股票上市之初，一些限售股股东通过债权合同，以股权质押或股价折扣等形式出售其锁定期为一年或三年的限售股，变相减持所持有的上市公司股票，以求获利了结。硅宝科技以及汉威电子两公司，部分股东为了减持达到套现目的，已经通过辞职的方式来解禁其所拥有的公司股份。限售股东的变相减持势必影响企业的经营管理，加重市场的投机心理。

第四节　我国创业板上市公司治理的完善

一　创业板上市公司治理要解决的主要问题

要完善我国创业板上市公司的治理，首先要对公司治理的内容，也就是公司治理要解决的主要问题进行廓清。孙光焰在 2007 年出版的《公司治理模式趋同化研究》一书中认为，公司治理至少要解决委托—代理问题、大股东行为规制问题、现代公司管理问题、企业制度安排问题以及利益相关者的参与及权益保护问题。① 这一总结主要是针对所有上市公司的一般特点而言，而创业板上市公司毕竟有其特殊性，比如股权结构高度集中、股权集中度相对较高、上市公司的来源以民营企业为主、经理等重要职位受家族控制、公司治理文化基础相对薄弱等，致使创业板上市公司治理内容稍微有别于主板上市公司。我国创业板上市公司治理的特点显示：委托—代理问题（针对公司高级管理人员）并不突出，大股东侵害公司利益或小股东利益的风险大，公司内部监督机制，特别是独立董事制度有待加强，公司治理文化的培育以及利益相关者的参与及权益也将成为重点。

二　家族化在创业板——坚守还是退让

由于家族化治理与现代公司治理模式要求的背离，因此从家族化治理最终向现代公司治理转变是一个大趋势。但是，就我国创业板上市公司目前所处的阶段来看，家族化治理仍然有其发挥作用的空间和现实土壤。

---

① 孙光焰：《公司治理模式趋同化研究》，中国社会科学出版社 2007 年版，第 65—68 页。

(一) 家族化治理向现代公司治理的演变是一个过程

1. 目前创业板上市公司的家族化是一种现实存在

且先不考虑家族化治理是否符合目前创业板上市公司治理的要求,创业板上市公司中家族化及家族化治理的特征是明显的,这种特征不可能靠法律的直接规定去强行去除,而只能靠制度上的引导去实施。只有当这些家族化民营企业有了现实需求,认识到了现代公司治理的优势之后,才有转变的内在动力。而且,家族化民营企业本身是身份关系与契约关系的综合体,虽然以契约关系替代身份关系是必然趋势,是社会进步的表现,然而契约关系不会自然而然地单向替代身份关系。

2. 家族化治理在当前创业板仍然具有生命力

首先,这些家族化民营企业是在克服多种困难,靠多年的苦心经营发展起来并最终在创业板上市的,因此原始股东必然对上市后的企业经营发展非常关心,在高级管理人员选任的成本上说,由他们继续经营显然成本相对更低。由于这些人将公司的发展当作一项事业在做,并且他们把在创业板上市当作第二次创业,因此在公司上市后,他们首先考虑的也是如何使公司更加发展壮大。在这种背景下,"一股独大"实际上易于促进上市公司的核心力量形成,保障上市公司的决策效率和经营效率。①

其次,创业板上市公司所处的阶段属于成长期,家族化治理在这个阶段有其优势。许晓明、吕忠来在《民营企业生命周期》一文中将民营企业的生命周期划分为创业期、成长期、稳定期和衰败期四个阶段。② 我国目前在创业板上市的具有家族化特征的民营企业所处的阶段大多属于成长期后期。因此,在中国目前的市场和制度环境下,企业的家族化组织从信任的角度看是最具合作效率的,即能最大限度地降低机会主义的代理成本。③

再次,家族化治理在资源配置中有其独特的优势。一方面,家族化治理中的利他主义特征可以在一定程度上坚守委托—代理成本,这也是家族化民营企业在公司治理问题中主要不考虑委托—代理问题的原因。另一方面,家族化治理中的信任和忠诚对减少市场交易成本的作用明显。正如重庆力帆集团的创立者尹明善所言:"让一个外人掌握你企业的技术核心秘密,很危

---

① 彭真明、陆剑:《我国创业板上市公司的治理:实现家族制的重生》,《河南省政法管理干部学院学报》2010 年第 3 期。
② 许晓明、吕忠来:《民营企业生命周期》,《经济理论与经济管理》2002 年第 5 期。
③ 李新春:《信任、忠诚与家族主义困境》,《管理世界》2002 年第 6 期。

险,他完全可以随时拿走,造成企业不稳定。我国法律对此没有明文规定,商业机密拿出去是正常的,不拿出去反而不正常。我只有靠家族才能稳定,家人背叛可能性小,稳定的成本就低。"①

(二) 社会信用的缺失制约家族化治理向现代公司治理转变

当家族化民营企业通过创业板上市后,部分实现了产权的多元化,有了企业两权分离、采取现代公司治理方式的条件。但是实际上沿用家族化治理的现状仍然没有显著改变,可以预见,这个现状在短期内改变的可能性也不大。原因在于:在一种信用缺失的环境里,让创业者把多年拼搏创造出来的财富交给别人去打理,没有几个人能够放得下心。② 人们在阐述关于用家族人稳定且成本低的原因时大都会从实质上表达出对社会信用不放心的意见。

(三) 关系治理的发展方向

传统的家族化民营企业习惯关系治理的模式,家族化在创业板市场的坚守还是摒弃,反映到治理模式上来,实际上就是关系治理在创业板市场的坚守与摒弃。关于家族化在创业板,前文已经有提到,有其存在的必然性和生命力,在短期内不可能出现大的改变,而必定是一个引导和循序渐进的过程。因此,就关系治理而言,即便是在公司必须按照创业板上市规则的要求改善公司治理的情况下,关系治理在这些带有家族化因素的民营上市公司中仍然非常有市场。因关系治理模式使公司在一定程度上更具有凝聚力,必将在创业板上市公司中延续。

1. 关系治理模式对创业板上市家族化民营企业的适应性分析

首先,关系治理对降低交易成本和减少交易风险的作用。传统的公司治理强调所有权与控制权的分离,比较容易造成代理问题;关系治理模式中,所有权和控制权在一定程度上能更好地统一。由于利他主义思想的存在,内部成员在交互活动中节约了讨价还价的时间和精力,减少了交易执行的监督环节,避免了由于个人的有限理性和信息不对称而导致的机会主义行为;由于实行关系治理模式,在家族化民营企业中,对权威的服从和忠诚使得组织的激励——约束设计变得十分简单和成本低廉,同时,从委托—代理角度看,由于逆向选择和道德风险产生而造生的代理成本较小。

其次,关系治理对加强企业内部控制方面具有重要作用。由于家族化和

---

① 杨仕省:《尹明善的非常故事》,《上海证券报》2005年3月9日,转引自蒋铁柱《家族企业:第2次创业》,山西人民出版社2006年版,第116页。

② 蒋铁柱:《家族企业:第2次创业》,山西人民出版社2006年版,第5页。

企业的结合，在关系治理模式下，自己人将企业资产视为内部财产，把企业事务视为内部事务的一部分，这种建立在血缘、亲缘和姻缘关系基础上的内部成员把伦理和情感带进并融入企业，更容易为了企业利益而相互配合，因此在企业内部形成比较强的凝聚力。

另外，在关系治理模式下，权威治理是关系治理的一个重要组成部分。传统关系共同体"家长"的权威功能在企业中延续，使得领导人作出的决策很容易被内部成员理解，并能很快在企业中得以贯彻执行。

2. 关系治理模式在创业板环境下的局限性表现

作为一种治理手段，关系治理在企业创始期有着一定的优势，但随着企业规模的扩展，生命周期的延续，关系治理的局限性渐渐显现。主要原因在于圈子里"自家人"等少数精英的相互信任与合作，导致企业发展过度依赖于关系契约和关系资本，影响了一种普遍主义规制的培育。

首先是关系治理模式下家族企业的人力资源瓶颈问题。关系治理模式下，企业主要依赖内部人才，并且由于对外来人才的一种相对不信任感，限制了优秀人才的加盟；同时因为缺乏一定的激励机制，外来人才缺乏成就感，外来精英往往因为关系因素而无法获得家族企业主持人的信任，导致的结果就是，既阻碍了一种普遍主义信任的建构，而自己人以及外人之间互相区隔也会导致外来精英的流失。这样，一旦内部人才（自己人）的培养出现断层，就很容易造成企业的人力资源瓶颈问题。

其次是利益相关者参与公司治理的障碍问题。关系治理导致的一个明显结果就是所有权与经营权合一，企业职工与管理相分离。这在公司没有在创业板上市之前，主要是企业的所有权人自己应当考虑的问题，但一旦公司规模扩大，并在创业板上市，牵涉的利益相关者必然增加，对整个社会的影响力也必然增大。如果继续以前的关系治理模式，比较容易造成劳资关系紧张；同时，虽然其他投资者有参与公司治理的需求，但是由于这些具有家族化因素的民营企业上市后能采取的途径比较有限，因此他们参与公司治理存在障碍。

3. 创业板大环境下的关系治理形式的变革

由于要适应创业板市场规则关于公司治理的规定，这些在创业板上市的家族化民营企业在创业板上市之后，必定要遵从创业板上市公司的相应规则，传统的关系治理模式必然会发生变革。但是不管如何变革，契约治理都不会取代关系治理。

关系治理的形成受到一定的文化制约，同时也受到制度环境的影响。作为一种治理形式和手段，关系治理在中国民营企业发展的初始阶段有着一定的优势。但是正如本书所述,我国家族化民营企业的关系治理在当前创业板大环境下已经受到冲击,不可避免地向契约治理靠拢。不过,关系治理并不会必然被契约治理取代。

从现实看来,我国家族化民营企业的治理演变通常呈现以下路径。首先是一般经营管理权的授予和让渡。随着经理人市场的规范,制度信任的健全,一般经营管理权的让渡完全可能。其次是企业控制权的让渡。控制权的让渡不仅取决于社会信任机制的健全,更重要的是取决于关系共同体成员尤其是家族化企业权威的价值观取向。尽管家族化企业自己人关系不断理性化,也因此移植了一些契约治理的特征,并通过制度加以矫正,但由于关系核心层"偏私化"价值观难以突破,在控制权层面,关系治理很难演变为西方式的契约治理。另外,尽管企业权威的价值观能在一定程度上去关系治理化,但是由于权威也是镶嵌在关系共同体中,因而不可能避免真正意义上的关系治理,而只是有限度的规避。

4. 创业板市场大环境下关系治理的目标

考虑到我国的传统文化与家族化管理机制的耦合,联系当时我国家族企业所处的发展阶段和私有财产保护的法制环境,特别是家族化民营企业在提高产业国际竞争力方面作出的贡献和具有的优势,完全走出家族化或许不是这些家族化民营企业的必然选择。在一定程度上,内部成员掌控企业的经营控制权,但企业中很大部分中高层人员,甚至有些总经理都是外聘人员,企业成为内部成员和职业经理人共同管理的现代企业,应是家族化企业改善企业治理所应追求的目标。

三 家族化背景下解决我国创业板上市公司治理问题的对策分析

我国创业板上市公司的一个重要特点就是家族化因素明显,在这个前提下,股权相对比较集中,股权制衡度低,并由此导致了所有权与经营权的紧密结合以及关系治理的优先使用,这将是我们制定创业板上市公司治理对策需要重点考虑的因素。

(一)优化股权结构,实现对实际控制人的制衡

创业板上市公司中这些诸多带有家族化因素的民营企业都是原始股东在克服重重困难的条件下艰难发展起来的,因此,原始股东对企业的经营发展极为熟悉且非常上心,公司在创业板上市后,继续沿用以前的人员和模式经营成本也是最低的。在这样的大背景下,"一股独大"的形式更有利于保证上市公司的决策效率和运作效率。虽然这样确实导致了控股股东与管理层严

重重合，也很容易造成控股权被滥用，最终不可避免地会发生损害中小股东的利益的行为，因此需要通过分散股权的方式来降低上市公司的股权集中度。但是股权的集中度一般是自然形成的结构，具有相对的稳定性，很难在短期内得到改变。要想实现对实际控制人的制衡，必须着眼于现有的股权格局来选择方法。

1. 家族化民营企业上市的从严审核与最大表决权限制

实际控制人的超额控制权是导致创业板上市公司中实际控制人侵害公司及中小股东利益的最主要原因。创业板上市公司中股权集中、制衡度低的表现比较明显，必然会导致上述问题的愈加突出。因此有必要对家族化民营企业的上市予以从严审核，并予以分类监管，对此类公司要在日常监管中加大力度。特别是对此类家族化公司中多层级控制或实际控制人控制的其他公司较多的要予以重点监管。

同时，由于股东滥用控制权也是通过表决权来实现，因此在未来公司法修改的过程中可以考虑在累积投票权之外，对密切关系到中小股东利益的事项比如发行新股、重大资产重组、利润分配以及对外重大担保（不限于《公司法》第 16 条规定的公司为公司股东或者实际控制人担保）等特别事项对实际控制人进行最大表决权限制。即不论实际控制人控制的股权比例有多高，在表决这些特别事项时其最大表决权不得超过一定比例，考虑要照顾到实际控制人的地位，这个比例建议设定为 30% 为宜。在公司法修改之前，可以考虑先行通过创业板上市规则及相应管理办法予以规定。

2. 完善资本市场对公司治理的调控机制

当公司治理状况能够直接对股票价格造成影响时，必然会促进公司改进治理状况。由于和利益息息相关，即使是实际控制人也会尽力完善公司治理，资本市场对公司治理的调控机制将会逐步形成。目前，上海证券交易所已经开发出了上证综合治理指数，以期达到鼓励和促进上市公司进一步改善公司治理、提升上市公司的整体质量的目的，并且已经取得一定效果，该方法对创业板上市公司将会同样适用。

3. 机构投资者特别是战略投资者的引入

机构投资者是与个人投资者相对的一个概念，即按投资者的性质进行分类，当证券持有人是自然人时，称该投资者为个人投资者，当证券持有人是机构时，称该投资者为机构投资者。目前，国内市场的机构投资者主要包括证券公司、保险公司、证券投资基金、社会保险基金、合格境外机构投资者（QFII）以及其他一般投资法人机构。机构投资者投资行为较为规范，具有较强的资金实力，可以进行组合投资，分散风险，并实行专业化管理。

根据1999年证监会《关于进一步完善股票发行方式的通知》的规定，战略投资者是指与发行人业务联系紧密且欲长期持有发行人股票的法人。战略投资者一般具有资金、技术、管理、市场、人才优势，能够促进产业结构升级，增强企业核心竞争力和创新能力，拓展企业产品市场占有率。其致力于长期投资合作，谋求获得长期利益回报和企业可持续发展，一般是境内外大企业、大集团。战略投资者应具有较好的资质条件，拥有比较雄厚的资金、核心的技术、先进的管理等，有较好的实业基础和较强的投融资能力。

从上述机构投资者和战略投资者的有关定义来看，两者最大的区别在于与发行人之间的关系，即是否有协议始终持有上市公司的股票。机构投资者的引入可以从外部制约创业板上市公司控股股东（实际控制人），实现对实际控制人的监督和制衡。但相对来说，战略投资者更有监督和制约实际控制人的能力和愿望，因为战略投资者长期稳定持股，追求长期战略利益，它们一般持有的股份比较大，能够对公司经营管理形成一定的影响，而且战略投资者有专业优势，有能力参与公司的治理。

在统计的100家创业板上市公司中，艾尔眼科、莱美药业、大禹节水、中元华电、宁波GQY以及海默科技几家公司引入了战略投资者，树立长期投资理念。引入一些具有良好市场业绩的上市公司作为战略投资者一方面可以充分利用上市公司的融资渠道和财务资源，另一方面也可以通过这种做法使公司更为关注企业的长期业绩增长和成长性，而改变我国目前投资领域内普遍存在的短期倾向。同时，更重要的一点，可以改善公司的治理环境。

（二）公司治理文化的培育

公司治理的效率不仅仅取决于法律、章程等正式性制度，在公司持续运营过程中，各方利益主体不同文化相互交织融合，形成特定的公司治理文化，也影响公司治理的效率。积极向上、相互协调合作、严格自律的公司治理文化将有助于提高公司治理效率，增强公司的国际竞争力。[①] 我国创业板上市公司多为带有家族化因素的民营企业，秉承的是传统的儒家思想，习惯以亲情束缚、感情纽带等手段来治理公司，缺乏现代公司治理的思想，即便公司现在已经在创业板上市，现代公司治理的理念并没有深入人心。思想指导行为，现代公司治理文化的培育对创业板上市公司的治理相当重要。

---

① 焦玉蕾:《我国民营上市公司治理文化建设研究》，硕士学位论文，中国海洋大学，2007年。

1. 公司治理文化对公司治理结构的决定作用

徐金发、刘翌认为，公司治理结构是由一系列的制度安排构成的，它与公司治理文化的制度层相对应。而公司治理文化的制度层是观念层——公司宗旨、治理目标、理念等的具体体现，并由观念层决定。由于公司治理文化的观念层比较稳定，不容易变化，因此，特定的治理文化就决定了特定的公司治理结构。①

2. 我国公司治理的完善需要公司治理文化的建设

我国公司治理改革中尚未十分重视公司治理文化建设，从而导致了公司治理结构的完善变迁中仅仅顾及了形式上的改进，缺乏文化支撑。

我国大量民营公司的治理结构中正式制度形同虚设，仅仅起着"装饰"的作用。关注公司长期发展的成熟的股东文化十分缺乏，资本市场的投机色彩浓重。② 由于创业板市场的市盈率很高，在限售股解禁后股东出逃的现象屡见不鲜，而且在限售股没有解禁之前，也存在股份持有人通过其他各种渠道变相减持限售股的情形，这都加重了资本市场的投机心理。由此必然导致我国公司治理质量低下，同时也不利于我国资本市场的发展。在解决这方面顽症的途径方面，加强公司治理文化培育是关键。在我国，建设既体现现代经济发展要求又符合我国实际的公司治理文化良好的企业是改善公司治理的当务之急。

3. 传统儒家文化对公司治理文化的作用

一个民族的传统文化和公司治理文化有着密切的关系。我国是传统的儒家文化发源地，儒家文化中所包含的重视秩序、集体协作、自律等价值观念尤其重视人际关系，讲究和谐、避免各种形式的冲突等优良传统都对公司治理文化的形成有着重大影响。弘扬传统的仁义礼智信，建立充满人文精神的公司治理文化，对整个社会道德价值体系的重塑有着十分重要的意义。③

（三）独立董事制度的完善

在公司运作过程中，监事会由于各种原因或者有着种种顾忌不能有效行使法律赋予的监督权，在这种情况下，独立董事制度被借鉴并引入。独立董事制度可以提高董事会的独立性，也可以弥补监事会监督的不足。公司虽然是股东出资设立的，但是诸多利益相关者的利益及社会

---

① 徐金发、刘翌：《论我国公司治理文化及其建设》，《中国软科学》2001年第12期。
② 同上。
③ 于群：《上市公司治理的法学视角》，人民出版社2008年版，第215页。

公共利益同样是应当考虑的范围。为此，公司治理必定要超越股东意志，这就要求有股东以外的力量来制约股东的行为。目前，董事会成员大多由股东亲自担任或其委托的人担任，独立董事的引入，会在董事会内部形成一定的制衡，从而提高董事会的独立性，充分发挥董事会的作用。但是，由于独立董事的提名人规定以及薪酬、履职条件、处罚措施等多方面的限制，目前的独立董事制度尚不能满足其设立的初衷，需要进一步有针对性地改革完善。

1. 独立董事提名、选任制度的改革

现行的独立董事的提名主体包括董事会、监事会以及合并或单独1%以上股权的股东，在统计的100家创业板上市公司中，实际上对独立董事的提名、选任起主导作用的是实际控制人。既然独立董事主要由实际控制人提名，我们很难要求独立董事像美国联邦的法官独立于任命他们的总统一样完全独立于实际控制人。

因此，可以考虑在修改公司法时将独立董事的提名、选任权直接收归证监会或者证券业协会等，由证监会或者证券业协会等统一向上市公司派遣独立董事，直接对中小股东负责。中小股东对本公司的独立董事履行职能的情况进行监督，对怠于履行职务、违法履行职务或者有其他侵害中小股东利益行为的，中小股东有权向证监会要求撤换独立董事。关于独立董事的津贴则由证监会统一向各上市公司按照一定的比例统一收取，并直接向独立董事发放，从而隔绝创业板上市公司中独立董事对实际控制人的依赖性。

因为证监会主要着眼于行政职能，将独立董事的提名、选任、津贴发放交给证监会管理只是过渡方法，待条件成熟，应当成立上市公司协会。证监会管理上市公司协会，将具体事务包括独立董事的选任、考核交由上市公司协会处理。

2. 独立董事来源的拓宽

在英美国家，由于经理资源十分丰富，选任市场比较大，因此独立董事的挑选余地也比较大。而在我国，首先选任独立董事有一个误区，即习惯追求名气，每个创业板上市公司的独立董事都主要是公司所在地的专家学者。这种情形虽然有弊端，但也有无奈成分在内。就独立董事个人能力来讲，应当具备相应的专业知识，尤其要精通财务、法律、管理及公司业务相关的知识。由此看来，在我国可供上市公司（包括创业板上市公司）挑选的人员十分有限，更不用说有足够的董事资源和充分的市场对不称职的独立董事予以撤换。所以我国必须花大力气培育独立董事的人才市场。① 在独立董事的选任范围上要更多地关注企业管理人员，可以考虑建立广泛的社会搜寻机制。在现阶段，我国的执业律师、注册会计师、社会研究机构的研究员、金融中介机构中的资深管理人员以及曾在大公司任职多年的高管人员等，都应当可以成为独立董事的来源。对这些人员在申请、考核的基础上通过严格的筛选，以及引入淘汰规则，建立独立董事专家库。

3. 独立董事处罚机制的完善

（1）区分独立董事的责任与其他执行董事的责任

根据我国《公司法》第149条的规定，董事、监事、高级管理人员执行公司职务时违反法律、行政法规或者公司章程的规定，给公司造成损失的，应当承担赔偿责任，这给独立董事承担民事责任提供了法律依据。但是，目前独立董事的责任和其他执行董事的责任没有分开，因此，其他执行董事为了自身利益，也不会去追究独立董事的责任。因为追究独立董事的责任的同时必然会将自己也牵扯进去，这肯定是其他执行董事所不愿看到的。所以，有必要将独立董事的民事责任与其他执行董事的民事责任区分开，明确细化各自的责任，增加追究独立董事民事责任的可执行性。

（2）独立董事的名誉机制建设

独立董事多为各行业的上层人士，在一定程度上对名誉的看重比对金钱更甚。因此，有必要建立一套名誉机制，对依法履职的独立董事进行评比后授予"金牌独立董事"等类似称号，对怠于履行职务或者违法履行职务的独立董事要公开谴责，禁止其终身或者一定年限内再次进入独立董事专家库。

4. 健全独立董事履职的法律保障

在统计的100家创业板上市公司中，有61家已经建立了独立董事制度或条例等保障独立董事工作的制度，但是仍然有近40%的公司没有建立，而且虽然全国范围内的具有普遍约束力的《独立董事条例》已经起草并讨论了多年，但规章制度仍没有形成。相信独立董事条例的尽快出台对独立董事履行职务，充分发挥独立董事的设计功能有着重要意义。

（四）激活董事会专门委员会

根据《深圳证券交易所创业板上市公司规范运作指引》的规定，创业

---

① 孙光焰：《公司治理模式趋同化研究》，中国社会科学出版社2007年版，第270页。

板上市公司应当设立审计委员会和薪酬委员会,委员会成员应为单数,并不得少于三名。委员会成员中应当有半数以上的独立董事,并由独立董事担任召集人。另根据《上市公司治理准则》的规定,公司还可以设立战略委员会和提名委员会。提名委员会的主要职责包括研究董事、经理人员的选用标准,对董事候选人进行审查并提出建议,广泛搜寻合格的董事和经理人员的人选等。薪酬委员会的主要职权包括研究董事、经理人员的考核标准,研究审查董事、高级管理人员的薪酬政策与方案等。

目前,各创业板上市公司设立专门委员会主要是为了当初上市的需要,当上市成功以后,除审计委员会按照规定必须运转以外,其他三个委员会的功能没有充分发挥,特别是提名委员会与薪酬、考核委员会,原因在于这两个委员会的设立严格控制了公司的用人权和部分财权。在创业板上市公司中,尤其是家族化公司撑起创业板上市公司占大半边天的情况下,实际控制人显然不希望人事权与财政权被分担。

要切实发挥专业委员会的职能,需要尝试创新管理,为专业委员会设置一个或几个相关职能部门组成的支撑机构,同时也应当在组织管理上,明确董事会与各专门委员会的关系。

(五)职业经理人市场的完善及股票期权激励计划的建立

我国创业板市场环境下,实际控制人担任董事长并兼任总经理的情况比较普遍,究其原因,一方面是由于这些家族化民营企业长期形成的用人制度特征,公司职位方面主要是开放一些非核心部门,在社会整体的信用大环境下,公司所有人害怕将公司交给外人打理;另一方面是我国的职业经理人市场和职业经理人制度不完善。

1. 职业经理人的供给市场

要完善职业经理人市场,首先是要为职业经理人的供给提供环境,要不断利用高校以及社会资源,通过 MBA 及职务交流及各种在职培训等方式,不断丰富职业经理人的市场供给。①

2. 股票期权激励计划

简单来说股票期权就是指授予经理人在未来以一定的价格购买股票的选择权。股票期权激励计划是完善职业经理人市场的重要组成部分,对增强公司凝聚力,完善公司治理具有重大意义。

---

① 王军、聂规划:《完善和建立职业经理人市场》,《中国建材》2008 年第 9 期。

就其作用来看，股权激励将管理层及其他核心人员吸纳成为股东，其个人利益与公司利益趋同，可以增强被激励对象对公司的责任心和使命感。这种制度对管理层及其他核心人员既是动力，又是压力，能够促使其对企业更加尽心尽责。股权激励制度有利于公司业绩上升，提高管理水平和决策水平；股权激励制度可以建立长期激励和约束的双重机制，有利于提升管理效率；股权激励制度将会起到良好的目标导向作用，激发管理层及其他核心人员工作的积极性、竞争性和创造性，同时也具备稳定团队成员的约束作用。

管理层和其他核心人员在公司设定的预期业绩的目标导向下努力工作，可以统一团队的奋斗目标，增强团队凝聚力和执行力，管理团队在一致努力获得好的业绩后并因此受益，激励的作用将充分发挥，持续促使公司管理步入一种良性循环，从而大幅提高营运管理效率。

由于我国创业板上市公司多为从民营企业发展而来，普遍带有家族化，习惯采取关系治理的模式，将内部人放在关键岗位上，重要岗位只有在最后才对外部人开放。即便由于公司发展需要将外部人放在了关键岗位上，也会对外部人缺少信任，多有防范。鉴于此，外部职业经理人缺少归属感和认同感。股票期权计划的实施，可以增强凝聚力，在某种程度上达到和内部关系治理同样的效果，又同时解决了公司的人力资源瓶颈问题。

3. 职业经理人的市场约束机制

公司所有者之所以不敢随便将公司交由外人打理，一个最主要原因就是对外人的不信任。目前我国职业经理人市场的流动亟待规范，经常会出现人才在流动中损害原企业利益，甚至出卖原企业的行为。在选任经理时，又经常出现同行之间互挖墙脚的行为。因此必须通过市场约束机制来保障职业经理人的合法有序流动。

（六）进一步加强投资者关系管理

投资者关系管理的加强是公司外部治理的重要手段，上市公司与投资者之间的博弈焦点是促进上市公司的实际经营状况信息尽量透明化，使得投资者的优良资金流入有增值潜力的上市公司，实现整个资本市场的利益最大化。[1] 投资者关系管理的加强，一方面有利于投资者及时掌握信息，选择适当的投资方式并参与到上市公司的管理中来，从而制约控股股东及其他大股东对中小股东权益的侵害；另一方面由于外部投资者的选择压力，可以促使

---

[1] 梁洪文、李一楠：《上市公司投资者关系管理演进及博弈分析》，《东岳论丛》2010年第11期。

公司的实际控制人更加重视公司的业绩和管理，从而选择适当的人从事相关岗位的工作，对创业板上市公司的去家族化也将产生重要的促进作用。

由于创业板公司上市时间都不长，在投资者关系管理方面经验不足，在如何更好地与投资者互动沟通，如何更好地倾听投资者的建议方面尚需不断提高。公司股东大会的召开形式应当多样化，通过网络投票、征集投票权等多种形式，确保中小股东的话语权。

第四章

新三板上市与公司治理

我国的新三板市场成立于2006年，真正激发中小企业在新三板上市的热情则是在2013年全国扩容之后。目前，关于新三板市场的各项制度规定都还没有完善，缺少法律法规、规章文件的规范。因此，对于这一市场的研究引起了越来越多的关注。

我国的证券市场由场内市场和场外市场组成。场内市场即指证券交易所市场，其中又包括主板市场、中小板市场和创业板市场。通俗来说，主板市场和中小板市场又被称为一板市场，是一个国家最重要的证券交易场所，主要是为大型、成熟企业的融资和转让提供服务以及为产业化初期的中小型企业提供资金融通。创业板市场又称二板市场，是为创新型和成长型企业提供金融服务的。与场内市场相对应的是场外交易市场，是指在证券交易所以外的非统一的地点进行证券交易的市场。在我国，目前场外交易市场包括新三板市场、产权交易市场和股权交易市场，其中最令人瞩目、最具有发展前景、也是近年来发展迅速的就是新三板市场。

拟在新三板上市的公司要想成功挂牌，必须符合一定的条件，而这些条件从广义上来说包含的很多方面都较多地涉及公司治理的问题，挂牌公司的公司治理情况如何，直接影响了在新三板挂牌的成功与否。从另一面看，尽管新三板对于挂牌公司的治理要求相较于在其他板块上市的公司而言更为宽松，但是也有着其自身的特点和要求，至少有着最低限度的限制，而这些都是对于挂牌公司最起码的要求。同时，中小型企业在新三板上市后，基于新三板市场外部环境和相关机制的共同作用，也会自发地完善自身的公司治理制度并持续地改进公司治理状况。

因此，分析新三板上市企业的公司治理现状是有着重大意义的。一方面，结合新三板的具体要求，对中小型企业的公司治理状况进行改善，是提高公司竞争力和综合实力、规范公司经营的必要步骤；另一方面，提升新三板挂牌企业的公司治理能力，本身也是提升整个新三板市场的层次和水平的必然要求。企业自身的提升，反过来也会促进整个市场的整体发展，进而吸引更多的企业进入这个市场。这种作用是相互激发、相互促进的。

第一节 新三板的实践应用及其对公司治理要求的必要性分析

一 新三板市场的发展现状

三板市场起源于2001年成立的"股权代办转让系统"，最初的功能是承接两网公司（原STAQ、NET系统）和从主板市场退市的公司，使得上述公司的股份能够得到"善终"，这就是所谓的"旧三板"。而新三板是相对于旧三板而言的，2006年，中关村科技园区内非上市股份公司进入代办转让系统进行股份报价转让，称为"新三板"。新三板是专门针对非上市的中小型企业而设立的，为这些特定企业的股份转让提供了一个平台，使其股份能够在专门的平台，即全国中小企业股份转让系统进行"买卖"。2012年，经国务院批准，决定扩大非上市股份公司股份转让试点（即新三板区域扩容），首批扩大试点新增上海张江高新技术产业开发区、武汉东湖新技术产业开发区和天津滨海高新区。2013年年底，新三板实现了全国扩容，不限于几个高新技术开发区的企业，在全国范围内，只要目标企业满足了新三板挂牌的条件，都可以在股份转让系统进行挂牌。全国性的扩容为新三板市场带来了新的突破，也为中小型企业提供了新的发展机遇。

新三板的出现构成了我国多元化和层次化的证券市场，因为不同于主板市场和二板市场的定位，新三板是创新型、创业型、成长型中小企业的重要融资途径。新三板被称为"中国的纳斯达克""未来的第一大交易所"，其较为宽松的挂牌条件以及自身具有的特点给我国中小企业的发展壮大带来了福音。

截至2015年10月13日，在全国中小企业股份转让系统挂牌的公司已有3640家，成交股数有10634.12万股，成交金额达到54910.74万元。

在行业分布上，科技创新和民营是新三板的两个重要关键词，信息技术行业与工业行业占据了大半以上的份额，挂牌公司最少的行业则是公用事业和金融行业。

区域分布上，在新三板第一次扩容之后，挂牌公司主要是北京中关村、上海张江、武汉东湖和天津滨海高科技产业园区的相关企业。在新三板全国扩容之后，挂牌公司的区域分布迅速扩大，北京、上海、湖北、广东和江苏五省市的挂牌公司数量位列前五。除了北京地区挂牌公司数量第一的地位无法撼动而外，广东和江苏这两个经济发达、中小企业众多的省份大有后来居上之势。①

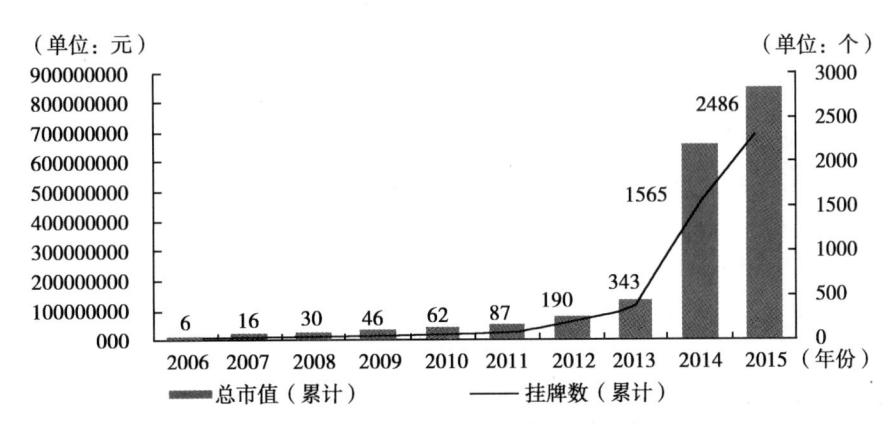

图 4-1 新三板挂牌企业数量和总市值变化图
(2006 年 1 月至 2015 年 5 月)

说明：数据来源于清科研究中心"私募通"数据库。

表 4-1   新三板挂牌数和总市值累计
(2006 年 1 月至 2015 年 5 月)

年份	年度总市值（百万）	挂牌数
2006	13873.91	6
2007	9743.00	10
2008	4803.29	14
2009	7292.36	16
2010	9177.67	16
2011	7423.41	25
2012	28614.81	103
2013	55973.67	153
2014	524302.13	1222
2015	188864.00	921

说明：数据来源于清科研究中心"私募通"数据库。

---

① 黄琳、黄海芳、孙成涛：《新三板挂牌企业估值与投资机会》，《中国市场》2014 年第 19 期。

目前，拟挂牌新三板的企业正逐渐增加，在企业挂牌数、总市值上都呈迅猛增加的趋势。对于已挂牌的企业来说，持续经营良好、保持在新三板的牢固地位是其经营管理的重心，挂牌不是终点，甚至只是起点。在新三板全国扩容后，新三板股转平台吸收了形形色色的中小企业，而结合公司治理的角度来看，每个公司又都有其不同的特点，从实例公司的情况入手将该类企业的公司治理特点类型化、概括化，是本书的重要聚焦点。本书选取了北京地区在新三板上市的不同行业类型的十家企业作为实践样本，从多个角度对比总结其公司在新三板上市的公司治理状况和挂牌情况，试图通过归纳总结而得出结论。

二 新三板上市条件及三个板块的比较

下面将使用表格来分别说明三个板块的上市条件和三个板块之间不同特点的比较。

根据《证券法》《上海证券交易所股票上市规则》（2014 年修订）、《深圳证券交易所股票上市规则》（2014 年修订）、《深圳证券交易所创业板股票上市规则》（2014 年修订）、《首次公开发行股票并上市管理办法》《首次公开发行股票并在创业板上市管理办法》以及 2013 年 2 月 8 日施行的《全国中小企业股份转让系统业务规则（试行）》的规定，三个板块上市条件的对比如下。

表 4-2　　　　　　　　三个板块上市条件的对比

板块名称 不同条件	主板、中小板	创业板	新三板
经营时间	持续经营时间在 3 年以上（有限公司按原账面净资产值折股整体变更为股份公司可连续计算）	持续经营时间在 3 年以上（有限公司按原账面净资产值折股整体变更为股份公司可连续计算）	依法设立且存续满 2 年（有限公司按原账面净资产值折股整体变更为股份公司可连续计算）
财务要求	最近 3 个会计年度净利润均为正数且累计超过 3000 万元； 最近 3 个会计年度经营活动产生的现金流量净额累计超过 5000 万元，或者最近 3 个会计年度营业收入累计超过 3 亿元； 最近一期末不存在未弥补亏损； 最近一期末无形资产占净资产的比例不高于 20%	最近 2 年连续盈利，最近两年净利润累计不少于 1000 万元；或者最近一年盈利，最近一年营业收入不少于 5000 万元； 最近一期末净资产不少于 2000 万元，且不存在未弥补亏损；	无硬性要求

续表

板块名称 不同条件	主板、中小板	创业板	新三板
股本要求	发行前股本总额不少于5000万元；公开发行的股份达到公司股份总数的25%以上；公司股本总额超过4亿元的，公开发行股份的比例为10%以上	发行前公司股本总额不少于3000万元；公开发行的股份达到公司股份总数的25%以上；公司股本总额超过4亿元的，公开发行股份的比例为10%以上	发行前股本总额不少于500万；股权明晰，股票发行和转让行为合法合规
业务经营	具有完整的业务体系和直接面向市场独立经营的能力	应当主要经营一种业务	主营的业务必须突出
公司管理	最近3年主营业务、董事和高级管理人员无重大变动，实际控制人没有变更；公司最近三年无重大违法行为，财务会计报告无虚假记载	最近2年主营业务、董事和高级管理人员没有重大变动，实际控制人没有变更，公司股东人数不少于200人；公司最近3年无重大违法行为，财务会计报告无虚假记载	公司治理机制健全，合法规范经营；主办券商推荐并持续督导

表4-3　　　　　　　　　　三个板块的特点比较

板块名称	特点
主板、中小板	上市标准高、信息披露规范完善、透明度强、监管体制完善、资本衍生产品种类不足、市场制度和法律法规相对健全
创业板	有行业结构优势、企业自我定位准确、门槛较高且严、有上市企业结构和行业多元化保证、监管制度相对严格、风险防控较完善、发行市盈率相对偏高、信息披露不够完善（定期报告的内容和格式未作详细规定）、面临估值风险和减持压力
新三板	无明确的财务指标要求因而门槛低，能较好实现股份转让和增值、提高综合融资能力，是中小企业进入主板市场的快速通道。可提升公司治理规范度、由私人公司变为非上市公众公司从而产生定位和治理问题、公司治理和财务规范化导致上市成本增加、融资额相对偏低、股票流动性不高、后续融资较困难

从上述内容可以知道，新三板对中小企业具有的最大吸引力就是：能通过较低的门槛来上市从而达到融资、股票定价的目的。我国公司制度的相对落后和竞争激烈的经济市场导致长久以来一直是央企、国企和大型企业占据了公司竞争发展的大部分市场，众多中小企业由于自身发展不完善、核心竞争力不强、资金短缺的原因，在起步初期尚能平稳成长，但是时间长了就会出现业务发展和资金支持不能平衡的局面，最后往往都以企业经营失败而惨淡收场，这就不利于我国经济市场的持续发展。而新三板能够使得那些竞争力较强、发展前景较好的中小型企业更方便地获得资金的支持，即使其未满

足在其他两个板块上市的条件，也能拥有一个专门的平台来流通自身的股份。在满足一定的条件后，新三板的挂牌公司还能实现"转板"，即在主板市场上市从而成为真正的"上市公司"，这就比一开始直接将目标对准主板市场来得更容易。

三　新三板上市公司设置公司治理条件的必要性

随着全球经济的快速发展，社会财富的日益增加，不同的公司也愈趋于多元化发展，随之产生的公司治理已经成为一个全球性的话题，正逐渐引起人们的重视。公司治理在本质上是一种牵制制衡关系，是为了使公司的发展和管理能得到有效的良好实现而对公司内部或者外部各方的权利义务所作出的关键规定。公司治理既包括公司治理结构也包括公司治理机制。其核心是在法律、法规和惯例的框架下，保证以股东为主体的利害相关者利益为前提的一整套公司权利安排、责任分工和约束机制。[①] 完善的公司治理包括内部治理机制和外部治理机制，它不仅被认为是实现科学决策、提升公司竞争力的微观基础，而且越来越被看作培育资本市场，保证金融体系安全乃至实现可持续增长的宏观制度保证。[②] 公司治理的主要内容涉及股东会、董事会、监事会、财务、信息披露以及利益相关者等多个方面的内容，现代公司不论从外部还是内部而言都是动态发展的，无论是大型上市公司抑或中小型企业，公司治理都是调整公司内部制度安排的重要手段。

在几点简短精要的新三板上市条件中，有关公司治理的条件就占了其中一条：公司治理结构健全，运作条件规范。这个条件的表述虽然简单，却有着丰富的内涵，显示出新三板对于拟挂牌中小型企业在公司治理方面的较为严格的合规性要求。相较于主板、中小板和创业板的上市条件中关于公司治理的要求，新三板的要求显得较为抽象和概括。主板、中小板和创业板对公司治理方面的股本要求、业务经营、董事及高管的重大变动限制条件、无违法行为等问题都作出了规定，这也是这些板块市场在长期的实践中得出的立法总结。新三板作为新兴资本市场，既要对公司治理引起重视，又要在一定程度上探寻出适合自身的公司治理要求，因此，新三板上市条件中的公司治理要求虽然简洁抽象，却不可缺少。同时，新三板市场本身的相应制度规定

[①] 南开大学中国公司治理原则研究课题组：《〈中国公司治理原则（草案）〉及其解说》，《南开管理评论》2001 年第 1 期。

[②] 王化争：《股权结构、环境差异与公司治理模式演进》，《文史哲》2005 年第 5 期。

较为缺乏，在现阶段的探索发展时期，对于新三板的公司治理要求不应过于具体严苛，应该先引导中小型企业进入新三板市场后，再进一步对它们作出公司治理方面的更为规范的要求。

从深层次考虑，在新三板上市中设置公司治理条件的必要性有如下几个方面：第一，增强企业自身竞争力；第二，延长企业在新三板市场的经营周期，应对市场分层及公司评级制度；第三，规范企业作为新三板市场主体的合规经营行为，提升新三板市场的层次。从而可以看出，中小企业良好的公司治理是公司拟挂牌新三板的重要助推器，一个良好的公司治理结构和制度设计是挂牌新三板不可或缺的重要条件。

对公司治理过程的研究通常是沿着两个路径展开的，一是从公司内部治理结构的角度研究公司的治理过程；二是从外部约束的角度研究公司治理过程。[1] 这些间接控制或外部治理手段除了接管外还应包括股东和债权人诉讼。[2] 研究新三板上市的中小型企业公司治理现状要对企业的内部机制和外部机制的不同情况进行分析。基于现行新三板制度规定、国内学者的研究，针对新三板上市企业的公司治理特点进行分析，从而探求适合挂牌公司的公司治理模式是较优的研究方式。公司只有具备了良好的公司治理模式，安排了较好的制度设计，才能成功挂牌新三板，良好的公司治理可使企业在新三板市场提高融资能力，促进企业业绩的增长。反向而言，新三板也不同于其他两个板块，而是有着自身对公司特定的挂牌要求，这也是拟挂牌公司所需要遵循的条件。并且，中小型企业在新三板上市后，即由小型公司转变为公众公司，需要在很多问题上接受公众的监督，这也会间接导致新三板上市公司自发调整公司治理行为，用更严格的治理标准要求自己，提升治理水平和企业形象。

由于新三板在我国仍然属于新兴事物，很多配套制度仍未成熟，因此在现行的新三板上市条件中对于公司治理的规定比较简洁抽象，和主板、中小板以及创业板上市公司的公司治理要求还是存在一定的差距。但是，如今理论界和实务界对于新三板市场的相关研究正如火如荼地进行着，可以预见，关于新三板上市公司治理的合规要求将会在参照其他板块规定的情况下，结合自身的具体发展，从而对相关制度作出改良和完善。

---

[1] 刘国亮：《公司治理过程中的外部约束机制》，《当代财经》2003年第12期。
[2] 孙光焰：《公司治理模式趋同化研究》，中国社会科学出版社2007年版，第70页。

第二节　新三板上市企业的公司治理现状的实证考察

一　中小型企业在上市前的公司治理情况

由于生产资本的缺乏、经营理念的局限，以及人力成本的不足等原因，中小型企业在新三板上市前的公司性质大多为有限责任公司，其经营管理的特点都体现出浓厚的人性色彩，直至决定在新三板上市后，这些中小型企业才启动股份改制的工作。全国中小企业的数量达千万家，但因各地域的经济发展水平不一，各地的中小企业的生存质量参差不齐，其中尤以北京、上海、广州、深圳四个地方的中小企业发展水平最高，其次则是东部沿海地区，再次为中部地区，最后则是西部地区和偏远地区。发展不高、经营不良的中小企业经常面临着破产清算的局面，乃至极大地损害了小股东以及债权人的利益。总体来说，中小型企业在挂牌前的公司治理特点有如下几个方面。

第一，人合性、封闭性特征明显。中小型企业绝大多数是家族治理模式，凸显了较大的人合性特征，因为有限责任公司所有与经营分离不明显，从而使得有限责任公司的管理和合伙企业具有极为相似之处。[①] 同时，中小型企业封闭性较强，股东较为固定，多为与实际控制人有密切关系之人，极少引入其他外部股东参与投资。第二，以执行董事管理为主，较少设置董事会。我国《公司法》第44条规定，有限责任公司设置董事会，其成员为三人至十三人；第50条又规定，股东人数较少或者规模较小的有限责任公司，可以设一名执行董事，不设董事会。中小型企业管理人员缺乏，也符合股东人数较少和规模较小的条件，加上大股东不愿放权，通常不设置董事会，而是以大股东兼任执行董事为主来管理公司。第三，监督机制发展滞后。中小型企业在监事会设置方面存在的普遍做法就是设置一名监事对公司事务进行监督，监事的存在很大程度上只是为了凑足人数，并没有实质性的行使权利，有的监事作出的决策甚至要依附于大股东的指示和首肯，造成了本末倒置的后果。

除了以上所列几个方面，中小型企业在挂牌前的公司治理情况不容乐

[①] 王金根：《有限责任公司治理研究——基于对泉州有限责任公司治理实践之实证分析》，《泉州师范学院学报》（社会科学版）2010年第3期。

观,相关的治理机构和治理规则并没有形成,只有在决定新三板上市后,尤其是开展股改工作后,各个中介机构分别进场开展尽调工作,对企业的各种不足方面提出意见并加以辅导整改,才让中小企业的公司治理状况得以改进完善。

二 研究方法

为了更好地分析新三板上市企业的公司治理现状,本节将通过对已成功挂牌的企业进行实证考察,基于归纳总结而来的数据与结论作进一步问题分析。所选取的十家样本企业是以特定的地区,即北京地区的不同行业为条件筛选的,它们都是从有限公司开始,经过股份改制整体变更为股份有限公司,从而满足新三板上市的条件得以上市。可以这么说,这些中小型企业是为了上市而改制,时间的紧迫和治理意识的缺乏致使其公司治理状况稍显混乱,或者说,徒具外形而缺乏实质效果。本书作者经过调研对比,发现这十家企业在公司治理的主要方面上都存在共同性,当然也存在相应的差异。下文所附表格是从内部结构和外部手段对这十家企业的公司治理状况的对比分析,通过对不同方面的梳理总结提炼出了主要结论。

(一)样本选取及数据来源

我们抽取了2012—2013年在全国中小企业股份转让系统上成功挂牌的北京地区不同行业的十家企业作为研究样本,每家企业的经营范围都各有差异,具体情况见表4-4。

表4-4 2012—2013年所抽取的北京地区不同行业的十家新三板挂牌企业情况统计

序号	公司简称	所属行业	证券代码	挂牌时间	挂牌时总股本
1	永翰星港	卫生	430114	2012-04-10	700万股
2	赛孚制药	医药制造业	430133	2012-08-01	2616万股
3	中金网信	互联网和相关服务	430153	2012-10-18	550万股
4	三众能源	建筑安装业	430163	2012-11-16	1900万股
5	东方瑞威	通用设备制造业	430180	2012-12-21	3500万股
6	拓川股份	仪器仪表制造业	430219	2013-04-15	650万股
7	随视传媒	商务服务业	430240	2013-07-04	4000万股
8	蓝天环保	电力、热力生产和供应业	430263	2013-07-22	6600万股
9	福乐维	农副食品加工业	430277	2013-08-08	500万股

续表

序号	公司简称	所属行业	证券代码	挂牌时间	挂牌时总股本
10	维珍创意	软件和信息技术服务业	430305	2013-08-16	1522.84 万股

（二）变量选择

基于查阅资料和参考文献分析及数据的可得性，本书选取了与公司治理密切相关的内外部变量指标来作为分析的依据，内部变量包括股权结构、股东类型、董事会、监事会及其他等几项变量指标，外部变量包括接管、股东诉讼和债权人诉讼。具体的变量定义如表4-5。

表 4-5　　　　　　　　　　内部治理变量指标定义

变量名称	选取指标	备注
股权结构	实际控制人股权	实际控制人所持有的股份
	股权集中度	最大两个股权之和（因新三板挂牌企业的股东人数较少，故只对最大两个股权进行统计）
	股权集中者类型	控股股东、实际控制人的类型
股东类型	公司股东类型	自然人股东和法人股东的人数
董事会	董事长身份的多重性	是否是控股股东、在公司内部的兼职情况
	董事会的独立性	聘任外部董事和内部董事的情况
	董事会会议次数	每年召开董事会会议的次数
监事会	职工监事的比例	职工监事的人数及比例
	监事会的独立性	聘任外部监事和内部监事的情况
	监事会会议次数	每年召开监事会会议的次数
其他	财务混同情况	股东个人财务与公司财务混同的情况
	信息披露情况	每年进行信息披露的情况
	公司治理评级机制情况	每年进行公司治理评级机制的情况

表 4-6　　　　　　　　　　外部治理变量指标定义

变量名称	备注
接管	是否发生接管
股东诉讼	股东是否提起各种诉讼
债权人诉讼	债权人是否对公司提起诉讼

三 研究结果与分析

(一) 内部治理研究结果与分析

1. 股权结构

股权结构是决定一个公司最终控制权的重要指标,是公司治理模式的根本支撑点。股东对公司事务的决定权是通过投票来行使的,而投票的计量标准就和股份比例密切相关。一个公司的股权结构如何,直接反映了大小股东对公司的实际控制能力,表4-7通过对股权结构中的实际控制人股权、股权集中度、股权集中者类型的数据总结,来衡量挂牌公司的股权结构情况。

表4-7 样本公司在新三板挂牌后的股权结构情况

序号	公司简称	实际控制人股权	股权集中度(最大两个股权之和)	股权集中者类型
1	永翰星港	80%	90%	自然人股东
2	赛孚制药	65.86%	99.41%	自然人股东
3	中金网信	48.11%	59%	自然人股东
4	三众能源	71.30%	74.28%	自然人股东
5	东方瑞威	94%	100%	法人股东
6	拓川股份	95%	100%	自然人股东
7	随视传媒	30.29%	54.14%	法人股东
8	蓝天环保	96.00%	96.00%	自然人股东
9	福乐维	52%	90%	自然人股东
10	维珍创意	89.70%	95.35%	自然人股东

从表4-7可知,该十家新三板挂牌企业中,实际控制人股权占比超过50%的已达80%,一股独大的现象非常明显;在股权集中度的数据统计中也表明了这一特点,东方瑞威和拓川股份这两家企业的该比例高达100%,股权集中度高;除了随视传媒存在股权分散性的特点外,另外九家企业的股权比较集中。十家挂牌企业的股权集中者类型各有差异,数据表明自然人股东占大半以上的比例,故总体而言,股权集中者类型仍以自然人股东为主。

2. 股东类型

不同的股东类型决定了公司经营管理的策略和方向,决定了公司治理的核心构架;不同的股东在投资目标、战略规划等方面的差异都对证券市场产生不同的影响。在主板上市的公司中,我们根据所持股权比例可以将股东分为大股东（持股比例超过5%的股东）和中小股东（持股比例不足5%的股东），而依据对公司的控制力又可将大股东分为控股股东（持股比例占50%以上或虽不足50%但对公司具有实际控制权的股东）与非控股大股东。[①] 但是对于新三板的挂牌企业来说，股东类型并不多元化，一些针对主板上市公司的股东类型分类并不适用于这些企业。表4-8通过对所选取挂牌公司的股东类型的归纳，得出其股东类型的特点。

表4-8　　　　样本公司在新三板挂牌后的股东类型情况

序号	公司简称	股东类型		
		自然人股东人数	法人股东人数	股东总人数
1	永翰星港	3	0	3
2	赛孚制药	9	0	9
3	中金网信	3	5	8
4	三众能源	48	0	48
5	东方瑞威	1	1	2
6	拓川股份	2	0	2
7	随视传媒	1	12	13
8	蓝天环保	3	0	3
9	福乐维	2	1	3
10	维珍创意	9	1	10

从表4-8可知，十家新三板挂牌企业中除了随视传媒的法人股东比例较高以外，有5家企业的自然人股东比例达到100%，企业没有引进其他法人股东，自然人股东的比例大大高于法人股东的比例。但经实证考察，发现股东人数越多、股东类型越多元化、股权结构越分散的挂牌企业，其法人股东所占的比例越高，反之则越少。

3. 董事会

作为公司的运营维持和决策制定的重要部门，董事会在公司治理中起着无可替代的中枢作用，它既要与股东会承接沟通并落实决策命令，又要发挥作为管理层的执行管理能力，维护好公司的正常运转机制。表4-9通过对挂牌公司董事会的构成及其各项重要内容进行归纳，总结了新三板上市企业

[①] 杜晶：《股东类型与大小非减持动因问题研究》，硕士学位论文，重庆大学，2012年。

公司治理中的董事会结构现状。

表 4-9　　　　　　样本公司在新三板挂牌后的董事会结构情况

序号	公司简称	董事长身份的多重性		董事会的独立性		董事会会议次数			
		是否是控股股东	内部兼职情况	外部董事人数/比例	内部董事人数/比例	2012年	2013年	2014年	2015年
1	永翰星港	是	总经理	0/0	5/100%	7	4	17	7
2	赛孚制药	是	总经理	0/0	5/100%	4	5	8	8
3	中金网信	是	总经理	5/71.4%	2/28.6%	2	4	5	1
4	三众能源	是	总经理	1/20%	4/80%	2	7	6	7
5	东方瑞威	无	无	1/20%	4/80%	1	5	6	7
6	拓川股份	是	总经理	0/0	7/100%	—	8	6	6
7	随视传媒	否	总经理	3/42.9%	4/57.1%	—	7	2	7
8	蓝天环保	无	无	1/20%	4/80%	—	14	10	8
9	福乐维	是	无	3/50%	3/50%	—	6	4	5
10	维珍创意	是	总经理	0/0	5/100%	—	8	6	7

从表 4-9 可知，新三板上市企业由于具有中小型企业的本质，仍然存在难以放权、人力成本不够的问题，上述十家挂牌企业的董事长同时身为控股股东、总经理的比例很高，权力集中度高。在董事的独立性方面，有 9 家企业的董事构成主要以内部董事为主，或是股东型董事，或是职工型董事，即使聘请了外部董事，也不是真正意义的独立董事，永翰星港、赛孚制药、拓川股份和维珍创意 4 家企业还出现了外部董事比例为 0 的情况。十家挂牌企业 2012—2015 年（有 5 家企业是 2012 年在新三板挂牌存在当年开会数据，其他 5 家企业从 2013 年开始统计）召开的董事会会议次数有所差异。在 2012 年和 2013 年，企业刚刚挂牌，所需董事会决议的事项不多，召开董事会会议的次数较少，等到企业步入正轨、能够适应资本市场的经营节奏之后，需要董事会作出决策审议的事项越来越多，召开董事会会议次数也逐渐增多。

4. 监事会

在论及公司治理时，对于"三会"的运转规则、制度规范的分析考察都是不可缺少的。作为公司内部的监督机构、制衡着公司各个机构的权力与责任，监事会在现代公司治理中发挥着日趋重要的作用，表 4-10 通过对挂牌企业的监事会各项变量指标的归纳，总结了挂牌企业的监事会治理现状。

表 4-10　　　样本公司在新三板挂牌后的监事会结构情况

序号	公司简称	职工监事比例	监事的独立性		监事会会议次数			
			外部监事人数/比例	内部监事人数/比例	2012 年	2013 年	2014 年	2015 年
1	永翰星港	33.33%	0/0	3/100%	3	2	4	3
2	赛孚制药	33.33%	0/0	3/100%	2	2	4	2
3	中金网信	33.33%	1/33.33%	2/66.67%	1	2	4	2
4	三众能源	33.33%	2/66.67%	1/33.33%	1	2	2	2
5	东方瑞威	66.67%	0/0	3/100%	1	3	2	5
6	拓川股份	33.33%	0/0	3/100%	—	3	1	4
7	随视传媒	33.33%	2/66.67%	1/33.33%	—	5	3	2
8	蓝天环保	33.33%	1/33.33%	2/66.67%	—	3	3	3
9	福乐维	33.33%	0/0	3/100%	—	1	2	4
10	维珍创意	33.33%	0/0	3/100%	—	3	2	4

从表 4-10 可知，在职工监事的人数比例方面，十家挂牌企业都能遵守法律法规的规定，按照既定比例设置职工监事，都达到了"不少于监事人数的三分之一"的比例，东方瑞威还设置了两名职工监事，使得职工监事的比例达到 66.67%；在监事的独立性方面，挂牌企业仍以内部监事为主，监事人数大大向内部监事倾斜，十家挂牌企业中有 6 家企业的外部监事比例为 0，经数据分析发现，外部监事比例高于内部监事比例的挂牌企业主要原因是企业规模小、发展较慢、人力资源不够。

5. 其他变量

除了上述所列的几项变量外，本书还对一些新三板上市中律所、券商进行尽职调查的常见指标进行归纳总结，这些指标都与公司治理有直接或间接的关系，也从另一个侧面反映出挂牌企业的公司治理现状。

表 4-11　　　样本公司在新三板挂牌后的其他公司内部治理情况

序号	公司简称	财务混同情况	信息披露情况	公司治理评级机制情况
1	永翰星港	低	完善	不完善
2	赛孚制药	低	完善	不完善
3	中金网信	低	不完善	不完善
4	三众能源	高	完善	不完善
5	东方瑞威	高	完善	不完善

续表

序号	公司简称	财务混同情况	信息披露情况	公司治理评级机制情况
6	拓川股份	低	完善	不完善
7	随视传媒	低	完善	不完善
8	蓝天环保	高	完善	不完善
9	福乐维	低	不完善	不完善
10	维珍创意	低	完善	不完善

上述所列的三个变量在中介机构开展尽职调查时会经常涉及，例如，会计师事务所会对财务混同情况进行调查和清理，律师事务所和主办券商会对信息披露情况和公司治理评级机制情况进行核实和完善。据表4-11数据可知，目前新三板上市对中小型企业的信息披露情况影响较大，因为股转公司有需要挂牌企业对重大事项定期进行信息披露的硬性要求，因此挂牌企业的信息披露情况较为完善。另外，十家挂牌企业都或多或少地存在股东个人财产与公司财产混同的情况，这也是中小型企业亟待克服的弊病之一。而在公司治理评级机制方面，挂牌企业统一存在不完善的情况，对公司治理的评级需要企业自发进行，并不是股转公司所规定的强制性要求，故挂牌企业在新三板发展的初期，并没有太多地注重这一方面。

（二）外部治理研究结果与分析

在讨论挂牌企业的公司治理情况时，不仅要从内部治理情况进行分析，还要着眼于外部治理情况。公司的外部治理主要通过接管、股东和债权人诉讼等方式来对公司的治理机制产生影响。表4-12通过对这三个变量的总结情况来说明挂牌企业的公司外部治理现状。

表4-12　　　　样本公司在新三板挂牌后的公司外部治理情况

序号	公司简称	是否发生接管	有否被提起股东诉讼	被提起债权人诉讼次数
1	永翰星港	否	否	0
2	赛孚制药	否	否	0
3	中金网信	否	否	0
4	三众能源	否	否	0
5	东方瑞威	否	否	1
6	拓川股份	否	否	0
7	随视传媒	否	否	0

续表

序号	公司简称	是否发生接管	有否被提起股东诉讼	被提起债权人诉讼次数
8	蓝天环保	否	否	0
9	福乐维	否	否	0
10	维珍创意	否	否	0

由表 4-12 可知，中小型企业在新三板上市后，新三板的资本市场特性并没有给中小型企业带来外部机制的改变，所示例的十家企业仅有东方瑞威发生过一次债权人诉讼，其他九家企业都没有发生接管、股东诉讼和债权人诉讼的情况。被告东方瑞威基于与原告北京金斯特冶金机械厂的承揽合同而产生的拖欠合同款项的事由，被法院判决须支付该合同欠款约 386 万元。最终东方瑞威也严格执行了法院的判决，并在中介机构进场辅导后努力调整经营目标、认真按时履行各项业务合同，力求不让合同的履行不当损害了公司的利益，目前规范良好。同时，这个表格也可以用来说明中小型企业在新三板上市前的外部约束机制情况：在上市前，中小型企业经营情况不佳、企业价值较低，各项制度不完善；上市后，企业价值提升，投资者多关注企业的经营管理业绩，以期获得利润，两个阶段外部手段的介入都很薄弱。据此可知，在现阶段我国的新三板市场发展初期，研究新三板上市企业的公司外部治理现状意义并不大，因此下文将主要从企业的内部治理现状来分析问题。

四 研究结论

从本节分析可知，中小型企业在新三板上市前和上市后的公司治理状况存在很大差异。在上市前，企业的治理状况较差，不合规、不规范的情形比较常见，但在拟上市和上市后的阶段，可以看出中小企业的公司治理状况得到了较好的改善，在公司治理机构和制度方面都有了飞跃式的进步。这样的结果不仅是新三板上市对中小企业提出的硬性要求，也是企业自身为了更快更好地发展而自发作出的改变。因此，通过对新三板上市的中小型企业公司治理现状的分析，可以得出结论，证明新三板上市对中小型企业的公司治理具有较大的改进作用。

第三节　新三板上市企业的公司治理现状存在的问题

在当今公司治理理论和实践的广泛研究中，无论是对于大型上市公司，还是挂牌新三板的中小型企业，公司治理都是一个永恒的话题。且不论新三板挂牌条件明确要求"公司治理结构健全，运作条件规范"，即使没有这项硬性要求，中小企业要想在新三板成功挂牌，挂牌后能够长久发展，肯定是需要有良好健全的公司治理机制来做支撑的，否则一个公司就如同一盘散沙，没有最根本的凝聚力，也谈不上发展壮大。

可以看到，新三板的挂牌公司中中小型企业居多，各个公司的公司治理状况参差不齐。首先，这些企业也许因为在创立初期没有预见到今后会走向资本市场，不理解资本市场对公司治理的要求较高。其次，也可能因为企业本身定位不对称的原因，对于公司治理的意识非常淡薄。最后，公司治理理论在我国的兴起研究时间不长，国内一些大型的上市公司尚且没有做到良好的公司治理，更何况中小型企业能对公司治理问题引起重视了。总之，由于各种各样的原因，中小型企业的公司治理状况都比较混乱，只有在拟挂牌新三板时期，经过主办券商的建议和督导，才能逐步改善公司治理结构，同步设立相对应的管理制度。在新三板挂牌成功后，由于新三板的硬性要求、资本市场的公开监督、主办券商的持续督导，中小型企业能够将新三板所要求的公司治理目标落到实处，结合本公司现状自发地完善公司治理的改革、制度的构建。

新三板上市对中小型企业的公司治理的确起到推动改进的作用，较其上市前的情况已经有了很大的改善，但是综观目前的挂牌企业，同时对比大型上市公司的公司治理状况，则会发现新三板挂牌企业在公司治理状况上仍存在很多问题。因此下文主要着眼于中小型企业在新三板挂牌初期的公司治理构架，结合十家示例企业的公司治理状况，分析在新三板挂牌的中小型企业在几个方面存在的问题，并针对性地提出改善建议。

一　实际控制人一股独大、"人治"色彩明显

挂牌新三板的中小企业不同于大型上市公司，它们的创立往往是由一个或几个具有较密切关系的自然人发起的，且成立时往往采取有限公司的形式，人合性较强。由于这些自然人持有公司较大部分比例的股份，因此实质

上就成为公司的实际控制人。这些中小企业延续着家族治理的观念，股改前的有限公司中其他股东很少，即使加入新的股东也是和实际控制人有着直接或间接的关系，本着人合、信任的原则成为股东的，他们的持股比例一般比较少。因此，公司的创立、经营管理和发展都由实际控制人操控，公司的重大事项决定权也是掌握在实际控制人手中，即使其他小股东想表达不同的诉求，也往往因为股权比例不够多而不能起到预期的作用。从另一个方面来看，实际控制人的一股独大也造成了新三板上市企业的股权集中度较高的后果。众所周知，讨论公司治理时，股权集中度是一个重要的话题，它是与股权分散度相对应的，是指全部股东因持股比例的不同所表现出来的股权集中还是股权分散的数量化指标。[①] 股权集中度与控制权紧密相关，调查显示，股权集中度越高，公司的股份稳定性就越高，公司的稳定性也越高，控制权就越集中，但也带来了一个问题，即股份的流动性会有所降低。

挂牌新三板的中小型企业的股权集中度都很高，但主要集中于自然人股东手中，公司的控制权集中、稳定性高。股权集中度较高会使得少数人掌握了对于公司较大的决策权，一些大股东甚至会漠视中小股东的利益，并利用自己所占股份的绝对优势来对中小股东施压，以便掌握对公司经营管理的控制权。以蓝天环保、维珍创意、拓川股份为例，公司的实际控制人持有很大部分的股权，股权集中度高，公司在挂牌后短时间内应该不会改变这种持股情况。况且，挂牌后股份的转让是在股转系统内公开进行的，持股情况是否改变也与新三板市场的交易活跃程度相关联。十家样本企业中只有随视传媒比较特殊，其股权集中于一家法人股东手中，即北京百视欣管理咨询有限公司，自然人主要通过百视欣这一控股公司来控制随视传媒。

同时，可以看到实际控制人的一股独大使得中小型企业的"人治"色彩非常明显，在现代公司治理理论中，公司作为一个独立存在的实体，所有者与经营者应该是分离的，但是这一理论并未能完全让还不够发达的中小型企业所接受，这类企业的终极目标是为了获得更多的盈利，利润成为他们首要考虑的目的。因此大多数中小型企业的股东、实际控制人觉得无暇理会公司治理的好坏，只要盈利即可。但他们没有想到的是，公司治理的好坏恰恰是与公司经营管理的好坏乃至是否获得更多的利润紧密相关。

以蓝天环保（现已被提示风险）和维珍创意（现被质疑造假）为例，

---

① 高晓虹：《盈余管理与控制权结构关系的实证研究》，《三明学院学报》2010 年第 5 期。

蓝天环保有三个股东，实际控制人潘忠、李方系夫妻，两人掌握着公司96%的股权，另一名股东王洪波仅持有4%的股权。潘忠为蓝天环保股改前公司——蓝天有限的创立者，拥有公司的核心技术，潘忠和李方在公司股改前和股改后都一直掌握着较大部分的股权，相对于其他股东而言有着压倒性的优势。也正因为公司的成长和发展都是由这两名实际控制人深度把持，因此他们也形成了惯性思维，将蓝天环保等同于自己"独有"的公司，家族治理色彩明显，在决定挂牌新三板过程中涉及的重大事项也是由两人最后决定，其他股东的意见没有形成应有的约束力。

表 4-13　　　　　　　蓝天环保股东及股权结构情况

序号	股东姓名	持股数（万股）	持股比例（%）
1	潘忠	4752.00	72.00
2	李方	1584.00	24.00
3	王洪波	264.00	4.00
合计		6600.00	100.00

在维珍创意中，实际控制人高利军通过代持股协议使其母亲张秀清持有公司89.70%的股份，另外，高利军的姐姐高丽平、姐夫陈存福作为公司的其他股东各持有0.85%、0.53%的股份。换言之，高利军通过这些关联股东实际控制了维珍创意高达91.08%的股份，是十家样本企业中实际控制人所持股份占公司股份比例最高的企业，控制权过于集中，有可能发生实际控制人利用优势地位损害其他股东权益、损害公司利益的情况。

表 4-14　　　　　　　维珍创意股东及股权结构情况

序号	股东姓名	持股数（万股）	持股比例（%）
1	张秀清	1366	89.70
2	吴凌云	86	5.65
3	中关天使投资	22.84	1.50
4	高丽平	13	0.85
5	陈存福	8	0.53
6	叶丽琴	8	0.53
7	张骞	6	0.39
8	赵凤莉	6	0.39

续表

序号	股东姓名	持股数（万股）	持股比例（%）
9	沙圆圆	5	0.33
10	王广博	2	0.13
合计		1522.84	100

二 董事以内部董事为主、类型较为单一

董事会作为公司治理的主体，是公司治理组成构架中的重要一环，对外代表公司，承担着公司日常事务的决策和处理，是公司治理机制运行的核心执行者。新三板上市企业的董事会构成须按照我国《公司法》第108条的规定，董事为5—19人，董事会设董事长一人，可以设副董事长。

由于大多数新三板上市企业是从有限公司股改而上市，人力资源的缺乏是一个不可忽视的问题。中小型企业的人数不多，股东也较少，在考虑设置股份公司的董事会时，经常会趋向于"内部消化"的做法，董事类型较为单一，大多优先由股东和较为优秀的职工来担任董事，即以内部董事为主。只有在董事人数不够最小值的情况下，企业才会考虑聘请外部董事，而这时的外部董事也就更倾向于形式化，只是为了达到凑够董事会人数的目的而已。

十家样本企业的董事类型都较为单一，内部董事普遍高于外部董事，只有中金网信聘请的外部董事人数比例较高于内部董事人数比例，达到71.4%，其余九家企业的董事构成仍以内部董事为主，外部董事的人数比例较低，永翰星港、赛孚制药、拓川股份和维珍创意的外部董事人数比例甚至为零。在实践中，大多数新三板上市企业人数较少，由于凑够董事会人数的原因才会聘请外部董事，且在外部董事的薪酬制度上规定不一，对外部董事的激励不大，导致外部董事的存在成为摆设。

在大型上市公司中，能够经常看到外部董事的存在，在主板和中小板的上市条件中也有关于独立董事比例的规定。那么，新三板上市的中小型企业是否有必要设置外部董事呢？董事类型单一又是否有弊端呢？答案应该是肯定的。目前，新三板上市企业的董事类型单一、没有引进外部董事的弊端有以下几点。

首先，按照现代公司治理的理论，董事是公司的经营者、管理者，应该保持独立、中立的身份，这样才能对公司的经营管理起到更客观公平的判

断,这也是独立董事制度的理论来源。董事会作为公司治理的主体,在评价其是否适当履行了经营管理的职能时,必须关注董事会是否较为独立,此时就要探究董事独立性程度的高低,董事是否具有独立性以及独立性程度的高低直接决定了董事会履行职责的优劣。在一些"人治"色彩较浓厚的公司中,董事会成员的独立性受到较大影响,更容易被大股东操控而作出决策。此外,董事会和经理层需要定期对自身的工作机制进行评价,而现在这项评价工作大部分是由经理层来完成的,这就会出现执行工作和评价工作的主体相同的情况。经理层作为"当局者",不能对自己的业绩作出客观的评价,因此按照现代公司治理的理论,引入外部董事更能使董事独立行使职权,公正地执行各项考核评价工作,更能得出客观公正的结果。

其次,股东成为内部董事是不可避免的。尤其是挂牌公司在股改前,作为有限公司,其股东本来就少,董事会中由股东担任董事也是符合《公司法》的,股东兼董事长、董事长兼股东的现象非常常见。董事长有可能不是由创立股东或实际控制人担任,但是也会与创立股东或实际控制人有着直接相关的利害关系。此时,董事会的意志就等于控股股东的意志,这会严重妨碍董事、高级管理人员为了公司忠诚行使职权的权利。引入外部董事后,董事类型趋于多样化,可以减少控股股东直接控制董事会的概率,董事会将能更好地倾听多方面的诉求,得出对公司发展更为客观有利的战略规划。

最后,参照大型上市公司设置独立董事的做法,新三板上市企业可以有针对性地按照自身的主营业务和经营方向来聘请在该方面较有经验的专业人士担任外部董事,并给予相应的酬劳,保障外部董事能更好地为企业的发展献计献策。他们能用更为专业、更为客观的眼光去判断公司的各项决策,在许多问题上能给出让人信赖的意见和建议,这也是引入外部董事最常见的理由。

因此,在新三板上市的企业应该适当引入外部董事,丰富董事会的人员构成,使董事类型更加多样化,更好地发挥董事的应有职能。

三 职工监事的设置趋于形式化

我国《公司法》第 117 条规定,股份公司的监事会应当包括股东代表和适当比例的公司职工代表,其中,职工代表的比例不得低于 1/3,具体比例由公司章程规定。监事会中的职工代表由公司职工通过职工代表大会、职工大会或者其他形式民主选举产生。之所以引入职工监事制度,就是希望企业能倾听劳动者的声音、考虑其诉求。职工监事以职工代表的身份进入监事会，具有双重身份。作为职工代表必须向全体职工负责；作为监事，则必须对公司负责。职工监事应该和其他监事一样，而且更应该积极行使自己的监督职权，对董事、高管的经营管理行为进行监督，提出质疑，保障自己的权利。

挂牌新三板的中小企业对公司治理没有引起重视，即使有意识要改革公司治理机制，设置相应的各个机构，大部分也是停留在股东会与董事会的层面上，对监事会的设置和职权行使没有加以完善，大多数职工监事的设置趋于形式化。由于历史原因和思维意识的差异，我国与西方国家的传统不同，对"监督"的意义和重要性也是随我国《公司法》的制定和实施才逐步被人们重视，中小型企业由于家族治理、"人治"的原因，经常出现决策者自己监督自己，决策者既是执行者又是监督者的情况。

十家样本企业都能够按照法律规定设置职工监事，东方瑞威还设置了两名职工监事，在挂牌股改前，这些企业都是按照有限公司的治理框架设置了一名监事，公司的经营管理行为得不到有效制约和监督。然而，新三板挂牌在一定程度上"倒逼"监事会的设置，企业最终也能及时按照法律的规定将职工监事纳入监事会中。在挂牌初期，职工监事也没能很好地行使自己的权利发挥监督作用，实践中的监事会会议流于形式，议题、表决等内容和程序都形成了机械化的现象。十家样本企业也是如此，职工监事很少甚至没有主动提出过议案，参与表决时也是"随大溜"，很少主动行使监督职能。但为了适应新三板的需要以及其他挂牌公司的竞争，企业能越发注重职工监事的重要性。分析大多数新三板上市企业发布的公告得知，职工监事对公司监督事项的参与性、积极性不断提高，职工监事不再是摆设，不再是"充人数"，而是真正代表劳动者监督公司，保障自己权益的有效通道，如何避免职工监事的设置趋于形式化是完善监事会制度的必要问题。

四 主办券商持续督导工作的实践效果不佳

中小型企业要在新三板上市，所经历的全部过程都离不开各个中介机构从中的辅导协助，包括证券公司、会计师事务所、律师事务所和资产评估公司。其中，起着核心协调作用的就是证券公司，即主办券商。从企业有到新三板上市的意向开始，到最后顺利在新三板上市，主办券商在其中承担着很多工作，包括与企业接洽、作为牵头机构选择其他中介机构、进场辅导、股份改制、内部审核、申报材料等。主办券商就像一个公司的发起人一样，既要安排协调企业和中介机构的各项工作，又要以自己的专业知识为企业答疑解惑。在企业上市成功后，主办券商每年仍然要紧密关注企业在资本市场的作为与不作为，对企业进行持续督导。这就是主办券商的持续督导工作，其意义就是为了提高挂牌公司信息披露质量和公司治理水平，促进挂牌公司规范运作。新三板上市工作使券商的工作内容更加丰富，增强了券商工作的重要性，让公众重新审视券商工作的内涵，这也是股转公司设置主办券商制度的原因之一。对企业而言，在新三板上市只是一个起点，还需要在新三板市场中不断提升企业的实力，在竞争中立于不败之地，而主办券商的持续督导工作是否到位，就直接影响了企业的治理水平和发展水平。

虽然全国中小企业股转公司出台的《全国中小企业股份转让系统主办券商持续督导工作指引（试行）》对督导内容、方式、要求都有明确规定，但综观目前主办券商的督导工作的实践效果不佳，仍然存在很多弊端。

首先，主办券商大都重挂牌上市、轻持续督导，对挂牌公司的持续督导流于形式。对券商来说，新三板挂牌比主板公司上市、并购重组的利润要低得多，因此很多券商都着眼于将中小型企业成功推向新三板，之后的持续督导就沦为走形式，经常是少督导或不督导。实践中也较多地存在企业成功在新三板上市后却选择与主办券商脱钩解约，重新选择另外的券商作为持续督导机构。这不得不令人反思其中的原因，新三板上市企业宁可"抛弃"一直对其的上市情况最为了解的主办券商，也要重新选择第二家券商的辅导服务，反映出很多新三板上市企业已经拥有较强的战略发展意识和长远的眼光想要在新三板市场上越走越远。如果不是因为主办券商的督导服务不到位，试问企业怎么会轻易选择聘请第二家券商呢？所以，主办券商的督导能力强弱、服务水平的高低直接决定了与企业的合作能否继续进行。其次，大型券商和中小型券商的工作能力不一，中小型主办券商自身的内控机制还未完善，投入持续督导工作的人员单薄。最后，主办券商的持续督导工作大多是以被动的方式进行，只有等企业发生问题后，主办券商才会采取措施来解决问题，而不是定时对企业进行监督指导。

十家样本企业都根据自身的不同情况选择了不同的主办券商。其中最早上市的企业上市时间是2012年，也就是说主办券商应当从2013年开始每年都对这家企业进行持续督导，并把相关走访及调查情况报股转公司备案。但主办券商对样本企业的持续督导也是较为被动的，大多是在企业告知其发生问题后才开展工作，缺乏主动性。并且主办券商较少关注细小的问题，所持续督导的问题都是比较重大的。而在企业挂牌初期，所面临的问题都不算重大，但这些小问题有的方面也需要主办券商的指导。样本企业因为上市的时间较晚，需要主办券商进行持续督导的大多是细小问题，因此主办券商应该正视企业在新三板上市遇到的问题，主动进行监督指导，发现问题并及时解决问题。

第四节　新三板上市企业的公司治理状况持续改进的建议

中小型企业在新三板上市前，由于公司性质和治理理念的不同，以及为了防止其他竞争者获取公司的核心技术，有关公司经营管理活动的信息都是隐蔽、不公开的，也正是因为这样的经营模式，中小型企业的公司治理制度落后而粗糙，并没有达到合法合规经营的要求。而新三板作为我国多层次资本市场的一部分，必然要求挂牌公司依法进行相关信息披露，公司不再是少数股东的公司，而是曝光在阳光下的公司。只有公司治理完善、符合要求的中小型企业才能够成功挂牌，并在挂牌成功后持续自我督查、自我整改，以适应资本市场日新月异的发展。新三板的全国扩容的时间还较短，在一段时期内形成了中小型企业争相挂牌新三板的热潮，很多企业匆忙进行股改，按照新三板上市的条件整改公司，只为求得新三板的"敲门砖"，因此，滥竽充数、只重表面不重质量、注重形式的企业仍有很多。如何从实质出发来改善公司治理制度和架构，真正让企业来规范公司治理行为、建立良好的公司治理机制，是挂牌企业在挂牌前和挂牌后都需要极度重视的重要问题。

一　设计实际控制人的持股比例

新三板上市公司的顶层设计和股权结构是其安身立命之本，决定了公司的战略发展方向。中小型企业在有限公司时期，由于股东较为单一，家族治理的特点明显，并不需要过多考虑适合企业的顶层设计和股权结构，一般由核心控股股东或者实际控制人"一脉相承"来经营管理公司。这类企业认为股权集中在少数几个人手中是最牢固可靠的公司管理模式，当然，他们往往也是公司的管理者、执行者和监督者。但是，这种思维模式并不能适用于新三板公司治理的实践操作，要进入资本市场，就要改良、就要进步，要立足于企业的自身特点，规范与企业的战略发展相适应的股权架构设计，优化股权结构。

在股权结构设计中，需要重视的是如何规范上文提出的实际控制人"一股独大"的现象。应该承认，实际控制人持有挂牌公司大多数的股份是现实情况，但是这个持股比例应该要控制在一个相对合理的范围之内，这可以通过在新三板上市条件中作出约束来限制实际控制人的持股比例。

根据主板、中小板和创业板的上市条件规定可知，目前对于这三个板块市场上市要发行公众股的要求是一样的，即公开发行的股份达到公司股份总数的25%以上；公司股本总额超过4亿元的，公开发行股份的比例为10%。这个规定较好地限制了个人股私有化的范围，明确了公众股的发行比例。参考这一条件，可以在新三板上市条件中规定发行公众股的比例，从而来约束控股股东过高的股份比例，对实际控制人"一股独大"的问题加以规范。例如，可以规定新三板上市企业公开发行的股份要达到20%以上。也就是实际控制人私有化的股份比例最多只能达到80%，对于在上市前持股比例已经超过该范围的股东可以通过股份转让等方式来进行清理，务必使"一股独大"的现象趋于合理化。这样就能适当平均其他中小股东的股权比例，对于那些大股东转让出来的、而中小股东又不愿意更多持有的股份，可以考虑引进其他机构投资者，使得公司的股权结构更加多样化，自然人股东和法人股东的比例设置更加科学。并且，引进机构投资者也能更专业地处理公司投资发展的事宜，对公司的长远发展起到较好的促进作用。

二　合理引入外部董事

根据我国《公司法》规定，股东会的职权之一包括为"选举和更换非由职工代表担任的董事、监事，决定有关董事、监事的报酬事项"。这一规定就不可避免地使股东会在选举董事时出现股东担任董事的情况。在中小型企业中董事会的结构存在的问题主要有以下几点。

第一，绝大多数的董事会是清一色的股东董事。股东董事受股东的委派，"屁股指挥脑袋"，要让他通盘考虑公司整体的利益，实在是勉为其难。当二者的利益发生冲突时，他将必然站在股东的立场上，否则他将会被撤换。[1] 第二，极少引入外部董事，内部董事的执行力不强。由于中小企业自身的定位和资金不足的特点，控股股东或实际控制人一直认为将控制权和执行权都掌握在手中才是最有效的管理方式，因此就出现了上文所述决策者、执行者和监督者三位一体的现象。第三，极少设置经理或者不设置，或直接由董事长担任经理。为了节约成本，中小型企业的控股股东或实际控制人常

---

[1] 孙光焰：《公司治理模式趋同化研究》，中国社会科学出版社2007年版，第268页。

常会忽视董事长和经理的职权界限，认为由董事长兼任经理就能更好地节约公司治理的成本，因此会看到在很多已经挂牌新三板的公司在初期仍然存在着控股股东—董事长—经理"一脉相承"的现象。这些问题都严重地导致了董事会的设置只有表面意义，事实上董事会仍由控股股东或实际控制人所控制，董事的职权行使没有落到实处。

应该看到，在挂牌新三板后，由于中小型企业自我定位的提升、规范治理意识的提高，优化董事会结构、引入外部董事或者独立董事、加强董事独立性是势在必行的。不过，对于挂牌企业设置独立董事的做法也要慎重考虑，必须从公司经营成本和经济实力等方面出发来定夺。目前对于独立董事的制度规范只有《关于在上市公司建立独立董事制度的指导意见》这一由中国证监会制定的部门规章，而对于非上市股份公司和有限公司是否能设置独立董事，以及设置后应该参照何种规范指引，都没有明确的规定。即使在实践中也有很多非上市股份公司设置独立董事，但是因为股转公司对于此制度还没有作出说明，因此很多主办券商为了不至于在最后的内核程序中被驳回，都较少建议挂牌企业选择设置独立董事这一太过大胆的尝试。所以，出于实际的考量，挂牌企业选择设置不属于独立董事的外部董事将会比直接设置独立董事更来得简便易行，外部董事包括独立董事（除开独立董事的那个范围的外部董事）的设置聘任方式与内部董事没有区别，实践中也多采用此操作模式。

新三板使得挂牌公司的融资能力不断提高，因而挂牌公司对企业的治理结构要求也相应提高，从企业外部聘请更为专业的董事和职业经理人来经营管理公司将成为企业自发性的选择。而且，这个时候股转公司也会对企业在资本市场的每一步运作都进行严格的监督，对于是否能设置独立董事、应该怎么设置也会由股转公司来进行进一步的说明。例如，样本公司中的蓝天环保在挂牌后的两年多时间内，就能够不断地优化董事会结构，先前担任董事、经理的控股股东出于实际考虑纷纷请辞，让企业能通过股东大会的决议从企业外部聘请董事和经理，逐步平衡了公司治理的结构。

目前，证监会对上市公司中的独立董事的人数比例作出了规定，即上市公司董事会成员中应当至少包括1/3的独立董事。根据这一规定，可以将新三板上市企业设置外部董事的比例规定为，新三板上市企业的董事会成员中应当至少包括1/5的外部董事，也就是在最少的董事人数5人中至少要设置1名外部董事。这样的比例设置没有对中小型企业聘请外部董事作出过于强制的要求，也能够更为合理地兼顾到新三板上市企业的实际情况。

三 完善职工监事行使权利的保障措施

在新三板的上市企业中,职工监事的合理设置是值得认真考虑的一个问题。监事会作为一个公司"三权分立"的监督把关者,其职责就是对公司的股东会、董事会、经理层以及高管履行职责的合法性进行监督,并对股东大会负责。在一个开明的公司内部,职工就是当家做主的主人翁,职工的诉求和建议与企业的发展好坏息息相关。职工监事的产生,归根结底就是强化对公司的监督作用,让公司的高层人员直接倾听职工代表的声音,从而在行使决策权和管理权的时候能够将公司的发展命脉和职工的实际需求联系起来,更好地保障职工的利益,职工也更能忠实勤恳地为公司效力,这是双赢的结果。

但是在新三板上市企业的实践操作中,职工监事的设置趋于形式化,不知甚至不敢行使自己合法的监督权利,究其原因,可能是由于对职工监事行使权利的保障措施不完善而形成的。毕竟,职工监事在面对其他在职务上较其更高级的监事时,会由于各方面原因而不敢反对其他监事的意见,又或是提出了一些对公司发展较好的建议时也是吃力不讨好,久而久之,就造成了职工监事自己也怠于参与公司的监督管理事项,最终使得这一职务的存在丧失意义。

因此,要发挥职工监事的监督职能,就要完善其行使权利的保障措施,可以考虑从以下几个方面来着手。第一,在公司章程中规定职工监事在积极参与公司的经营管理事项并行使监督职权的情况下,给予相应的激励措施,这可以包括物质激励或者精神激励。例如,在职工监事的工资中可列一项"监督工作奖金"给予奖励,又或者在公司开会时对职工监事进行公开表扬,作为其日后职务晋升的依据。这样就能避免职工监事不开会、委托表决的情况发生。第二,在立法中规定职工监事被侵害权利时的司法救济途径,即职工监事在行使监督权而遭到阻碍,或者公司的其他人员不当侵害职工监事的权益时能够提起诉讼,从而运用法律手段来保护自己的权利。职工监事的权利救济必须具有可诉性,在这样强大的法律后盾的保护下,才可以促使职工监事无顾虑地提出监督意见和建议,及时纠正其他"两会"(董事会和监事会)及高管人员不当履行职责的行为,为公司的经营发展献策献力。

四 落实主办券商的持续督导工作机制

新三板市场目前已推出的制度有以信息披露为核心的准入制度、支持小额快速融资的定向发行制度、较高门槛的投资者适当性管理制度、持续督导的主办券商制度、"介绍上市"转板制度和灵活优化的交易制度。[①] 其中，持续督导的主办券商制度是企业在挂牌后能不断优化公司治理结构的重要手段。在企业策划挂牌的过程中会聘请证券公司、会计事务所、律师事务所和资产评估公司等中介机构，但是证券公司，即主办券商在其中起到牵头主导的作用，其不仅要对项目的各个环节进行严格把控，还要永久对挂牌企业进行持续的监督指导。因此，主办券商的业务能力、工作素质等直接决定其辅导挂牌的企业的经营质量和治理水平，并且，主办券商在持续督导工作中也会对监事会的职工监事行使职权问题、财务规范问题进行督促指导，提出相应的操作方案。

面对实践中主办券商持续督导工作的实践效果不佳的情况，应该考虑科学合理地落实持续督导工作机制，因为主办券商持续督导工作的优劣直接决定了新三板上市企业在资本市场是否能健康长久的发展。首先，应该通过完善相应的法律法规、部门规章来明确主办券商的督导地位以及具体的督导形式、督导标准等。目前主办券商只是按照全国股转系统出台的《全国中小企业股份转让系统主办券商持续督导工作指引（试行）》来开展持续督导工作，相关规定还未能及时更新。同时，主办券商应该结合新三板行情，不断学习相关知识，提高自身的持续督导能力，全国股转系统或者中国证券业协会等相关机构可以定期举办专门针对主办券商的培训，设置相应的券商评级机制，将持续督导的成果纳入考核指标中。

其次，在股转公司平台上公众能查阅到的关于挂牌企业的主办券商的信息只是体现在推荐报告和公开转让说明书上，主办券商的其他工作内容只有在其工作底稿中可以看到，而这是不对公众公开的，这就剥夺了公众对于企业在新三板上市后的经营情况的知情权。应该将主办券商每年对新三板上市企业进行的持续督导工作的总结意见在全国股转公司平台上进行公示，让公众了解企业的治理情况。

最后，还要不断实行持续督导的监督，由相关机构，例如中国证监会下设的各个地方的监管局来监督主办券商，对其持续督导工作的合法性、有效性进行监督，适时提出完善建议。这样三管齐下，将主办券商的持续督导工作落到实处，使挂牌公司能够及时得到辅助，促进公司治理能力的良性发展。

[①] 俞红玫：《对"新三板"主办券商持续督导制度提三点建议》，《上海证券报》，2015年1月26日。

除了上述几点，对新三板挂牌企业的公司治理状况的完善还有很多方面，包括财务情况和信息披露情况等，都是值得探讨的。新三板真正扩容试行不过短短几年的时间，市场本身的制度规则没有完全设置到位，加之我国中小型企业的自身特点和整个大经济市场的欠发达性，新三板上市的中小型企业的公司治理问题是值得引起更多的关注和重视的。随着近年来越来越多的学者和实践工作者对新三板市场的关联制度进行研究探讨，我们有理由相信，新三板上市的中小型企业的公司治理会逐渐得到法律的规制从而变得更加完善，新三板市场也会因为市场主体的自我规范而得到更好的发展。

第五章

境外上市与公司治理

第一节 我国中小企业境外上市的公司治理效应

随着经济全球化的持续推进，全球主要的证券交易所也在采取各种措施提升其国际竞争力，其中很重要的一个方面，就是吸引世界各个国家和地区的优质企业上市交易。如今，发达国家和地区的上市企业资源已经得到充分挖掘，而经济高速发展的新兴经济体拥有的潜在上市资源却在不断增加，所以众多国际证券交易机构已经将吸引包括中国在内的优质上市资源作为下一阶段的战略重点之一。企业自身也不会只把眼光局限于本地的资本市场，而会积极利用国际资本，参与国际经济技术人才的合作与竞争，在全球范围内提高资源配置的效率。因此，在今后相当长的时期内，各个国家或地区的企业去境外上市将是一种必然的趋势。

对内地中小企业来说，尤其重要的是，境外上市面对的是不同的法律环境、不同的监管机制和不同的金融市场，这些国外证券市场要素对于企业的改制、企业规范公司治理等具有十分重要的意义。已有的一些研究认为，外国企业在美国跨国上市优化了上市公司的治理，提高了对中小股东的保护，从而提高了公司的价值。如果这种情况属实，那么，对于中国企业来说，可以通过境外上市优化公司治理，促进企业的长远发展。虽然，自2001年以来中国股票市场的低迷不振大多被归因于股权分置这一制度性缺陷，股权分置给管理层和大股东侵犯流通股东的权益提供了一个更为便捷的途径。但是，投资者利益得不到有效保护和上市企业质量不高是更为根本的原因。海外更为规范的公司治理环境，为企业公司治理的优化提供了土壤，通过实证研究企业境外上市对公司治理的实际情况，为进一步比较中外证券市场在公司治理上的不同作用提供了比单纯的国际比较更为现实的基础。企业到境外上市，如果表现很好，并为建立规范的现代企业制度打下坚实基础，再回到内地贡献会更大。

一 企业境外上市的动因

早期关于境外上市的研究主要集中在上市的动因上。崔远森把企业境外上市的动机归纳为：（1）证券市场融资容量；（2）提高股票流动性与分散股权结构；（3）产品市场声誉的资本化；（4）对国外专门技术的依赖。对我国企业境外上市的动机和影响因素进行分析后得出我国企业境外上市：（1）普遍具有较强的融资动机；（2）提高了股权分散度和股票流动性；（3）产品市场声誉资本化动机较弱；（4）对外技术依赖的动机不明显；（5）市盈率对企业境外上市影响较弱；（6）上市成本对企业境外上市影响较大。王凤荣认为境外上市有不同于国内上市的作用，集中表现在以下几个方面：（1）通过境外上市可以建立一个通向国际资本市场的融资渠道；（2）境外上市为企业经营提供了一个国际化平台；（3）境外上市会进一步完善公司治理结构和现代企业制度，国内企业境外上市、吸收外资股东后，外资股东会按照公司章程来保护他们出资人权力，要求上市公司切实履行公司的章程承诺的义务，及时、准确地进行信息披露，从而有效地防止"内部人控制"现象的发生，有利于提高公司经营效率；（4）境外上市有助于提升企业在国际资本市场上的形象，企业股票在海外挂牌等于免费在国际上做广告，具有"名片"效应。

伊润扎（Errunza）和米勒（Miller）认为，由于对资本管制和对外资股权的限制、日益增加的政治风险、汇率风险，交易成本增加、内幕交易猖獗、信息不对称以及其他一些市场缺陷的存在，尽管资本市场全球化的程度在不断提高，但是离真正的市场一体化仍相距甚远，市场分割现象还广泛存在。福斯特（Foerster）和卡罗伊（Karolyi）指出由于本国市场同国际资本市场之间存在断层，外国投资者难以参与交易，风险就不会得到有效分散，于是处在分割市场上的广大投资者便会要求更高的风险溢价补偿。从公司的角度出发，如果只能在分割市场上募集资金，其资本供给会受到很大限制，同时面临着较高的资本成本。为了摆脱这种困境，有条件的公司就会选择去国际资本市场进行融资，由此便产生了境外上市。

境外上市的公司治理价值和意义主要有如下两点。

第一，更加严格的上市监管要求促进上市公司治理改善。

有不少研究表明，来自投资者保护水平低的国家的公司，通过境外上市进入比本土更严格的法律和监管环境后，其公司治理和信息披露可以得到改善。卢文莹从中国境外上市公司与所在国和地区法律监管、会计水平、上市后股票的流动性、价格发现和不同会计准则下信息披露水平等方面探讨了境外上市如何改善公司治理和投资者保护，证明境外上市使公司整体竞争力明显提高，对推动企业改革起到了重要的作用。

朗（Lang）等人发现，通过在美国上市，外国公司的会计信息质量得到提高，表现为盈余管理更少、会计数字更稳健、报告坏信息更及时等。金（King）和西格尔（Segal）的分析也表明，在美国上市的公司，由于必须服从美国较为严格的监管要求，其公司治理得到改善。里斯（Willam A. Reese, Jr.）和魏斯巴赫（Michael S. Weisbach）对美国证券交易所11196家境外上市公司治理作了实证研究，采用世界各国的数据，从不同法系下的境外上市公司的市值、市场成熟度、投资者保护水平、会计水平及对GDP贡献大小等方面对境外上市与公司治理的相关性进行了分析，结果表明其相关性相当高。

第二，更高的信息披露标准和执行标准逼迫上市公司改善治理水平。

科菲认为境外上市是一种承诺改善公司治理的信号，公司会努力在更高披露标准和更大执行标准的国家上市。"Race to the top"的概念由赫达特（Huddart）、休斯（Hughes）和布伦纳迈尔（Brunnermeier）提出。在他们的理论模型中，其认为那些有强烈的动机到更好披露水平的交易市场的交易者会阻止公司内部人将公司到低披露需要的市场上市，并会防止他们凭借自己掌握的私人信息获利。

帕加诺（Marco Pagano）、勒尔（Alisa A. Roell）和策希纳（Josef Zechner）认为选择上市标准较高的海外市场，公司必须遵循高标准的治理机制和信息披露要求，这有助于提高公司的治理机制水平，进而提升公司价值。孙（Sun）和托宾（Tobin）分析了中国银行在香港上市后其内部治理结构的改变，指出境外上市可以为企业提供更有效的市场环境和机制。发达市场的信息披露在客观上要比国内对上市企业的要求严格，要求信息必须透明和公开，这种市场要求使得中国内地在香港上市的公司在信息披露方面有了很大的改进，从而对这些公司提高治理水平起到了推进作用。

二 上市地市场环境对外来公司治理潜在性的约束

内地的中小企业赴境外上市大多选择中国香港、新加坡和美国，这三地公司治理的外部环境很健全，在这些证券市场上市可以为上市公司的治理带来优良的外部条件。因而，选择在这些国家或者地区上市的中小企业，要面对相比国内更严格的公司治理制约环境,由此将会对中小企业公司治理形成正面的作用。证券市场主要通过市场本身的要求来约束外来的上市公司,企业选择的上市地点的融资方式、公司治理机制和上市地证券市场对外来上市公司的治理作用有着密切联系。我国内地的中小企业自身复杂且多重的融集资金特征,和深化改革过程中的企业经营管理机制,造成了内地中小企业不完善不成熟的公司治理。所以,境外证券市场的公司治理环境在不同治理机制中对外来上市公司治理产生约束,特别是在市场融资、股票价格、投资者结构、管理人激励约束等方面都产生很大的影响。由于内地证券市场的转型和发展不完善,很多中小企业决定在港、新、美这样的地区实现上市,这必然会受到当地公司治理机制的约束,而也正是这些先进科学的治理机制的约束作用促进着我国内地企业自身的公司治理。

(一) 来自上市地市场融资机制的约束

虽然对外来公司投资可以达到分散投资风险、形成组合投资的效果,但是这对外来公司的投资本身来说也同样存在很多风险。鉴于习惯、文化、政治、法律都不同,资本流动性和信息的不对称性等同样给投资外来企业的投资者带来可能存在的损失风险。整体看来,外来公司的成长前景、盈利能力和投资者对公司经营业绩的享有程度是投资者投资考虑的重要因素,这些方面是由宏观经济发展情况、行业发展情况、企业自身发展情况和公司治理水平决定的。所以,公司治理的水平对能否成功融集海外市场资金是非常重要的,外来公司至少应保证投资者利益得到保护,投资者能获得和享有因投资成本产生的利益回馈。我国内地的中小企业虽然也引入独立董事制度,设置股东会、董事会、监事会,构建了完备的法人结构,但并不代表公司就形成了完善的内部公司治理机制,加之市场的信息披露制度不健全,关联交易、侵占资金、贷款担保等侵害公司及投资者的行为仍然时有发生。相比境外上市公司,作为外来公司的内地中小企业,其公司治理水平明显较低,也影响了公司的首次融资 IPO 和再融资,由此形成促进内地中小企业改善公司治理的约束力量。

(二) 来自上市地市场股价机制的约束

由于海外更加完善的证券市场、更严格的信息披露,信息的产生流通更快,有着更专业、分析能力更强的中介机构。境外证券市场上市的外来公司的股价在一定意义上体现了公司的经营管理能力和公司治理的情况,也反映出公司和公司经营层的声誉,通过这种方式对公司的经营管理层形成一种制约作用。特别是,对在境外证券市场上市的、股权相对分散的中小民营公司，股票价格的降低，还能引发并购者的并购意向，从而导致原本控股的股东失去对公司控制权的可能，形成对股东、经理层的激励。

（三）来自上市地控制权市场机制的约束

鉴于境外证券市场分散的股权结构、很高的股份流动性，潜在的敌意收购可能性存在。盛大收购新浪的例子就是很好的证明。新浪公司股权比例超过5%的股东在前十大投资者中只有三个，公司股权非常分散。作为我国内地颇具影响力的重要门户网站，新浪对市场收购者来说具有很大的吸引力，盛大也正是因为如此决定收购新浪，借此实现盛大更长远的发展目标。外来公司的股权结构会对公司控制权产生影响，面对分散的股权，公司想要稳固控制权，避免被收购的危险，就必须加强公司内部治理，提高管理能力，提高公司业绩。尤其对于全流通的中小企业，海外市场会有公司控制权的约束。

（四）来自上市地机构投资者积极主义的约束

内地中小企业在境外上市的融资发股阶段时，都偏向吸引更多上市市场当地的投资者，通过占有机构投资者，增强市场上更多投资者的关注和信心。一般情况下，上市地证券市场上的战略投资者会对其所决定投资的公司提出公司治理内部结构的改善要求。与此同时，还会在该公司派出自己的代表或者派员担任目标公司的经理管理人。除此之外，新加入的海外战略投资者能完善中小企业，帮助中小企业公司治理结构的完善，寻求能够使所有投资者利益得以相互均衡制约的制度。成功实现境外上市的内地中小企业，还需要受到来自机构投资者的监督管理，这也相应地减少了个体投资者的监管成本。因此，外来上市公司的股票价格会受到机构投资者对外来上市公司认可程度的左右，随后，通过股票市场价格波动及融资机构，形成对外来上市公司治理的约束力量。对于外来上市公司的公司治理，机构投资者会作出自己的判断，向公司提交自己的看法建议，加上自己在该公司董事会派出的代表会在改进公司治理上承担部分工作，这样，相对于外来上市公司，公司治理水平的很快提高得益于这些新加入的机构投资者的帮助。

（五）来自经理人市场的约束

对于外来上市公司，经理人市场是属于上市证券市场的重要部分之一。赴境外证券市场上市的公司，其公司的经营管理人员就会成为境外证券市场和专业中介机构考核的内容之一，这种考核在相当大的意义上影响着该公司及经营管理人的声誉，在境外上市的公司，其经理层会增加相当大的压力。除此之外，赴境外上市的公司，公司经营管理人员的选拔、任用、薪资、管理规划等都会更加公开,已经算是属于经营管理人的市场。像在美国纳斯达克上市的网站公司,境外上市的中心企业都执行了股票的期权项目,公司的经营业绩、股价的起伏高低都将对公司经理层产生很大的压力,形成经理人激励约束的效果。

整体而言,内地的中小企业赴中国香港、新加坡和美国这些地区和国家上市,不管上市地是属于传统家族控制式管理还是市场导向式管理,和不成熟、不完善的我国内地公司治理现状相比,其对公司内外部的治理约束都远远强于我国内地市场,因而对实现提高境外上市中小企业的公司治理具有重要的积极意义。

三 上市地证券市场对上市公司治理的具体要求及其影响比较

(一) 各主要证券市场公司治理具体要求

1. 香港的创业板市场

成立于1999年11月25日的香港创业板市场,虽然在市场地位上和香港主板市场是同等的,却是作为香港又一个新的股票市场而独立存在的。区别于香港主板市场,它的特殊性表现在交易方式、上市条件以及监管体制等各个方面。成立创业板的主要目的是为有发展潜力和前景的新型中小企业提供融资,促进交易,加强监管。这对于香港乃至中国内地的中小企业来说,都具有非常重要的经济影响力。成功发达的证券交易市场是香港创业板发展的目标。香港的创业板证券市场表现在公司治理方面的上市要求主要有:

(1) 若公司在上市时的市值不超过40亿港元,则最低公众持股量需为25%、涉及金额至少需达3000万港元,若公司在上市时的市值超过40亿港元,则最低公众持股量需为20%或使公司在上市时由公众人士持有的股份的市值至少达100亿港元的较高百分比;

(2) 公众股东的数量必须在100名以上,持股量最高的3名公众股东,持股比例最高不能多于50%;

(3) 主要股东的售股受到限制;

(4) 上市时的管理层股东及主要股东合共需不少于35%的已发行股本;

(5) 管理层人员必须保持在最近2个财政年度内不发生变动;

(6) 公司的拥有权和控制权在最近1个财政年度内必须不能变动;

(7) 聘任至少2名独立非执行董事,及成立审核委员会;

(8) 必须以季度为单位,自觉信息披露,还必须按时提交中期报告和年度报告，在报告中明确说明目标经营额度和实际经营额度的对比情况；

（9）证券市场的监管要求全面信息披露，自行承担买卖的市场风险。①

2. 新加坡的凯利板市场

新加坡的凯利板证券市场（Catalist）成立的主要目的是为成长阶段、盈利规模较小的中小企业提供上市交易、融集资金，凯利板实行保荐人制度。凯利板证券市场在上市公司治理方面的要求主要有：

（1）公众股东最少要有 500 个，公众持有的公司股票最少有 50 万股或者占公司发行缴足股本的 15%，此两种标准以高的标准为准；

（2）基于发起人的利益应当和公众持股股东的利益紧密联系，证券市场要求公司公开发行股票 6 个月之内，作为发行人的股东不能抛售、转让他所持有的公司股权；

（3）公司经营的业务是在新加坡经营的，必须设置 2 名独立董事；业务不在新加坡经营的公司，必须设置 2 名常驻新加坡的独立董事，1 名全职常驻新加坡的执行董事，此外，每季必须召开 1 次会议；

（4）公司要求具备至少 3 年以上（包括 3 年）的连续性经营记录，对公司规定没有盈利要求，但是要求公司在前 6 个月的会计师报告中，不能有重大意见保留；

（5）新加坡上市的公司要求财务健全，要有足够的流动资金，若在公司内向股东、董事借款，必须先向其还清或者用公司股权抵销债务；

（6）上市公司的主要管理人员不能有变动，即公司必须确保管理层的稳定，如果确要变动，公司必须作出此变动不会影响日后管理的证明；

（7）证券市场监管全面信息披露，买卖风险自担。②

3. 美国的纳斯达克市场

纳斯达克证券交易所于 2006 年 7 月 1 日把纳斯达克市场划分为三个部分，分别为纳斯达克全球精选市场（NASDAQ global select market）、纳斯达克全球市场（NASDAQ global market，即原"纳斯达克全国市场"）以及纳斯达克资本市场（NASDAQ capital market），将纳斯达克证券市场结构作了进一步的优化，让纳斯达克市场能够吸纳更多不同上市需求的企业。纳斯达克全球精选市场、纳斯达克全球市场上市的公司都是之前市场上发展较好的优秀企业，这两个市场的上市要求并不是创业类企业能够达到的，本书只论

---

① 根据香港联合证券交易所相关规则整理。
② 根据新加坡证券交易所有关规则整理。

述纳斯达克市场中中小型企业上市的纳斯达克资本市场。

纳斯达克资本市场，也即"纳斯达克小额资本市场"，是专为成长中的公司提供融资的市场，它的上市标准要求与全球市场一样的管理标准。在纳斯达克资本市场上市的中小型公司，其发展成熟以后，通常能够直接升级到纳斯达克全球市场或者纳斯达克全球精选市场上市。纳斯达克资本市场表现在公司治理方面的上市要求主要有：

（1）上市公司的董事会中，独立董事必须占大多数，任职独立董事必须是和公司不存在实质关系的人；

（2）详细规定了董事会专业委员会的运作，规定提名委员会、薪酬委员会必须建立章程，按年度进行评估；

（3）审计委员会必须具备审计作用，所有的成员必须具备财务专家资格；

（4）必须由独立董事组成薪酬委员会、提名委员会；

（5）必须给予股东对权益薪酬计划的投票表决权力；

（6）董事会必须规定公司治理的详细指南、商业伦理相关准则；

（7）董事会必须组织对董事的培训，进行董事会的年度评价。①

综上，可以看出，香港创业板、新加坡凯利板和美国的纳斯达克资本市场在公司治理方面均有明确的上市要求。对上市公司的股东、董事和高管都提出了各自的要求，主要表现在公众最低持股量、主要股东售股限制、独立董事设置、董事会及专业委员会设置、管理层稳定、信息披露这些方面。这说明各地上市市场对公司治理的重视和严格要求。由此，企业通过上市这一证券市场的门槛时就已经开始了公司治理的整顿规范。

（二）主要境外上市地对公司治理影响比较

各个国家或者地区有很大的政治经济文化差异，各方面的诸多因素都会对外来上市公司的治理产生不同的影响，因此各个上市地的证券市场形成了各自的特点。内地中小企业选择境外上市的地点主要集中在中国香港、新加坡、美国，这些国家和地区有发达的资本市场，很强的市场融资能力，完善的外部市场环境，相对于内地不健全的公司治理，为上市公司的公司治理提供了良好的环境和平台。所以，内地的中小企业选择在中国香港、新加坡和美国作为境外上市地，将会接受更加严格的市场监管，适应更强的治理约束

---

① 根据纳斯达克证券交易所相关规则整理。

机制。因此，公司治理的水平当然会有很大的提升。

不同的上市地，其上市要求必然会存在差异，企业为符合上市条件所做的准备必然会对企业内部的公司治理产生影响。同时，不同上市地意味着企业上市后的市场环境也不同，这样，上市后的公司治理又将受到外在影响。

1. 不同上市地在股权结构方面对公司治理影响的对比

香港的创业板市场有完善的法律法规制度，市场的运作规则也已经很成熟，公司的董事会有制衡机制，此外公司还有一套监管制度。对在香港上市的公司进行研究和信息整理可以看出，其股权集中程度普遍偏高，大股东对公司的控制权很大，公司经常出现内部人控制和经营者管理机制不合理的问题。可是，股权集中的问题并没有完全阻碍来自内地的中小企业的发展，部分中小企业也已经实现了经营者的激励约束机制等。

新加坡证券交易所从 2011 年 9 月 29 日开始实行更加严格的市场监管，在新加坡证券市场上市的企业，对其控股股东股权抵押贷款等方面都有了新的限制。依据新的上市规则，若新上市公司的控股股东需要把自己的股权抵押贷款，那该控股股东必须及时将抵押信息公开发布；新上市公司对公司法人代表享有的权限和这些权限将会有什么样的市场风险进行公开；新上市公司必须有新加坡市场或者国际市场认可的审计事务所机构出具的财务报表。

美国上市公司的股权结构非常分散，基本上达到每个美国成年人都直接或者间接持有上市公司股份的程度。但是美国上市公司股权结构中有很多的机构投资者，比如保险公司、基金组织、慈善机构等类型。这些机构投资者的股份比例基本不会超过 1%。也正是因为股东们的持股比例都很低，所以美国上市公司的股东很少实际经营管理公司的事务，而且也不会一直持有某一上市公司的股份。当持有股份的公司业绩稍有减少，他们更愿意选择抛售手中的股份，而不会关心公司的经营。上市公司为了增强公司股东的稳定性，确保公司的经营决策满足股东的要求，在公司的经理层纷纷开始实行股票期权类的长期激励方式，以此把经营者的个人利益和公司的利益联系起来。纳斯达克市场严格的监管机制促进业绩不理想的经营者不断进步，也保护了公司股东的权益，促进社会资源的最大化利用。

美国的证券市场发展已经相当完善，美国公司机构股东占了很大比例，且股权结构很分散。较多的机构投资者和分散的股权是对上市公司很好的内部治理约束，能够让公司内部治理结构更合理。同时，占公司股东比例很高的机构投资者也是来自市场的外部约束力量，可以帮助实现对股东利益更好的保护。

就美国、新加坡、中国香港证券交易所对上市公司股权结构的管理和控制而言，美国上市公司的股权结构更为分散，分散的股权结构更有利于公司治理水平的提高。境外上市使得国内企业置身于普通法系的法律法规的监管之下，有更多的对中小股东和公司债权人的保护，中小股东可以通过股东集体诉讼的方式保护自身利益，这些都会对内地中小企业的公司治理起到促进作用。

2. 不同上市地在董事结构方面对公司治理影响的对比

香港证监部门为了加强公司董事的独立性，引进独立董事制度，注重从大股东、控股股东的独立性来判断公司董事的独立性。香港联合交易所制定《证券上市规则》，对董事的独立性标准进行了规定。1993年11月以后新上市公司的董事会必须设置两名或者两名以上的非执行独立董事。但香港联合交易所也规定，因为上市公司的规模或其他特殊情况时，可以规定更高的独立董事标准。

2001年3月21日新加坡的公司治理委员会制定了公司治理的暂定准则，该准则在董事会方面的要求是，独立董事数量应占到公司董事会人数的1/3。董事会应当有具备一定的重要资格例如财务会计、商务管理或者行业分析的董事人员。建立专门负责董事会任命的提名委员会，提名委员会的组成人员必须具有独立性，由提名委员会对董事的工作能力和独立程度进行判定。新准则没有规定董事能够兼任多职，但是规定了董事必须充分地关注公司的事务。董事会必须确保公司信息完全充分和准确以后才能组织召开董事会议。公司的经理层有义务向董事会报告公司经营情况，及时提供准确最新的公司信息。相应地，董事与经理层的关系应当保持紧密，董事可以向经理针对公司费用提出独立建议。

美国董事会设置专业委员会。企业的董事会属于单层制，通常情况下，公司会在董事会下设专业委员会，凭借专业委员会的董事加强对内部董事的监管。而董事会专业委员会具体反映董事会职能的专业化。从劳动分工的角度，专业委员会的专业分工设置能够有效地提高董事会的工作效率。美国重视董事会的独立性，董事会作为股东利益的代理人，对股东权益的保护是其应该承担的义务。然而在实际运营时，董事会的职能却并没有真正达到预想的效果。最近几年，美国的证券交易所和证券交易市场已经认识到董事会职能的不完全发挥问题，试图增强董事会的独立性。纳斯达克在1999年12月作出规定，要求审计委员会必须设置独立的组成成员。《萨班斯法案》同样作出了要求审计委员会成员保证独立性的规定，纳斯达克证券市场也在

2003 年的市场规章中规定上市公司的董事会中必须有占多数比例的独立董事，与此同时，独立董事还必须在审计委员会、提名委员会和薪酬委员会中存在。[①]

赴美国纳斯达克资本市场上市交易的外来上市公司必须接受美国证券市场关于董事会构建的规定和各种要求。纳斯达克证券市场在公司治理规定中，对外来上市公司董事会的独立性提供了特别的豁免规定，外来上市公司董事会的独立董事人数可以依据公司实际情况作出调整。

3. 不同上市地在高管机制方面对公司治理影响的对比

对于上市公司来说，外来上市公司的经理人是上市地市场和当地专业机构的考察对象，来自市场和专业机构的意见对公司经理人具有很大的意义，将决定公司和经理人的市场影响力，因此，形成对外来上市公司的经理层方面的压力。除此之外，内地中小企业在境外上市时必须保持对经理人透明、公开、公平地选任、聘用和薪金，这些方面是海外经理人市场的重要内容。境外上市都会引进股票期权计划，以此形成对公司经理层的激励约束。

在香港市场上市公司的股价一定意义上体现了公司的经营管理能力和公司治理的情况，也反映出公司和公司经营层的声誉，通过这种方式对公司的经营管理层形成一种制约作用。特别是，对在香港证券市场上市的、股权相对分散的中小民营公司，股票价格的降低还能引发并购者的并购意向，从而导致原本控股的股东失去对公司的控制权，激励控股股东和公司经理层，促进上市公司治理水平的提高。

公司治理水平的高低在很大程度上决定着该公司能够在新加坡市场上所能融到的资金的高低。新加坡证券市场要求上市公司的公司治理能够有效保护投资者的利益，保证投资者享有预期的收益。内地中小企业的内部公司治理会按照新加坡当地证券市场的要求，建立健全公司结构。和本地上市的公司相比，我国内地的中小企业公司治理水平较低，对公司的首次融资 IPO 和再融资情况产生了影响。因此，在新加坡成功上市和顺利成长的公司必然具备严格的管理和高素质的职业经理人。

美国公司将实行期权奖励作为一种经理激励机制的原因在于，股票期权的权益实现需要很长的时间，通常是在几年以后。在期权权益实现以前，期权的价值在于对经理人的激励约束。为了保证期权的顺利实现，经理人会关

---

① 张鸿：《美国和我国香港上市公司的独立董事制度及启示》，《经济纵横》2001 年第 1 期。

注公司的经营发展，关注公司的长远利益，用更加严谨认真的态度参与公司的经营运作，有利于公司治理。此外，从表5-1可以看出，美国公司中董事会具有很强的独立性，并且美国公司的董事会中设立了负责公司治理的公司治理专门委员会，同时公司治理委员会还有提名董事的权力，形成对董事会构成、规模、运作和薪酬的管控，而公司治理委员会的成员必须是非执行董事。

表5-1　　　　　　　　美国公司董事会和委员会数据①

	标准普尔指数（中型公司）	标准普尔指数（小型公司）
样本公司数	310	435
董事会平均人数	9.8	8.6
两职分离的公司比例	25.2%	28.3%
平均独立董事的比例	60.2%	56.7%
公司治理委员会比例	15.2%	9.2%

4. 不同上市地在信息披露方面对公司治理影响的对比

香港资本市场监督管理的基本原则是"信息披露"，对此，香港联合交易所和香港证监会各自在其第101次修订的《主板上市规则》和第39次修订的《创业板上市规则》以及《公司收购及合并守则》中作出规定，香港的创业板市场必须对公司的要约收购、反收购、股份回购、关联交易、停牌复牌、升级转板等一切市场动态进行公开披露。

新加坡证券交易所在上市规则中明确信息披露的重要性，及时准确的信息披露能保证市场运作的效率。新加坡证券市场的上市规则明确了重要信息披露原则、披露渠道法定原则、平等披露原则和鼓励自愿披露原则。上市规则对信息披露方面有详细的规定，给上市公司在证券交易所持续履行披露义务提供了详细的指导原则。除此之外，上市公司自己仍然需要对公司信息进行是否需要披露的判断以及自愿地披露。

美国对市场信息披露制度的要求最为严格。美国证券市场的法律法规规定，我国内地中小企业如果赴美上市，需要对企业在美国境外的业务活动作出全面详细和诚信的披露，包括公司的常规报告和重大事件的报告。没有尽

---

① 梁能主编：《公司治理结构：中国的实践与美国的经验》，中国人民大学出版社2000年版，第264—265页。

到信息披露义务的，或者披露的信息有隐藏、不诚信等情况的，上市公司需要承担法律后果，违反美国关于信息披露规定的公司还应当交付巨大的罚款。美国证券市场实行的信息披露是以政府为主要监管，通过证券交易所和相关证券监管组织机构自觉自律监管相结合的集中统一监管方式。

相比之下，美国的信息披露制度比香港和新加坡更完善，不仅因为它对信息披露内容和方式的详细规定，更因为它有严格的责任体制。中小企业在美国严格的信息披露制度下，可以高效地对公司运营进行全面的记录和监管，是促进上市公司治理的外部力量。

5. 不同上市地在法律体系方面对公司治理影响的对比

香港公司法在价值取向上重视自由，同时考虑效益、安全和公正，重点保护股东的利益。第一，香港的公司法重点对董事会加以规定，制定法和判例法增加董事的义务，诸如忠实义务、禁止竞业义务等。通过增加董事义务达到加强董事责任感，也可以保障公司、股东和公司债权人的权益不受侵犯。[①] 第二，香港允许公司章程有规定公司机构职权的自由度，每个公司都有其特殊性，这样的规定是非常合情合理的。第三，虽然大多数地区和国家对董事会和董事设置了监管，[②] 但是香港的公司法并没有规定特定的监管机构，取而代之的是来自执业会计师对公司董事在财务方面的监督管理。这样的方式虽然简化了公司机构设置，节省了运营成本，提高了运营效率，但是缺乏专门的监管机构，不能时时监管，可能出现董事滥用权力的现象。第四，香港公司法对公司议事程序有严格的要求。

美国的证券市场作为国际最完善的资本市场，它突出的优势体现为股东集体诉讼制度的健全。在美国证券交易市场上，股东集体诉讼普遍存在。上市公司若有过错，对股东集体诉讼可能会承担赔偿责任。而最终损失最严重的是公司的控股股东或者持股量较大的股东。鉴于这种原因，控股股东在公司的运营中自然会特别重视对中小股东利益的保护，避免发生股东集体诉讼事件。同时，股东集体诉讼的机制之所以在美国能有如此显著的效果，和美国证券市场上完备健全的法律系统和高效的执行力密切相关。股东诉讼等一系列完善严格的法律体系，对上市的中小企业是一种挑战，同时也是一种迫使其提高公司治理水平的强大监管力量。

国外学者研究认为，法律制度作为公司治理的重要外部环境，会影响国

---

① 梅慎实：《董事义务判断之比较研究》，《环球法律评论》1996 年第 1 期。
② 石少侠：《论公司内部的权力分配与制衡》，《中国法学》1996 年第 2 期。

家金融的发展。中国香港、新加坡和美国三个上市地都是属于普通法系的地区和国家，其债务合同履行率指标依次是 85.8、96.1 和 88.3，新加坡指标明显高于中国香港和美国，可以看出债务合同履行效率最高的是新加坡，而香港和美国在这方面表现差距不大；中国香港、新加坡和美国的股东权利保护指数依次是 5、4、5，三地都非常重视公司股东权益的保护；中国香港、新加坡和美国的法律体系效率指数都为 10，代表三地的法律体系都是相当完善的；中国香港、新加坡和美国内部人交易处罚作出的最早时间依次 1994 年、1979 年和 1961 年，美国最早，中国香港最晚，而对内部交易的规制正是对中小股东的有利保护。[1] 虽然三地历史上都曾是英国的附属殖民地，法律体系因为继承英国普通法体系，在发展根源上具有相似性。但是，基于以上的论述，美国在股东保护、法律体系和整治内部人交易方面还是占有优势，新加坡的债务合同执行效率最高。这些都是各地在法律环境层面对公司治理形成的外部促进力量。

四 内地中小企业境外上市地的选择偏好

（一）上市地选择的理论分析

1. 从上市标准的角度

依据 2008 年香港联合交易所制定的《有关创业板的咨询总结》在数量化上市方面作出新上市要求的规定，选择香港的创业板上市的外来公司，前两个财政年度要求不能低于 2000 万元的净现金，要求不能低于 1 亿港元的市值；股权结构的分散要求不能少于 3000 万港元或者不低于公司已经发行的股本总额的 25%的公众持股量；要求管理层的成员在前两个财政年度内必须保持没有变动。此新规定的标准要求较高，还是可以被到香港创业板上市的我国内地中小企业接受的。

新加坡的凯利板则要求外来上市公司的会计师报告在前 6 个月内不可以有重大的保留意见，除此之外，在公司的盈利情况、实收资本等其他方面没有作出明确的要求。在凯利板上市的外来公司应当是连续活跃经营至少 3 年以上的，不能少于 50 万股或者不能低于发行的缴足股本的 15%的公众持股量，公众股东也不能少于 200 个。对于以上凯利板的上市要求，我国内地已经有很多中小企业能够满足。

---

[1] U. Bhattacharya and H. Daouk, "The World Price of Insider Trading," *The Journal of Finance*, Vol. 57, No. 1, February 2002。

美国的纳斯达克资本市场是特别为有发展潜力和前景的中小公司提供上市交易的证券交易市场，又名小额资本市场，顾名思义，适合融资额度相对偏小的公司。纳斯达克资本市场在外来公司上市标准中规定，来源于长期经营业务的净收入在前3个财年内的2个财年只要达到75万美元就可以，要求最高有500万美元不低于400万美元的股东权益，最高1500万美元不低于500万美元的市场价值的公众持股，最高2年但不限最短期限的公司经营时间。对纳斯达克资本市场的这些要求，我国有很大部分的中小企业都符合，因而，对于我国的中小企业来说，纳斯达克资本市场也是其上市的首选。

在这三个中小企业可选择的上市市场中，美国纳斯达克资本市场对外来公司的财务指标要求最高；中国香港的创业板市场在财务上的要求相对较低；新加坡的凯利板上市要求则采用的是保荐人制度，指上市公司只要能通过保荐人的要求就可以成功申请上市，在财务指标方面的要求最低；美国的纳斯达克资本市场在公司经营期限上要求实行多个标准，根据上市公司的所属类型和规模不同而各有差异，但是标准还是偏高的；中国香港的创业板对公司的经营期限是两年；新加坡的凯利板在公司经营期限上没有规定，依然是根据保荐人的意见而定。

根据上述的各地的上市要求，对外来上市公司要求最高的是美国的纳斯达克资本市场，而中国香港的创业板、新加坡的凯利板则要求要偏低。

2. 从市场监管的角度

各地证券市场的监管机制都有防止市场失灵、保护股东和投资者正当权益、平衡市场秩序、避免消除市场风险的作用。注册制和核准制是两种证券市场准入监管的制度。尽管这两种发行制各自有自己的特点，但注册制更多地重视投资者的自主独立和市场经济的透明度，有效地去除了核准制中的行政色彩和官僚风气，这是从制度经济学的角度加以对比的，可以看出，注册制很大地提高了证券市场的运营效率。同时，注册制还更能表现出证券市场的公开性、公平性和公正性，也赋予了上市公司更多的权利，让公司成为证券市场上市的主导者，而去除了行政监管带来的市场干扰。

证券市场的监管体制有集中立法管理型、自律管理型和分级管理型三种。其中，集中监管是以政府为主导，依据政府对证券市场的监管制定的规则和设立的监管机构，实现对证券市场的管理。这种监管方式的证券市场有美国的纳斯达克资本市场和新加坡的凯利板市场。自律方式的监管主要体现市场自身的调节作用，政府仅仅在国家立法的基础上对市场进行管理，证券交易所和证券协会等相关组织是证券市场监管的主要力量,这种监管方式的代表是香港的创业板市场。以上两种监管方式的中和则形成了分级式的市场监管方式。

表 5-2　　　　　　　不同市场的发行制度与监管体制对比

市场	监管机构	发行制度	监管体制
中国香港创业板	香港证监会	核准制	自律型
新加坡凯利板	新加坡证券交易所	注册制	集中型
美国纳斯达克	证券交易委员会	注册制	集中型

3. 从市场行业偏好的角度

有效传达、解析和反馈来自上市公司信息的证券市场是降低上市公司市场价格和实际公司价值两者误差的重要因素,这是基于有效市场的理论分析的,选择这样的市场能够避免低估公司的市场价格,以保证理想的融资效果。有效市场假说在证券市场定价作用中正好表现为市场的行业偏好。让专业的投资者和市场研究人员聚集研究某一特定行业的公司信息,有利于公司市场信息的传达、解读和反馈。想要让上市公司做到市场价格和实际价格的零误差,就要让上市公司不会出现被市场低估的现象。所以在选择上市市场的时候应该从市场行业偏好和行业类型的角度去考虑,以避免公司的实际价值被估算错误。

不同上市地证券市场对外来公司的行业类型认同不同。由于国内经济结构以制造业为主的缘故,香港创业板市场上市比例较高的是制造业的中小企业。相比之下,新加坡凯利板市场表现的行业偏向则不同,根据 2005 年的数据统计分析,制造业和食品业在新加坡的凯利板颇受欢迎,而不太受到欢迎的行业表现为高科技类型。[①] 但是科技型的公司在美国的纳斯达克资本市场却有很高的认同度,在美国纳斯达克资本市场上市的高科技公司成长速度快、发展前景好,非常适合早期成长中和创业阶段的科技类中小企业上市发展。表 5-3 展现的是中国香港、新加坡、美国三地的市场行业偏好。

---

① 杨速炎:《海外创业板面面观》,《高科技与产业化》2008 年第 3 期。

表 5-3　　　　　　　　　各创业板市场偏好①

市场	行业认同
中国香港创业板	制造业
新加坡凯利板	制造业、食品业
美国纳斯达克资本市场	科技型

(二) 主要境外上市地点分布的实况

无盈利要求是香港创业板最吸引中小企业的地方之一，而且香港的创业板实行的是投资者买卖风险自担，保荐人需要继续承担上市后的公司监管责任。相比到境外其他证券市场上市，香港创业板上市的申请程序、方式、条件、文件都要更加简化，主要进行合规审查，以不作实质审查为原则，主要根据保荐人的质量担保。依法成立的股份有限公司，若符合上市条件，通过保荐人便可以递交上市的申请和材料。此外，因为香港联合交易所和美国纳斯达克交易所签订了备忘录，符合条件的公司可以在两地同时上市交易，这对于有更大融资需求的中小企业来说是一个很好的机会。但是，占总融资金额 15% 的上市费用是中小企业上市过程的一大压力。综合看来，香港的创业板市场还是比较适合已经在内地发展经营良好的中小企业选择上市。

表 5-4　　　　中国香港创业板 2014 年至 2015 年 3 月上市公司②

上市时间	公司名称	行业分类
2014-01-06	中国优材（控股）有限公司	原材料业—原材料
2014-01-08	鸿伟（亚洲）控股有限公司	原材料业—原材料
2014-01-10	美捷汇控股有限公司	消费品制造业—食物饮品
2014-01-15	东方汇财证券国际控股有限公司	金融业—其他金融
2014-02-07	圆美光电有限公司	资讯科技业—资讯科技器材
2014-05-30	电讯数码控股有限公司	电信业—电信
2014-07-07	华星控股有限公司	消费者服务业—酒店、赌场及消闲设施
2014-07-08	百本医护控股有限公司	消费品制造业—医疗保健

---

① 仇晓敏：《中国公司境外上市动机与上市地选择的研究》，硕士学位论文，中国人民大学，2005 年。

② 参见香港联合交易所有限公司创业板网站，http://www.hkgem.com。

续表

上市时间	公司名称	行业分类
2014-07-18	中持基业控股有限公司	地产建筑业—建筑
2014-07-18	Millennium Pacific Group Holdings Ltd.	电信业—电信
2014-08-05	港银控股有限公司	原材料业—黄金及贵金属
2014-08-15	朝威控股有限公司	地产建筑业—建筑
2014-08-20	冠辉保安控股有限公司	消费者服务业—支援服务
2014-09-29	壹照明集团控股有限公司	消费品制造业—家庭电器及用品
2014-10-10	乐亚国际控股有限公司	消费品制造业—纺织、服饰及个人护理
2014-10-14	SDM Group Holdings Ltd.	消费者服务业—支援服务
2014-12-05	KSL Holdings Ltd.	地产建筑业—建筑
2014-12-18	密迪斯肌控股有限公司	消费品制造业—医疗保健
2014-12-30	蓝港互动有限公司	资讯科技业—软件服务
2015-01-08	迪臣建设国际集团有限公司	地产建筑业—建筑
2015-01-16	东方大学城控股（香港）有限公司	消费者服务业—支援服务
2015-01-16	浙江长安仁恒科技股份有限公司-H股	原材料业—原材料
2015-02-12	爱特丽皮革控股有限公司	消费品制造业—纺织、服饰及个人护理
2015-02-16	惠陶集团（控股）有限公司	消费者服务业—媒体及娱乐
2015-02-23	骏东（控股）有限公司	原材料业—原材料
2015-03-18	扬科集团有限公司	资讯科技业—软件服务
2015-03-24	汇能集团控股国际有限公司	消费品制造业—家庭电器及用品
2015-03-27	均安控股有限公司	地产建筑业—建筑
合计：28		

新加坡有稳定的政治经济基础、优秀的法律体系和发达的商业，拥有一个多达800家国际基金经理人和分析员的强大投资群体。近年来，新加坡证券市场对我国的市场越来越重视，大力度的宣传活动使得一批优秀的内地企业赴新加坡证券市场。对相关数据研究发现，在新加坡证券市场上市的外来公司中，我国已然成为最大的外来上市公司来源地，占到总外国企业的32%。通过表5-5数据可知，在新加坡上市的企业集中在消费品、金融和工业类，传统行业的企业占多数，这也符合新加坡当地传统家族式的公司治理特征。

表 5-5　按照行业分类基准（ICB）新加坡 2014 年至 2015 年 3 月上市公司数量的清单①

	2014 年 3 月	2015 年 3 月
基本材料	59	61
消费品	105	103
消费者服务	75	77
金融类	118	122
卫生保健	21	23
工业	268	267
石油与天然气	39	37
科技	64	61
电信	7	6
公共事业	9	7
总计	765	764
新加坡公司	476	480
海外公司（不包括中国）	158	163
中国公司	133	124
总计	767	767

全球公认高科技股最集中的地方就是美国的纳斯达克市场。其中，来自中国的高科技、高成长上市公司占了很大部分，例如搜狐、新浪等。公司的上市地点取向是和上市地的行业发展、上市机会、上市市场条件紧密联系的，其中，作为高科技类型的公司，考虑更多的是能否在上市地市场上找到自身满意的位置，从而筹集到公司发展所需的资金。由于高科技企业的聚集，美国纳斯达克资本市场股票的市盈率比中国香港和新加坡市场的要高40—50 倍。因此高科技公司在纳斯达克可以发行到可观的市场价格，发行成本也比香港创业板市场要低，相当于融资总额的 10%—14%。结合我国高科技型公司国内发展融资难和融资不足的现实情况，纳斯达克资本市场完全能够很好地满足迅速发展的内地高科技中小企业。同类型公司的集中能在上市后迅速获得投资者的投资，上市后能保证公司股票的流动和收益。低上市成本为资金不足的高科技中小企业解决了上市地的一大难题。再加上纳斯达

---

① 参见新加坡证券交易所网站，http://www.sgx.com。

克资本市场在全球证券市场较高的知名度，能够帮助上市公司在很短的时间内做到很好的企业宣传。聚集的同行业公司、较低的上市成本、市场本身知名度这些因素决定纳斯达克对于高科技类的中小企业来说是一个非常合适的上市市场。

表 5-6　中国企业 2014 年至 2015 年 3 月在纳斯达克上市情况①

上市时间	公司简称	行业类型
2014-04-03	达内科技	科技
2014-04-10	爱康国宾	卫生保健
2014-04-17	新浪微博	互联网
2014-05-09	途牛网	服务消费
2014-05-20	京东	科技
2014-06-24	迅雷	科技
2014-08-07	创梦天地	互联网
2015-03-24	富来森中竹科技	材料

通过对中国香港创业板、新加坡凯利板和美国纳斯达克资本市场上市公司的资料收集和分析可以看出，上市环境、上市要求是企业选择上市地和影响企业上市后发展的重要因素。根据证券市场的市场环境、经济发展特点、上市要求和上市前景的考察，选择适合企业自身的上市地对公司治理是非常重要的，选择适合的证券市场上市才能达到预期的效果，真正达到提高公司治理水平的目的。

五　中小企业在境外上市后公司治理状况的个案考察

（一）北大青鸟环宇在香港创业板上市案例

北大青鸟环宇消防设备股份有限公司是我国一家拥有先进消防技术的火灾自动报警和联动控制系统的制造商，是由北大青鸟集团控股的一家子公司。

1. 选择香港创业板上市的原因

我国内地证券市场远不能让中小企业的发展达到国际化。北大青鸟环宇作为一家有技术有实力的高科技型公司需要有更大的发展空间，它希望走上

---

① 纳斯达克证券交易所网站，http：//www.nasdaq.com。

国际化的平台,接受更大市场的检验,获取更多的成长机会。到香港创业板市场上市,不可避免地要受到更多规则的管制,但能够得到多于规则限制的资金、市场和前景。这会让北大青鸟环宇有一个质的飞跃。北大青鸟环宇选择香港创业板市场一是基于香港和内地的密切关系,二是香港市场鲜明的群体效应。同时香港还是很多欧美基金亚太投资的决策中心,其中有投资内地中小企业的股票。所以,无论是国际性的投资市场还是上市地的市场环境,香港创业板市场都是北大青鸟环宇上市的合适选择。

2. 在香港创业板上市的历程

(1) 股权和资产结构重组

北大青鸟环宇开始划分工作阶段、制订时间表、设计股权和资产的结构。财务顾问北京信中利投资咨询有限公司建议北大青鸟环宇公司必须对现有产业进行一些必要的调整,虽然业务和产品多样,但没有突出的业务和产品,公司业务相互之间的差异很大,这样的情况并不利于公司上市。信中利公司帮助其重新明确重点业务,放弃一些相对没有市场优势的业务,调整成为有集中市场竞争力的股权和资产结构。

(2) 全面财务审计

北大青鸟环宇赴香港创业板上市,是属于海外市场上市的情况,需要按照国务院财政部门规定的会计准则、法律法规,提交公司的财务报表。同时,还需要按照香港创业板市场的要求,提交符合国际会计准则的财务报告。若我国内地要求的财务报表和提交给香港创业板的财务会计报告之间有差异,北大青鸟环宇是需要对差异进行说明的。

(3) 上市财务方案

为符合香港创业板的财务要求,北大青年环宇依据国际惯例的财务管理制度,对公司的预算管理、会计核算、会计责任以及公司资金、资产、投资、负债等一系列的公司财务制度进行规范和修改。聘请具备国际财务管理能力和掌握香港证券市场信息披露要求的会计师对公司的财务进行全面系统的整理和重建。并且设立了审核和监察委员会,设立直接监管公司财务事务的独立董事,对公司的投资进行全面监管,以此保证公司的财务条件能满足香港创业板市场的要求。

(4) 职工持股计划

香港联合交易所认为,公司高级管理层人员的稳定和对公司主盈利业务的经营是公司保证稳定健康发展的关键。北大青鸟环宇为了证明此,将公司管理层股东和财务股东合计持有的公司股权调整到已发行股本的30%。同时，实行职工持股，以此可以让职工的权益得到更有效、公开的保障，也能留住公司有才干的员工，还能起到激励员工的作用。

3. 上市后的市场表现

北大青鸟环宇上市前配售的 2400 万股 H 股获得了 5.28 倍的认购。在创业板上市开市报 11 港元，持平招股价，但交投 5 分钟后迅速升至 11.2 港元。北大青鸟环宇成为恒生国企指数成份股。恒指服务公司指出：纳入上述两股后，恒生国企指数将有 48 只成份股。随后，北大青鸟环宇实现了高达 900 万元人民币的盈利和高达 1566 万元的销售额，是前一年度同期销售额的 8 倍。

4. 成功上市及迅速发展的经验总结

北大青鸟环宇将上市的取向与长期规划有机结合，经过上市建立了现代企业制度，达到了改善企业经营管理能力的效果，以企业产业经营和资本经营统一发展为企业上市的目的。除此以外，在公司治理方面的经验主要有：

（1）组织一个有效的管理人员班子；

（2）采用股票选择权计划；

（3）整理财务账目成为可审查的账目；

（4）选择自己的专业会计师和独立董事；

（5）实行职工持股，不仅优化了公司股权结构，同时也产生激励员工效果。

（二）原鹰牌控股有限公司在新加坡上市的治理状况案例

1. 原鹰牌控股有限公司的发展历程

原鹰牌控股有限公司（以下简称"鹰牌公司"）创始于 1974 年，曾是新加坡股票交易所的上市公司，是迄今为止陶瓷行业唯一的境外上市企业。

公司发展经历了四个阶段：1974—1984 年，属于小作坊阶段，是当时镇政府为解决残疾人就业的一个互助组织；1984—1997 年，将主打产品从传统工艺陶瓷转向建筑陶瓷，这是企业的第一个跨越；1997—1999 年，完成了股份制改造。1997 年公司引入国外股东，成为一个由中、美、新多方组成的股份制公司，成为行业内规模最大的企业；1999 年至现在，境外上市后的经营阶段。

2. 境外上市前后的公司治理状况

1974—1997 年的 23 年，从小作坊发展到街道小厂，从乡镇企业发展到中外合资的股份制企业，地方政府一直扮演了重要角色。鹰牌公司管理层全部由地方政府直接任命，重要管理政策和资金安排也都需要服从政府的决定。虽然企业也在不断深入的改革开放中学习和借鉴现代企业管理的理念，但从本质上说，公司治理模式仍然是以地方政府行政意志为主体的治理机制，要解决的主要问题是地方政府与其代理人之间的关系问题。

1997年鹰牌公司大胆引入了新加坡、美国、中国香港等国家（地区）的投资资金，组成了股份制公司，建立起由股东大会、董事会、监事会、管理层等机构为主体的现代企业治理机制，地方政府的权力受到了一定的制约。但是地方政府仍然是最大的一个股东，直到上市后一年，公司总经理等高级管理层仍基本上是用原班人马，外资股东的影响力是有限的。在1999年初，鹰牌公司顺利实现在新加坡凯利板市场上市，一举成为走上国际发展平台的公众企业。新加坡证券交易所基本采用国际通行的管理机制，企业要按国际会计准则进行信息披露，鹰牌公司治理机制开始向国际惯例靠拢。

3. 上市前后在公司治理方面表现出的矛盾

（1）原有管理层不能适应国际化管理体制

2003年8月，Z先生接任公司掌门人。决定重新启动公司洁具——"鹰牌卫浴"的中文名字，并审时度势，重塑品牌形象。2003年，公司效益额从13亿元下滑到4.8亿元，随后几年销售额稳步增长。然而时间过去了两年多，Z先生也未能带领鹰牌公司走出困境。2006年6月，M先生接任。鹰牌公司召开"新战略、新发展"新闻发布会，正式公布2.55亿出售鹰牌公司卫浴给世界卫浴产品巨头。在这个时候，鹰牌公司终于有人壮士断腕，将其优质资产转让，以解决长期经营困境造成的失血——现金流问题。

由此我们可以看出，创业型管理者在新环境下的准备不足和素质上的局限性，导致公司错过了一个成为中国甚至世界建陶行业领军者的发展机会。如同很多境外上市的国内企业一样，鹰牌公司上市前重点关注的只是如何在报表资料上符合境外上市的要求，而没有真正重视上市后公司面临的重大转变，没有考虑到创业型管理团队思维和视野上的局限性，没有真正解决公司现有管理体制与境外上市背景下现代公司治理水准的实质性差异。由于上市地在新加坡，境外上市企业注册地及控股机构注册地分散分布在世界知名的税务天堂百慕大、英属维京群岛、中国香港等地，主要生产经营地仍然在国内，这些国家（地区）的证券交易和市场监管方面还没有建立起有效的协调和合作机制，致使公司多年来在公司治理方面仍然流于形式，也使其业绩和市场表现不佳，令投资者特别是小股东的利益受到了损害。

（2）国内相对不健全的市场监管不适应国外市场环境

国外成熟的市场管理机制下，所有企业经营面对的市场环境基本是一致的，而对在境外上市的国内企业来说，国内不太健全的市场监管制度却使企业承担了更多甚至是额外的责任和压力。除了上市的巨大花费，每年的上市维持费用也是一个不小的压力。和许多在境外上市的企业一样，公司主要销售市场在国内，但是上市公司同样也要接受上市地证券市场的信息披露制度以及公司治理的准则。在海外成功上市后国内企业的经营费用是大大高于同行业非上市企业特别是民营企业的，要取得竞争优势，就必须充分利用境外上市的资金优势，打造高端品牌，占据利润空间较大的中高端市场；要发挥国际企业在公司治理方面的优势，具备比一般同行企业更高的经营效率，进行规模经营以获得较高的收益。

(3) 职业经理人缺乏激励约束机制

借助境外上市的平台，公司引入了职业经理人机制，也标志着一直以粗放型管理模式为主的建陶业开始迈入以精细化管理为主的现代化企业管理阶段。2001年中，当具有国际从业背景的台湾人L先生从一手托起公司的P先生手里接过帅印时，大家对公司的国际化充满了信心。2003年8月，具有国际实战经验的Z先生走马上任，大家以为会进一步加快公司的国际化进程。然而，他最终也没有能带领公司重新找回自信，走出困境。2006年6月，M先生出任公司总裁，公司将接力棒传到了第三代职业经理人的手上。频繁的高层变动，也给企业经营带来了较多的副作用。造成这种高层频繁变动的内在因素，除了资本的逐利本性在公司治理机制中的充分体现以外，还是公司治理机制本身的缺陷。由于股东之间的分歧，过于注重短期的财务收益，缺乏有效的高级管理层的业绩评价办法，没有在企业内部建立起自上而下的激励与约束机制，使公司的内部管理一直在原地踏步，没有质的提升。

4. 公司的转机与希望：职业经理人带动公司治理改进

正是因为上市公司的特殊身份，才促成了M先生这个职业经理人成为公司的掌门人。在M先生的领导下，公司从治理结构到盈利模式、发展战略等方面寻求突破，完善法人治理结构。股东结构合理、健全有利于作出正确的决策；董事会团结、利益一致能够有效地从公司长期发展的角度快速地作出反应。完善的法人治理结构是上市公司发展的智力核心和体制保障，合理的组织治理结构也可以增强企业的风险控制能力。

(三) 圣元营养食品有限公司成功转板美国纳斯达克的案例

2007年4月30日，中国营养食品领域的领先制造商——（时称的）青岛圣元乳业有限公司（现已更名为圣元营养食品有限公司，以下简称圣元乳业），宣布正式得到纳斯达克证券市场的同意，成功由美国的场外柜台交易系统 OTCBB 升级到纳斯达克全球市场,公司股票仍然以代码 "SYUT" 在证券市场交易。美国的场外柜台交易系统市场不是以交易为主的证券市场,存在很多的壳公司,所以,实际上能够实现由 OTCBB 升级纳斯达克证券市场是并不容易的。

圣元乳业在升级到纳斯达克市场后增加了很大的信心。公司在 2007 年 5 月 29 日大刀阔斧地引入策略投资人制度。将 400 万股的公司股票直接以 6600 万美元的价格转卖给了美国的华平投资集团。这个股权买卖成交的第二天,圣元乳业的股票价格迅速上涨到 22 美元,股票市值共超十亿美元。转板后的圣元乳业公司股权结构为,公司总股本 5400 万股,Z 先生持有 750 万股,占股本总额的 14%,Z 太太持有 3600 万股,占股本总额的 67%,两人一共持有 4350 万股,约占公司股本总额的 80%,以市值十亿美元来算,Z 先生和 Z 太太的财产大概有 8 亿多美元。

圣元乳业 2003 年的销售额大概只有 3 亿元。在这种情况下,Z 先生毅然决定对公司管理制度进行优化,投资聘请优秀管理人才管理公司业务。出身于宝洁集团的 M 先生和他的优秀管理团队加入了圣元乳业,接管公司的销售部和市场部,开始为期三年的整顿。M 先生和他的团队给圣元乳业的承诺是保证公司经过三年的整顿和发展实现超过十亿元的销售业绩。而就在 2003 年,圣元乳业为"阜阳奶粉"慷慨解囊,捐赠 100 万元,以最早和最大的捐赠者远近闻名,这大大提高了圣元乳业的企业知名度,带来了突飞猛进的市场销售量,成功占据了全国南方大部分城市市场。三年的发展,圣元乳业完成了奇迹般的营销业绩。

圣元乳业成功地建立了品牌形象,并且重视公司的管理。由于聘请了 M 先生等优秀精英团队,Z 先生切身认识到管理的重要性,又开始寻求优秀的职业经理人,如首席运营官、董事会副主席和十几位核心管理团队成员。在 Z 先生看来,在纳斯达克上市不仅仅是要融集资金,更要提升公司的治理,优化公司的管理,在美国更加严格的监管中完善公司,历练公司管理团队。

圣元乳业几乎同时在产品市场和资本市场获得了巨大成功,总结公司转板前后的变化,可以看出,表现在公司治理上的变化主要有:

(1) 充分发挥职业经理人的能力,提升管理团队的综合管理水平,把它当成企业长远发展的基石,并且始终做好投资者关系管理,树立企业的良好形象,而不仅仅只是为了融资而上市,这也是圣元乳业获得境外上市成功的关键;

(2) 主动建立具有广泛员工基础的业绩评价和股权激励制度,为公司

的持续发展注入动力;

(3) 资源的优化配置——成功上市后把有限的资源（资金）投入最需要投入的经营中去，以良好的业绩为股东创造回报，并在市场中表现出公司的价值，公司也就走上了良性循环发展的轨道;

(4) 在操作层面上，上市时一定要寻找优秀的中介机构服务，如优秀的律师和审计师，买壳时要特别关注壳资源的质素（是否是净壳）。

六 小结

虽然内地的中小企业发展态势整体是蓬勃向上、充满活力的，是我国国民经济的重要组成部分，但我们依然应该认识到，中小企业的发展成长历程中有很多的困难和阻碍，特别是在获得资金、管理和监管等方面，明显不够科学、完善。在成长中的中小企业大多会出现发展瓶颈。通过以上三个案例中公司寻求上市的原因、上市前后的公司状况，再结合公司治理理论可以总结它们在上市前后公司治理的变化主要有如下几方面。

（一）股权结构的优化

中小企业投资者结构中，个人投资者所占的比例过高，个人投资者往往持股期限不长，交易流动性较大。相比于机构投资者，其投资理念和投资金额都与个人投资者有很大的不同。较大比例的个人投资者对市场长期健康的发展是不利的。机构投资者诸如社保基金、企业年金和保险公司，在市场的参与度不够，发展不健全的非公募型基金其市场的影响力也不理想。在北大青鸟环宇上市准备阶段，信中利投资咨询有限公司就建议他们进行股权和资产重组，建立公司的核心业务，重点经营嵌入式系列的软件应用和集成电路等业务，舍弃公司原有的已经不符合市场需求的老旧业务和产品。鹰牌公司作为一个典型的乡镇政府控股的企业，其资金表现出极大的局限性，这不仅限制了企业的发展，封闭性的资金构成更是对企业股权结构的不良构建。从北大青鸟环宇和鹰牌公司上市的历程可以很明显看到在股权结构上的调整和优化。

（二）管理体制现代化

在我国中小企业中，往往是创始人一人指挥，员工埋头实干，虽然企业创始人高瞻远瞩，具备商业头脑，但在企业做大做强后，一个人的力量始终是不能满足企业管理的要求的。信中利投资咨询有限公司在选择北大青鸟环宇时考虑的一个重要原因就是北大青鸟环宇的领导人是很优秀的，表现在他愿意听取他人的意见和建议，整个企业的管理很严谨，企业氛围很融洽。但是管理层正是信中利投资咨询有限公司在上市过程中协助鹰牌公司改善的首要问题之一，必须建立科学的管理团队，引用现代管理体制才能符合发达的境外上市条件，才能提高公司治理水平。建立有效的管理人员团队是北大青鸟环宇上市在公司治理上的重要收获。鹰牌公司在上市后并没有马上得到发展，在出现以上论述的矛盾后，公司经营几度出现问题，都出现在公司的管理方式上，管理人员不能适应国际化市场，其后的发展也是得益于对管理制度的完善。

（三）经理人激励约束机制

境外上市公司借以协调股东和管理层之间关系的机制是经理人激励约束制度。管理层的薪酬通常是工资、奖金和例如股票期权类长期激励性质的报酬。股票期权这样长期性的报酬比普通工资奖金更先进的功能是能够把管理人员的酬劳和公司的利润联系起来，从而激励管理人员努力工作，这样很好地解决了公司所有者和经营者的关系，也即优化了公司的内部治理。在美国，长期以来执行官的关键性薪酬就是这类激励性质的，借用这类长期的薪酬方式可以很好处理公司的隐形代理问题。在美国纳斯达克成功转板的圣元乳业积极引进经理人激励约束机制，主动建立具有广泛员工基础的业绩评价和股权激励制度，为公司的持续发展注入动力。圣元乳业转板纳斯达克后，频繁的高层变动，也给企业经营带来了较多的副作用。造成这种高层频繁变动的内在因素，除了资本的逐利本性在公司治理机制中的充分体现以外，也是公司治理机制本身的缺陷。由于股东之间的分歧，过于注重短期的财务收益，缺乏有效的高级管理层的业绩评价办法，导致其没有在企业内部建立起自上而下的激励与约束机制，使公司的内部管理一直在原地踏步，没有质的提升。而后也正是基于对经理人制度的改进，激励约束机制的引用，而改善了公司治理。

综上所述，企业应根据自身的规模实力、筹资需要、现有市场和战略规划以及海外市场的特点，选择最适合自身的境外证券市场。例如，由于中国香港独特的地理位置、语言和文化等方面的因素，更多的内地企业选择到香港上市。又如高科技和银行业选择纳斯达克和香港联合交易所上市更为有利。显然，境外证券市场各具特色，能够满足不同企业不同时期、不同目的的需要，因此，在中小企业境外上市的时候一定要选择适合自身发展需求的上市地，才会有利于促进中小企业逐步熟悉和适应境外资本市场，进一步拓宽融资渠道，提高公司治理水平，促进企业的发展。

通过以上的分析和论述，中小企业在境外上市地点选择上应根据自身条件、市场要求及市场行业倾向性进行选择,在上市过程中一定要谨慎,避免落入陷阱。中小企业迫切需要融资,但融资之路并不平坦,为了使中小企业更好的融资,政府应制定相关政策指导中小企业融资。由于中国经济和资本市场都处于发展状态,目前中小企业融资遵循逆向融资优序,为了使中小企业日后更好的融资,中小企业自身应注重资本积累,政府应改善国内融资环境。

本书虽对中小企业境外上市各地的上市标准、监管体制、行业偏向和公司治理模式作了详尽的论述和对比,但由于对境外上市公司治理理论理解不深,对中国中小企业特性把握不够,未对中小企业境外上市问题进行更深一步研究,也未对境外上市提高中国中小企业公司治理进行实证研究,还需要进一步的努力。

第二节 我国互联网企业在美上市的公司治理风险

1999年7月,中华网在美国纳斯达克上市,成为首个赴美上市的中国互联网公司。从第一只互联网概念股中华网登陆纳斯达克以来,我国互联网企业赴美上市热潮持续升温。2014年以来,中国互联网企业正在美洲大陆掀起有史以来最具连续性的上市潮。继新浪微博、途牛、猎豹、乐居成功登陆美洲大陆后,美妆垂直电商聚美优品正式在美国纽约交易所挂牌上市,京东也紧随其后在纳斯达克挂牌上市。美国时间2014年9月19日上午,阿里巴巴正式在纽约交易所挂牌交易,股票代码为BABA。截至当天收盘,阿里巴巴股价暴涨25.89美元,报收93.89美元,较发行价68美元上涨38.07%,市值达2314.39亿美元,超越Facebook成为仅次于谷歌的第二大互联网公司。①

截至2015年3月1日,在纳斯达克交易所和纽约交易所挂牌交易的中国互联网公司已达61家。中国互联网企业不是已经上市了,就是在上市的路上。然而这究竟是我国互联网企业的黄金时代,还是看似美丽却一碰就碎的泡沫?

2015年1月23日,原国家工商管理总局(以下简称"工商总局")发

---

① 崔西:《阿里登陆纽交所:成第二大互联网公司仅次于谷歌》,2014年9月,新浪网,http://tech.sina.com.cn/i/2014-09-20/00529626120.shtml。

布了一份名为《2014年下半年网络交易商品定向监测结果》的报告，报告显示淘宝网正品率最低，仅为37.25%。1月27日，淘宝网官方微博发布了一封公开信，质疑工商总局的监测结果存在抽检程序违规、抽检逻辑错误、数据前后矛盾等问题。此后，工商总局曝光了在阿里巴巴上市前即已拟定的《关于对阿里巴巴集团进行行政指导工作情况的白皮书》，其中罗列了阿里巴巴旗下网络交易平台存在的"主体准入把关不严""商品信息审查不力""销售行为管理混乱""信用评价存在缺陷""内部人员管控不严"共"五大罪状"。阿里巴巴和工商总局之间关于"淘宝假货"的论争不仅使阿里巴巴的股价应声大跌、市值迅速缩水，而且让上市不久的阿里巴巴面临更为严峻的法律诉讼挑战。①

2015年3月20日，波梅兰茨（Pomerantz）律师事务所代表在2014年10月21日至2015年1月28日期间购买阿里巴巴股票的投资者，向纽约南区法院对阿里巴巴及其部分高管提起了集团诉讼。该律所声称，阿里巴巴对中国政府监管部门正在对其进行调查的情况并未在招股书中披露相关信息，隐瞒了重要事实，发布了"严重虚假和误导性的陈述"。美国证券交易委员会也正式介入调查此事。在此次诉讼发生之后，马云曾表示："敢上市，就不要害怕被告，这是中国企业今天应该要有的勇气，也是必须面对的问题。"②

自2011年以来，中国科技公司在美国掀起了退市狂潮，已有14家科技公司相继退市。其中，13家因私有化退市，1家遭交易所勒令退市。这些数据背后的缘由都值得分析与探讨。证券监管机构、做空者、中介机构，这三方面的压力再加上媒体与投资者的视线，形成了一个密不透风的"全民监管"系统。稍有差池，上市公司就会成为众矢之的。

周煊、申星提出中国概念股大批退市的直接原因是境外机构的做空，对冲基金、研究机构、律师在做空中国概念股时常常联合行动，对冲基金负责建立空头头寸，研究机构负责调查中国上市公司的问题并撰写调查报告，律师负责对上市中介或者上市公司发起诉讼，一旦公司股价下跌，各方短期内均可获得巨大收益。③ 唐骏分析中概股海外退市潮的原因有，美国在2004

---

① 夏小雄：《阿里巴巴怎样应对美国的诉讼》，2015年3月，经济参考网，http://jjckb.cn/opinion/2015-03/25/content_542152.htm。

② 田芳毓：《马云回应美律所：敢上市 就不怕被告》，2015年2月，人民网，http://finance.people.com.cn/n/2015/0207/c1004-26525264.html。

③ 周煊、申星：《中国企业海外退市思考：进退之间的徘徊》，《国际经济评论》2012年第4期。

年出台的针对上市公司财务和公司治理的《塞班斯法案》十分严厉,该法案要求公司首席执行官和财务总监承诺并承担所有法律责任,这让中国的美股上市公司在决策上受到严厉监督,特别是在中国一些从事非主营业务等方面的投资失败都有可能面临法律风险。另外做空机构指责很多中国概念股公司在财务等方面有问题,首先发布关于该公司的负面分析报告,吸引监管部门注意,介入调查,后被投资人提起集体诉讼,造成股价大跌,造成了纷纷退市的局面。① 唐铁星则认为,上市企业退市原因在于较为成熟的海外市场一般采取"宽进严出"的证券市场监管政策。海外市场退市标准宽松,企业境外上市后,一旦企业运营业绩不佳或信息披露等信息公开不符合规定,均有可能被早早踢出局。②

中国互联网企业拥抱全球资本市场的时代似乎已经到来。上市仅是第一步,如何在上市之后运用好全球资本市场、保持企业的成长性才是重要的课题。美国资本市场高度发达,相应的法律风险也具有摧毁企业的强度,因此,对于互联网企业赴美上市的法律风险进行研究就显得十分重要。除了具有理论意义之外,对于已经赴美上市或拟赴美上市的互联网企业来说,还具有预防风险和解决风险的现实意义。

一 中国互联网企业赴美上市的现状及原因

据统计,截至2014年12月,我国互联网普及率为47.9%,较2013年年底提升了2.1%,此外,我国网民数量已达到6.49亿,年新增网民共计3117万余人。在这之中手机网民数量居多,达5.57亿,与2013年年底的数据相比,增加了5672余万人。③ 互联网应用与人们的生活越来越密不可分,从住房出行到购物消费,从国家机构到公民个人,从八十老妪到六岁孩童,互联网已经全方位渗透到人们的日常生活工作当中,应用通信技术编织的一张大网为人类提供了众多的便捷与享受。中国人口众多,网民数量逐年递增,市场潜力还未全部发挥,互联网产业的发展可谓形势大好,中国互联网产业在这个黄金时期,正迎来发展的春天。

(一)互联网企业的界定

通常互联网公司有两类:一类是互联网服务提供商(Internet Service

---

① 唐骏:《中概股海外退市的三大原因》,《中国经济周刊》2013年第10期。
② 唐铁星:《中国企业境外上市法律风险及对策研究》,《商》2014年第16期。
③ 中国互联网络信息中心:《中国互联网络状况发展统计报告》(第35次),2015年2月。

Provider，以下简称 ISP），这类互联网公司主要提供网络的连接服务、网络的信息服务，还提供若干增值业务，我国的 ISP 有中国电信、中国移动和中国联通；另一类互联网公司称为互联网内容提供商（Internet Content Provider，以下简称 ICP），它们主要在互联网内容上提供服务，也就是互联网信息传播业务，国内知名的 ICP 有腾讯、百度、新浪、优酷等。

本书的研究对象为提供互联网信息传播业务和增值服务的互联网内容提供商，即为向广大用户提供包括门户网站、搜索服务、电子商务、移动增值服务、影视传播、网络游戏等一系列服务的 ICP。[①]

（二）中国互联网企业的特征

1. 大量注册于海外

单看中国互联网公司的注册地，基本在英属维京群岛、巴拿马、开曼群岛、百慕大等国际离岸金融中心，这些地点拥有稳定的政策与优惠的税收，再加上宽松的金融管制，企业得以在那里自由经营。互联网企业选择在这些离岸地注册，然后在美国上市，就绕开了中国境内复杂烦琐的审批程序、严格的监管要求和资本外汇管制，以及很高的上市标准，节约了上市成本。我国在纳斯达克上市的互联网公司中，搜狐在美国德拉华州注册，环球资源在百慕大群岛注册，中华网在香港注册，其他大部分公司的注册地则在开曼群岛。在境外注册的这些上市公司，其在性质上均为外资公司。

2. 主要经营在国内

虽然注册在海外，但是中国互联网企业的经营地都位于国内。不管是门户网站公司（如搜狐、新浪、网易），还是电子商务公司（如阿里巴巴、慧聪），又或者是网游公司（如盛大、完美时空、巨人），它们所面向的群体大多数是华人，并且盈利的主要来源是国内市场，只不过为了获得投资或满足融资需求，才采用非正常的注册方式，国内市场才是中国互联网企业成长的土壤。

3. 非常偏好于境外上市

身为民营企业，制约中国互联网企业发展的最大问题是融资难。这些企业在创业初期急需大量资金，但企业本身的资金实力比较薄弱，又因为没有土地或房产等固定资产，难以获得足够的银行贷款，所以互联网企业将目光投向了风险投资与股权投资。互联网产业本就是一个高成长性高回报性的行

---

① 缪玺：《我国互联网企业境外上市研究》，硕士学位论文，西南财经大学，2012 年。

业，中国的互联网产业正处于高速发展的黄金时期，其投资回报率是其他行业难以比拟的，所以风险投资与股权投资机构自然地向中国互联网企业抛出了橄榄枝。而国内的风险投资基金与股权投资机构发展水平较低，敢于投资风险较高的互联网企业的往往都是境外的成熟风险投资、基金股权投资机构，它们更熟悉境外的法律环境和融资政策，于是接受了境外投资的中国互联网企业自然也就更倾向于企业境外上市。

4. 发展迅速得益于市场潜力

现如今，互联网产业是高速发展的产业之一，从2014年6月的数据来看，互联网普及率为46.9%，较2013年年底有了1.1%的提升。我国网民总规模达到了6.32亿，仅仅半年的时间，网民数量就增长了1442万人。[①] 广阔的中国互联网市场让互联网企业快速发展壮大，而且还在持续地高速发展。互联网企业遍地开花，涉及汽车、房产、购物、教育、交易、婚介、游戏等众多细分类别，已经成为当下最受关注的企业类型，也涌现出了一批像聚美优品那样的创业型公司，创立4年就实现了在美上市，前景光明。

(三) 中国互联网企业赴美上市的现状

自1999年中华网作为我国第一只互联网概念股在纳斯达克上市以来，我国互联网企业选择去美国上市的热情就没有退却过，据统计共出现了五次赴美上市的热潮。

中国互联网公司赴美上市的第一轮热潮开始于2000年，门户网站"三剑客"新浪、搜狐和网易率先迈出了步伐。但之后的三年由于受到美国科技泡沫的影响，中国互联网企业的上市步伐有所停滞。这种情况一直持续到2003年年末，携程网在美国的成功上市启动了第二轮互联网公司前往美国上市的热潮。在之后的三年里，巨人网络、完美时空、盛大网络三家网络游戏公司和金融界、前程无忧、百度等共13家互联网公司的美国上市成功共同构成了这轮上市潮。2007年，金融危机霜降全球资本市场，中国互联网公司也不寒而栗。2008年仅有正保远程教育一家公司在纽约交易所上市。2009年赴美上市热潮开始复苏，畅游网、中国汽车物流、盛大游戏、中房信、旅程天下5家公司在这一年上市。到2010年，中网在线、高德软件、联游网络、搜房网、蓝汛科技、麦考林、易车网、当当网、优酷土豆、斯凯共10家公司掀起了赴美上市的第三个高潮。紧接着，奇虎360、人人网、

---

① 中国互联网络信息中心：《中国互联网络状况发展统计报告》（第34次），2014年7月。

网秦、世纪佳缘、凤凰网、土豆网、淘米网共7家互联网企业在2011年拿过接力棒在美上市。2012—2013年，唯品会、中手游、欢聚时代、去哪儿网、58同城、汽车之家、兰亭集势、久邦数码、500彩票网、汽车之家共10家互联网公司相继成功登陆美洲大陆，开启了第四轮赴美上市的热潮。2014年，中国互联网企业用前所未有的热情掀起了第五轮赴美上市潮。微博、途牛、猎豹移动、乐居聚美优品、京东、智联招聘、迅雷、乐逗游戏、一嗨租车、陌陌相继登陆美洲大陆，当然还有一上市就超越Facebook成为第二大互联网公司的阿里巴巴。

截至2015年3月1日，在纳斯达克和纽约交易所挂牌交易的中国概念公司有212家，其中互联网公司有61家。互联网公司占中国概念股的28.8%，仅2014年就有12家互联网企业赴美上市。详情请见表5-7。

表5-7　　　　　中国互联网企业在美国上市一览

	企业名称	类别	上市时间	上市地点（简称）
01	中华网（已退市）	资讯门户	1999-07-12	纳斯达克
02	新浪	资讯门户	2000-04-13	纳斯达克
03	网易	资讯门户	2000-06-30	纳斯达克
04	搜狐	资讯门户	2000-07-12	纳斯达克
05	携程	网络旅游	2003-12-9	纳斯达克
06	掌上灵通（已退市）	移动互联网门户	2004-03-04	纳斯达克
07	盛大（已退市）	网络服务	2004-05-13	纳斯达克
08	空中网	无线互联网服务	2004-07-09	纳斯达克
09	前程无忧	网上招聘	2004-09-30	纳斯达克
10	金融界	资讯门户	2004-10-15	纳斯达克
11	艺龙	网络旅游	2004-10-28	纽交所
12	第九城市	网络游戏	2004-12-15	纳斯达克
13	酷6网	网络视频	2005-02-04	纳斯达克
14	百度	搜索	2005-08-05	纳斯达克
15	橡果国际	B2C	2007-05-03	纽交所
16	完美世界	网络游戏	2007-07-26	纳斯达克
17	巨人网络（已退市）	网络游戏	2007-11-01	纽交所
18	正保远程教育	网络教育	2008-07-30	纽交所
19	畅游	网络游戏	2009-04-02	纳斯达克
20	中国汽车物流	B2C	2009-06-30	纳斯达克

续表

	企业名称	类别	上市时间	上市地点（简称）
21	盛大游戏	网络游戏	2009-09-25	纳斯达克
22	中国房产信息集团（已退市）	网络服务	2009-10-16	纳斯达克
23	旅程天下（已退市）	网络旅游	2009-10-27	纽交所
24	中网在线	网络营销	2010-03-04	美交所
25	高德软件（已退市）	位置服务	2010-07-01	纳斯达克
26	联游网络（已退市）	网络游戏	2010-08-24	纳斯达克
27	中网在线	网络营销	2010-09-14	纳斯达克
28	搜房网	资讯门户	2010-09-17	纽交所
29	蓝汛科技	网络基础服务	2010-10-01	纳斯达克
30	麦考林	B2C	2010-10-26	纳斯达克
31	易车网	B2C	2010-11-17	纽交所
32	当当网	B2C	2010-12-08	纽交所
33	优酷土豆	网络视频	2010-12-08	纽交所
34	斯凯	无线互联网服务	2010-12-10	纳斯达克
35	奇虎360	网络服务	2011-03-30	纽交所
36	人人网	网络社区	2011-05-04	纽交所
37	网秦	无线互联网服务	2011-05-05	纽交所
38	世纪佳缘	网络服务	2011-05-11	纳斯达克
39	凤凰新媒体	资讯门户	2011-05-12	纽交所
40	淘米网	网络游戏	2011-06-09	纽交所
41	土豆网（已退市）	网络视频	2011-08-17	纳斯达克
42	唯品会	B2C	2012-03-23	纽交所
43	中国手游	移动游戏开发	2012-09-25	纳斯达克
44	多玩YY	即时通信	2012-11-21	纳斯达克
45	兰亭集势	B2C	2013-06-05	纽交所
46	58同城	网络社区	2013-10-31	纽交所
47	去哪儿网	网络旅游	2013-11-01	纳斯达克
48	久邦数码	移动互联网门户	2013-11-22	纳斯达克
49	500彩票网	网络服务	2013-11-22	纽交所
50	汽车之家	资讯门户	2013-12-11	纽交所
51	微博	网络社区	2014-04-17	纳斯达克
52	乐居	电子商务	2014-04-17	纽交所

续表

	企业名称	类别	上市时间	上市地点（简称）
53	猎豹移动	应用软件	2014-05-08	纽交所
54	途牛	网络旅游	2014-05-09	纳斯达克
55	聚美优品	B2C	2014-05-16	纽交所
56	京东	B2C	2014-05-22	纳斯达克
57	智联招聘	网上招聘	2014-06-12	纽交所
58	迅雷	应用软件	2014-06-24	纳斯达克
59	乐逗游戏	手机游戏	2014-08-07	纳斯达克
60	阿里巴巴	B2B	2014-09-19	纽交所
61	一嗨租车	租车	2014-11-18	纽交所
62	陌陌	手机SNS	2014-12-11	纳斯达克

注：笔者统计时间截至 2015 年 3 月 1 日，数据来自清科集团旗下网站"投资界"（http://zdb.pedaily.cn/ipo）。

(四) 中国互联网企业赴美上市的原因

1. 赴美上市较国内上市成本低

目前我国企业主要在主板、中小板和创业板上市。在主板上市有特定的条件，即公司注册资本必须达到 5000 万元人民币，同时公司连续三年保持盈利，中小板上市的要求也是公司必须持续三年盈利，而在创业板上市则要求公司在最近两年连续盈利，这些连续盈利的要求对于创业型的互联网公司来说，因为盈利模式不固定、市场经常变动，所以很难达到。另外，我国的上市制度是审批制，从改制到上市需要长达 2—3 年的周期，冗长的等待期可能会使互联网企业丧失最佳上市期利益。相比之下，美国的上市要求要简单得多，尤其是近年来，美国交易所之间的资源竞争，让上市门槛变得更低。美国公司之外的其他国家公司在纽约交易所 IPO 规模不得低于 6000 万美元、上市市值不得少于 5000 万美元，在纳斯达克上市则标准更低，而且美国股市准入的注册制能够让企业在短短的 6—12 个月之内就可以实现在美 IPO。权衡之下，中国互联网企业当然更愿意去美国市场融资上市，低门槛、周期短的特点可以给企业节约一大笔时间上、经济上、精力上的成本。

2. 美国上市估值更高、融资更大

美国资本市场无疑是上市企业心中的圣地，它不仅是世界上最大的资本市场，而且具有高投资性高流通性，吸引着企业去那里上市融资。而美国互联网行业的发展代表了国际互联网行业发展的顶尖水平，互联网企业一直受到投资者的青睐，估值普遍较高。中国经济在经历金融危机的冰冻期之后迅速回暖并一直保持着快速的发展，使得美国的投资者们对中国的市场潜力以及中国的企业质量刮目相看，对于中国企业在美国上市的前景抱有很高的期待和特别大的信心。因此，中国互联网企业在美国上市发行，似乎是天时地利人和，融资需求更能得到满足，市盈率普遍较高。2005年在纳斯达克上市的百度公司上市首日市盈率高达540倍，奇虎360的上市市盈率也达到了360倍，而当当网、优酷网、人人网等互联网公司的市盈率均超过了60倍。

3. 提升企业的国际竞争力与知名度

在美国市场上市筹资，必须受到美国相关法律法规的监管，"宽进严出"的上市制度一来能鞭策我国互联网企业在上市后寻求更佳的盈利模式，学习先进的公司治理模式，获得国际化的技术以及市场信息，从而进一步提升企业的国际竞争力；二来，在美国资本市场进行融资，可以向美国市场传达我国互联网公司具有较高价值的信息，从而提升我国互联网企业的国际影响力，提高我国互联网企业的知名度。①

二　中国互联网企业赴美上市潜在的公司治理风险

根据互联网企业在美国上市过程中以及上市之后可能会遇到的问题，本书从以下几个方面进行探讨。

（一）遭遇信任危机的风险

自2010年年底开始，许多赴美上市的中国概念股因上市时造假或上市后实施了一系列造假行为，被美国做空机构集体做空，使得上市公司的股价大幅下跌，市值巨幅缩水，有的甚至被证券公司限制买入、被交易所停牌或摘牌，上市公司遭受了巨大损失，而且事件逐渐发酵升级，慢慢演变成了对中国概念公司这一群体的信任危机。这就是令人心有余悸的"中国概念股信任危机"。

提到这场危机，就不得不提到两家做空机构——浑水和香橼。这两家做空机构以专门发布中国概念公司财务作假调查报告而闻名。不得不承认，一些反向收购上市的公司在反向收购过程中的确有过度包装和财务作假的行为，这些丑闻让做空机构把枪口对准了中国概念股，但是若没有浑水和香橼此等做空机构的推波助澜，也不会爆发如此大规模的信任危机。

---

① 杨佳、郎傲男、韩艾琳：《谈我国互联网企业赴美上市之热潮》，《企业管理》2011年第6期。

中国概念股爆发信任危机之后,美国证券交易委员会、美国司法部等监管部门也给予了高度的关注,采取了一系列的措施。《反向收购条例》在美国证券交易委员会手中诞生,条例规定凡是通过反向收购在美上市的公司必须按照更严格的规范来约束公司行为。美国盈透证券公司甚至列出了一份"黑名单",包括麦考林、新浪、当当网、搜狐等明星互联网公司在内,共有超过132家中国公司的159只股票名列其中,① 明令禁止公司客户用保证金的方法买进该名单上的中国公司股票。被揭露出财务造假之后,接踵而来的当然是令人头疼的集团诉讼了。

虽然一些做空机构给在美上市的中国概念公司添了许多麻烦,但同时也对中国公司起到了警醒与震慑的作用,只有严格依照美国证券法律的规定,提高自身的透明度和诚信度才能让这场信任危机烟消云散。

在美国这样一个强大而具有活力的资本市场上,对证券的监管必然有多种渠道,如此才能保证资本市场的安全性与稳定性。如若达不到美国证券市场的监管要求,那么在美国上市的中国互联网公司就会遭遇证券集团诉讼、证券违法违规处罚以及退市。

(二) 遭遇证券集团诉讼的风险

根据美国法律规定,② 在特定期间内购买特定公司股票的所有投资者可以共同作为原告对该特定公司以及其他利益相关主体的不当行为给自己造成的损失提起证券集团诉讼。③ 若不想成为集团成员则需要作出声明,否则就跟其他成员一样在诉讼判决结果的效力范围之内。一旦提起诉讼,在未经法院允许的情况下,该诉讼原告不能撤回或与被告达成和解。也就是说,除了股东主动作出声明表示不参与集团诉讼之外,在提交给法院的起诉书中列明的相关时间段内买入股票的所有股东都自动成为原告,无论最后的法律文书是判决还是和解协议,其法律效力都及于原告所有股东。这个制度充分考虑到了单个投资者分散性强、力量弱小的特点,仅靠自己是无法承担高昂的诉

---

① 《美上市中国概念股遭严重信任危机》,2011年6月,美国中文网,http://www.news.sinovision.net/portal.php? mod=view&aid=176308。

② 美国《联邦民事诉讼规则》第23条规定:集团诉讼的判决结果对所有集团成员有效,除非该成员选择不作为集团成员。该条第5款则规定:没有得到法院的允许,集团诉讼不得撤回或者和解。

③ 所谓集团诉讼,是指当争议发生后,权益受损的众多当事人为了维护自身利益组成一个集团,由集团中一人或数人代表其他具有共同利害关系的集团成员起诉或应诉,而法院所作出的裁决对所有集团成员均有约束力的一种诉讼制度。

讼费用的，胜诉的概率也不大，维权自然难上加难。集团诉讼制度让分布各地的投资者抱团形成了一个维权的组织，降低了诉讼的败诉风险与诉讼成本，能够极大地保护投资者的利益。

证券集团诉讼制度是美国证券诉讼中最有威慑力的法律制度，它主要从民事责任方面来保护投资者的合法权益。该诉讼一般由律所发起和推动，律师提出调查声明来招揽原告，费用也由律所预支，采用风险代理模式，律所如此积极是因为胜诉的话律师能够分到最终赔偿费用的20%—30%。但是获得胜诉并非那么容易，集团诉讼的原告必须具备充足的证据来证明自己的损失是由于被告的虚假陈述、遗漏事实、诱导陈述等不当行为导致的。证券集团诉讼一般从提起诉讼到结案需要花费较长的时间，其中大多数案件是以原被告的和解告终。双方在达成和解协议之后需要到法院备案，得到法院的允许和解协议才能生效，然后依据和解协议的内容，双方约定一定数量的赔偿款，这个赔偿款的具体数量由专家根据股东的实际损失给出建议，原告方撤回起诉，案件得以了结。要是约定的和解金额过大，超过了上市公司所能负担的范围，上市公司就有可能因此而重组或者退市。被告席不只是公司的席位，公司高管、承销商、股权投资机构都有可能成为被告。不仅如此，要是上市公司真的存在欺诈行为，那么可能民事官司还没打完，美国司法部已经又对公司提起了刑事诉讼。①

在这些遭受集团诉讼的中国公司中，不乏互联网公司。中国在美上市的互联网公司遭遇集团诉讼，既会造成眼前的直接损失，也会造成不利于公司长远发展的间接损失。面临的直接损失不但有巨额的诉讼费用和赔偿款，公司股价也会应声下跌，市值会大量缩水。而公司的形象也必然会遭到损失，可能苦心经营起来的品牌转眼间就沦为了人们口中的负债者，要挽回损坏的声誉与形象则需要付出更多的时间成本与经济成本。这对于互联网企业来说，可能会错过转瞬即逝的发展良机，以及导致公司未来再融资的能力减弱。

（三）遭遇证券违法违规处罚的风险

美国的证券监管体系十分严密，具备一系列配套的证券法律法规。② 这

---

① 沈平：《中国公司在美遭集体诉讼达历史高峰》，2011年6月，财新网，http://finance.caixin.com/2011-06-09/100267559.html。

② 美国的证券相关规则主要体现在《1933年证券法》《1934年证券交易法》《萨班斯—奥克斯利法案》《多德—弗兰克法案》以及证监会（SEC）的规章和纽约证券交易所、纳斯达克交易所的自律监管规则当中。其中，《萨班斯—奥克斯利法案》《多德—弗兰克法案》对中国互联网企业的约束更为直接。

些法律规则规定了十分严格的信息披露规则、公司治理规则以及规范运作规则，上市公司一旦违反，面临的后果将是小到纪律处分，大到受到行政处罚甚至是刑事处罚。赴美上市不仅意味着筹得充足的资金、不断提升公司能力和形象等，同时也面临着较高的证券违法违规风险。

2001年12月爆发的"安然丑闻"对当时美国证券市场的秩序以及投资者对证券市场的信心造成了巨大的影响，同时也揭露出当时美国证券市场监管体系中存在的重大漏洞。《萨班斯—奥克斯利法案》的实施，对于《1933年证券法》和《1934年证券交易法》当中有关公司的治理、会计的监管以及证券市场的监管等多方面的问题作出了相当程度的修改和完善，并且单独针对上市公司规定了严厉的规则、加倍严厉的行政与刑事处罚措施，让这部法律成为美国证券法律中涉及最为广泛、处罚最为严厉的证券监管法律。在公司财务披露义务方面，该法案对原有的上市公司财务信息披露义务进行了强化；在上市公司内部财务控制方面，该法案规定上市公司的管理层应当在公司年度财务报告中对本公司的财务内控系统进行分析和评价；在会计师事务所独立性方面，该法案在强调原有立法中已有的独立性要求之外，进一步规定，会计师事务所在审计上市公司财务报表期间不得为审计对象提供法律所禁止的非审计服务，即使是提供并未为法律所禁止的非审计服务，也需要首先获得上市公司审计委员会的批准。①

而《多德—弗兰克法案》则授权美国证监会完善违法举报奖励机制。美国证监会得到授权后，在其规章中用财务奖励的方式鼓励所有人积极举报相关主体的违法违规行为。②

(四) 遭遇强制退市的风险

美国实行的是"宽进严出"的证券市场监管政策，一旦上市，还将面临强制退市的严峻考验。纽约证券交易所和纳斯达克都制定了相关规则来告知上市公司关于退市所要达到的标准，纽约证券交易所和纳斯达克都规定了一定的数量标准，这个标准是指一旦上市公司在经营状况与资金流动性上达到了规定的数量标准，那么公司就必须退市，这个数量标准旨在优化上市公

---

① 陈平凡、明阿龙：《中国企业美国上市融资法律事务》，法律出版社2012年版，第32—34页。

② 美国证监会发布的有关违法举报奖励机制的新规章规定，对协助证监会通过赢得起诉证券违法行为并获得赔偿金额超过100万美元的举报人给予财务奖励。举报人如希望根据该法案获得奖励，须自愿向证监会提供原始、可靠的关于相关主体涉嫌违法违规的证据。

司，保证上市公司的稳定经营以及确保上市公司有一定的公众参与度。除此之外，交易所还在公司治理和信息披露方面提出了明确的要求，虽然这些要求不是量化的，但这种"软标准"对公司的高要求却是上市公司最难达到的。在现实当中许多上市公司因触碰了公司治理和信息披露的底线而被踢出了交易所，这实现了交易所对上市公司监管的强化，同时也达到了保护投资者合法权益的目的。

上市公司退市的原因有多种，除了公司因私有化主动退市之外，其他原因都是触碰了纽约证券交易所和纳斯达克证券交易所的红线而被强制退市。[①] 美国的公司治理规范十分健全，而中国的上市互联网公司属于快速发展的行业，公司治理水平尚在提高当中，所以必须认真学习公司治理相关的规范，避免因公司治理不规范被强制退市。在信息披露方面，涉嫌财务造假也是信息披露不规范的表现之一，财务报告与实际的财务收支状况不符，就会遭到做空机构的袭击。除此之外，纳斯达克还规定，要是在 30 个交易日内上市公司的股票价格始终不足 1 美元，那么纳斯达克将对其发出退市警告，在发出警告后的 90 天内如果股价依然无法恢复到 1 美元以上，该公司最终会被纳斯达克宣布强制退市。

（五）遭遇控制协议无效的风险

我国在政策上是限制甚至禁止外资进入互联网行业的，而实际上，我国的许多互联网企业都得到了外商的投资，并在外资的推动下实现了赴美上市。这个现象显得十分尴尬，虽然政策上站不住脚，但是在客观上外商的投资又着实促进了我国互联网行业的发展。之所以能绕过我国法律的监管成功赴美上市，得益于互联网企业采用的协议控制模式[②]。

协议控制模式是一套规避了法律在产业政策上对外资进入的一系列限制使得我国企业能够达到境外上市目的的复杂的组织架构体系。中国的互联网企业绝大部分因为获得境外私募股权投资和风险投资从而成为外资企业或合

[①] 强制退市理由包括因公司治理不规范被强制退市；因信息披露不规范被强制退市；因股价长期低于 1 美元和市值偏低被强制退市。

[②] 协议控制模式，即控制企业通过与可变利益实体（Variable Interest Entities，以下简称"VIE"）（即被控制企业）签订一系列协议，获得 VIE 的利润、经营决策权、财务、技术服务、股权优先购买权、抵押权、经营控制权等实际控制权，再通过合并财务报表的方式，使境外控股企业在财务报表上明确获得被控制企业的利润，最终实现境外控股企业的境外上市，即被控制企业境外间接上市的模式。

资企业，但是我国规定要从事互联网业务需要拥有增值电信业务经营许可证等经营牌照，而这些牌照只有内资企业才能合法取得。于是互联网企业先由一个国内的技术服务公司来合法持有经营牌照，再通过签订一揽子协议将内资企业的利益向境外的控股企业传递，接着将两家公司的财务报表予以合并，用境外的控股公司在美国上市实现境内互联网企业的间接上市。① 这一模式发端于新浪赴美上市的成功，从新浪 2000 年首次使用到现在，国内共有 84 家公司采用这一模式实现了境外上市，② 包括携程网、空中网、百度、优酷网、当当网、易车网、麦考林、蓝讯、搜房、斯凯等互联网企业纷纷利用这一模式实现了美国上市。可见，中国互联网企业赴美上市，绝大多数已经选择采用协议控制模式。

尽管协议控制模式让我国互联网企业规避了法律限制或禁止外商投资互联网行业的强制性规定，但政府一直没有对协议控制架构的合法性给出一个准确的定位：不承认合法，也不确认非法。就在阿里巴巴成功登陆美国之前，一份来自美国国会美中经济安全审查委员会的咨询报告面世了，报告中称，中国互联网企业为了规避政府对外资进入互联网产业的限制，不惜采取复杂而又具高风险的协议控制结构。虽然采取协议控制模式的互联网企业在美国交易所上市成功得到了美国法律的承认，但是中国政府从来没有正面认可过协议控制模式的合法性，从而使得美国的股东正遭受着极大的风险。这里所说的导致美国股东面临重大风险，就是因为协议控制可能会因为恶意规避中国法律监管而导致无效。

2015 年 1 月 19 日，我国商务部在官网上发布了《中华人民共和国外国投资法（草案征求意见稿）》及其起草说明。这份《意见稿》公开向社会征求立法意见，首次提到了协议控制结构是否有存在的必要，以及现存的采取协议控制结构的公司在该协议失效后如何处理的问题。在对外国投资者的定性中，除了原有的注册地标准之外，新增加了一个"实际控制"的标准。在实际控制的标准下，原来被定性为国内投资者的一些受到外资控制的境内企业，就将被视为外国投资者。并且，该《意见稿》在外国投资的具体形式当中，增加了一种投资的方式，即通过合同、信托等方式控制境内企业或

---

① 梁峙涛：《中国互联网企业境外上市法律问题研究》，硕士学位论文，华东政法大学，2012 年。

② 许浩：《2000 年至今共 84 家公司以 VIE 模式境外上市，新浪、阿里巴巴、百度、盛大等均在列》，2015 年 1 月，和讯网，http://tech.hexun.com/2015-01-24/172704744.html。

持有境内企业权益的方式。而协议控制结构中的"协议控制"正是采用合同控制企业的方式。由此推之,协议控制结构赖以生存的土壤可能会丧失。《意见稿》这些规定如若落实到法律中去,那么协议控制架构就会无效从而导致企业规避法律失败,对采取协议控制模式的企业来说可能会产生不利的影响。①

三 中国互联网企业赴美上市已出现的危机

(一)诚信危机

从 2010 年开始,美国股市掀起了针对中国概念股的做空潮,许多赴美上市的中国公司被浑水、香橼等做空机构调查,使得公司股价暴跌市值大幅缩水直至退市,"中国溢价"瞬间变成了"中国折价",在美国上市的中国公司集体遭遇诚信危机,赴美上市遭遇寒冬冰封期。在这场信任危机中受到损失的企业无不首先遭到了做空机构的做空。据统计,至 2012 年年底,已有 50 只中概股因为这场做空潮而停牌或退市。诚信危机爆发的导火索的确是中国企业在信息披露方面存在隐瞒事实、虚假陈述、财务造假等行为,而危机的进一步深化几乎波及每一个在美上市的企业,则与做空机构的推波助澜息息相关,做空机构由一开始的理性做空到后来的随意做空,不免有恶意之嫌。互联网企业在这场诚信危机中也遭到了冲击。

据本书统计在 61 家美国上市的中国互联网企业当中,已有金融界、第九城市、搜房网、斯凯网络、奇虎 360、网秦、唯品会、500 彩票网、旅程天下等 10 家企业遭遇过空头袭击,占在美上市的中国互联网企业的 16.3%,其中在与做空机构的对垒中获胜的仅为奇虎 360。

从 2011 年 11 月开始,奇虎 360 共遭遇来自香橼的七次轮番攻击。香橼对奇虎 360 的攻击主要集中在三个方面:第一,在商业模式上,香橼认为奇虎 360 采取的是即将被淘汰的商业模式,落后的商业模式不能保证公司未来的持续盈利;第二,在财务报告上,香橼认为奇虎 360 的财务报告有造假行为,财务数据不真实,夸大了营业收入;第三,在经营管理上,香橼认为奇虎 360 还存在许多历史问题尚未解决。虽然香橼对奇虎 360 连续发布了七份质疑报告,但奇虎 360 却奇迹般地毫发未伤,这主要因为奇虎 360 在面对香橼的质疑时反应迅速,第一时间与投资者沟通,提供了让人一目了然具有说

---

① 钛媒体(北京):《VIE 结构面临重大变局,互联网企业还是只能去境外上市吗?》,2015年 3 月,网易财经,http://money.163.com/15/0306/10/AK13KVFL00253B0H.html。

服力的财务报告,并出具了清晰明确的公司盈利模式说明,把香橼的质疑一一击破,也在投资者心中一点点树立起了信心。所以香橼唱空奇虎 360 的计划失败了,奇虎 360 的股价不但没受到影响,反而有所增长。

(二) 集团诉讼危机

在 61 家美国上市的中国互联网企业当中,就有新浪、网易、空中网、前程无忧、麦考林、中手游、兰亭集势以及阿里巴巴共 8 家互联网企业遭遇过证券集团诉讼,占在美中国互联网企业的 13.11%。被诉的中国互联网企业占被诉的中国概念公司的 9.3%。其中,只有麦考林一家企业胜诉。

据统计,中国互联网企业被诉的原因主要是信息披露方面不真实、不完整、不及时、不准确。2005 年,前程无忧出现了广告营业收入下滑,因未能及时向投资者通报该信息遭到起诉;2007 年,巨人网络因其主营游戏在当年第三季度中有两个重要运营数据呈现下滑现象,公司却未在相关文件中对该信息进行披露,所以遭到了起诉。①

1. 中华网

中华网不仅是第一家赴美国上市的中国互联网公司,也是第一家在美遭到证券集团诉讼的公司。2001 年 6 月 29 日,中华网接到了来自美国纽约南区法院的传票,与它一同坐上被告席的还有它的证券承销商雷曼兄弟公司、贝尔斯登公司以及美林证券,原告的诉讼理由是中华网与其他被告一起涉嫌操纵股市。原告指控,中华网公司与其高管以及证券承销商在中华网美国上市时具有欺诈行为。质疑焦点包括:中华网公司上市的股票承销商是否存在违法行为,包括是否暗中采用手段向一些投资者索要佣金,是否索要成功收受了佣金,是否以此为条件给这些投资者发售了中华网公司公开发行的股票。另外,还有一种违法行为是股票承销商是否以增持中华网的股票为条件(往往增持的股票价格是双方通过协议约定好了的),在中华网公开发行股票时向一些投资者配售该企业的股票。中华网公司的股价之所以能达到一个很高的水平,就是源于证券承销商的人为操纵,而证券承销商、参与交易的投资者以及中华网公司都能在这一非法行为之后获得一笔丰厚的利润。

十年之后,中华网公司的投资者再次对其提起诉讼,此次诉讼的理由则是因为中华网集团违反了自己签订的保密协议与无担保公司债券买卖协议,并且干涉企业的业务关系,向中华网集团索要赔偿款达 2.95 亿美元。在此

---

① 邱永红:《中国企业赴美上市的法律风险和对策》,《法学论坛》2012 年第 2 期。

之后，继续将中华网集团和它的下属公司也告上了法庭，这一次索要的赔偿款竟达7亿美元之多。原被告双方在接下来的一年当中纠缠不休，中华网集团最终败诉而归，赔偿了一笔巨款，中华网的股价也因为败诉应声巨幅下跌。

2011年10月5日，中华网集团公司提交了一份破产保护申请。10月28日，纳斯达克宣布中华网从当日起暂停交易。在中华网被停牌前，其公司的股价跌幅几乎达到100%，仅为0.42美元，与1999年在美国上市首日的最高股价67美元形成了强烈的反差，公司的总市值巨幅缩水到0.15亿美元。①

2. 网易

2000年7月3日至2001年8月31日这个时间段内购买了网易股票的股东，由两家美国律师事务所代表，于2001年10月将网易送上了被告席，诉称网易上市说明书及注册文件中存在错误与误导信息，网易公司2000年第一季度的财务报告中存在造假的财务数据。除此之外，在网易上市之后，其2000年季度报告和年度财务报告中都有不实的误导信息，夸大了网易的实际经营表现。

最终网易与原告达成了和解，网易向原告集团成员一次性支付了435万美元的赔偿金，在该公司2002财年第三季度和全年的财务报表中这笔资金都有体现。

3. 麦考林

2012年3月5日，原告（Westend Group）不服纽约南区法院作出的驳回其对麦考林的所有诉讼请求的一审判决，向美国联邦第二巡回上诉法院提起上诉，诉称被告麦考林在IPO文件中故意隐瞒有关事实并存在误导性陈述。上诉人称，麦考林没有在其IPO文件中将2010年公司第三季度与第四季度的财务数据披露完整，未披露的数据代表麦考林网上销售量处于上升趋势，而实体店直销量则处于下降趋势，有隐瞒事实的嫌疑。麦考林夸大了其市场营销方式，使投资者误以为公司将会加大对实体直销店的投入力度，扩大实体直销店的经营规模，有误导陈述之嫌。除此之外，并未对公司的前高管离开实体直销店这一事实予以披露，导致投资者增加了管理成本，遗漏了重要事实。在信息披露中的隐瞒遗漏事实与误导陈述将会给投资者造成实际

---

① 黄凯熙：《中国首家在美上市互联网公司中华网申请破产》，2011年10月，中国新闻网，http://www.chinanews.com/it/2011/10-08/3370537.shtml。

上的损失。

2012年11月29日，上诉法院作出维持原判的决定，麦考林最终胜诉了。

(三) 退市危机

2011年仅有18家中国公司在美国上市，融资总额为30亿美元，与此形成反差的是，当年在美退市的中国公司有31家，总市值为78亿美元。①不论是数量上还是市值上，退市的中国公司都远远超过上市的公司。

截至2015年3月1日，已有9家中国互联网公司从美国股市退市。包括中华网、掌上灵通、盛大网络、巨人网络、中国房产信息集团、旅程天下、高德软件、联游网络、土豆网。多数为私有化退市，中华网、联游网络被交易所强制退市，旅程天下则因财务造假被临时停牌后主动退市。

1. 旅程天下

2011年，旅程天下遭到浑水做空，其账务报告被指极度夸大了收入、现金余额和净利润。在它的竞争对手比它多支出5—10倍的情况下，旅程天下仅花费百万元广告费竟然赚回近7亿元，在现金流上其利息收入也低得离谱。而在公司管理上其5年之内更换了3名首席财务官，公司员工也与公布的人数不相符。

2012年4月13日，涉嫌财务造假的旅程天下被纽约交易所停牌。三日之后，旅程天下公告宣布其自愿从纽交所退市，并于2012年4月26日向纽交所提交了正式的退市文件。

2. 联游网络

2010年8月，联游网络借助大华建设这个壳公司，将公司60%的股份移入壳公司，顺利登陆纳斯达克。上市之后，因其游戏产品久久无法推出，整个企业没有一分钱进账，在其公布的2011年第三季度财报中，联游网络的经营收入为0，净亏损260万美元。而公司管理层之间斗争不休以及公司裁员等事件，让该公司股价一直处于大幅波动状态。2010年12月，联游网络收到了纳斯达克的退市警告，原因为该公司股价长期低于1美元已达纳斯达克的退市标准，但之后联游网络利用并股的方式将股价重新维持在了1美元以上，逃过了一劫。然而好景不长，联游网络的股价又一次跌到1美元以下，2011年8月纳斯达克第二次对其发出了退市警告。最终，联游网络还

---

① 邱永红：《中国企业赴美国上市的法律风险和对策》，《法学论坛》2012年第2期。

是没能逃脱被纳斯达克摘牌的后果，退到了粉单市场。

联游网络的确是上市成功了，但是上市之后不思发展，公司无任何业绩，甚至连业务都没有，这对于任何一家没有上市的企业来说都会面临倒闭的风险，何况在美国上市的联游网络还要面临高昂的在市维护成本，被摘牌是必然的结果。①

四　中国互联网企业在美上市化解法律风险的对策

（一）反躬自省，主动回击，尽力化解信任风险

在中概股爆发信任危机时，确实有许多公司被集中猎杀，但也不乏展讯通信、奇虎360这样的公司突围而出。他们能够成功化解做空风险的原因，还是企业本身的诚信理念与规范运作意识，主动出面回击，不至于任人宰割。

1. 上市公司自我净化

在美上市的中国互联网公司必须反躬自省，首先要保证财务数据真实可靠，不做假账，以此为基础，再公布业绩报告或分红方案。做空机构调查报告的内容，一般只是预测公司业绩的走向和分红的可观度，当公司收到了做空报告时，立即出具一份漂亮真实的年报或分红方案，一定能给投资者吃上一颗定心丸，坚定对公司持股的信心。实际上，造假行为并非普遍存在于美国上市的中国公司当中，但由于做空机构的大肆渲染，其中不乏恶意造谣的意图，给整个中国概念股带来了集体的信任危机。

2. 增持股权，回购股票

当然，财务报告和分红方案也可能被质疑，那么当投资者认为继续持有上市公司的股票会让自己的利益受到损失时，抛售是一个惯常的选择。此时若是上市公司的大股东适时地增持公司股权，公司本身回购股权，那么这些举措就能够及时地抑制住股价的下跌，让投资者回归理性，因为上市公司本身已经用行动证明了其价值所在。这也是大多数互联网企业在面对质疑时，对自己最好的无声的辩护。

3. 及时与投资者沟通

由于在美上市的中国公司的用户市场在中国，而投资者在美国，就出现了经营地和上市地的分离。从自然环境到市场环境的不同带来的区别不仅体

---

① 蒋佩芳：《联游网络被摘牌 唐骏借壳未能拯救公司》，2012年2月，网易科技，http://tech.163.com/12/0224/01/7R09RH0K000915BF.html。

现在语言上,还体现在视野与观点上。这使得美国的投资者很难真正了解到将要投资或已经投资了的互联网企业的真实状况如何,只能在企业发布的报告中窥视一二,心中不免惶惶不安。天然的文化交流不畅给做空者提供了便捷,一份做空报告就能在投资者的心中激起轩然大波,不管报告真实与否,不安和怀疑就会令股东纷纷抛售股票。除了做空机构之外,美国的媒体和一些独立的研究机构也需要花点心思认真对待,媒体的信息传播速度之快与范围之广是值得敬畏的,所有重要的信息若是没有媒体的传播是很难取得理想的效果的。独立研究机构也因其专业性让人信服,若是权威的证券商和评级机构能够及时地对上市公司作出一个正面评价,会给持股的投资者打上一剂强心针。因此,加强与美国媒体、投资机构、第三方独立研究机构的沟通交流就显得十分重要,避免因信息不畅而被"误杀"。奇虎360在面对做空时,及时与投资者保持沟通,其成效显著。

(二)积极应对证券集团诉讼,降低集团诉讼风险

在中国,厌诉是法律文化具有的标志性特点之一,但美国则完全不同。大部分中国企业在应对海外诉讼时通常选择逃避,而对法律纠纷的逃避也许会导致失去在起诉国的全部的市场。避诉和厌诉,只会使自身处于被动位置,积极应诉才是最优选择。现如今,美国的资本市场越来越活跃,中国经济也正稳步上升,中国企业必然会成为国际市场所追逐的目标。所以说,面对美国源源不断的集体诉讼,我国企业应保持积极应诉的心态,并且主动组织优秀的律师团队,积极地进行应诉。麦考林正是因为积极应诉,才赢得诉讼的胜利。

第一,如实地公开企业的经营、财务、业绩信息,保障信息披露的真实性、完整性、及时性和准确性。

由于中美地域文化的差异,信息披露对于在美上市的中国互联网企业来说显得十分重要,可以说是美国投资者了解上市企业的窗口。保障信息披露的真实性、完整性、及时性和准确性,首先要熟悉美国信息披露的相关制度,并严格履行。其次可以建立一个信息披露违规的档案,类似于"诚信档案",将不真实、不完整、不及时、不准确披露信息的互联网企业及时予以公告。虽然国内监管部门不能对美国上市的国内互联网企业进行监管,但是这一信息披露违规档案可以对投资者产生投资影响,从而规制企业信息披露义务的履行。

第二,最大限度与原告方达成和解。

我国互联网企业如果在证券集团诉讼中败诉,其赔偿费用甚至达数亿美

元，再加上法院还能适用三倍赔偿的惩罚性规则，企业将会面临巨大的赔偿责任，负担一笔巨款，这对于绝大部分在美国上市的中国互联网企业来说无不是灭顶之灾。就算明明知道原告的诉讼不具备充足的理由，执意用诉讼来解决也不是一个明智的做法，因为在一般情况下，证券集团诉讼耗时都比较长，在一到三年内了结案件的概率十分低，并且诉讼成本昂贵，仅诉讼费用就高至几百万美元。所以说，但凡遭到集团诉讼，寻求有经验的律师给予专业的意见后，和解不失为一种快速而又有利于清除公司发展障碍的最优解决方案。①

第三，选择实力雄厚的财务顾问。

虽然一些集团诉讼发生在公司上市之后，但诉由却是在上市过程中未如实履行信息披露义务，所以，公司在上市的前期准备工作时就应该聘用优质的财务顾问。拥有实力雄厚的财务顾问对于一个公司上市成功极其重要，当然这个财务顾问必须熟悉美国资本市场法律规范和运作规律，弄虚作假的歪门邪道只会让企业自食其果。资质优异的财务顾问能让互联网公司在前期就降低上市后遭遇集团诉讼的风险，帮助互联网公司在投资融资方面寻求路径，为企业拟定改制与重组的方案，完善公司治理结构，让企业完全符合上市条件。

第四，增加法务投资，设立首席法务官。

赴美上市的中国公司往往对美国法律环境感到陌生，信息披露义务的履行十分复杂，所以一定要有强大的法务力量，才能让企业顺利上市并维持稳定，减少面临集团诉讼的法律风险。拟上市公司在选择律师的时候，首先在国内选择对公司运营情况和整个行业的行情比较了解，同时又具有在美国工作经验的中国律师，然后再在美国选用专业的为公司上市的美国律师作为法律顾问，形成一个法律顾问团，这样由律师团互相配合协作，共同防范法律风险。此外，还可以在公司单独设立首席法务官，类似于首席执行官、首席财务官，直接对总经理负责，在风险管控等多维度实行充足准备，未雨绸缪。

（三）"入乡随俗"，严格履行美国资本市场的法律法规与监管要求

事物都具有两面性。美国资本市场的确既庞大又充满活力，十分诱人，但同时也具有最为严厉的市场监管制度。所以拟赴美上市的中国互联网公

---

① 方列：《中国在美上市公司面临集团诉讼风险》，2010 年 8 月，《经济参考报》，http：//jjckb.xinhuanet.com/gnyw/2010-08/24/content_252732.htm。

司及其经理、高级管理人员必须首先认真了解学习掌握美国证券市场的法律法规，遵守一系列的游戏规则。美国证券市场的监管体系是一张密不透风的网，一旦上市公司出现了违规行为，做空者、媒体、会计所、律所以及投资者，就会一拥而上。要是上市公司没有作出具有说服力的解释，交易所就会在向美国证监会备案之后将上市公司停牌或摘牌，接踵而来的就是美国证监会的调查，查证属实的话，上市公司及中介机构将会受到民事乃至刑事的处罚。

1. 严格履行信息披露义务，增加企业的透明度

很多在美国上市的中国互联网企业在信息披露的真实性、完整性、准确性和及时性方面都存在被人诟病的风险。它们通常对公司业绩和利润进行夸大，将公司负债与亏损减小甚至直接隐藏公司的负债事实，来篡改和粉饰财务报表，这些行为都反映了公司在信息披露时不真实、不准确、不完整和不及时。除了这些表现，公司为了让自己以良好的形象示人，在信息披露中掩盖事实、遗漏事实、虚假披露、诱导陈述、敷衍了事等行为也是其没有认真履行信息披露义务的表现。这对于保护投资者利益是极其不利的。并且，信息披露还有一个重要的原则就是要做到及时。证券资本市场变化万千，信息披露及时与否会决定资本市场效率的高与低。上市企业的重要信息具有很高的价值，与此同时也极其容易被内幕人利用，所以上市企业要无条件对这些重要信息及时地进行公开，这样证券市场才能够准确地反映企业价值。

可惜的是，虽然信息披露的环节对上市公司来说非常重要，不按要求进行信息披露的公司会承担严重的法律后果，但还是经常见到不按照美国资本市场要求进行信息披露的公司。[①] 因此，我国的互联网企业在赴美上市过程中和上市后都要积极履行信息披露义务，做到信息披露的准确性与及时性，防范和化解信息披露风险。

首先，要根据美国的信息披露要求在公司内部制定相应的可操作的基本制度和流程，实行"高级管理人员负责制"。其次，在信息披露的过程中，可以聘请专业的信誉度较高的分析师、律师对拟披露的信息进行审核，避免引起法律纠纷。此外，还要及时跟投资者、美国证监会、各交易所进行必要的信息交流与沟通，保证信息披露的及时性、真实性、完整性和准确性。

---

① 梁峙涛：《中国互联网企业境外上市法律问题研究》，硕士学位论文，华东政法大学，2012年。

2. 完善公司治理结构，大力提高规范性

长久以来，中国互联网公司的治理机制尚不完善，使得中国互联网公司的法律风险防控能力在美国这样一个陌生的资本市场下显得格外脆弱。来自监管机构严格的监管，以及来自美国投资者尤其是机构投资者挑剔的目光，都让中国互联网企业领会到，美国上市不只是满足企业的融资需求，企业更要抓住机会利用美国资本市场的约束机制，学习美国成熟先进的管理模式，改善企业的公司治理结构，为企业的可持续发展打下良好的治理基础。

上市的中国互联网公司应该设立独立董事制度，选任富有专业知识及职业操守的、最有独立性的人担任，在董事会下设审计委员会、薪酬委员会、提名委员会、协调委员会、执行委员会等专门委员会，以加强对公司以及董事会的监督，增强公司内部控制和治理结构的合理化，进而提升外部投资者和监管者对公司的信任度。此外，还要明确公司的股东大会、董事会、经理层、监事会的权利与义务，厘清相互之间的利益关系，在公司建立起高效的激励约束机制，比如将经理人员的利益与股东利益和公司股票市值结合在一起，鼓励职工持股来推进职工以股东身份参与公司治理，同时对公司事故责任及财务舞弊的现象给予严厉的处罚。为了让企业能在激流中勇进，企业内部一定要建立起完善的现代企业制度。

（四）努力适应《外国投资法》等一系列法律法规的立法变化，妥善解决协议控制模式问题

《中华人民共和国外国投资法（草案征求意见稿）》（以下简称《征求意见稿》）首次将位于灰色地带的协议控制模式合法性问题提上了议程。明确协议控制模式的合法性的确重要，但更重要的是一旦协议控制模式定性为非法，如何解决存量巨大的采用该模式已上市企业的后续问题。

当初协议控制模式诞生的一个逻辑起点，就是我国的产业政策对于境外资本投资互联网领域存在着限制甚至是禁令，这种限制主要体现在《外商投资产业指导目录》中，目录又分为禁止外商投资的产业类别和限制外商投资的产业类别。《征求意见稿》中同样有一份《外国投资特别管理措施管理目录》，依然将管理内容分为禁止外国投资的类别和限制外国投资的类别，又对限制类领域进行了细分，划分出了限制金额与限制领域两类情况，这份目录实际上是对原先的《外商投资产业指导目录》的延续与发展。除了增值电信业务经营许可证以外，该目录涉及的领域还包括地图导航、电子商务、在线支付、在线教育、网络游戏、网络视听、网络出版等。目录包含的部分领域的确涉及我国的国家安全这一重大问题，但是更多的限制领域只

是在国内互联网产业的安全上存在风险。可以说这份目录最终制定得如何不仅关系到现存协议控制模式互联网企业的未来发展，更关系到整个互联网产业的未来发展。所以，在征求意见阶段，投资者、企业都应该积极发声，争取制定出一份宽严适度的特别管理措施管理目录。

若是《外国投资法》正式出台后将协议控制的方式确定为外商投资的方式，那么对互联网行业是否准许外国投资者进入，准许进入的程度到底能放开到哪一步，将会成为讨论的焦点。笔者倾向于适度放宽对互联网产业领域的禁止和限制。如今的世界是一个紧密连接的世界，互联网则是连接一切地域、种族、性别、工作、生活的纽带，开放性与互通性是互联网最大的特征，封闭只会让国人变成井底之蛙，无法适应当今社会的发展，满足现实需求的开放才是利国利民利于互联网产业发展的政策。在保证国家安全和互联网内容安全的基础上放开对外资进入我国互联网产业的限制，并不是丧失我国政府对互联网产业的管控权，在放开政策的同时，也要针对可能会产生的问题做好制度上的预警。我国正处于改革开放的纵深阶段，相关的法律法规建设应当跟上经济社会发展的步伐，国家要加快对《外国投资法》的立法进程，并对相关法律体系予以配套完善，只有互联网产业的利益主体与国家的共同努力，才能让协议控制模式问题得到妥善的解决，才能让我国的互联网产业健康可持续地发展下去。

第三节　我国在美上市公司 IPO 信息披露的涉诉问题

根据目前学界的共识，证券首次公开发行的信息披露，是公司在首次公开发行并上市时将与本公司之证券发行有关的各种信息资料、根据法律法规及相关上市交易所的有关规定，准确、真实、完整、及时地向社会公众投资人予以公布的行为。作为整个证券信息披露制度体系中最为基础的环节之一，研究学者们普遍支持"IPO 信息披露制度的建立与完善至关重要"这一观点。上市公司及其管理人员、承销商等对 IPO 信息披露的行为是否得当直接影响着投资者对证券市场的信心如何。同时，投资者的利益也会随着披露行为上下波动，更为重要的是公司本身的披露行为直接受制于上市公司的经营和管理行为的同时反过来又作用于公司经营及管理的进程。对于整个证券市场来说，上市公司的披露行为还引导着公众人的投资方向，从而影响证券市场资源的配置效果。因此说 IPO 信息披露与证券市场秩序的形成是息息相关的。

随着证券市场国际化趋势的不断加深，资本的流通已不再局限于本国领土，越来越多的国内公司到境外上市以进行各种经营活动，境外上市公司的活动由此引起了前所未有的关注。其中赴美上市中国公司的上市活动尤为引人注目。在美上市有助于塑造中国企业在国际资本市场的健康形象、加速公司各项治理制度与国际接轨的步伐，同时对我国实施"走出去"战略具有积极、深远的意义。

随着我国经济、社会、法律文化等方面的不断发展，我国企业的 IPO 信息披露相关法律制度建设取得了举世瞩目的成就，为经济的快速发展起到了巨大的促进作用。但与此同时，我们必须清醒地认识到这样一个严峻的事实：与诸如美国这样法律制度健全、证券市场经济发达的国家相比，中国企业的信息披露管理能力还存在诸多不足的地方。在美上市的过程中，中国公司的 IPO 信息披露更是受到来自各方面的严峻挑战。近十年来在美上市中国公司不断发生的因 IPO 欺诈信息披露的案件更是为我们敲响了必须完善我国上市公司信息披露法律制度及相关制度的警钟。因此，我们迫切需要采取有效的措施，完善在美上市中国公司 IPO 信息披露的相关制度，以确保投资者的合法权利得到有效保护的同时保护中国公司的正当利益，最终实现双赢。

本书选择首次公开发行之信息披露而非持续性信息披露为研究切入点主要是基于以下因素的考虑。

首先，本书所有入选的研究案例均属因 IPO 信息披露存在欺诈嫌疑而涉诉的中国上市公司，结合具体案例阐述问题更具有说服力。

其次，IPO 信息披露与发行上市后的持续性信息披露的法律规制依据存在差异。在美国，IPO 信息披露主要由《1933 年证券法》规制，持续性信息披露主要由《1934 年证券交易法》规制。

再次是交易主体不同。IPO 信息披露是投资者作出是否购买发行人发行的股票的决定的依据，交易是在投资者和发行人之间进行，资金直接由投资人流向发行人。而持续性信息披露通常作为投资者和其他投资者进行再次交易的依据，证券买卖在投资者之间进行，除特别情况外，一般和发布信息的上市公司没有直接的关系。

最后是两者给社会整体造成的影响不同。IPO 信息披露制度的目的在于最大限度地促使上市公司与广大投资者之间在获取相关信息的地位上趋于平衡，最终的目的就是建立一个相对公平、趋于正义、文明健康的证券市场环境。同时因首次公开公司的证券相关信息，为了取得良好的开端，上市公司必然会更倾向于完善自身的信息披露制度建设，通过加强、提升公司日常信息的经营管理水平，达到树立上市企业的良好形象，从而扩大企业的社会影响力，最终达到增强吸引投资的目的。因此 IPO 信息披露更有利于改善拟上市公司的经营和管理。

一 IPO 信息披露制度在美国的确立与发展

IPO 信息披露制度源于英国。"南海泡沫事件"[1] 给英国的证券市场造成了前所未有的重创，为了预防和有效遏制此类"人祸"的再次发生，1720 年英国国会通过了举世瞩目的"诈欺防止法案"（Bubble Act of 1720）。该法案的通过对英国本土的证券市场之稳定健康发展起到了重要作用，它明确规定禁止证券上市公司以公众为幌子，征求公众认股，使无戒心之人认购而筹得巨款。在此后的 1844 年，英国国会又通过了当时颇受学界赞赏欢迎的《股份公司法》，这部法律的建立代表着 IPO 信息披露制度的正式诞生，它还首次规定了现代意义上的招股说明书。

美国的 IPO 信息披露制度的建立晚于英国，但学者的共识是美国 IPO 信息披露制度才是现代意义上信息披露制度的典范。1929 年之前，由于受亚当·斯密"看不见的手"理论主宰，美国证券市场上的信息披露法律制度及相关配套制度基本上是处于一种无序、自由放任的状态。虽然美国证券市场建立的早期就有了各州的《蓝天法》，[2] 但因各州法律的效力仅限于各州，且各州对这方面的规定又存在差异，联邦政府因此很难对美国上市公司的各种信息披露管理行为作统一的规范。1929—1933 年金融之都华尔街证

---

[1] 南海泡沫事件（South Sea Bubble）是英国在 1720 年春秋之间发生的一次经济泡沫。当时一些英国私人资本成立了南海公司，利用欺诈手段制造了公司虚假繁荣的景象，导致了市场上的投资者疯狂购买该公司的股票，股票价格一升再升。该公司的董事在股票高价位时将手中股票抛售，之后股价狂跌，造成了大量投资者损失惨重的悲剧，因而在英国的投资市场上引发了一场全面的信任危机，股市进入低迷状态。

[2] 在美国，公司发行新证券时，除了要符合证券交易委员会的要求外，各州为防止欺诈，保护投资者利益，同时制定了一定的法律标准，这些就称为《蓝天法》。对蓝天法这一称谓的来历，美国联邦最高法院曾给出解释：除了高高在上的蓝天之外，没有任何实质内容的股权销售。另有学者解释为防止投机商们在本州内销售建于蓝天之上的房屋。意指所销售的证券看起来回报丰厚，而实际上并无价值或风险巨大。参见李燕、杨淦《美国法上的 IPO "注册制"：起源、构造与论争》，《比较法研究》2014 年第 6 期。

券市场大崩盘，这时人们才发现，大量的信息造假和信用投机等欺诈行为其实早已布满证券市场中的各个角落，它们就像毒虫一样散播着各种信用危机。美国证券监管机构通过调查研究认为这些问题产生的根本原因是证券市场诚信制度缺失导致投资者与经营者之间的信息严重不对称，也即投资者被蒙蔽了，却没有相应的措施来规制这些公司的失信行为。美国联邦政府因此于1933年、1934年分别颁布了《证券法》和《证券交易法》。① 这两部法律确立了以政府监管为中心的集中的信息披露制度的基本框架，它们成为美国整个证券法律制度体系的核心与基石，是美国联邦证券管理的"金字招牌"，同时也是世界其他国家制定证券信息披露法律制度借鉴的重要对象。

随后又相继出台了诸如1935年《公用事业控股公司法》、1939年《信托契约法》、1940年《投资顾问法》、1988年《内幕交易和证券欺诈执行法》以及2002年《萨班斯法案》等相关法律，美国的信息披露制度得到进一步的发展和完善。

二 2003—2013年在美上市的中国公司IPO信息披露主要涉诉案例概述

研究中国企业赴美上市历史轨迹发现，2001—2010年中国企业保持了较高的上市热情，特别是期间受百度、新浪、搜狐等科技创新企业成功登陆美国市场的带动，大量的中小企业上市美国市场的积极性亦是空前高涨。然而，至2010年后，中国企业赴美上市的热情或积极性明显出现了下降势头。依2012年数据来看，当年上半年仅有两家中国公司在美国成功挂牌上市，一家是在纽交所上市的"唯品会"，另一家是在全美证交所上市的"AQ集团"。② 同时根据收集到的资料发现，2003年后赴美上市的中国公司开始频频遭遇证券集团诉讼，而因IPO信息披露涉诉的案件尤为引人关注，其具有涉案人数多、涉诉时间长、耗资金额高、人力资源投入大等特点，这种类型的案件一旦发生，无论法院的最终判决如何，其结果对于上市公司来说都是弊大于利的。因此研究在美上市中国公司IPO信息披露涉诉问题有助于清晰地认识问题的本身，也有利于找出解决问题的关键，更重要的是通过研究此类型案件有助于在了解美国IPO信息披露相关法律制度的基础上，为

---

① 王晓鹏：《论我国IPO信息披露制度的完善》，硕士学位论文，湖南大学，2012年。
② 薛松：《2012中概股仅2家赴美上市》，2013年1月，网易新闻，http://news.163.com/13/0101/07/8K48538500014AED.html。

表 5-8 2003—2013 年在美上市中国公司 IPO 信息披露主要涉诉案件一览

	中国人寿	中电光伏	新华财经	麦考林	巨人网络	富维薄膜	华奥物种	赛维 LDK
上市	2003-12-17	2007-5-17	2007-3-9	2010-10-26	2007-11-1	2006-12-19	2007-11-6	2007-6-1
地点	纽交所	纳斯达克	纳斯达克	纳斯达克	纽交所	纳斯达克	纽交所	纽交所
立案	2004-4-28	2007-09-7	2007-5-21	2010-12-3	2007-11-26	2007-11-12	2008-6-27	2008-5-29
原告代表	Thomas Brown		Leo Yen, James O'Callaghan, Shaokai Li a, Wu Lin	Westend Group	Dunping Qui, Yihua Li, Xie Yong, Linming Shi, Arthur Michael Gray	Plaintiff Nijat Tonyaz	Nijat Tonyaz	Shahpur Javidzad
被告	公司、董事及管理人员	公司、董事、IPO承销商	公司及其CEO、CFO、IPO承销商	公司、董事、IPO承销商	公司、IPO承销商	公司、董事及管理人员、IPO承销商	公司、董事及管理人员、IPO承销商	公司
起诉依据	《证券交易法》第10(b)条	《1933年证券法》第11条	《1933年证券法》第11条	《1933年证券法》第11条	《1933年证券法》第11条	《1933年证券法》第11条、第12条、第15条	《1933年证券法》第11条、第12条、第15条	《1933年证券法》第11条
结案	2009-1-8	2011-5-13	2009-2-25	2012-11-29	2011-11-2	2009-7-10	2009-11-30	2010-7-29
时长	5年	4年	2年	2年	4年	2年	1年	2年
结果	胜诉	和解	胜诉	胜诉	和解	和解	胜诉	和解

我国在规制上市公司 IPO 信息披露制度方面的法律提供一些完善相关制度的借鉴资料。前车之鉴后事之师，只有正面直视 IPO 信息披露问题才有可能找出预防类似问题产生的方法。正如前文所述，2001—2010 年我国公司赴美上市的热情比较高涨，2010 年以后因受各方面原因影响，上市的公司数量明显下降，而期间从 2003 年起集团诉讼案件却不断出现并呈现愈演愈烈的态势，因此本书将以 2003—2013 年在美上市中国公司 IPO 过程中涉诉的主要案件为研究对象，试图通过案例的再现分析涉诉问题的关键，以期找出应对之法。

（一）纽约南区法院关于中国人寿保险股份有限公司的证券诉讼案

1. 案件背景

1949 年 10 月 20 日，[①] 中国人民保险公司作为第一家全国统一的保险机构经中央人民政府批准成立；

1999 年，中国人民保险公司被重组为四个保险公司，中国人寿保险公司是其中之一；

2003 年 6 月，中国人寿保险公司重组为中国人寿保险（集团）公司，并独家发起设立中国人寿保险股份有限公司；

2003 年 12 月 17 日，中国人寿保险股份有限公司在纽约证券交易所挂牌上市。

2. 案情概述

立案时间：2004 年 4 月 28 日。

原告：2003 年 12 月 17 日至 2004 年 4 月 28 日所有在纽约证券交易所购买中国人寿保险股份有限公司股票的人。

被告：中国人寿保险股份有限公司、公司部分管理人员和董事。

原告指控：被告违反《1934 年美国证券交易法》第 10（b）条的相关规定。

具体指控内容如下。

（1）2003 年 1 月，中国国家审计署对中国人寿保险（集团）公司 2002 年以来的财务及其他进行审计，中国人寿保险（集团）公司被查出财务违规，或将面临巨额赔偿。2004 年 1 月 30 日，彭博新闻社（Bloomberg News）报道称中国人寿保险（集团）公司被审计出非法挪用 350 亿元人民币，合计 42 亿美元。2004 年 1 月被告收到中国国家审计署的相关审计报告，而这

---

① 注：如无特别说明，本章所标注的关于案件进程的时间均指美国时间。

一审计报告的发生时间是在被告IPO之前，也即在2003年12月17日之前被告已获悉其母公司中国人寿保险（集团）公司被审计事件，但在IPO的材料中没有披露这一事实，被告因此存在证券欺诈。

（2）中国人寿保险（集团）公司与中国人寿保险股份有限公司在管理人员和财务上存在重大关联。中国人寿保险股份有限公司将2000—2003年度中国人寿保险（集团）公司的财务报告资料作为IPO文件的重要组成部分，说明两者存在重大关联。受审计事件影响，中国人寿保险股份有限公司在纽约交易所的股价从2004年1月29日的29.39美元每股跌到2004年2月6日的26.63美元每股。

（3）被告故意隐瞒美国证券交易委员会对其进行的审查。根据彭博新闻社2004年3月31日报道称"确实存在SEC对被告进行审查"，以及一名被告公司北京总部的女发言人曾表态"意识到SEC对公司的调查但不承认公司本身存在欺诈"，原告据此认为受中国国家审计署对中国人寿保险（集团）公司审计事件的影响，美国证券交易委员会对被告进行了调查，但被告没有披露相关的审查意见书。

被告称原告的所有指控均无依据，具体如下。

（1）中国人寿保险（集团）公司只是中国人寿保险股份有限公司的母公司，中国国家审计署对集团的审计与上市公司无关，中国人寿保险股份有限公司作为独立法人，与母公司不存在财务上的纠纷。

（2）公司之所以将2000—2003年度的财务报告作为IPO文件之一，是基于将集团公司在发起设立中国人寿保险股份有限公司时的资产情况予以公开说明的要求，并非暗示集团公司与上市公司存在资金不清。

（3）至于"SEC对中国人寿保险股份有限公司进行审查"，被告坚持称没有收到SEC的有关审查。

2008年9月3日，纽约南区法院作出支持被告驳回原告诉讼请求的一审裁决。

2009年1月8日，上诉人向美国第二巡回法院提交了一份动议，提出自愿撤回其上诉的申请。当日，美国第二巡回法院批准本案原告，也即二审上诉人自愿撤诉的动议。自此，2008年9月3日的简易判决遂成为最终有效判决，且此案原告即上诉人不得再以相同理由再次提起相同诉讼。

（二）纽约南区法院关于中电电气（南京）光伏有限公司的证券诉讼案

1. 案件背景

2007年5月17日中电电气（南京）光伏有限公司在纳斯达克证券交易

所 IPO 上市。

2. 案情概述

立案时间：2007 年 9 月 7 日。

原告：2007 年 5 月 17 日至 2007 年 8 月 23 日在纳斯达克证券交易所购买中电电气（南京）光伏有限公司股票的人。

原告代表：托马斯·布朗（Thomas Brown）。

被告：中电电气（南京）光伏有限公司、公司董事、IPO 承销商。

原告指控：被告在 IPO 文件中故意隐瞒重要事实，违反《1933 年美国证券法》第 11 条的有关规定。

具体指控内容如下。

（1）被告在 IPO 时故意隐瞒公司所需重要原材料多晶硅严重短缺的事实，而且公司已经出现无法通过其他途径保证有充足多晶硅供应，公司没有采取正当方式披露多晶硅供应的断裂对下一季度业绩产生的不利影响。

（2）在 IPO 文件中，被告存在误导性陈述"以生产能力来衡量，企业作为太阳能生产领军企业，其市场竞争力强，其业绩正在经历着显著的增长"，而在之后的两个月内，公司的业绩并不如期。

（3）被告的故意隐瞒与误导性陈述使公司的股价从 2007 年 7 月 2 日的 14.9 美元每股跌至 2007 年 8 月底的 5 美元每股。

（4）公司承销商没有尽到应有的保荐与注意义务。

被告于 2009 年 1 月公开表态不接受原告的所有指控；但至 2009 年 7 月底被告公司向法院提出了撤回之前否认原告指控事项的文件。

2010 年 9 月 29 日，南区法院初步拟定一份关于原被告双方的和解方案；2011 年 5 月 13 日纽约南区法院最终判决通过和解协议。

（三）纽约南区法院关于新华财经媒体有限公司的证券诉讼案

1. 案件背景

2007 年 3 月 9 日新华财经媒体有限公司在纳斯达克证券交易所 IPO 上市。

2. 案情概述

立案时间：2007 年 5 月 21 日。

原告：2007 年 3 月 9 日至 2007 年 5 月 21 日在纳斯达克证券交易所购买新华财经媒体有限公司股票的人。

被告：新华财经媒体有限公司、公司 CEO 和 CFO、IPO 承销商。

原告指控：被告在 IPO 文件中存在故意隐瞒及误导性陈述，违反了

《1933年美国证券法》第11条的相关规定。

具体指控内容如下。

(1) 被告在IPO文件中故意隐瞒布什（Bush）本人在执行公司业务时存在设立海外账户以逃避纳税、将公司的部分商业交易业务占为己有、与公司发生重大关联交易等行为。

(2) 被告在IPO文件中故意隐瞒西格尔（Singhal）的相关情况，包括西格尔自营公司、其自营公司存在违规被查、西格尔本人面临着一起民事诉讼案、其自营公司与新华财经媒体有限公司所发生的关联交易的事实，并认为IPO文件对西格尔的简历进行了严重的不符合实际的虚假陈述。

被告认为原告的上述"事实"没有确切依据。

法院认为原告要求被告赔偿其经济损失的诉求证据不足不予支持，于2009年2月25日判决驳回原告对被告的所有起诉。

(四) 美国联邦第二巡回上诉法院关于西瑞集团（West End Group）作为上诉人与上海麦考林国际邮购有限公司的证券上诉案

1. 案件背景

2010年10月26日上海麦考林国际邮购有限公司在纳斯达克证券交易所IPO上市；2012年3月5日，纽约南区法院判决驳回原告对麦考林的所有诉讼请求，原告不服向美国联邦第二巡回上诉法院提起上诉。

2. 案情概述

上诉时间：2012年3月5日。

上诉人：西瑞集团（West End Group，在纽约南区法院受理一审时法院将参与诉讼的所有原告代表命名为"Westend"主诉讼人）。

被上诉人：上海麦考林国际邮购有限公司、在IPO文件中签署名字的所有人、公司承销商。

上诉依据：被告在IPO文件中故意隐瞒有关事实，在IPO文件存在误导性陈述，违反《1933年美国证券法》第11条的有关规定，上诉人不服纽约南区法院对此案作出的驳回原告诉讼请求的一审判决。

具体上诉理由如下。

(1) 被上诉人在IPO文件中没有完全披露2010年第三季度和第四季度财务数据，而这些未披露的数据反映着公司网上销售量上升和实体店直销量的下降。

(2) 被上诉人在IPO文件中声称市场营销手段存在夸大其词的情况。

(3) 被上诉人在IPO文件中误导投资人，让投资者认为公司即将增加对实体直销店的投入，扩大实体真销店的经营规模。

（4）被上诉人没有披露公司前董事长及经理离开实体直销店的事实，正因为这一事件，被上诉人的管理成本上升，成本支出增加。

（5）受上述影响，被上诉人在 IPO 时指定的预期业绩目标不可能实现。

2012 年 11 月 29 日，上诉法院作出维持原审判决，即驳回原告诉讼请求的判决。

（五）纽约南区法院关于上海巨人网络科技有限公司的证券诉讼案

1. 案件背景

2007 年 11 月 1 日上海巨人网络科技有限公司在纽约证券交易所 IPO 上市。

2. 案情概述

立案时间：2007 年 11 月 26 日。

原告：2007 年 11 月 1 日至 2007 年 11 月 19 日所有在纽约证券交易所购买上海巨人网络科技有限公司股票的人。

被告：上海巨人网络科技有限公司、IPO 承销商。

原告指控：被告在 IPO 文件中存在误导性陈述和故意隐瞒，违反《1933 年美国证券法》第 11 条的相关规定。

具体指控内容：被告在 IPO 文件没有披露以下事实——作为被告公司的重要游戏项目"Gold Farming"的平均同时在线玩家（ACU）和最高同时在线玩家人数（PCU）在第三季度都出现了下滑的事实，但被告并没有在 IPO 文件中披露。

被告辩护称：公司在招股书中对 ACU 和 PCU 人数均有清晰披露，同时公司还在招股说明书中披露了人数曲线图。而且招股书公布的在线玩家人数与第三季度财报公布的在线玩家人数完全一致，公司不存在 IPO 信息披露欺诈行为。

被告同时表示，虽然该季度的 ACU 和 PCU 的数据有些下滑，但巨人认为更为重要的两个运营指标，即活跃付费玩家数和运营数据（ARPU）都在增长。

被告于 2011 年 8 月 2 日与原告达成初步和解方案。

2011 年 10 月 26 日法院判决通过最终和解方案。

2011 年 11 月 2 日本案宣告结案。

（六）纽约南区法院关于富维薄膜（山东）有限公司的证券诉讼案

1. 案件背景

2006 年 12 月 19 日富维薄膜（山东）有限公司在纳斯达克证券交易所 IPO 上市。

2. 案情概述

立案时间：2007年11月12日。

原告：2006年12月19日至2007年11月12日所有在纳斯达克证券交易所购买富维薄膜（山东）有限公司股票的所有人。

被告：富维薄膜（山东）有限公司、公司部分管理人员及董事、IPO承销商。

原告指控：被告在IPO文件中存在故意隐瞒与虚假陈述，违反《1933年美国证券法》第11条的有关规定。

具体指控内容如下。

（1）被告没有在招股书中说明其运营资产的获得存在违反中国相关法律法规。富维薄膜（山东）有限公司是富维薄膜（控股）有限公司于2007年6月通过收购山东新立克塑胶股份有限公司（下称"新立克塑胶"）全部有效资产而成立的有限责任公司。2004年9月初因欠款未还申请破产，当月月底新立克塑胶被法院裁定破产，而其收购方就是2004年8月9日才注册成立的富维薄膜（控股）有限公司，前后相差仅数十日。2007年6月，《财经》杂志刊登报道，新立克塑胶资产被以"破产拍卖"形式转移至富维薄膜（控股）有限公司私人手中，主导这场私有化的新立克前董事长尹军、继任董事长王铎、董事兼原分管财务的副总经理季晓芳，因侵吞巨额国有资产、涉嫌经济犯罪，已被处罚。其中，尹军、王铎亦是富维薄膜（控股）有限公司董事。2007年10月16日，富维薄膜（控股）有限公司发出公告称山东省检察院发出了逮捕尹军、王铎的通知。新立克收购案在2007年一直处于司法审查程序。因此富维薄膜的投资者们担心中国司法机关很有可能最终裁定2004年的该项收购交易无效，这对借收购新立克而成立的富维薄膜（山东）有限公司来说将会是致命的一击。

（2）被告未完整披露在收购上述运营资产的具体条件，故意隐瞒公司资产的非法来源，导致招股说明书严重失实。

（3）最后是在招股说明书中，被告公司声称原资产所有人或有关当局收回资产的可能性很"遥远"，但实际上这一风险真实而且近在眼前。

2009年7月10日，纽约南区法院通过双方的初步和解方案。2009年9月11日该法院举行和解方案听证。

（七）纽约南区法院关于华奥物种集团有限公司的证券诉讼案

1. 案件背景

2007年11月6日华奥物种集团有限公司在纽约证券交易所IPO上市。

2. 案情概述

立案时间：2008年6月27日。

原告代表：尼杰特·托亚兹（Nijat Tonyaz）。

被告：华奥物种集团有限公司、公司管理人员及董事、IPO承销商。

原告指控：被告在IPO文件中存在故意隐瞒和误导性陈述，违反《1933年美国证券法》第11条、第12（a）（2）条、第15条的有关规定。

具体指控内容如下。

（1）该公司在首次公开发行之前未与其首席运营官及其他重要高管签署可执行的雇用协议。

（2）该公司尚在与其首席运营官及其他重要高管就提供数百万美元的薪酬组合以便获得他们未来的服务进行谈判（这是该公司未来成功的关键影响因素）。

（3）这些大幅增加的薪酬开支会对该公司今后的财务业绩产生重大影响，尤其是一般管理费用的增加以及经营利润与利润率的下降。

（4）由于上述原因，该公司首次公开发行之后的财务业绩绝对不会与其在登记声明中所提供的财务报表相同。

（5）由于高管对于该公司的至关重要性，该公司未与其首席运营官及其他重要高管成功达成可执行的雇用协议，将大大影响其执行自己所公布的经营战略的能力。

（6）首次公开发行时存在的各种会计和支付问题以后将造成该公司的审计师无法完成对该公司财务报表的审计工作。

（7）该公司缺乏充分的内部和财务控制。

（8）基于上述原因，该公司在所有相关时期内的登记声明均存在错误和误导嫌疑。

2009年11月30日，南区法院作出驳回原告诉讼请求的判决。

（八）加利福尼亚北部地区法院关于江西赛维LDK太阳能高科技有限公司的证券诉讼案

1. 案件背景

2007年6月1日江西赛维LDK太阳能高科技有限公司在纽约证券交易所IPO上市。

2. 案情概述

立案时间：2008年5月29日。

原告：2007年6月1日至2007年10月7日在纽约证券交易所购买江西

赛维 LDK 太阳能高科技有限公司股票的人。

被告：江西赛维 LDK 太阳能高科技有限公司。

原告指控：被告在 IPO 文件中存在虚假陈述，违反《1933 年美国证券法》第 11 条的有关规定。

具体指控内容：被告在 IPO 文件中公布的公司运营所需重要硅原料库存量与实际"可用量"严重不符，且原料质量差，从而导致公司的实际成本可能会远高于其公布的运营成本。

被告的主要反驳观点是公司管理层对原材料硅的品质和成本认定产生分歧，但并没有隐瞒公司成本运营信息。

2010 年 7 月 29 日，加利福尼亚北部地区法院作出通过双方和解金方案的判决。

三　2003—2013 年在美上市的中国公司 IPO 信息披露涉诉案共有特征分析

相对美国证券市场而言，中国证券市场自 1990 年 12 月上海证券交易所和深圳证券交易所成立才开业，还是个非常年轻的市场，正处于新兴加转轨的发展阶段。1992 年 10 月，国务院证券管理委员会和中国证券监督管理委员会成立，从那时起，中国初步建立了以政府监管为主导、集中统一的证券市场信息披露制度。在此基础上，中国证券市场迅速发展，在公司信息管理制度方面也取得了重大成果。根据 2012 年 6 月 28 日甫瀚咨询联合中国社会科学院世界经济与政治所公司治理研究中心联合发布的《2012 年中国上市公司 100 强公司治理评价》报告显示，"百强上市公司的年报信息披露质量逐年在提高"，在 2012 年评价中上市公司"信息披露和透明度"一项表现最好，平均为 84.4 分，远高于百强上市公司治理的总体平均水平的 65.9 分。[①] 然而，与美国证券市场信息披露质量要求相比，中国公司的信息披露质量与其已经达到发达国家水平的企业规模很不相称，中国公司在 IPO 中的信息披露能力仍未达到发达国家证券市场的平均水平。境外 IPO 信息披露问题更显尖锐化。

我们通过万律数据库（Westlaw）及《中国证券报》等媒体收集了 2003—2013 年在美上市中国公司因 IPO 信息披露而涉诉且为国内公众较关

---

① 谷东：《〈2012 年中国上市公司 100 强公司治理评价〉报告》，2012 年 6 月 29 日，《第一财经日报》，http://www.p5w.net/stock/news/zonghe/201206/t4339000.htm。

注的案例，经过研究发现近十年来中国公司的 IPO 信息披露涉诉案存在不同面貌，但都涉及相似的特征，如下所述。

（一）诉讼因律师事务所牵头极易被提起，被告涉及法人及其高管、承销商

在中国证券市场，上市公司如果因信息披露涉嫌存在欺诈，介入方首先是证券监督管理机构，即证监会。投资者不得绕过证监会的处理程序而自行组织将案件直接诉诸法院，法院也无权直接审理未经证监会确定为"违规"的证券信息欺诈案。与中国立法制度不同，美国的证券立法鼓励并保护证券投资人的起诉权。只要投资人认为上市公司的信息披露行为损害了其正当利益，他就有权利请求法院给予救济与保护，不需要行政机构对公司的违规行为进行诉前确认，也不需要投资人有确实充分的证据证明上市公司确实存在欺诈。再者，由于美国证券律师团队极具证券集团诉讼专长，他们不仅拥有强大的人才队伍，还拥有丰厚的资产支持。在美国高质量的证券律师团队带领下，投资人的证券诉讼活动非常活跃。在美上市的中国公司 IPO 信息披露因受地域差异、文化差异、制度差异等因素影响，其被投资者起诉的概率更是大大提高。因此被起诉也就不足为奇了。

在美国证券诉讼中，上市公司及其高层管理人员、承销商往往成为投资者起诉的最直接对象。《美国 1933 年证券法》第 11 条明确规定了证券欺诈民事责任的主体。在被告方面，第 11（a）条规定列举了五类潜在的被告，其中公司高层管理人员及其承销商与公司发行上市的信息披露的关系最为密切。公司高层管理是公司上市所有事项的主导者，理应就其信息披露行为承担责任；承销商之所以能作为 IPO 信息披露的重要参与者之一，是因为 IPO 市场投融资双方因地位不平等导致出现信息不对称问题。正因为如此，IPO 承销商在市场上起到了信息桥梁的作用，承销商制度的设置是为解决投资人与发行公司双方互不了解的矛盾，因此说这项制度是现代社会经济制度体系中一项精巧的设计。

但是在证券市场的公司发现过程、上市辅导进程、保荐行为渗透等承销行为过程中，部分承销商出现了轻率、浮躁、冒险等过于功利的倾向，甚至有投机心理。为了获取承销业务、争取 IPO 主承销地位等，承销商极有可能会以牺牲投资者利益作为同行竞争的条件。在这个过程中，证券承销商就很有可能作出与投资者存在利益对立的承销行为，而最为常见的就是对投资者进行信息欺骗。因此在出现 IPO 信息披露欺诈嫌疑时上市公司的承销商被视为难脱干系的被告也是理所当然的。

(二) 上市公司被诉法律依据多为《1933 年证券法》的相关内容

通过案例再现本研究发现,案件原告诉求无不以美国《1933 年证券法》和《1934 年证券交易法》为法律依据,而且以《1933 年证券法》第 11 条①

---

① 《1933 年美国证券法》第 11 节:(a) 当注册报告书的任何部分在生效时含有对重大事实的不真实陈述或漏报了规定应报的或漏报了为使该报告书不至被误解所必要的重大事实时,任何获得这种证券的人(除非被证明在获取证券时,他已知这种不真实或漏报情况)都可以根据法律或平衡法在任何具有合法管辖权的法院提起诉讼——(1) 向任何签署了该注册报告书的每一个人。(2) 在发行人发出表明其责任的注册报告书的那部分时,向其董事(或履行类似职能的人)或合伙人的每一个人。(3) 向经其同意被在注册报告书中指名作为或将成为董事、履行类似职能的人,合伙人的每一个人。(4) 向每一会计师、工程师或鉴定人或其职业给予其权力可作陈述的每一个人。这些人,经其本人同意,曾因准备或核实了注册报告书的一部分,或因准备或核实了被用于注册报告书的有关的一份报告或评价书而被列入名单,对于他们在注册报告书中、有关的报告书中或评价书中所作的陈述声明是由他们准备或核实的。(5) 与该证券有关的每一个包销人……。

(b) 尽管有第 (a) 小节的规定,但除发行人以外的其他人不应负有其中所规定的责任,而应坚持下述举证责任——(1) 在注册报告书中有关其责任陈述部分生效日前 (A) 已经或在法律允许的情况下采取了步骤辞去或终止或拒绝其办公室工作、职位或在注册报告书中被规定由其起作用或同意由其起作用的那些关系;(B) 他已经以书面形式通知委员会或发行人,他已采取这类行动,并且他对注册报告书的这一部分将没有责任;或 (2) 在其不知道的情况下,注册报告书的这一部分生效。知道了这一事实,他随即根据第 (1) 段规定采取了行动,并通知了委员会,此外还给予了适当的公开通告,说明注册报告书的这一部分是在他不知道的情况下生效的;或 (3) (A) 如果注册报告书的某一部分据说不是由一专家根据其权威制定的,不是某专家报告或评价书的副本或摘录,不是根据有权威的公开官方文件或报告制定的,则关于注册报告书的这一部分,他经过适当调查,在注册报告书生效时,有理由认为,并且确实认为,其中的陈述是真实的,且没有漏报按规定其中应报的或使其中的陈述不至被误解所必要的重大事实;(B) 如果注册报告书的某一部分据说是根据其作为专家的权威而制定的,或是他本人(作为专家)的报告或评价书的副本或摘录,则关于注册报告书的这一部分:(i) 经过适当调查后,在注册报告书生效时,他具有适当的理由认为,并且确实认为,其中的陈述是真实的,且没有漏报按规定应报或使其中的陈述不至被误解所必要的重要事实,或 (ii) 注册报告书的该部分未能公正地代表其作为专家的陈述或不是其作为专家的报告或评价的完满的副本或摘录;及 (C) 如果注册报告书的某一部分据说是由一专家(非他本人)根据其权威而制作,或是一专家(非他本人)的报告或评价书的副本或摘录,则关于注册报告书的这一部分,在生效时,他没有适当的理由认为,且确实不认为其中的陈述是不真实的或存在对规定其中应报或是使其陈述不至被误解所必要的重大事实的漏报,或注册报告书的该部分并未清楚地反映该专家的陈述,或并非是该专家报告或评价书的完整的副本或摘录;(D) 如果注册报告书的某一部分据说是一官方人士的报告,或是一公开的官方文件的副本或摘录,关于注册报告书的这一部分,在生效时,他没有适当的理由认为,且确实不认为,其中的陈述是不真实的,或存在对规定其中应报的或使其中的陈述不至被误解所必要的重大事实的漏报,或注册报告书该部分并未清楚地代表该官方人士的陈述或并非是公开官方文件的完整的副本或摘录。

(c) 在为本节第 (b) 小节第 (3) 段目的而决定什么是构成令人信服的合理调查和正当理由的标准时,合理的标准应当是精明人在管理自己的财产时所需要的标准。

(d) 如果任何人在注册报告书有关表现其责任的那部分生效后成为该证券的包销商,则为了本节 (b) 小节第 (3) 段的目的,注册报告书该部分应当被看作在他成为包销商时生效的:

(e) 第 (a) 小节赋予的诉讼权力可用于补偿那种能反映以下差额的损失,即为:(接下页脚注)

为引用次数之最。《1933年证券法》第11条是该法最为锋利的"牙齿",它规定了虚假注册说明书应当承担的最为严厉的民事法律责任,美国国会也花了最为浓重的笔墨来书写该条项。其条下分为a、b、c、d、e、f、g 7款,在a款(责任人)项下又分为5项,对每一项责任人进行了专门的规定,在b款(免责情形)项下又分为3项,甚至在第3项下又分为2个子项,可见国会在此问题上的严厉态度及慎重程度。

在案例中,除了中国人寿案,其他所有的案例都涉及《1933年证券法》第11条。该条的立法目的,一是向投资者充分地披露真实信息。立法者认为,只要发行人将证券的真实信息进行了充分的披露,就是对投资者的保护,投资者应自己根据披露的真实信息决定是否投资,而政府不对证券的品质担保。二是制止证券发行中的误导、欺诈等虚假行为。虽然政府不对证券的品质担保,但是,为了制止和惩罚证券发行中的误导、欺诈,证券法相关条款规定了严厉的民事、行政和刑事法律责任,尤其对民事责任更是重墨书写。

(三)上市公司涉诉时间长,多以和解方式结案

上述八宗案件都经历了长期的博弈。在诉讼过程中,所有公司的股价均有不同程度的下跌,公司的损失不仅体现在资金流失上,长远来看,还体现在对公司信用、名誉等商业价值的损害。当然,中国公司在美上市涉诉也并

(接上页脚注)证券而支付的金额(不超过该证券在向公众发行时的价格)与(1)在提出诉讼的时候该证券价值之差,或与(2)在诉讼前该证券被在市场上出手的价格之差,或与(3)该证券在起诉后但在判决前被处理所定的价格之差——如果该损失少于能够代表为证券所支付的金额(不超过该证券在向公众发行时的价格)和在起诉时证券的价值之差这一损失的话:这是以下述假设为前提,即如果被告证明这种损失的任何部分或全部不是代表由于注册报告书表明其责任的部分不真实,或漏报了规定其中应报或使其中的陈述不至被误解的重大事实所引致的该证券的贬值,损失的这部分或全部不应予以补给。任何包销商(除非已知该包销商作为包销商从发行人那里直接或间接得到好处,而所有其他在类似情况下的包销商并未按其在包销中相应利益分享这一好处)在任何情况下对由第(a)小节所赋予权力的任何诉讼或诉讼的后果——对超出由其包销并分配于公众的全部价格的损失都不负有责任。根据本篇本节或任何其他各节发生的起诉中,法院可根据自己的决定以其权力要求包销商支付该诉讼费用,包括合理的律师费用……

(f)在第(a)小节中规定的所有人或任何一个人或更多人应共同或分别负有责任,并且每一个根据本节有责任进行任何支付的人,在有合同存在,并且是在分别起诉的情况下可从有责任进行同样支付的任何人那里得到对其代价的补偿,除非负有责任的这个人犯有欺诈性陈述罪,而其他人没有。

(g)在任何情况下根据本节所得到的补偿都不应超过证券向公众发行时的价格。

非"百害而无一益",最重要的收获应该就是新思维的塑造。中国公司在美IPO信息披露过程中所遭遇的各种非难可以让我们从另一个角度去思考本土公司的各项治理与国际市场在管理上的差距,切实改变在企业与投资者利益之间过于偏袒上市公司的倾向。

四 2003—2013年在美上市的中国公司IPO信息披露涉诉案和解原因分析

在前述案例中,中国公司涉诉的原因都是因为"不披露"相关信息而被投资者依据美国相关证券法起诉至法院,在不约而同对外宣称原告"各项指控都缺乏根据"后案件的结果却大多以和解方式结案。中国公司在面临证券集团诉讼时曾经理直气壮地积极应诉,认为自己已经完全按照相关信息披露制度来执行披露工作,并没有像原告所说的"存在欺诈",但是在诉讼后期大多公司开始"委曲求全",为避免事态的进一步恶化而请求和解。这里存在三个值得深思的问题。一是在诉讼过程中,是什么原因导致涉诉中国公司由一个自信满满的掌控者沦为"甘拜下风"的败诉方;二是美国原告律师团为何没有坚持初始立场而愿意接受涉诉中国公司的和解方案;三是在胜诉案件中,是什么促使原告"自信满满"地敢于挑战强大的证券公司。在美国,保护证券投资者的法律条文丰富且规范,如《1933年证券法》《1934年证券交易法》《萨班斯法案》及《私人证券诉讼修改法》等,再加上拥有高质量的诉讼律师团队作为后盾,如果涉诉中国公司在IPO信息披露中确实存在违规,那么为何到最后又对中国公司"手下留情"不再继续追究?这一系列的问题可以概括为前期主动应诉、中期消极回应、后期被动和解。

这就是本书所欲探讨并寻求答案的核心问题。

探讨诉讼双方彼此妥协的原因必须从引发诉讼双方当事人之间的冲突、诉讼提起法律依据、被告公司信息披露管理能力等方面进行深入研究,结合现有案例挖掘事实的本质,以期为现有问题找到解决方法的关键点。

(一)证券集团诉讼参与人之间存在利益冲突

集体诉讼是美国民事诉讼法上的一个重大制度创新。它在惩罚违法行为、保护受害人、执行法律法规以及节约法院资源等方面起到了积极的作用,在消费者保护、证券欺诈、反垄断和大规模侵权等方面得到了广泛应用。集体诉讼各方当事人有原告集团成员、集团成员代表、集团律师、被告及法院。存在利益冲突的主要有两大关系,一是原告与被告双方利益冲突关系，另一个是集团成员与集团律师利益冲突关系。前者是证券集团诉讼提起的原生矛盾，而后者则是在诉讼提起后产生的派生冲突。

1. 原生矛盾分析

通过观察上述所有案例，本书发现在 IPO 信息披露涉诉案中被告方都列有公司的高层管理人员，因此在分析原生矛盾时就不得不提起被告方高管。

在美国集团诉讼进程中，上市公司管理层人员因没有监督案件进程或因其与信息制定、发布流程具有先天的紧密联系性，从而易成为各种类型信息披露欺诈案件特别是 IPO 信息披露欺诈案件的"始作俑者"。其违法违规行为，是在证券投资人与公司（或管理人员本身）利益双方存在冲突的情况下，公司的高层管理以通过非法手段损害投资人合法利益为途径寻求实现自身利益目标的结果。当其违规行为曝光后，公司管理层成员的利益目标即转化为尽量避免受到司法指控或承担尽可能少的法律责任。由于美国保险公司的积极创新，各种类型的证券集团诉讼案中证券经理人大多因此而受益。在各种类型的证券集团诉讼和解中，如果被告是公司，和解金则由保险公司赔付，①成本自然由公司承担，公司管理层则对此不承担任何实质性的法律责任，也就是说其利益并没有因公司涉诉而受到影响。如果被告是公司管理层，由于他们在保险公司投了职务保险，而这种职务保险的一大特征就是"保费依法不得适用于判决赔偿，但可以用于和解"②，显然从董事、高管的角度他们更愿意集团诉讼以和解方式结案，免于个人赔偿。因此被告为管理层人员时，其和解金大部分或者全部的赔偿将由保险公司来承担，公司管理层人员只承担超过保额的部分，而在案件现实中很多时候其根本无须赔付。因此，在整个集团诉讼案的进程中，公司管理层人员没有监督案件进程的必要。如此，公司管理层人员的行为导致了证券集团诉讼的轻易发起的同时也导致了证券集团诉讼多以和解告终。③

被告方的内部矛盾只是导致证券集团诉讼和解的一个因素，在原生矛盾

---

① 保险公司也是集团诉讼的受益者。随着集团诉讼的增加，保险公司不断地增加保费。公司及管理层为了在诉讼中保护自己，不断地购买更多董事及高级职员责任保险。购买保险的成本将由股东承担。保险公司的利益所在是获得更多的保费，增加盈利。其主要做法是在集团诉讼之后，增加保险收费。因此保险公司没有激励监督公司的管理层，也不会对抗集团律师。

② 王佳思：《美国证券集团诉讼研究》，硕士学位论文，复旦大学，2012 年。

③ 孙旭：《美国证券市场信息披露制度研究》，博士学位论文，吉林大学，2008 年。

中还有另一因素在左右着案件的进程，那就是原被告双方的利益博弈能力。

IPO 信息披露集团诉讼的被告通常是影响社会大众的大公司，对赴美上市的中国公司来说更是如此，可以说在证券市场上除了集团诉讼，受害大众对被告公司无可奈何，只能任凭被告公司继续其不法行为。然而通过证券集团诉讼，大众投资人士可以凭借优质律师团队诉讼能力参与制止大型公司的不法行为，并寻求相应的损失赔偿。在双方实力相当的情况下，和解成为结案最为经济的方式。

2. 派生冲突分析

在证券集团诉讼中，"小额多数"的原告单独提起诉讼往往是不经济的，而美国证券律师在集团诉讼中的号召作用可以弥补这一缺陷。证券集团诉讼之所以能被提起，很大程度上是因为高胜诉酬金制度的推动，证券律师乐于成为各种类型集团诉讼真正的发起者和组织者。证券律师的这种行为不仅仅使其在各种证券诉讼案中得到应有的报酬，更重要的是它推动了美国律师证券诉讼文化产业的发展。美国有很多种类型的专门致力于证券集团诉讼的商业网站就是诉讼文化产业的缩影。正是得益于这种法律文化背景，证券律师在选择起诉法院、确定起诉时间和理由等问题上发挥着主导作用。

在证券集团诉讼中，广大中小投资者实际上是缺位的原告，律师作为其代理人，实际上控制着原告的诉讼权利。前文已论述，集团律师的利益驱动器是律师酬金的最大化而非被代理人的利益最大化，更不是对信息披露责任人的监督与追责。在双方实力悬殊的情况下，由于集团成员本身的高度分散性，在选择证券集团律师、决定律师酬金等方面几乎没有话语权，更无法对其实施有效的监控。具体表现为以下几方面。

第一，由于律师在证券集团诉讼中起着主导性作用，一部分律师蓄意发动集团诉讼，将诉讼作为生财之道，产生了类似"赏金猎人"[①] 的特定律师群体。对于广大分散性原告来说，他们很有可能被律师当作谋求自身利益的跳板，在诉讼过程中充当律师逐利的工具。美国证券市场因此陷入滥诉的风险之中。

第二，由于律师在证券集团诉讼中的特殊作用，加上证券律师强大的

---

① 赏金猎人源自 2010 年 3 月 19 日在北美上映的电影《赏金猎人》，赏金猎人的工作性质是非常复杂的，有许多还相当危险。从最简单的寻宝委托，到触犯法律的暗杀活动，都有可能包含在赏金猎人的工作范围内。如果应征者本人愿意接受的话，各式各样的临时短工都可以列入其服务范围。

"运筹帷幄"能力，诉讼和解金的大部分成为律师的胜诉酬金，而原告却没有得到应有的补偿，这多少有点"鹬蚌相争，渔翁得利"的意味。

第三，监督者缺位使得证券律师没有维护原告权利的有效监管机制，律师们的利己动机推动着整个案件的进程，有时甚至与被告达成不利于集团原告的和解协议。

由此，证券集团律师有条件也有激情促成证券诉讼的和解，而不管其和解意图是否有利于广大受害的原告，只要能促使律师团在诉讼中的利益得到最大化即可。这种类型的诉讼和解风险在原告方参与律师团起诉的证券案件时就已经当然、必然地存在。

（二）因严苛的法律条文而增加的败诉风险迫使被告公司寻求和解之道

早在制定《1934年证券交易法》的时候，美国前总统罗斯福就曾经表示，他不会接受一个"不长牙齿"的议案。① 实际上，美国证券法的"牙齿"，即法律责任制度，早在《1933年证券法》中就已经"长"出来了，而且还很锋利。而《1933年证券法》最为锋利的"牙齿"莫过于第11条，当然第12条及第15条亦不可忽视。正是这些条款的存在，迫使证券集团诉讼被告在斗争中寻找平衡原被告之间利益的黄金分割点。

《1933年证券法》第11条的目的在于保障投资者的投资决策拥有充分而真实的信息，为此，在注册说明书中着重设置了重大不实陈述和遗漏重大事实行为的严格责任原则。对证券发行人设置了"严格责任"原则，对其他人则设置了"疏忽过错责任"原则。在赔偿损失方面，不仅要赔偿原告在交易中所遭受的损失及承担的诉讼费用，还要赔偿原告合理的律师费。

该条的严厉程度不仅体现在上述严厉的法律责任原则和损失的赔偿上，还体现在以下四个方面。

1. 被告当事人非常宽泛，证券欺诈行为责任主体明确

在原告方面，并不要求原告与被告有直接的关系，原告也无须证明其投资决策依赖了该重大不实陈述或者遗漏的重大事实和其损失是由于这种重大不实陈述或者遗漏的重大事实造成的，对原告的要求只是其购买时不知道有该重大不实陈述或者遗漏的重大事实即可。在被告方面，第11条（a）列举了五类潜在的被告，将从证券拟发行伊始至证券最终上市过程的所有参与

---

① ［美］乔尔·塞利格曼：《华尔街变迁史——证券交易委员会及现代公司融资制度的演化进程》，田风辉译，经济科学出版社2004年版，第85页。

者,如发起负责人、中介机构、中介经理人等都纳入欺诈责任承担主体范围之中。

2. 举证责任的分配倾向于保护投资人而强化被告的责任承担

美国国会放弃了普通法的基本原则,将举证责任分配给了非发行人的被告,他们除了已经对违法行为进行了"吹哨提醒"外,还应证明其尽到了尽职调查(reasonable investigation)的义务。关于尽职调查,第11(c)条确立了谨慎人(a prudent man)的理性(reasonableness)标准。在麦考林一案里,原告就以"没有履行充足的尽职调查"为由将麦考林诉到法庭;中电电伏一案中,被告也是因未尽职调查而使"关键性材料多晶硅无法取得",因此遭遇集团诉讼。

3. 证券欺诈诉讼原告具有先天优势

原告的索赔不需要证明信赖关系,甚至不需要阅读过注册登记说明书或者招股说明书,更不需要知道错误或者误导信息。这就是美国"欺诈市场理论"在证券法中的运用。"欺诈市场理论"建立在有效市场假设的基础上。根据该假设,如果证券市场是公允且良性的,所有证券的信息都得到正常的披露,证券价格受且仅受这些合法披露的信息之影响,那么重大的欺诈陈述行为将会影响股价,造成股价的过高或过低。由于"证券市场具有公开、公平、公正的特征"为每一个证券投资人所相信,这种对市场的信赖使投资人有权利相信股价的公平性,即使他没有直接对虚假陈述产生信赖,但只要他因受信赖市场价格影响而买股票则其就有权向证券信息披露"违规"行为人请求赔偿。这是一种因果关系的推定。欺诈市场理论大大减轻了原告的举证责任,有利于集团诉讼的进行,而被告也可通过证明其所作的虚假陈述或重大遗漏行为并未影响市场价格或受害人即使知道了真实信息仍会为同样的交易而获得免责。

4. 法律责任之经济损失赔偿数额厘算的复杂性同样增加被告的诉讼风险

在前文案例中只有中国人寿案没有以《1933年证券法》第11条为起诉法律依据,其他的无一例外地因第11条深陷诉讼泥潭,而且最终大多以和解方式结案。就被告公司方而言,取得胜诉是再好不过,但和解也不失为一种较为经济的解脱。一旦公司败诉,其可能承担的最大风险就是破产宣告。

关于损害赔偿的计算,该法第11条规定了三种计算方法。

第一种,如果在判决时原告仍持有证券,损害赔偿等于购买价(不超过公开发行价)减去提起诉讼时的证券价值。

第二种，如果在提起诉讼前原告已卖出证券，损害赔偿等于购买价（不超过公开发行价）减去卖出价。

第三种，如果在提起诉讼后作出判决前原告已将证券销售，损害赔偿等于购买进价（不超过公开发行价）减去卖出价，但不超过根据第一种方法计算出的损害赔偿，根据第三种方法计算出的损害赔偿将不超过证券支付的价格（不超过发行价）与提起诉讼时证券价值的差额。①

仅从法律条文的规定来看，计算第 11 条的损害赔偿涉及大量证据问题。第 11 (e) 条的规定往往被看作减轻被告经济赔偿负担的有利条款，因为被告如果能证明原告所要求的损害赔偿不"代表因不实说明或遗漏而产生的证券贬值"，那么原告在这方面的损失就可以在被告公司能证明的范围内予以剔除不计。但是这个证明责任往往需要人力财力上的巨大投入，看似试图减轻被告经济负担的条款实则是加剧了被告的举证责任。

对证券集团诉讼被告来说，由于集团证明程序已经初步证明自己存在过失，必须承担赔偿责任，但赔偿责任的金额难以确定，如果通过法院裁判，很有可能要承担更巨额的赔偿。同时，证券集团诉讼中发生的巨额诉讼费用也是一个巨大的风险因素。

因此在综合考虑各方因素后，被告公司一般会以和解方式结案以避免损失的进一步扩大。

除了第 11 条，涉诉公司还涉及违反第 12 条及第 15 条的相关内容，但较第 11 条而言，被引以为诉的频率大大降低，因此这里不再进行深入分析。

（三）被告中国公司 IPO 信息披露管理能力不足

作为跨国公司，赴美上市的中国公司 IPO 信息披露制度的国际化特征使得它同本国法的关系变得更为错综复杂。在案例中，涉诉的中国公司常以母子公司、集团公司的复杂形式存在，而且很多都是在多个领域中进行多元化经营，公司形式与经营地域的复杂性使得公司信息披露制度较一般的国内企业、单一形式公司的更为庞大，也更为敏感、多变。

1. 在美上市中国公司 IPO 信息披露管理与法治的衔接存在困境

法律制度与企业制度的衔接最早体现于公司的章程，随着公司治理的不断发展和企业规模的不断扩大，以及国家出于对市场经济的调控，国家的法律逐渐渗透到公司的制度内部。发展到今天，公司的治理制度实际上就是国

---

① 《美国 1933 年证券法》，张路译，法律出版社 2006 年版，第 71 页。

家规范性法律文件和公司内部制度二位一体的结合。① 上市公司信息管理制度是公司治理制度的重要组成部分,对其管理是否得当直接关系着公司制度的良好与否,可以说其在一定程度上对公司的整体制度文明程度起着至关重要的作用。因此,优化公司信息披露管理制度是提高公司管理制度文明化、法治化的关键。

在美上市中国公司 IPO 信息披露法治化的困境表现为集团公司内部信息披露的分工与协作存在利益冲突。

首先,跨国上市的中国公司虽设有完整的决策体系和最高决策中心,但因受中国具体国情的影响和作用,上市公司的总部或者其母公司行使相当大部分的统一规划和统一决策权。各境外上市子公司虽有各自的领导与决策机构,可以根据自己的业务营运情况和不同经营管理特点开展各种决策活动,但其决策必须同最高决策中心保持和谐关系,也就是说即使子公司作为独立的法人,其经营理念等都会受母公司所影响。

其次,跨国公司跨领域经营,其信息披露规则势必同上市地法律制度产生关联。总部的信息管理制度规范同本国相关的法律制度与其他配套制度相衔接,在本国的法律秩序下生效。而在异国的子公司,由于法律效力的属地原则,它们实际需要遵循二元法律制度体系。也就是说,在境外上市的中国公司一则需要通过遵守总部的信息管理规则进而间接地遵守总部所在国相关的法律制度,二则它们还必须遵守所在国关于信息披露管理的法律法规及相关配套制度。矛盾就有可能因此而产生。

跨国总部公司本国的法律与其境外上市的下属机构所在国的法律规定不一致时,上市公司应当首先适用上市地所在国的法律。在这种情况下,就很有可能出现总部与子公司所在地的法律制度不相吻合甚至冲突的局面。这时,如果合作意味着赴美上市中国公司信息管理制度最大化地遵守上市地的相关法律法规;如果是竞争,则意味着出于中国公司整体利益和政策的一致性,或者是出于维护上市公司本身的小集团利益,在美上市公司的信息管理则将会出现尽力规避当地法律法规的做法。特别是在公司的财务信息管理上,中国公司的通常做法是将此项管理集中于组织的更高层级。这主要是受"以吏为师""以长为尊"的中国传统文化影响。因此对下属企业的财务信息更倾向于实行统一化、高层控制化的管理。而一国的法律法规往往会对企

---

① 张羽君:《企业制度与法治的衔接》,人民出版社 2011 年版,第 71 页。

业的财务报告、审计程序及相关标准等作出具体详尽的规定。因此可以想象，如果该国的财务信息管理制度与国际上的通行做法相似性比较高，那么其与国际通行准则就会融会贯通，此时，跨国公司境外上市的下属企业的信息管理规则就能较好地同当地相关的法律法规衔接起来；如果该上市公司的所适用的信息管理规则与上市地法律法规不相容，甚至出现排斥现象，则制度性竞争就在所难免。在利益存在冲突时，下属企业可能通过与总部公司进行各种策略协调机制来规避所在国的法律法规。

2. 涉诉公司管理层人员忽视、规避信息披露法律制度

中国企业往往习惯于国内证券市场"灵活变通"的潜规则，忽视了对美国证券监管文化、市场游戏规则乃至"市场假设"潜规则的学习和尊重。涉诉公司规避信息披露的行为主要表现为对公司运营成本情况和获利能力构成的信息披露不足。

在中电电伏案中，被告在IPO招股说明时声称"可以保证有充足的多晶硅原材料供应，以应对未来的电池生产需求"，然而一个月后，公司却突然对外表示其第二季度的收益将达不到预期水平，原因是关键性材料多晶硅无法正常取得。原告至此认为中电电伏存在不完全披露的证券欺诈行为。关键性材料多晶硅是中电电伏运营过程必不可少的成本投入，对公司本身的获利能力起至关重要的作用，而被告对这样一个足以影响整个公司稳健发展的信息却没有披露其真实的状态。

在巨人网络案中，原告认为在上市申请书和招股说明书中，巨人网络没有提到第三季度ACU和PCU都出现下滑的事实，而被告却认为虽然该季度ACU和PCU的数据有一点下滑，但巨人认为更为重要的两个运营指标都在增长：一个是活跃付费玩家数，即APC在第三季度持续增长，另外一个非常重要的运营数据ARPU值第三季度也比第二季度增长了3.3%。被告认为ACU和PCU下滑所产生的消极影响与APC和ARPU所产生的积极影响相比是"危害甚小"。证券市场的虚拟性使证券投资者所承担的风险性提升，因此投资人需要的不是发行人的口头承诺，而是明了清晰、稳定可靠的信息。

在富维薄膜案中，原告称被告未披露公司的运营资产是通过不符合中国法律和规定的交易获得；而且未完整披露收购上述资产的条件，导致招股说明书严重失实。这是被告公司对运营成本之组建公司资金来源的重大隐瞒。

在华奥物种案中，被告同样也是因为"酬薪开支成本上升"这一运营成本的信息披露存在隐瞒事实而被诉。

江西赛维LDK案和中电电伏案涉诉原因类似，其是因"公司重要材料

硅原料库存情况与公布的库存量与可用量不符，公司的实际成本可能会高于公布的成本"被诉。虽然被告声称上述言论只是因公司高层"对原材料品质和成本认定产生分歧"，但其隐瞒成本信息的意图难以自圆其说。

企业的成本是企业获利能力的根本来源，其资金成本的运营、重要材料的利用等方面信息公布与投资者面临的市场风险紧密联系。而如果详细披露就会使投资者产生警惕性，被告公司潜在的不法利益就会因公众的监督而受到抑制，但这往往是"唯利是图"的经营者想方设法避免的。不少公司将信息披露看成一种额外的负担，而不是把它看成一种应该承担的义务，以及股东应该获得的权利。因此公司高层管理人员往往抱着能少披露就尽量少披露的心态去应付广大投资公众。这种认识偏差使上市公司在 IPO 信息披露环节总是想方设法地规避监管部门的法律监督，从而导致信息披露不真实、不完整，并最终导致欺诈性信息披露的问题的出现。

一方面，跨境上市中国公司信息披露管理制度设置不完善，另一方面，上市公司本身的"利己"动机没有受到合理的监督和制约，种种原因导致了上市公司对信息披露义务的漠视甚至规避。一旦发生证券集团诉讼，其对信息披露违规的辩解也会因自身存在的问题无法解释而"不攻自破"。此时为了避免损失的进一步扩大，诉讼和解成为被告公司结案的首选方案。

五　企业有效避免在美上市中国公司 IPO 信息披露涉诉的建议

马克思曾提出过人类把握世界的四种方式，即科学精神的方式、艺术精神的方式、宗教精神的方式和实践精神的方式，人类的认识凭借这四种方式可以从具体上升到抽象，再由抽象上升到具体。① IPO 信息披露是上市公司以招股说明书、上市公告书等形式，把公司及与公司相关的信息向投资者和社会公众公开披露的行为，本质就是一种实践精神，它直接属于人的实践范畴。因此，降低或避免在美上市中国公司因 IPO 信息披露涉诉必须回到案例中去，具体问题具体分析，才能从具体的案例事实中找出解决问题的措施和办法。

（一）不断提高公司市场竞争力，为高质量的信息披露提供硬件条件

企业竞争力是指竞争性市场中一个企业所具有的能够持续的、比其他企业更有效的向市场提供产品或服务并获得利益和自身发展的综合素质，它是

---

① 参见《马克思恩格斯选集》第 2 卷，人民出版社 1995 年版，第 18—19 页。

企业在适应、协调和驾驭外部环境的过程中成功从事经营活动的能力，是企业资产增值、效益提高和持续发展的能力。① 这种竞争能力的表现是多方面的，如市场占有率、资本充盈度、企业经营原材料获取能力等，这些能力与上市公司的抗风险能力几乎是呈正相关的关系。在前述案例中，和解中的被告有的是因为市场占有率下降（巨人网络），还有的是因为公司的运营资产、运营成本出现严重不实记录（富维薄膜、华奥物种），也有的是因为关键性原材料无法继续取得（中电电伏、赛维 LDK），这些都是上市公司市场竞争能力存在不足的表现。这些被告公司因本身市场竞争能力的缺乏导致无法获得持续健康发展的条件，但为了"掩人耳目"，通过隐瞒披露、选择性披露等方式给投资者营造了一个公司将稳健增长的假象，当面对证券集团诉讼时，公司就会因无法自圆其说其信息披露行为的正当性而只能向原告方妥协。因此为避免在美上市中国公司因 IPO 信息披露而遭遇上述尴尬境遇，上市中国公司首先要做的就是提高公司本身的市场竞争能力。只有取得持续健康的发展条件，才有可能从根本上根除涉诉的"毒瘤"。

（二）公司高层管理人员应提高证券集团诉讼风险意识

IPO 信息披露具有披露对象广泛性、披露内容高敏感性、披露影响力度深远等特点。这些特点导致投资者疯狂地关注公司经营的每一个细节，再加上美国是这样一个如此崇拜集团诉讼的国度，其投资者总是善于利用诉讼来保护自己的利益，这使得证券市场的诉讼风险无处不在。在美上市中国公司的高层管理人员提高证券集团诉讼风险意识应做到以下几点。

1. 建立对 IPO 信息披露法律制度的正确认识

最重要的就是了解并熟练运用美国《1933 年证券法》关于信息披露的相关规定。从本质上说，《1933 年证券法》是一部保护投资者权益的法律，美国国会也曾在其立法报告中多次强调这部法律保护公众投资者的立法目的。这种立法理念体现在《1933 年证券法》的具体制度架构中。如在发行证券之信息披露具体要求上，它要求发行人除了要尽到真实披露的义务外，还应当尽到充分披露的义务，也就是说发行人应当全面地披露凡是影响投资人投资决策的所有重大因素。又如关于民事责任制度的设置上，美国国会用了重笔进行书写，其目的就是为公众投资者提供权利保障的实质性救济途径，把保护公众投资者的理念落实到具体的法律制度上。由此可以得出结

---

① 王承仁、贾玉清、高海辰：《企业市场竞争能力的评价指标及评价方法》，《企业活力》1998 年第 8 期。

论，在维持证券市场秩序及保护公众投资者的天平上，《1933年证券法》更倾向于后者，是一部保护公众投资者的法律。

2. 防范、警惕美国证券集团诉讼的袭击

集团诉讼制度源自英国中世纪的衡平法，它伴随着英国殖民活动传到美国并在美国生根发芽，成为民事诉讼法中一个极为重要的制度。在证券市场中，因有广泛的交易对象参与其中而极易造成投资集团聚集，上市公司一旦发生侵权行为，广大投资人因有共同的利益很容易团结一致向被告公司发起集团诉讼。防范、警惕证券集团诉讼，首要的就是完善公司法务体系。公司法务系统的建设可以作为人才储备来运作，这种制度设置不仅在日常经营管理中对其他业务起到人力资源的支持，更重要的是在面临突发证券集团诉讼时可以很好地发挥其主力军作用。在美上市的中国公司如果拥有一支熟悉运用美国证券法律制度的法务人员队伍，公司必将在很大程度上减少面临集团诉讼法律风险的概率。而且对于有条件的公司来说，可以首先在国内聘请了解公司运营情况和中国国情并具备涉外法律经验的律师作为在国内启动各种运营活动的法律顾问，且在美国上市过程中聘请熟悉美国证券市场法律法规及文化的本土律师作为法律顾问，来自国内外律师的协作与配合，时刻防范和化解来自各方面的诉讼风险将不再是公司面临的困境。[①]

（三）相关责任人要真实、准确、完整披露IPO相关信息

真实、准确、完整披露IPO相关信息是防止证券集团诉讼提起最直接有效的方式。在这个过程中，需要多个市场参与主体的共同努力。

1. 发行人责任

作为IPO的首要责任人，发行人应首先保证会计报告的真实及公允性，并确保招股说明书的各种财务信息披露真实、准确、完整。同时发行人还应采取各种有效措施切实解决IPO财务信息披露过程中存在的突出问题。当前，最主要的是建立健全财务报告内部控制制度。

2. 保荐机构责任

承销保荐机构要切实履行对发行人的完备辅导、尽职调查以及保荐责任。特别是对发行人的财务管理、内部控制、规范运作等方面制度的健全性和有效性进行严格而全面的核查和判断。并在各种保荐工作报告中客观地反映预发行上市公司的真实基本情况和可能存在的各种经营或管理的风险因

[①] 李蕤：《中国公司在美国上市法律问题研究——基于信息披露法律制度对中国公司的影响》，硕士学位论文，上海交通大学，2011年。

素。鉴于前述案例中有很多被告因公司本身的资金充盈率、原材料来源等涉诉，本书认为这方面的问题可以由保荐机构参与监督来解决。如对发行人的主要客户和供应商等情况进行核查，并根据重要性原则进行实地走访，将核查情况记录在承销保荐工作底稿当中以备 IPO 过程的信息披露需要。

3. 中介机构责任

会计师事务所、律师事务所等其他证券中介机构应重点关注发行人是否利用存在会计政策和会计估计变更方式来影响利润分布情况。同时还应关注发行人是否存在人为改变正常经营活动以达到粉饰业绩的目的的行为。

六 启示与立法建议

（一）对在美上市中国公司 IPO 信息披露行使管辖权的中国法律制度探讨

有学者认为，在美上市中国公司的信息披露行为因属地原则只能被动地接受上市地法律法规的约束，其母国法难以对境外上市公司进行有效的法律规制和保护，其实不然。中国法律有充分理由对本国的境外上市公司，特别是在美上市的中国公司进行法律管辖与保护。

1. 中国 IPO 信息披露法律制度管辖在美上市中国公司的法理基础

随着证券市场的全球化，一国发行的证券很容易就能被其他国家（地区）的投资者所认购，一国法院很可能会越来越多地运用本国法律解决境外证券发行引起的民事纠纷。如果出现诉讼，一国法院在认定一国的证券法能否有域外作用时，首先应当考察该国证券法有没有关于法律域外适用的规定。不可否认，按照"场所支配行为理论"，如果一国本土公司在他国上市，那么上市地所在国对该上市公司享有的管辖权往往比依据其他联系所行使的管辖权要强一些。因为上市公司必须首先满足上市地的相关规则。但这也不代表其他国家就只能对境外上市的公司袖手旁观。理论上，一国可以依照几种方式行使对本国企业的管辖权，也即属地管辖权、属人管辖权和保护管辖权。其中属人管辖和保护管辖在证券市场全球化趋势下的作用越来越受到追捧。属人管辖不问该国国民的行为是否在该国境内发生，其管辖的基础是诉讼当事人中有一方是该国的国民；保护性管辖指的行为虽然发生在国外，但损害了本国的利益，该国可以主张行使保护性管辖权。

2. 对美国证券监管的实证考察

美国立法机构并未完全排除《1933 年证券法》对与美国有某种联系的境外证券发行与交易行为的适用。在证券监管方面，美国经历了从属人管辖权到属地管辖权、再到属地管辖权例外的发展路径。据美国《1933 年证券法》第 5 条的规定，证券的发行应当经过注册。虽然没有明确该条规定是否有域外效力，但从实践上看，即对于境外发行上市证券的美国公司，美国证券交易委员会可行使属人管辖权，发行人必须就发行事项进行登记。由于实践证明这种监管过于严格，不利于美国发行人以及美国投资者的利益，因此美国证券交易委员会于 1964 年出台了新的规则。规则认为既然《1933 年证券法》的主要目的是保护美国的投资者，因此，只要可以防止境外发行的证券再回流到美国投资者手中，美国公司境外发行上市证券可以不向美国证券交易委员会登记。

然而这一规定的执行效果很不理想。美国证券交易委员会于 1990 年再次出台了一个新的规则，即著名的 S 规则（Regulations）。在该规则下，美国对其本国企业在境外发行上市证券的监管依据已逐渐从属人管辖转向属地管辖权。该规则规定，如果境外证券的发行与上市并未向美国境内人士发出销售要约，亦未直接在美国境内销售，且买方在发出购买单据时处于美国境外，或证券的发售是在一个完备的证券交易所进行，或证券被指定在一个境外的证券市场进行，且预先安排的交易中并不包括在美国境内的购买者，则该等证券境外发行可以享受《1933 年证券法》的豁免，包括登记的豁免。但是值得注意的是，S 规则的序言第一条就指出，S 规则不适用于联邦证券法的反欺诈条款及其他条款，这也意味着即使根据 S 规则在美国境外发行与交易证券的某一行为无须依《1933 年证券法》注册，但如果有欺诈行为仍要受证券法管辖。由于法律域外适用会导致管辖权的冲突，美国法院将适用本国证券法律限定在一定的界限之内。可见，美国最终也主张对境外公司在实行了证券欺诈行为产生纠纷时对境外公司实行管辖权，但为避免或减少管辖权冲突，美国也适当地对管辖权作出了一些必要的限制。[①] 既然美国能对自己的境外上市公司进行管辖，说明中国对在美上市的中国公司进行必要的法律规制与保护也应拥有对等的权利。

其实，对在美上市中国公司 IPO 信息披露法律制度的完善探讨不仅有益于在美上市、赴境外上市中国公司的日常运作规范化，也有益于国内上市公司信息披露行为的进一步制度化、文明化、国际化和法治化。内外上市公司遵循统一、规范的法律制度有助于提高本国公司在国内外市场经济的竞争力。

---

① 戴恩潮：《境内企业境外上市持续信息披露法律问题研究》，硕士学位论文，华东政法大学，2009 年。

(二) 中国公司 IPO 信息披露法律制度完善的构想

美国的证券市场是全球最发达的证券市场之一，它对世界经济起着举足轻重的作用，可以说美国证券市场能取得今日的成就，与其证券市场完善的信息披露法律制度密不可分。与美国相比，中国的证券市场起步较晚，虽然近些年来发展迅速，但是在证券法规体系尤其是证券信息披露法律体系方面与美国还存在一定的差距。虽然美国证券信息披露法律制度不是最完美的，但一定是最值得借鉴的。我国可以借鉴美国证券信息披露外部环境制约的制度设置，以保障证券市场的健康发展。

1. 尽快确认投资人的直接起诉权

关于追究证券欺诈信息披露法律责任的主体，我国现行《证券法》第235条规定，当事人对证券监督管理机构或者国务院授权的部门的处罚决定不服的，可以依法申请行政复议，或者依法直接向人民法院提起诉讼。目前对证券民事责任规定比较详细的《最高人民法院关于审理证券市场因虚假陈述引发的民事赔偿案件的若干规定》（以下简称《若干规定》）第6条规定，投资人以自己受到虚假陈述侵害为由，依据有关机关的行政处罚决定或者人民法院的刑事裁判文书，对虚假陈述行为人提起的民事赔偿诉讼，符合民事诉讼法第108条规定的，人民法院应当受理。因此我国证券信息虚假陈述民事责任的追究存在前置程序，即只有在国家行政机关介入后当事人对行政处理结果不满意之后才可以诉诸法院。国家的证券法律之所以有这样的规定主要是基于维持稳定的需要。目前我国证券市场的发展尚处于初期的过渡阶段，先做行政处罚的认定程序后方能起诉的做法有其合理之处。但同时也产生了不良的后果。

首先，证券民事责任的司法程序过分依赖证券违规之行政处罚结果，司法本身的独立性受到限制。根据目前的证券违规法律责任制度规定，司法部门对证券民事案件的受理要以证监会等行政机关的具体行政行为结果为前提，说明我国的司法权地位在某种意义上低于行政机关，司法权受制于行政权。从法理上来说，行政权理应受到司法权的审查与监督，因此证券民事责任司法程序的行政干预前置程序显然违背了司法的独立性。

其次，限制了当事人接受司法救济的范围。在诉讼权利请求上，我国证券民事责任的追究处于行政责任和刑事责任之后，《证券法》规定只有在不服行政机关作出行政处罚或司法机关作出刑事处罚结果后公民才能通过司法途径寻求民事救济，很有可能导致公民的民事经济赔偿落空。原因是行政责任和刑事责任必须有法律的明文规定，尤其是罪刑法定原则和刑事责任承担的最高证明标准;而民事责任因其涉及的范围较广,相比而言其起诉和责任承担的标准就比行政和刑事责任的要低得多,而某些法律原则,如公平原则,往往对民事案件的审理起重要作用。由此导致某些达到民事赔偿的条件却达不到刑事或行政处罚标准的案件因前置程序的存在而无法使投资者的权利得到救济。再者就是,投资者因证券市场侵权而遭受到的经济损失必须等到行政处罚结果出来后才能提起行使诉讼权利,投资者的损失可能会进一步扩大。①

最后是投资人难以及时、充分地得到救济。被行政处罚的主体一般善于通过各种途径逃避因民事案件败诉而带来的巨额赔付,通常做法就是想尽办法向上一级监管机构提起行政复议或向法院起诉,请求撤销行政处罚。根据《证券法》的规定,虽然在复议或者诉讼期间,行政处罚不受影响,投资者可以据此提起民事诉讼。但特别法优于普通法,此时还是应遵守《若干规定》第11条的有关规定,该条明确指出,人民法院受理虚假陈述证券民事赔偿案件后,受行政处罚的当事人对处罚不服、因而申请复议或提起诉讼的,可以裁定中止审理。投资人的民事求偿权再度因行政前置被搁置,而待行政复议或行政诉讼结束之后,投资人的损失很有可能因做出欺诈行为的公司的单方原因而无法获得赔偿,如公司股价暴跌、银行收回信用、财产冻结而资不抵债等。

因此应尽快确认投资人对证券欺诈信息披露行为主体的直接司法请求权。通过确认投资当事人的直接起诉权,将投资公众的知情权、起诉权转化为上市公司积极履行信息披露义务的外在压力,让上市公司随时处于公众投资人的监督之下,让其随时面临可能发生的诉讼风险,这样有助于迫使上市公司信息披露主体处于高压状态,进而提高信息披露的质量,从而起到保护投资人证券相关权益的目的,同时更有助于上市公司信息披露制度规范化、文明化进程的加快。

美国证券诉讼得以轻易提起,与其投资人享有独立救济权息息相关。美国国会在制定《1933年证券法》和《1934证券交易法》时就明确地给予私人投资者起诉权,且提起诉讼的前提仅需认为上市公司存在证券信息欺诈并因此导致自己证券利益受损,无须"权威官方"介入确认。这种极具鼓励对抗意味的法律规定既保护了投资人的合法权,又对上市公司起到了威慑作

---

① 王宝娜、齐蕴、魏博洋:《证券市场民事侵权诉讼之思考》,《金融理论探索》2007年第5期。

用，迫使公司尽职履行其社会责任。

2. 加大相关证券信息披露主体民事责任后果

我国证券法律责任制度在设计上存在的重要缺陷就是证券民事责任处于被边缘化的尴尬境地，而证券行政责任和证券刑事责任则相对处于强势的地位。《证券法》第十一章中大量条款都是以行政处罚为主，刑事处罚次之，最后才是民事责任的启动，"轻民事"意识略见一斑。在民事责任因果关系认定、损失结果认定等方面的法律制度制定上亦存在不足。

首先，我国法律及相关制度对于违反信息披露的民事责任的追究缺乏系统性规定，现行的关于上市公司各种信息披露的民事责任立法层次不高。证券市场虚假陈述民事责任制度，散见于《证券法》的各章节中，并未形成体系，规定也过于笼统，不具有现实的可操作性。相反地，《证券法》第十一章"法律责任"的第177、181、182、183、184、188、189条对于上市公司、证券公司、中介机构及其工作人员违反信息披露制度及其相关制度所应负的行政责任作出了明确规定；而且，每一条款的最后往往附加"构成犯罪的，依法追究刑事责任"。这是证券民事责任被忽视的重要表现。

其次，民事责任因果关系认定存在缺陷。《若干规定》参考国外，特别是美国的证券市场欺诈理论和信赖推定原则，中国证券法律法规制度在本国民法侵权赔偿诉讼因果关系理论的基础上对证券虚假陈述因果关系的认定中设置了法律推定和举证责任倒置机制，但这种机制在实践过程中有其难以逾越的鸿沟。根据《若干规定》第18、19条的规定，只有因为相信虚假陈述提供的信息而购买证券，且在虚假陈述被揭露或更正后因卖出或继续持有该证券而遭受损失的投资者才能获得赔偿，而那些在虚假陈述实施日至虚假陈述揭露日或者更正日之前买进或卖出证券而遭受的损失则不能获得赔偿。这样规定是不合理的。虽然原告在虚假陈述揭露日或更正日之前卖出证券，但这并不说明原告所受到的损害就与被告的虚假陈述行为无关，因为如果不是由于当事人的虚假陈述，投资者本来是不会买进并卖出证券的，更不会因此承担由于证券市场系统风险等因素所引发的差额损失。

最后是民事责任损失认定。《若干规定》第29条规定了虚假陈述行为人承担证券民事赔偿的范围。该条明确了以投资人因虚假陈述而实际发生的损失为限，包括投资差额损失、该部分损失的佣金和印花税，并加上自买入至卖出证券日或者基准日并按银行同期活期存款利率计算的资金利息。不难看出，这一规定的赔偿的目的只是一种补偿而非惩罚性赔偿。笔者认为，为了能更好地保护证券投资者的合法权益,该部分的赔偿数额还应当包括投资人为参加诉讼所支付的合理开支,因为如果不是由于被告的欺诈行为投资人也不会有所花费参与到诉讼中来。因此,诸如因诉讼发生的差旅费、住宿费及聘请律师费用等应由被告承担,或由双方合理分配承担。这主要是考虑目前我国尚未建立证券集团诉讼,参与诉讼的原告一般只能以个人或代表诉讼形式参与到证券诉讼中来,如果证券诉讼原告方人数众多,其相关差旅费用较多,因此被告方合理分担是可行办法。在高度开放的证券市场中,上市公司住所地是固定的,而其投资人却来自各地,其诉讼成本远远高于将来所获得的相应赔偿,其可能性和现实性都是可以预知的。正是这种潜在的经济风险导致了很大一部分的投资者选择放弃继续追究行为人的责任,这在客观上纵容了证券欺诈的侵权行为,最终结果是违规者并未因其信息管理失范而遭遇应有的惩罚。[①] 对于损失的认定可以借鉴美国关于证券欺诈的经济损失赔偿的相关规定,通过严格、细致的综合考量,最终确定赔偿范围。

3. 加快相关配套法律制度的建设

美国在信息披露制度方面的法律(包括 IPO 信息披露)种类繁多,内容丰富,法律部门之间相互制约又相互促进。例如,美国拥有鼓励诉讼的《1933 年证券法》,与之相配套的是制止滥诉的 1995 年《私人证券诉讼改革法案》和 1998 年《证券诉讼统一标准法》。为使我国证券信息披露法律体系更加完善,我国有必要形成相互促进又相互制约的法律设置格局。

就前文所述,为保障投资人行使独立起诉权,一方面,设立法律条文确认其独立诉讼地位是必需的,另一方面,约束滥诉人法律机制同样不可或缺。虽然目前我国诉讼代表人制度备受争议,但直接引入美国证券集团诉讼制度亦属牵强。因此如何促使权利与义务达到平衡状态是配套法律制度建设努力的方向。除此之外,还应有对发行人、发行中介等的相关法律配套建设,才能有效地规范行为人的证券信息管理行为。

七 结论

美国证券市场已走过 200 多年的历程,它拥有世界上规模最大的证券发行与证券交易市场,占据着其他国家所不能与之媲美的绝对优势。能在美国发达的证券市场立足,企业不仅会形象健康化,而且身价倍增不在话下,最

[①] 周天宁:《论证券市场虚假陈述民事责任》,硕士学位论文,中央民族大学,2010 年。

重要的是自身的盈利模式和管理机制得到市场肯定的概率将有可能大大提升，这就等于开启了财富之门。但从另一个角度来说，美国的证券市场同时也是一个充斥着高风险的大窟窿。特别是对刚在美国上市的中国公司来说，其面临的挑战更是严峻。而首要的挑战就是来自美国公众投资人"凶悍"的诉讼民风。目前，在美上市中国公司的信息披露能力整体呈现出较低质量，而 IPO 信息披露更是其中"软肋"，没有能力"完全披露"是其最大症结。在美国这样一个极度痛恨证券欺诈的国度里，中国公司 IPO 信息披露的逃避行为遭遇诉讼已是常态。针对这个问题，在美上市中国公司理应首先端正 IPO 信息尽职披露的态度，一方面认真学习并运用相关法律保护自己的合法权益，通过不断审视信息披露行为来发现自身的长处与不足，另一方面团结一致积极参与诉讼活动，不逃避不忌讳，才能使公司虽在跌跌撞撞但总是步步向前进。同时，作为在美上市中国公司的所属国，中国应通过完善国内证券信息披露法律制度，以规范在中国注册并在境外上市的中国公司。虽然对在美上市的中国公司的直接管辖受到诸多限制，但公司作为独立法人，它们也是有记忆力的。在中国本土成立的公司不免受本国法律文化思维的左右。通过完善本国法律来影响境外上市的中国公司的价值观是可取的。

第六章

累积投票制与公司治理

累积投票制度是当今各国较为普遍采用的保护中小股东利益的投票制度。随着公司的发展，该制度也经历了从强制性向许可性的转变。就我国立法而言，从2002年1月中国证监会出台《上市公司治理准则》到我国2005年《公司法》第106条规定（2013年《公司法》为第105条），公司实行累积投票制度并非完全强制，公司有自主选择权。

总体而言，累积投票制度对于单一股东持股30%的上市公司才属强制。那么对于上市金融企业而言，又是何种状况呢？本书通过对44家上市金融企业公司章程中关于累积投票制度的规定、股权结构分析以及具体实施累积投票制度状况，总结出上市金融企业实施该企业的总体特征及存在问题，从而提出完善意见。

本书试图深化对累积投票制度的理论认识。过去的研究大多从理论上论及累积投票制度，在结合我国实际的时候，大多论及外国成功经验。法律移植固然重要，但也不可忽视本土化特征，结合具体行业现状，才能更好地领会制度设计的相关问题。笔者希望从44家上市金融企业的相关数据入手，一一分析，总结出规律，从而发现问题，解决问题。

第一节 上市金融企业股权结构及相关概况

一 我国上市金融企业股权结构分析

截至2012年9月1日，我国上市金融企业共有44家，其中在深圳证券交易所上市的有12家，上海证券交易所上市的有32家。从事银行业的有16家，证券行业的有18家，保险行业4家，其余与金融行业相关的6家分别在投资、租赁以及信托行业发展。而根据普瀚咨询和中国社会科学院世界经济与政治研究所发布的中国百强公司治理评价的第八份报告，2012年度的公司治理百强上市公司集中分布在金融业、制造业和采掘业三大行业，而金融业的得分要明显高于后两者。可见，上市金融行业的公司治理总体状况在我国上市公司中是最好的。

而通过具体分析这44家上市金融企业所披露的信息，我们发现，第一大股东所在公司持股比例超过50%的有6家，占44家上市金融企业的13.6%，持股比例处于30%—50%的公司有14家，占比为31.8%，总计持股在30%以上上市金融企业的比例为45.4%。持股在30%以下的公司有24家，占比为54.5%。详见图6-1。

从图6-1数据中我们可以看出，我国上市金融企业的股权不算集中，股权分散的企业略多于股权集中的企业。该种状况正是有利于建立累积投票制度的天然环境。

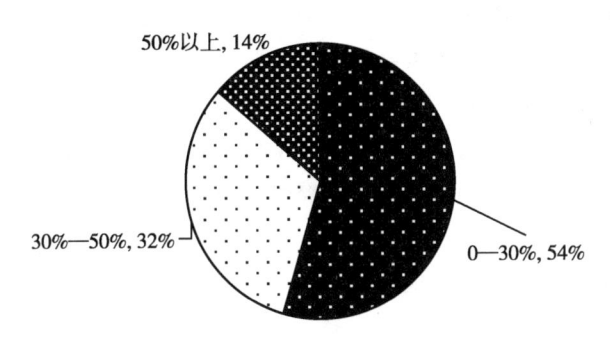

图6-1　上市金融企业第一大股东持股比例情况

资料来源：根据44家上市金融企业披露信息整理。

二　我国上市金融企业股权制衡状况

这里所谓的股权制衡度实质上是一个比值，即第二大股东与第三大股东持股比例之和与实际控制人或第一大股东持股比例的比值。其比值越高，则代表股权制衡度越高。根据对这44家上市金融企业所披露的资料进行的分析，有13家公司的股权制衡度低于0.5，有11家公司的股权制衡度介乎0.5—1之间，这两者占研究样本的比例为55%。具体见表6-1。

表6-1　　　　　　　　上市金融企业股权制衡度

制衡度	0—0.5	0.5—1	1以上
公司家数	13	11	20
占比	0.30%	0.25%	0.45%

从表 6-1 中我们不难看出，股权制衡度高的企业略少于股权制衡度低的企业。总体而言，并未有很强的一股独大的现象。但个别而言，有些上市金融企业的股权制衡度是很低的，例如光大银行的比值不足 0.2%，宏源证券的比值更是不足 0.09%，ST 航投比值为 0.06%，安信信托比值为 0.08%。而这些企业将在后面的研究中被着重关注。

三 我国上市金融企业第一大股东性质分析

44 家上市金融企业中，绝大多数的第一大股东都是国有企业。在国有股控股的情况下，大股东可以通过派驻董事来实现对董事会的控制，然后再通过董事会任免公司经营层，实现对公司全方位的控制。在此种特殊的股权结构下，作为外部公司治理机制的资本市场无法发挥监督保障作用，造成控股股东可以利用其控股地位公然从事掠夺和侵害上市公司利益的活动，这已成为我国上市公司治理中的主要问题。大股东直接选拔高层经理，拥有对公司的重大经营决策权，公司经理层的经营行为直接贯彻大股东的意志。大股东与经理层俨然共同构成我国公司治理中的"内部人"。上市公司成为内部人控制的牺牲品。而这一现象在国有控股的企业中表现得更为明显。

同时，国有企业控股表明这些企业与国家政策的联系更为紧密。在公司治理这一层面而言，也会表现出国家干预的痕迹。44 家上市金融企业第一大股东性质见表 6-2。

表 6-2　　　　　　　　上市金融企业第一大股东性质

编号	上市金融企业	第一大股东	股东性质	第一大股东持股比例
1	浦发银行	中国移动通信集团广东有限公司	国有企业	20.00%
2	工商银行	中央汇金投资有限责任公司	国有企业	35.43%
3	民生银行	香港中央结算（代理人）有限公司	港交所全资附属公司	20.21%
4	光大银行	中央汇金投资有限责任公司	国有企业	48.37%
5	中国银行	中央汇金投资有限责任公司	国有企业	67.63%
6	南京银行	南京紫金投资集团有限责任公司	国有企业	13.62%
7	招商银行	香港中央结算（代理人）有限公司	港交所全资附属公司	17.86%
8	中信银行	中信集团	国有企业	61.85%
9	农业银行	中央汇金投资有限责任公司	国有企业	40.13%

续表

编号	上市金融企业	第一大股东	股东性质	第一大股东持股比例
10	平安银行	中国平安保险（集团）股份有限公司—集团本级—自有资金	私营企业	42.16%
11	华夏银行	首钢总公司	国有企业	20.28%
12	宁波银行	新加坡华侨银行有限公司	外国企业	13.74%
13	兴业银行	福建省财政厅	国家机关	21.03%
14	建设银行	中央汇金投资有限责任公司	国有企业	57.14%
15	北京银行	荷兰国际集团	外国企业	13.64%
16	交通银行	中华人民共和国财政部	国务院部门	26.52%
17	国海证券	广西投资集团有限公司	国有企业	26.04%
18	国元证券	安徽国元控股（集团）有限责任公司	国有企业	23.55%
19	广发证券	辽宁成大股份有限公司	国有企业	21.12%
20	西部证券	陕西省电力建设投资开发公司	国有企业	29.51%
21	华泰证券	江苏省国信资产管理集团有限公司	国有企业	24.43%
22	东北证券	吉林亚泰（集团）股份有限公司	国有企业	30.71%
23	山西证券	山西省国信投资集团有限公司	国有企业	37.56%
24	兴业证券	福建省财政厅	国家机关	23.73%
25	东吴证券	苏州国际发展集团有限公司	国有企业	30.22%
26	招商证券	深圳市集盛投资发展有限公司	私营企业	28.78%
27	宏源证券	中国建银投资有限责任公司	国有企业	60.02%
28	中信证券	中信集团	国有企业	20.52%
29	西南证券	重庆渝富资产经营管理集团有限公司	国有企业	40.45%
30	方正证券	北大方正集团有限公司	国有企业	41.18%
31	长江证券	青岛海尔投资发展有限公司	集体所有制企业	14.72%
32	国金证券	九芝堂股份有限公司	国有企业	27.35%
33	光大证券	中国光大（集团）总公司	国有企业	33.92%
34	海通证券	香港中央结算（代理人）有限公司	港交所全资附属公司	15.57%
35	新华保险	中央汇金投资有限责任公司	国有企业	31.23%

续表

编号	上市金融企业	第一大股东	股东性质	第一大股东持股比例
36	中国太保	香港中央结算（代理人）有限公司	港交所全资附属公司	21.89%
37	中国人寿	中国人寿保险（集团）公司	国有企业	68.37%
38	中国平安	汇丰保险控股有限公司	外国企业	7.82%
39	陕国投 A	陕西煤业化工集团有限责任公司	国有企业	34.58%
40	太平洋	北京华信六合投资有限公司	私营企业	10.83%
41	爱建股份	上海工商界爱国建设特种基金会	私营企业	12.30%
42	安信信托	上海国之杰投资发展有限公司	私营企业	32.96%
43	ST 航投	中国航空工业集团有限公司	国有企业	73.93%
44	渤海租赁	海航资本控股有限公司	国有企业	44.90%

由于香港中央结算（代理人）有限公司是港交所全资子公司，其无法行使第一大股东的权益，所以民生银行、招商银行、海通证券、中国太保的控股股东分析如下：民生银行的控股股东为持股 4.7% 的新希望投资有限公司，该公司为私营企业；招商银行的控股股东为持股 12.4% 的招商局轮船股份有限公司，该公司为国有企业；海通证券的控股股东为持股 4.7% 的光明食品有限公司，该公司为国有企业；中国太保的控股股东为持股 14.17% 的华宝投资有限公司，该公司为私营企业。

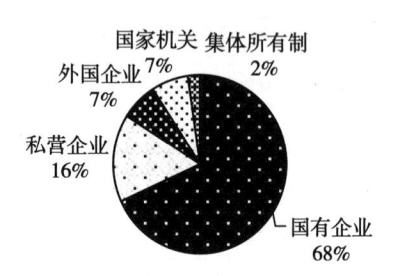

图 6-2　上市金融企业实际控制状况总体分布

资料来源：根据 44 家上市金融企业披露信息整理。

综上，上市金融企业实际控制股东性质中，国有企业有 30 家，占总数的 68%；私营企业 7 家，占比 16%；外国企业 3 家，占比 7%；国家机关 3 家，占比 7%；还有一家的第一大股东性质为集体所有制企业，占总数的

2%。见图6-2。

第二节 我国关于累积投票制度的法律移植

一 累积投票制度的功能及立法变迁

（一）学说

累积投票制度最早起源于英国，最初用于政治上的选举。在公司法上的运用最早则是在美国。[①] 1870年美国伊利诺伊州宪法第3章第11条对此作有规定。[②] 该条文是一种强制性的规定，而且还允许通过代理人的方式进行投票，进而使中小股东能够更为方便地参与，扩大中小股东的影响力，利于公司权力的平衡。

累积投票制度，实质是制约大股东权力、保护中小股东利益的一种选举制度。其是指公司在选举董事、监事时，股东所持有每一股份都有与所选董事或监事数量相等的选票，而这些选票可以一次性集中使用，也可以分散使用。该制度是保障中小股东能够有机会选出代表自己利益的董事或监事，参与公司治理，在公司决策中能够有一定的话语权。累积投票制度有助于实现公司内部民主，它不但使小股东能够参与到公司治理中来，制约大股东的权利膨胀，更能降低决策中的风险，通过更为广泛的参与，矫正制度上的弊端，选举贤能之士，促进企业可持续发展。

从制度引进而言，我国真正以法律的形式引进这一制度是在2005年修订的《公司法》中。早先在部委的规章中虽有所涉及，但由于该规章制度的效力含混不清，真正严格遵守的公司也是寥寥无几。总体而言，其在中国的发展，较为初步，其在中国的实施，尚不完全。

（二）立法变迁

累积投票制度在选举董事时在一定程度上保护了中小股东的利益，但

[①] 梅慎实：《现代公司机关权力构造论——公司治理结构的法律分析》，中国政法大学出版社1996年版，第199页。

[②] 1870年美国伊利诺伊州宪法第3章第11条：任何股东在公司选举董事或者经理的场合，均有权亲自或者通过代理人以其所持有的股份数对所有的待选董事或者经理投票表决，或以其持有股份乘以全部待选董事人数所累积的票数投给一个候选人或分别投给多个他认为适当的候选人。此类董事、经理之选举不得采用任何其他方式。

是，西方学者对该制度一直有着不同的观点。有学者看到其能够实现公司权力的平衡而极力主张。而有些学者也从现实实践中看到这一制度成为大小股东利益争夺的工具，扰乱公司正常的治理秩序。因此，对于累积投票制的立法态度有两方观点，一方主张采取许可主义，而另一方主张采取强制主义。但纵观该制度在世界发展的总的趋势，累积投票在初期推行时采用强制主义，当制度得以普及、各公司普遍采用时，该制度就走向了许可主义。

强制主义累积投票制是指在法律中明确规定必须实施该制度。许可主义累积投票制给予公司在其章程中自由选择是否适用的权力。许可性累积投票中可以分为选入式和选出式。选入式就是必须在章程中明确表明运用这一制度，否则不得适用。选出式则规定必须适用，除非公司章程明确予以排除。

在该制度的设立之初，比较多的采用的是强制主义。究其原因，该制度的初衷就是为了维护中小股东的利益，在他们的利益被严重侵害的环境下，保护他们的利益，限制大股东的权力滥用显得尤为迫切。但在推行多年之后，各种弊端凸显，公司也各有其特点，而国家有时基于对本国产业保护的考量，无法再强制每个不同的企业都实施累积投票制度，进而，该制度向许可主义转变，企业能够根据自身状况自由选择。

美国在制度设立之初采取严格的强制主义，即 1870 年在各州陆续施行，都采强制规定，不允许公司在章程中自由选择或省略。直到 1955 年《示范公司法》也采用了许可主义，还一并将选入式和选出式规定其中。1984 年修正的《示范公司法》则明确采用了选入式。1992 年年初，美国各州立法只有肯塔基、怀俄明等工商业不发达的 7 个州仍保留了该制度。

日本在 1950 年正式确立了累积投票制度，采取的是强制主义。直至 1974 年的法律中对其进行了修改，规定选举两个以上的董事，可以选择适用累积投票制度，同时，公司的章程也可以排除适用。

我国台湾地区于 1966 年修正"公司法"中"有关公司治理的规定"时，正式引入累积投票制度，其模式是采用强制主义，不允许公司以章程形式排除累积投票制的适用。1983 年台湾地区"公司法"中"有关公司治理的规定"第 198 条重申了累积投票制度。[①] 直至 2001 年，新修订的"公司法"规定则采用选出式的累积投票制度，即除章程规定外，必须适用累积

---

① 1983 年我国台湾地区"公司法"中"有关公司治理的规定"第 198 条：股东会选任董事时，每一股份有与应选出董事人数相同之选举权，得集中选举一人，或分配选举数人，由所得选票代表选举权较多者，当选为董事。

投票制度。①

二 我国关于实施累积投票制度的规定

（一）《公司法》

2005年10月27日十届全国人大常委会第十八次会议通过的新《公司法》，规定了累积投票制度。但该法第106条的规定并非强制，从该条文的表述来看，这是一个许可式的用语。② 这种倡导性的规定给了公司自由选择的空间，但在很大程度上来说，这是首次以法律法规的形式提出累积投票制度，这是新《公司法》的一大闪光之处。

（二）《上市公司治理准则》

新《公司法》的规定并非最早，只是其效力最强。早在2002年1月，中国证监会出台的《上市公司治理准则》中就鼓励上市公司实行累积投票制度，在鼓励的同时，也还有强制性规定，即要求控股股东持股30%以上的上市公司实行累积投票制度。③ 这种强制性的规定相较于新《公司法》而言更为具体细化，可操作性更强，但比之不足的是缺乏灵活性，有些一刀切的意味。而在具体的实施过程中，许多上市公司也未能良好遵守。

（三）《关于加强社会公众股股东权益保护的若干规定》

中国证监会于2004年12月7日发布的《关于加强社会公众股股东权益保护的若干规定》也对累积投票制度有所规定，该规定首先用倡导性的用语，主张在董事、监事的选举中，积极推行累积投票制度。④ 该规定充分反映了我国政策的引导。其后也对累积投票制度加以定义，指出有表决权的每

---

① 我国台湾地区2001年"公司法"中"有关公司治理的规定"第198条：股东会选任董事时，除公司章程另有规定外，每一股份有与应选出董事人数相同之选举权，得集中选举一人，或分配选举数人，由所得选票代表选举权较多者，当选为董事。

② 《中华人民共和国公司法》（2005）第106条：股东大会选举董事、监事，可依照公司章程的规定或股东大会的决议，实行累积投票制。本法所称累积投票制，是指股东大会选举董事或监事时，每一股份拥有与应选董事或监事人数相同的表决权，股东拥有的表决权可以集中使用。

③ 《上市公司治理准则》第31条：在董事的选举过程中，应充分反映中小股东的意见。股东大会在董事选举中应积极推行累积投票制度。控股股东控股比例在30%以上的上市公司，应当采用累积投票制。采用累积投票制度的上市公司应在公司章程里规定该制度的实施细则。

④ 《关于加强社会公众股股东权益保护的若干规定（征求意见稿）》第1条第4项：上市公司应切实保障社会公众股股东选择董事、监事的权利。在股东大会选举董事、监事的过程中，应充分反映社会公众股股东的意见，积极推行累积投票制。

一股份拥有与所选出的董事或监事人数相同的表决权,而股东可以将拥有的表决权集中使用。同时征求意见稿中还作出了相应的强制性规定,要求上市公司选举独立董事或控股股东控股比例在30%以上的上市公司选举董事、监事时,应当采用累积投票制。

(四) 上交所关于累积投票制实施细则的建议稿

上海证券交易所上市公司部于2005年推出了一份累积投票制的实施细则建议稿,供修改公司章程的相关上市公司参考。该建议稿不但对累积投票制的具体含义进行了阐释,还为实际应用提供了指引,从而在一定程度上避免误解和歧义。同时,建议稿还针对等额选举的相关问题,提出了相应的方案,包括扩大小股东发言权、改进董事候选人提名程序等。但是该建议稿只是用以参考说明,并不具有强制效力,上市公司可以根据自身情况自主决定是否适用,以及选择性地借鉴。

(五)《上市公司章程指引》

2006年修订的《上市公司章程指引》同样也对累积投票制度作出了倡导性的规定。① 该规定表明,上市公司可以根据自身状况选择适用或者不适用。但是值得注意的是,注释中有说明选择适用累积投票制度的公司应当在章程中规定累积投票制度的相关事宜。由此,指引除了作出倡议外,也对选择实施累积投票制度的公司的章程规定作出了进一步要求。

三 上市金融企业实施累积投票制度状况

(一) 总体状况

关于累积投票制度,44家上市金融企业中有32家在其章程中有所规定,但详略程度各不相同,整体而言,证券行业优于其他行业。除了遵照上市公司细则进行详细规定外,证券行业还制定了相关细则。现根据章程规定,可将44家上市金融企业分为四类。

第一类是完全没有涉及。第二类是没有正面涉及,而是规定除实施累积

---

① 《上市公司章程指引》第82条:董事、监事候选人名单以提案的方式提请股东大会表决。股东大会就选举董事、监事进行表决时,根据本章程的规定或者股东大会的决议,可以实行累积投票制。前款所称累积投票制是指股东大会选举董事或者监事时,每一股份拥有与应选董事或者监事人数相同的表决权,股东拥有的表决权可以集中使用。董事会应当向股东公告候选董事、监事的简历和基本情况。注释:公司应当在章程中规定董事、监事提名的方式和程序,以及累积投票制的相关事宜。

投票制度外的情形，这可以称为推定可实施累积投票制度。第三类是规定可以实施累积投票制度。第四类规定了应当实施累积投票制度的情形。对于具体上市金融企业的规定，详见表6-3。

表6-3 上市金融企业章程关于累积投票制度的规定
（截至2013年3月）

编号	上市金融企业	关于累积投票制度的规定	详略程度
1	光大银行	可以实行	无具体规定
2	工商银行	无规定	无具体规定
3	民生银行	可以实行（另规定实施细则）	无具体规定
4	浦发银行	股东持股比例在30%以上时，可以实行	有具体规定
5	华夏银行	出现"控股股东"的情形时，采取累积投票制（另规定实施细则）	无具体规定
6	南京银行	可以实行	只有概念说明
7	建设银行	无规定	无具体说明
8	交通银行	无规定	无具体说明
9	宁波银行	可以实行	只有概念说明
10	农业银行	可以实行	无具体说明
11	平安银行	应当采用	只有概念说明
12	兴业银行	可以实行	只有概念说明
13	招商银行	可以实行	无具体说明
14	中国银行	无规定	无具体说明
15	中信银行	无规定	无具体说明
16	北京银行	推定可以实行	无具体说明
17	东北证券	控股比例在30%以上，应当实行	无具体说明
18	东吴证券	可以实行，但公司股东持有公司50%以上股权的或者控股股东控股比例在30%以上的应当实行	有具体说明（实施细则）
19	方正证券	根据章程规定，股东大会决议实行	有具体说明
20	光大证券	持有公司股份达到30%及其以上，或公司股东与关联方合并持有公司50%以上股权的，董事、监事的选举应当实行累积投票方式	有具体说明
21	广发证券	当公司第一大股东持有公司股份达到30%以上或关联方合并持有公司股份达到50%以上时，董事、监事的选举应当实行累积投票制。	只有概念说明

续表

编号	上市金融企业	关于累积投票制度的规定	详略程度
22	国海证券	当公司第一大股东持有公司股份达到30%以上，股东大会选举两名及两名以上董事或者监事时，应当实行累积投票制	只有概念说明
23	国金证券	无规定	无具体说明
24	国元证券	当公司第一大股东持有公司股份到达30%及其以上时，应当实行累积投票制。	有具体说明
25	宏源证券	股东大会就选举董事、监事进行表决时实行	只有概念说明
26	华泰证券	股东大会就选举2名以上董事（非职工代表董事）、监事（非职工代表监事）进行表决时，根据本章程的规定或者股东大会的决议时实行	有具体说明（实施细则）
27	山西证券	推定可以实行	无具体说明
28	西部证券	股东大会选举2名以上董事（包括独立董事）或监事时实行	有具体说明
29	西南证券	当公司控股股东控股比例达到30%以上时，董事、监事的选举应当实行	有具体说明
30	兴业证券	可以实行，当公司控股股东持有公司股份达到30%以上或关联方合并持有公司50%以上股份时，董事、监事的选举时应当采用	有具体说明
31	长江证券	可以实行，当公司第一大股东持有公司股份达到20%以上时，董事、监事的选举应当实行	有具体说明
32	招商证券	可以实行，当公司第一大股东持有公司股份达到30%以上或关联方合并持有公司股份达到50%以上时，董事、监事的选举时应当实行	有具体说明
33	中信证券	可以实行，当公司第一大股东持有公司股份达到30%及其以上时，董事、监事的选举时应当实行	有具体说明
34	海通证券	推定可以实施	无具体说明
35	陕国投A	可以实行累积投票制；股东单独或与关联方合并持有公司50%以上股权的，应当实行	只有概念说明
36	太平洋	可以实行，当公司第一大股东持有公司股份达到30%以上时，董事、监事的选举应当实行	有具体说明
37	新华保险	无规定	无具体说明
38	ST航投	当公司第一大股东持有公司股份达到30%及以上时，董事、监事的选举应当实行	有具体说明
39	中国太保	无规定	无具体说明
40	中国人寿	无规定	无具体说明
41	中国平安	无规定	无具体说明
42	安信信托	可以实行	概念说明
43	渤海租赁	无法查找	无法查找

续表

编号	上市金融企业	关于累积投票制度的规定	详略程度
44	爱建股份	无规定	无具体说明

通过以上分析，44家上市金融企业章程关于累积投票制度的规定中，没有规定的企业有11家，占比25%。只有简略规定的企业有18家，占比41%。有详细规定的企业有14家，占比32%。详见图6-3。

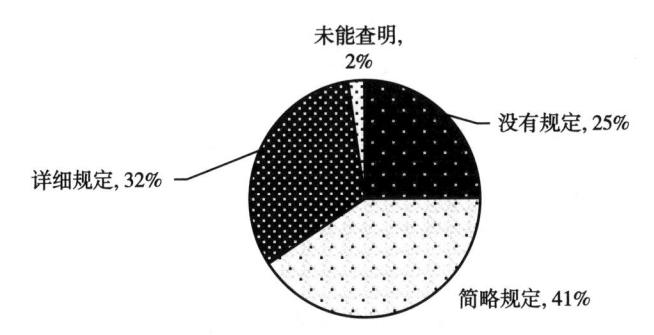

图6-3 上市金融企业章程关于累积投票制度规定总体概况

（二）详情分析

1. 无规定的企业

根据表6-3分析，44家上市金融企业中，渤海租赁的公司章程无法查明。而其他的43家上市金融企业中，有11家公司的章程中没有提及累积投票制度。而这11家上市金融企业分别是工商银行、建设银行、交通银行、中国银行、中信银行、国金证券、新华保险、中国太保、中国人寿、中国平安、爱建股份，占了总数的25%。它们的第一大股东持股比例都很高，尤为引人注目的是"工农中建"这四大国有银行中，只有农业银行规定了累积投票制度。而且保险行业的全部企业没有规定实施累积投票制度。其第一大股东持股状况详见表6-4。

表6-4 没有规定累积投票制的上市金融企业大股东持股比例及制衡度

无规定的上市金融企业	第一大股东持股状况	制衡度
工商银行	35.4%	1.7
建设银行	57.1%	0.6
交通银行	26.5%	1.5
中国银行	67.6%	0.4

续表

无规定的上市金融企业	第一大股东持股状况	制衡度
中信银行	20.5%	0.5
国金证券	27.3%	1.2
新华保险	31.2%	0.9
中国太保	21.9%	1.3
中国人寿	68.4%	0.4
中国平安	7.82%	1.8
爱建股份	12.3%	1.4

通过表6-4，我们可以看出工商银行、建设银行、中国银行、新华保险、中国人寿的第一大股东持股比例达到了中国证监会2002年制定的《上市公司治理准则》中30%的规定，但是这些企业并没有严格遵守条例准则。这在一定程度上表明了，该规定并没有十足的强制力。而这些强势的国字头企业，也并没有意识到应实施累积投票制度促进企业内部民主，以保护中小股东利益。

2. 规定可以实施的企业

在有规定的上市金融企业中，它们章程的表述、实施规则也不尽相同。有的表述极为简略，海通证券和山西证券的章程中并未明确表示是可以实行还是应当实行，其章程中规定除采取累积投票制度时，每位董事、监事候选人应当以单项提案提出。由此，这两家企业是可以实施累积投票制度的，故将其称为推定可以实施的企业。

再就是明确规定可以实施累积投票制度的上市金融企业，如农业银行、光大银行、民生银行。这几家企业的规定还是很简略，只是表述股东大会就选举董事、监事进行表决时，根据股东大会的决议，可以实行累积投票制。从上不难看出，这样的规定是很抽象的，对于累积投票制度的概念、实施方式，均没有规定。

兴业银行、安信信托、南京银行、宁波银行规定可以实施累积投票制度，并对累积投票制度的概念作了进一步的说明。其表述为："股东大会就选举董事、监事进行表决时，根据本章程的规定或者股东大会的决议，可以实行累积投票制。前款所称累积投票制是指股东大会选举董事或者监事时，每一股份拥有与应选董事或者监事人数相同的表决权，股东拥有的表决权可以集中使用。"①

还有的上市金融企业设定可以实施的条件,如浦发银行规定在控股股东持股达到30%时,可以实行累积投票制度。其具体规定为:"有本行的股东持股比例在30%以上时,本行董事(含独立董事)、监事(指非由职工代表担任的监事)的选举可以实行累积投票制。每一有表决权的股份享有与拟选出的董事、监事人数相同的表决权,股东可以自由地在董事、监事候选人之间分配其表决权,既可分散投于多人,也可集中投于一人,按照董事、监事候选人得票多少的顺序,从前往后根据拟选出的董事、监事人数,由得票较多者当选。通过累积投票制选举董事、监事时实行差额选举,董事、监事候选人的人数应当多于拟选出的董事、监事人数。在累积投票制下,独立董事应当与董事会其他成员分别选举。"②

3. 规定应该实行的企业

这些企业都明确规定了应该实行的情形,大部分作此规定的企业都会有具体的规定,还有些企业会有实施细则的规定,但少部分企业也只作了抽象的规定。规定应该实施累积投票制度,而不说明具体方式方法的上市金融企业是东北证券,该企业规定第一大股东控股比例在30%以上,应当实行该制度。陕国投A则规定股东单独或与关联方合并持有公司50%以上股权的,应当实行累积投票制度,而该企业只是对累积投票制度作了概念说明。

东吴证券、光大证券、广发证券、国海证券、国元证券、西南证券、兴业证券、长江证券、招商证券、中信证券、太平洋和ST航投都规定在一定条件下应该实施累积投票制度,并作出了相关具体规定。东吴证券规定"公司股东单独或与关联方合并持有公司50%以上股权的或者控股股东控股比例在30%以上的,非职工董事(包括独立董事)、非职工监事的选举应当采用累积投票制度。选举董事并实行累积投票制时,独立董事和其他董事应分别进行选举,以保证公司董事会中独立董事的比例"。③ 并制定有相应的实施细则,对股东的选票中应当列明的事项、累积投票的方法、票数的有效性、当选的要求都作出了相关的说明。同样为股东单独或关联方合并持有公司50%以上股权的或者控股比例在30%以上的情况下,实施累积投票制度的上市金融企业有:光大证券、广发证券、兴业证券、招商证券。

---

① 参见兴业银行、安信信托、南京银行、宁波银行的公司章程。
② 参见浦发银行的公司章程。
③ 参见东吴证券的公司章程。

而另外一些上市金融企业是在第一大股东持股比例达到30%以上时实施累积投票制度，它们是：国海证券、国元证券、西南证券、中信证券、太平洋、ST航投，且这些企业都对累积投票制度进行了详细规定。

长江证券的公司章程也有所规定，公司章程将第一大股东持有公司股份比例必须实行累积投票制度的比例降至20%，这是44家上市金融企业中唯一一家将大股东持股比例降低到20%的企业。但长江证券的第一大股东持股比例为14.7%，所以章程中虽有规定，但实际中该企业仍不必实行。但总的说来，这也是企业加强自身约束，提升中小股东利益保障的表现，具有一定的意义。

4. 没有明确表示可以实行还是应当实行的企业

华泰证券在章程中规定，股东大会就选举2名以上董事（非职工代表董事）、监事（非职工代表监事）进行表决时，根据本章程的规定或者股东大会的决议时实行累积投票。西部证券在章程中规定，股东大会选举2名以上董事（包括独立董事）或监事时实行累积投票。由于表达得不太确定，此处也无法推断出到底是可以实行还是应该实行，实行的条件分别是什么更是很难从这些简短字句中推敲出来。文字尚且表述不明，那么在具体的运用中，也不大可能被采用。

（三）对于有实施细则的上市金融企业的进一步分析

1. 公司章程规定

在规定实施累积投票制度的上市金融企业中，有14家上市金融企业规定有详细的实施细则。它们的当选规则是基本相同的，就是得票多者当选。然而在候选人提名主体上有细微差别。具体情况详见表6-5。

表6-5　　　　　　　　14家上市金融企业实施细则

上市金融企业	当选规则	候选人提名主体	特殊规定	征集投票制度
浦发银行	得票较多者当选	持有或者合计持有公司有表决权股份5%以上的股东	通过累积投票制选举董事、监事时实行差额选举，董事、监事候选人的人数应当多于拟选出的董事、监事人数；独立董事应当与董事会其他成员分别选举	可以征集投票权；投票权征集应采取无偿的方式进行，并应向被征集人充分披露信息

续表

上市金融企业	当选规则	候选人提名主体	特殊规定	征集投票制度
东吴证券	从高到低依次产生当选的董事（或者监事）	公司的股东单独或联名推选	公司的股东单独或联名推选的董事占董事会成员1/2以上时，其推选的监事不得超过监事会成员的1/2；独立董事和其他董事应当分别进行选举	可以征集股东投票权
方正证券	得票较高者当选；当选最低得票数必须超过出席股东大会有投票权的股东所持股份的半数	单独或合计持有公司股本总额的3%以上的股东	独立董事和其他董事应当分别进行选举	可以征集股东投票权
光大证券	得票多者当选	由股东、外部人士担任的监事提名：公司持股3%以上（含3%）股东提名或上一届监事会3名以上监事提名；职工代表担任的监事由公司职工民主选举产生；由上一届监事会负责制作提案提交股东大会表决	独立董事和其他董事应当分别进行选举，以保证公司董事会中独立董事的比例	可以征集股东投票权
国元证券	无	股东可以单独或联名提出董事、监事候选人名单，其参加提名的股东所持股份合计应达到公司股本总额的3%以上（含3%）；公司董事会、监事会可以提出独立董事候选人名单；单独或者合并持有公司已发行股份1%（含1%）的股东可以提出独立董事候选人的名单	选举董事并实行累积投票制时，独立董事和其他董事应当分别进行选举，以保证公司董事会中独立董事的比例	董事会、独立董事和符合相关规定条件的股东可以征集股东投票权
华泰证券	从高到低依次产生当选的董事（或者监事）	持有或合并持有公司发行在外5%以上有表决权股份的股东；现任董事长可以依据法律法规和本章程的规定，按照拟选任的人数，提出董事（非职工代表董事）候选人	累积投票制下，独立董事和董事会其他成员应当分别进行选举	可以征集股东投票权
西部证券	按得票数多少确定	董事会、监事会；单独或合计持有公司股本总额的5%以上的股东	独立董事和其他董事应当分别进行选举	可以征集股东投票权

续表

上市金融企业	当选规则	候选人提名主体	特殊规定	征集投票制度
西南证券	得票多者当选	无规定	无	可以征集股东投票权
兴业证券	无	公司的股东单独或联名推选的董事占董事会成员1/2以上时，其推选的监事不得超过监事会成员的1/2	独立董事和其他董事应当分别进行选举	可以征集股东投票权
长江证券	无	连续180日以上单独或者合并持有公司有表决权股份总数的3%以上的股东；公司董事会、监事会	选举董事并实行累积投票制时，独立董事和其他董事应当分别进行选举	可以征集股东投票权
招商证券	得票多者当选	连续180日以上单独或合计持有公司股本总额的5%以上的股东	独立董事和其他董事应当分别进行选举	可以征集股东投票权
中信证券	得票多者当选	股东可单独或联名提出，其参加提名的股东所持股份合计应达到公司股本总额的3%以上；3名以上董事或监事联名可提出；公司董事会、监事会；单独或者合并持有公司已发行股份1%以上的股东	应当分别进行选举，以保证公司董事会中独立董事的比例	可以征集股东投票权
太平洋	无	股东可单独或联名提出；其参加提名的股东所持有股份合计应达到公司股本总额的3%（含3%）；公司董事会、监事会可以提出；单独或者合并持有公司已发行股份1%以上（含1%）的股东	独立董事和其他董事应当分别进行选举，以保证公司董事会中独立董事的比例	可以征集股东投票权
ST航投	得票多者当选	现任董事会、单独或者合并持有公司3%以上股份的股东可以提名；其中独立董事候选人应由现任董事会、监事会、单独或者合并持有上市公司已发行股份1%以上的股东提名	独立董事和其他董事应当分别进行选举	可以征集股东投票权

2. 具体实施情况分析

实施细则的完备并不能代表这些企业在具体施行时严格遵守。通过收集这14家企业的股东大会议事规则发现，其中只有7家上市金融企业选举董事、监事的具体资料是可以查明的，而这7家企业中，实施累积投票制度的企业只有4家,附有详细投票方式说明的有3家。详细情况参见表6-6。

表6-6　　　　　　　　7家上市金融企业投票情况

上市金融企业	投票方式	选举人数	特别说明
浦发银行	现场记名投票	11名非独立董事 7名独立董事 6名监事	
光大证券	采用累积投票制	8名非独立董事 3名独立董事 6名监事	附有《累积投票方法说明》
国元证券	采用累积投票制	10名非独立董事 5名独立董事 3名监事	
华泰证券	采用累积投票制	10名非独立董事 6名独立董事 6名监事	附有《累积投票方法说明》
西南证券	采用累积投票制	6名非独立董事 3名独立董事 2名监事	累积投票制度特别提示
兴业证券	记名投票表决方式	7名非独立董事 4名独立董事 3名监事	
太平洋	采取现场投票的表决方式	7名非独立董事 2名监事	

第三节　我国上市金融企业实施累积投票制度的特点及面临的问题

44家上市金融企业中,只有部分在章程中规定了累积投票制度,而有些规定又是相当粗简。规则的不明晰、不细致,直接导致的就是实施中的困难重重。目前,学术界有一种声音就是希望在公司法中制定相关的细则,我们通过这些公司自身的规定,也可以进一步探究立法完善的问题。

总体说来,上市金融企业实施累积投票制度还是独具特点的,因为不同的企业有不同的规定,或详或略,或繁或简。而它们制度的选择又与自身股权结构、自身发展密不可分。

一　我国上市金融企业实施累积投票制度的特点
(一) 章程规定的多样性
上市金融企业实施累积投票制度的情况呈现多样化的特性。
上市金融企业中有11家公司的章程中没有提及累积投票制度,占了总数的 25%。而且很值得注意的是，这 11 家企业中有三大国有银行，四大上市保险公司。

有些上市金融企业则是遵照《公司法》的规定，将法律条文的表述在章程中复述一遍。有的企业也会对累积投票制度的概念进行相关的解释。只有小部分企业会对累积投票制度的细则进行规定。

严格遵照《公司法》以及 2002 年《上市公司治理准则》，并作出相关具体说明的企业有 14 家，其中有 11 家是从事证券行业。

总体而言，由于我国的立法并不是强制性规定，而是一种倡导性的规定，而部委级的规章又缺乏一定的强制力，在《公司法》的效力高的情况下，很多企业就选择不适用累积投票制度，或者只是作一个笼统的规定，并不会在实际中进行运用。

（二）适用上的缺乏规范性

例如，华泰证券和西部证券并没有严格运用法律表述，因而当他们达到规定的条件时，也无法得知是可以适用还是应该适用，从而在具体操作中增添不必要的歧义。

还有的不规范表现为，明明在章程中规定参见"实施细则"，但在公司披露的信息中，无法找到具体的累积投票制度实施细则。这样的企业有华夏银行和民生银行。从这种行为中，我们也可以知晓，累积投票制度在该企业中运用的机会是少之又少。

（三）用途上的局限性

累积投票制度也存在一定的局限性。许多企业在具体的选举过程中，并没有选择适用累积投票制度。这主要还是由于我国的上市金融企业主要由国家控股，董事的任命有相当的政治性因素，在整个董事会和监事会一团和气的情况下，采取累积投票制度的意义不大。

少数董事可能引起董事会的不和谐从而降低董事会的效率，可能在实践中迫使董事会多数成员在正常会期的前一天举行没有该少数董事参加的"彩排会议"，从而使得正式董事会的决定往往是在非正式场合中协商而成；少数董事可能不合理地批评管理层，导致管理层不愿意采取存在风险但对公司有利的行动；少数董事可能泄露公司的重要机密，等等。此外，累积投票还可能会被利用为要挟勒索公司的手段。

（四）选择上的谨慎性

44 家上市金融企业中绝大多数是国有企业控股。而这些企业为了保证它们的绝对控制地位，也很小心谨慎地对待着累积投票制度。从规定有累积投票制度细则的企业来看,有部分企业将章程的规定束之高阁,在现实的适用上,仍然采取直接投票的方式。其实这种考虑是具有一定的道理,毕竟国有企业股东必须保证其绝对的控制权。在他国的累积投票制度发展史上,我们也能找出依据。例如,日本曾经为了支撑他们的民族企业,而将累积投票制度的立法由强制性改为许可性,就是给予这些企业充分的自主选择权,防止外国企业通过这一制度取得该企业的控制权。

但我们必须认识到,我国控制股东对股东会普遍具有决定性的操纵能力,控制股东掏空上市公司的现象已经广泛为我国各界所认识。[①] 在公司的经营和中小股东利益保护上,必然得寻求一个平衡点。

二 我国上市金融企业实施累积投票制度面临的问题

(一) 缺乏稳固的根基

从世界各国所采用的累积投票制度的立法模式来看,已然逐渐从强制主义向许可主义进行转化。但是我们不可忽略的是,许多国家实施该制度很早,并且在确立之初采用的是强制性的规定,从而实施了多年的累积投票制度,形成了良好的保护中小股东利益的氛围。在这种习惯与传统的驱使下,即使法律不作硬性规定,许多企业仍然能够很好地实行。

而对于我国而言,这个制度是一种比较新的制度,我国几千年文明所形成的集权文化本身对这种民主选举的方式有一定的排斥。而在确立之初就采取一种许可式的立法方式,必然有许多企业不去选择适用。所以,虽然许可式是一种潮流,但在具体的国情面前,我们必须考虑到,是否有一种土壤能让这个制度达到它应有的效果,否则只是南橘北枳的悲剧。

在上市金融企业中,对累积投票制度有详尽规定的企业只占少数,而这些少数企业中,能够真正实施的又只有一部分。可见,对于累积投票制度,它们还停留在概念认识的表面,而对于在实际中的操作,不仅缺乏经验,更是缺乏良好的氛围。

(二) 立法本身的缺陷

立法本身的抽象也增加了实施的难度。学术界中许多人呼吁要制定相关的实施细则。这是很有道理的。累积投票制度本是从国外引进的一种制度,如果没有详细的实施办法指引,再加上采取许可主义的立法态度,就很容易

---

① 刁龙生:《控制股东的义务和责任研究》,法律出版社2006年版,第21页。

出现该规定形同摆设的现象。就如有些上市金融企业，明明第一大股东持股比例达到了准则中规定的30%，但仍然不采取累投票制度。

同时，不按照规定实施累积投票制度的情况也时有发生，但法律并未制定相应的条款予以救济，从而不但使该制度的实施要靠企业摸索，在事后的救济上，也要靠企业自身去实现。同时，立法本身的缺陷也不可忽视，公司法规定了股东大会的决议需得到过半数的股东同意，这无疑又给累投票制度的实施增设了一道坎。即实施累积投票制度与否，还得先征得大多数的股东同意，而从投票制度的设计来看，直接投票制度显然更符合大股东们的利益诉求。中小股东如欲通过修改章程来实行累积投票制度，则必须有出席会议股东所持表决权2/3以上的绝对多数通过，这种状况之下，也无疑是大股东掌控一切，小股东只好听之任之，无奈接受结果。

（三）国进民退现象的妨碍

国进民退主要表现为国有经济在某一或某些产业领域市场份额的扩大，以及民营企业在该领域市场份额的缩小甚至退出。在某种程度上，也可以把政府对经济的干预或者宏观调控力度的加强理解为国进民退。①

结合以上统计分析，绝大多数上市金融企业是国有企业控股。我国金融行业存在着明显的国进民退现象。这和我国的中国特色的市场经济体制密不可分。首先，长久以来，国家以行政命令的方式主导经济发展取得了一定成效，于是就自然而然地延续这种模式。其次，金融企业关乎一国经济的命脉，我国的金融业发展相较于发达国家而言又不太成熟，故而由国家掌控比较符合经济安全角度的考量。再次，金融危机背景之下，国家的政策规划必不可少，因而其掌控程度只会增不会减。在国有企业必须牢牢掌握这些公司的控制权的情况下，实施累积投票制度的意义并不大，因为大多数的选举都是近乎政治任命的方式，中小股东的意愿不可能得到伸张，其参与公司治理、掌握公司控制权更是天方夜谭。

我国的上市金融企业中，有部分公司的中小股东是私营企业和外资企业，相较而言，他们所占公司的股份极低，因而"用脚投票"的成本较低，参与公司治理的热情也不太高。国家出于经济安全的角度考量，也不太愿意让这些企业有机会掌握公司的控制权。故而在国进民退的大背景之下，公司股东可能会偏重于政治上的迎合，而企业的盈利则摆在了第二位置，这是不

---

① 葛兆强：《"国进民退"的本质与中国市场经济体制的建构》，《中州学刊》2010年第1期。

利于累积投票制度施行的，更不利于中小股东利益的保护。

同时，许多上市金融企业的董事、监事都有着政治背景，他们大多曾在国家机关任职，有的是政协委员，有的是人大代表。他们的就职与其说是投票的产生，不如说是一种行政的任命。累积投票制度的实施，则会增加选举结果的不确定性，不利于国家的掌控。

（四）相关制度的抵消

从累积投票制度的实施方式来看，公司治理的某些制度会对其产生抵消作用。同时，大股东为了保证其控制权，也会想方设法地弱化该制度的作用。

在现实实践中，大股东有多种方式去规避该制度的实施。例如，股东可以通过股东大会的决议将少数股东所选举的董事监事罢免，也可以通过其他方式排挤不符合自己利益要求的董事，架空其权力。还有就是通过修改公司章程直接限制或者否定累积投票制，这一点在上市金融企业中表现明显，有11家企业没有规定累积投票制度，占了总数的25%。

（五）技术上的难度加大

累积投票制能够发挥效用，真正起到保护中小股东的利益，同时也是一种技术上的考验。因为只有在小股东将投票集中的情况下才能确保自己的目标能够实现。而每个人的个人好恶不一，选择也就不一，如何为了共同的利益联合起来，本就是一个博弈的过程，在实际操作上，也是很难的。

而累积投票制度的实施，本就比直接投票制度来得复杂，其票数的统计还是有些繁复的，首先要弄清各位股东的持股数量，然后再乘以应选人数。股东有时会将手中的票数分别使用，这也需要做大量的计算与统计工作。

（六）小股东的参与热情不高

上市金融企业，绝大多数是国有股一股独大，小股东也早已习惯这种在沉默中领取分红的模式，他们更多的是希望投机获利，而不是期望以投资来管理甚至控制公司。所以，在大多数情况下，他们也没有太大的积极性去参与公司董事、监事的选举。更何况我国的上市金融企业大部分处于垄断行业，其经营收益能够得到有效的保障，所以小股东们对于累积投票制度是否施行也不会太放在心上。因此累积投票制度的实施缺乏良好的氛围。大多数上市企业都是大股东主导一切，小股东只管获得分红就好，整体状况就是一团和气，不会有大的人事变动，也不会有雷厉风行的改革创新。

第四节　上市金融企业实施累积投票制度的完善

一　强化累积投票制度实施的根基

纵观累积投票制度的发展，我们从其漫长的发展过程中看出，该制度发展较为成熟的国家都有一个强制施行的过程，从而在现今即使采用许可的方式，仍然有公司选择采用这种方式。而我国是没有这种基础的，许多企业对于该制度并不了解，再加上法律上允许自由选择，那么他们更不会轻易接受这种新的选举方式。

所以，强化累积投票制适用的根基，创造良好的实施环境是必不可少的。首先要通过规章等形式详尽地介绍这一制度，让股东能够充分了解。同时，也可以定期做一个实施该制度选举企业的调查报告，公开披露，让选举过程、选举结果更为明朗化。股东对此能有深刻认知，进而不排斥其适用。

二　完善关于累积投票制度的立法

就立法而言，本书并不主张强制规定实施累积投票制度，因为就他国多年实施经验而言，不同的企业有不同的特点，不同的文化，盲目采取统一标准统一办法，只会磨灭其个性，遏制发展。

但是，对于切实可行的规定，我们也应该以法律法规的形式肯定下来，例如2002年的《上市公司治理准则》中的"第一大股东持股达到30%的就应该实施累积投票制度"。这一规定可以说是抽象规定的具体补充，有利于企业在实际中的操作。从实际意义来看，当第一大股东持股达到30%时，也确实存在权利滥用的可能，这时给予小股东该项权利，对于大股东来说是一种制约，对于小股东而言则是一种保护。

同时，对于实施细则的规定也是有必要的。既然这是一个从他国引进的制度，就有必要将其具体的方法表述清楚，增强其操作性。既然这一制度对于我国而言比较新颖，就必须以官方权威的方式表述出来，提供详细的方法供大家参考。综观上市金融企业章程中关于累积投票制度的规定，莫说其内容详略不一，其规范程度也参差不齐。即使是有具体规定的企业，也缺乏累积投票制度的后置程序以及救济程序的规定。例如，能否代表投票的问题，该实施而未实施的问题，实施过程中投票无效的问题，这些又该如何救济，都没有详尽考虑。而这些在实际运用中，是很可能会遇到的。

也可以借鉴国外相关立法规定，美国各州规定了股东大会不得任意罢免依照累积投票制产生的董事，并且规定了较为严格的罢免程序。如《美国示范公司法》的规定，限制了通过累积投票制度所产生的董事的罢免。① 这一制度可以说是对累积投票制度的事后救济，一旦采取了累积投票制度，那么所当选的董事、监事就应该得到相应的保护，从而在一定程度上强化了累积投票制度的有效性。

三 弱化国家的干预

弱化国家的干预并不是要国有企业从该行业完全地退出来，而是一种态度，一种适当放权，允许不同的声音参与到企业公司治理之中的态度。金融企业的行业特征、我国的经济性质都决定了政府不可能完全放开。但是，我们也要看到个别私营企业控股的上市金融企业同样运行良好。适当地放开不会导致无序，反而会增添活力。

相对弱化干预的行为，能够让中小股东有机会参与到公司治理中来，使他们能够通过累积投票制度，找出自己利益的代言人。在不同利益需求的驱动下，各方努力，相互监督，企业才会焕发活力。同时，我们也应该注意到，国有企业很容易滋生大股东侵吞小股东利益的事情，而累积投票制度能够在一定程度上缓解这种情况的发生。

四 制定相关的配套制度

一项制度的良好运行，必然有其他相应措施的"保驾护航"。就累积投票制度而言，首先必然要扫清该制度的实施障碍。现行公司法中对于股东决议的通过以及章程的修改的规定，在一定程度上是对累积投票制度的抑制。累积投票制度虽非强行性规定，但也应建立相应制度，对于通过累积投票制度所选的董事、监事，不得随意罢免。关于规定累积投票制度的章程修改，也应进行严格审查，当第一大股东持股达到一定比例时，不得任其随意更改。

同时，也可以定期发表一个报告，详尽分析各上市公司董事监事选举状况，并进行选举民主状况分析。在现今累积投票制度还未广泛建立的情况下，这种分析无疑也是一种知识的普及，能帮助许多还未认识到累积投票制

---

① 美国《示范商业公司法》第 8 条：依据累积投票制选举产生的董事不得随意罢免，除非征得与选举该董事时那部分股份相当的表决权的赞同。

度优点的企业以及中小股东对此有更为充分及客观的认知。在一定程度上，这也是对累积投票制度施行氛围的营造。而对于报告中的数据统计，可以通过上市公司所披露的资料，统计其第一大股东持股状况，再对照法律规章中对于累积投票制度的相关规定，列明需要实施累积投票制度的企业，再对其具体实施情况进行分析。最后，还要公布选举的结果，以及企业是否存在刻意规避累积投票制度的现象。还可以对实施累积投票制度综合状况评分，以便大家能够进一步明晰该制度在实际中的运用。

五　提供相应的技术支持

累积投票的优势在于能够将众多中小股东的表决权聚集一处，使他们有机会与大股东抗衡。但现行的关于股东提案所需的巨大的股份，使得中小股东根本无力提出自己的董事、监事候选人。因此，要想发挥累积投票制的作用，首先必须使广大中小股东拥有足够的提出议案所需的表决权，故表决权的累积成为关键。参考西方国家的表决权征集制度，或许对于此问题有所帮助。考察西方国家的公司法，各国都允许表决权征集。美国在其《示范公司法》[①] 以及《特拉华州公司法》[②] 中均有规定，从而能够更好地保护中小股东权利，也降低了大股东刻意选择小股东不方便参与的时间而排除其权利的风险。

我国同样也有关于表决权征集的规定，在中国证监会 2002 年出台的《上市公司治理准则》第 10 条中给予了中小股东这一权利。[③] 但由于准则只作了粗略说明，所以在具体实施过程中，仍然无法让中小股东很好地把握。由此，要促进累积投票制度的广泛运用，更好地维护中小股东的权利，必然需要给予中小股东以明确详尽的说明，提供相应的技术指导，使相关制度得以更好地发挥。

[①] 美国《示范商业公司法》第 7 章第 30 节第 1 款：一个或者多个股东可以设立一个投票信托组织，授予受托人投票权或其他为他们活动的权利。

[②] 美国《特拉华州公司法》第 218 节：一位或者多位股东可以利用书面协议把最初发行的股票存放在或转让给任何一个或多个人或者一家或多家公司，他们都是被作受托人并可以被指定为一个或多个投票受托人。

[③] 我国《上市公司治理准则》第 10 条：上市公司董事会、独立董事和符合有关条件的股东可向上市公司股东征集其在股东大会上的投票权。投票权征集应采取无偿的方式进行，并应向被征集人充分披露信息。

六 鼓励中小股东广泛参与

近些年,我国一直在强调金融改革、金融创新。要改革,要创新,必然需要有新鲜的血液。而长久以来形成的集权思想,也应该有所转变。一个新制度的施行,也许在起步阶段是成本高昂的,但是在形成一种体系之后,必然会摒除某些人为因素的影响。

在观念转变上,首先需要小股东的积极参与,不再满足于"用脚投票",而是应该学会参与公司治理,为维护自身利益而努力。同时,其也应该懂得与其他中小股东进行合作。

对于大股东而言,其也应该转变思想,不滥用自己的权力,才符合企业的可持续发展之道。

第七章

董事会信息披露与公司治理

第一节 董事会治理信息披露的基本理论

一 董事会治理信息披露的概念及分类

（一）董事会治理信息披露的概念

董事会治理信息披露是我国上市公司进行信息披露的重要内容，是指上市公司在招股书、上市公告书、年度报告、中期报告以及临时报告中对董事会治理信息进行公开的披露，而且这种披露是面向投资者和全社会的。也就是说，我国的上市公司根据相关的法律法规，遵循及时、准确、真实的披露原则，向证券管理机构、投资者、社会公众提交申报公司董事会治理信息，使市场可以根据所披露的信息对公司价值进行判断，也有利于维护现有股东及债权人的合法权益。

（二）董事会治理信息披露的分类

董事会治理信息可以分为以下两类。

一是强制性披露（Mandatory Disclosure）。所谓强制性信息披露是指，在相关的法律法规中明确要求上市公司必须进行披露的董事会治理信息。其实施的根本目的在于建立一个公开、公正、公平的证券市场环境，保护投资者的切身利益，使证券市场更加健康、平稳、有序地发展下去。[1] 换而言之，就是法律利用其强制力要求上市公司公布某些董事会治理信息，以达到上市公司和利益相关者进行信息沟通，避免信息不对称所带来不利后果的一项制度。

二是自愿性披露（Voluntary Disclosure）。所谓自愿性信息披露是指，除了强制性信息披露以外，公司根据自身情况自愿披露的董事会治理信息，其

---

[1] 宋梅：《上市公司信息披露诚信机制的构建——以自愿性信息披露为视角》，《商场现代化》2009年第6期。

目的是规避风险（特别是诉讼风险）、建立和维护公司的良好形象，以及满足利益相关者对董事会治理信息披露的更高要求。这种主动自愿地向社会披露某些董事会治理信息可以让公司更受投资者的青睐，也是一种自利性质的信息沟通。①

二　强制性信息披露和自愿性信息披露之间的差异

董事会治理信息强制性披露与自愿性披露都是上市公司信息披露中的重要组成部分，这两者既有区别又有联系，其中两者的区别主要表现在以下几个方面。

第一，披露的依据不同。

强制性披露是依据相关法律法规和规章进行的，在中国包含证券法、公司法以及一些相关的规章和制度，董事会治理强制性信息披露是上市公司恪守法律、依法经营的重要表现。与之相比的自愿性信息披露则不然，是公司根据自身情况自愿披露某些信息，其目的在于彰显公司的盈利能力和未来的发展潜力，向投资者传递其公司证券具有更高价值的信号，体现其公司董事会治理水平。②

第二，披露的内容有所不同。

强制性披露的董事会治理信息一般为基本信息，与之相对应的是自愿性披露。自愿性信息披露的范围是指除法律规定强制性信息披露信息以外的董事会治理信息，其内容的主要来源是公司管理层认为可以并且有必要进行披露的董事会治理信息，其范围是十分广泛的。

第三，理论基础不同。

强制性披露的董事会治理信息是上市公司信息披露的重要组成部分，被看作一种公共物品，是政府实施市场干预的重要方式和手段，其目的在于尽可能避免和解决由于市场失灵而导致的一系列问题。

相比之下自愿性披露的理论基础来源于信息经济学中的理论，针对的是基于委托—代理关系以及所有权、控制权相分离的上市公司，是为了解决由于信息不对称而导致的一系列问题。从福利经济学的角度来看，其最终的经济结果是提升了证券市场的有效性。③

---

① 赵晋雪：《浅谈上市公司信息披露方式的适度性》，《企业文化》（下旬刊）2011年第8期。
② 吴德军：《试论上市公司自愿性信息披露》，《现代商业》2007年第8期。
③ 张卓佳：《后危机时代中国金融监管的反思与前瞻》，《新财经》（理论版）2012年第5期。

第四，在信息披露制度的各个发展阶段中的相对重要性不同。

欧美发达国家的信息披露制度一般分为以下三个阶段：自愿性披露为主、强制性披露为主和强制性与自愿性披露相结合这三个阶段。中国就资本市场发展历程主要经历了两个阶段：强制性信息披露为主和强制性披露为主、自愿性信息披露为辅，当前中国的证券市场仍然把信息披露的重点放在强制披露方面。[①]

三 强制性信息披露和自愿性信息披露之间的联系

第一，共同构成了证券市场上的信息披露制度。

信息披露制度的设计目的是要达到信号传递的作用，向投资者和其他利益相关者反映董事会当前的治理状况和履行其职责的情况，建立一个相互信任的市场环境，最终达到证券市场和上市公司平稳有序的发展。[②]

第二，强制性披露的相关政策对上市公司自愿性披露行为的影响也很大。

董事会治理的强制性信息与自愿性信息并不是一成不变的，两者会随着时间和具体情况发生转化，当国家认为需要披露更多的强制信息时，一些原本是自愿性披露的信息也会被列入到强制性信息披露的范畴，这种变化将导致我国上市公司自愿性信息披露的不够积极，趋向于提供更少自愿性信息。与之相反的是，高质量的上市公司为了克服"逆向选择"带来的一系列问题，更多地自愿性披露董事会治理信息。在现实生活中，强制性信息披露和自愿性信息披露的信息载体和渠道都有一种趋同性，主要集中在年报、中期报告和临时报告以及一些新闻发布会、上市公司与机构投资者单独进行沟通等方式进行信息披露。目前我国自愿性信息披露与强制性信息披露的载体基本相同，都是年报、半年报、临时公告等。[③]

四 董事会治理信息现有披露形式及主要内容

我国法律法规所规定的公司信息披露的形式有以下几种：招股说明书、

[①] 陈伟、张碧：《制度背景下的上市公司自愿性披露研究》，《北方经济》2009年第12期。

[②] 黄丹华：《新兴加转轨时期证券市场的可持续发展与制度建设》，《金融理论与实践》2008年第8期。

[③] 乔旭东、胡博萍：《我国上市公司年度报告信息披露结构的实证分析》，《河北经贸大学学报》2006年第5期。

年度报告、上市公司中期报告、上市公司半年度报告、季度报告以及临时报告等形式。不同的法律法规对相应的披露内容与格式都作了相关规定，这几种披露形式或多或少地都涉及董事会的治理信息。

(一) 招股说明书中对董事会治理信息的披露

我国上市公司招股说明书，区分为"首次公开发行股票公司的招股说明书"和"上市公司发行新股的招股说明书"。首次公开发行股票是指该公司过去并未对外公开发行过股票，这是第一次向社会公众发行股票。上市公司发行新股是指该公司过去已经向社会公众公开发行过股票，这一次发行股票是向股东配股或是向社会公众增发股票。

按照法律规定，在招股说明书中上市公司应该披露关于董事会治理信息包括以下内容：董事会成员的简历、曾经担任过的职务和期限、在发行人单位现任何职、兼职情况、董事薪酬及相应的激励机制的概况。[①] 除此之外，招股说明书中还披露了董事会成员持股情况，以及其个人、家庭及其控制的法人持有公司股票的情况。上市公司董事长的背景和经历，其个人素质和社会地位与影响也可以视情况进行披露。

在上市公告书中，要求对董事个人的简历情况、持股情况，以及家属在公司的持股情况进行披露，与此同时发行人按照规定设置认股权的，应当披露股权计划的主要内容、执行情况、已发放认股权的行权情况。[②]

美国相关法律也对招股说明中对董事会的信息披露作出了规定，主要集中在以下几个方面：一是公司董事的姓名、年龄、职位及是否为公司创始人或发起人、每位董事任职期限、公司章程中对董事职位空缺的填补方法等内容；二是公司董事的个人简历；三是公司董事的薪酬，包括薪酬、股票选择权、车费补贴或配备汽车的情况、保险福利或支付保费、房屋、其他额外补助或津贴等；四是公司董事与公司之间发生的特别交易，比如被迫辞职或离职时公司给予一定补偿的协议；五是公司董事应负的法律责任及赔偿规定；六是公司聘请的顾问和咨询委员会情况。

与国外相比，我国董事会治理信息披露制度关于招股说明书的规定，并

---

① 张力上：《上市公司信息披露与分析》，西南财经大学出版社2005年版，第90页。
② 参见《刑法》第160条；《公司法》第86、87、135条；《证券法》第12、14条；《股票发行与交易管理暂行条例》第15、19条；《公开发行股票公司信息披露实施细则》第6、7、8条；《公开发行证券的公司信息披露内容与格式准则》第1、11、13号；《公开发行股票公司信息披露编报规则》第1、3、5、10号。

不要求公司披露董事车费补贴或配备汽车情况、保险福利或支付保费、房屋、其他额外补助或津贴。我国董事会信息披露制度也对特别交易比如关联交易的披露作出了规定，但是如被迫辞职或离职时公司给予一定补偿的协议方面并没有涉及，与此同时对于董事职称空缺的填补方面以及聘请顾问和咨询委员会情况更是没有相关的规定。与国外招股说明书进行对比不难发现以前没有注意到的问题，这对完善我国董事会治理信息披露制度具有很重要的借鉴作用和意义。

（二）股票上市公告书中对董事会治理信息的披露

上市公告书是公司股票发行结束，在获得证券交易所上市交易批准以后，必须公开披露的法律文件，是公司股票上市过程中必备的程序之一。在公司上市公告书中披露的董事会治理信息主要集中在董事个人简历方面，他们在公司的持股情况，他们的家属在公司持股情况。[①] 以广发证券为例，其上市公告书中对董事会治理信息披露的相关情况如表7-1所示。

表 7-1　　广发证券的上市公告书中对董事会个人简历的披露

职务	姓名	性别	年龄	基本情况	持股数
董事长	张万章	男	49岁	大学毕业，工程师，是本股份公司创始人之一，具有25年行政管理与企业管理经验，一直从事大中型电子企业的领导工作，曾任原机械电子部国营第873厂副厂长，现任深圳市赛格集团公司综合计划部部长	30000
执行董事	蓝天辅	男	45岁	大学毕业，工程师，是本股份公司创始人之一，在电子行业工作25年，精通业务，具有丰富的专业知识和企业经营管理经验，曾任三水县无线电元件厂厂长，深圳东联电子公司副经理，现任本公司总经理兼任党支部书记	50000
董事	林林	男	32岁	大学毕业，助理工程师，是本股份公司创始人之一。具有10年从事电子产品开发和技术管理的经验。曾在深圳市东联电子公司任利亚生产部副部长，现任本公司总经理助理及深圳市富达电子有限公司经理	20400

---

① 参见《公司法》第134条；《证券法》第53、54条；《股票发行与交易暂行条例》第33、34条；《公开发行股票公司信息披露实施细则》第9、10条；《公开发行证券的公司信息披露内容与格式准则》第7、14号。

续表

职务	姓名	性别	年龄	基本情况	持股数
董事	罗巧林	男	40岁	中专毕业,是本股份公司创始人之一。具有10年政工、人事管理与企业管理经验。曾任中国人民解放军第42军副团职干部、深圳市东联电子公司党委办公室副主任,现任本公司苗经理助理兼办公室主任、工会主席	10000
董事	董云松	男	40岁	大学毕业、工程师,从事企业管理工作20年,具有丰富的企业管理知识和实践经验,曾在赛格贸易公司工作,现任深业赛格(香港)有限公司副总经理	8500

资料来源:整理《广发证券上市公告书》获得,访问时间2012年8月21日。

表7-2　　广东星河生物科技股份有限公司上市公告书中涉及董事会治理的信息

序号	股东名称	现任职务	任期	持股数量	占发行后股本比例(%)
1	叶运涛	董事长	2008年8月—2011年8月	24484716	36.54
2	黄清华	董事	2008年8月—2011年8月	444080	0.66
3	吴汉平	董事	2008年8月—2011年8月	290173	0.43
4	吴宁	董事	2008年8月—2011年8月		
5	刘翔能	独立董事	2008年8月—2011年8月		
6	李莎	独立董事	2008年8月—2011年8月		
7	梁增文	独立董事	2008年8月—2011年8月		

资料来源:整理《广东星河生物科技有限公司上市公告书》获得,访问时间2010年12月7日。

从两个公司的上市公告书中不难发现一些问题。两个公司看似都按照法律规定披露了董事会治理信息,但是仔细分析差别却很大。广发证券对董事的基本情况披露得很详细,却没有披露任职期限和持股比例占发行后股本比例;而广东星河生物科技有限公司公布了任职期间和持股比例占发行后股本比例,却没有公布董事的基本情况,甚至连年龄和性别都没有公布。不仅如此,两个公司都未对家属是否在公司持股进行明确说明。

(三)上市公司年度报告中对董事会治理信息的披露

年报作为一家上市公司一定时期内财物情况及经营成果的官方的、翔实的报告,须于每年规定的时间通报给股东(当然社会公众也可以通过披露平台获得相关信息），是法律规定上市公司必须定期进行披露的主要文件。其特点是信息量庞大、内容非常广泛，是投资者了解公司基本情况的重要方式之一。鉴于年度报告的重要性，为进一步规范我国上市公司年度报告内容和格式，我国立法及行政部门分别颁布了一系列法律法规和部门规章。①

我国董事会治理信息披露制度中要求上市公司披露的信息主要是董事的个人情况、年度报酬情况，以及在报告期内的离任情况三方面的内容。

1. 董事的基本情况

主要包括上市公司在任董事会成员的基本情况、任职区间、跨年度持股变动情况以及变动的原因。如果该董事会成员为独立董事，必须进行特别说明。董事会成员在股东所在单位担任职务的，应该进行详细说明。② 其中值得注意的是对董事基本情况的披露，此外以广发证券 2014 年年度报告中一名董事的基本情况为例。

执行董事孙树明先生自 2012 年 5 月起获委任为公司的董事长兼执行董事。孙先生的主要工作经历包括：1984 年 8 月至 1990 年 8 月历任中国财政部条法司科员、副主任科员及主任科员，1990 年 8 月至 1994 年 9 月任中国财政部条法司副处长，1994 年 9 月至 1996 年 3 月任中国财政部条法司处长，1994 年 7 月至 1995 年 7 月任河北涿州市人民政府副市长（挂职），1996 年 3 月至 2000 年 6 月任中国经济开发信托投资公司总经理办公室主任、总经理助理，2000 年 6 月至 2003 年 3 月任中共中央金融工作委员会监事会工作部副部长，2003 年 9 月至 2006 年 1 月任中国银河证券有限公司监事会监事，2006 年 1 月至 2007 年 4 月任中国证监会会计部副主任，2007 年 4 月至 2011 年 3 月任中国证监会会计部主任。孙先生于 1984 年 7 月取得位于武汉的湖北财经学院（现名中南财经政法大学）经济学学士学位，并于 1997 年 8 月取得位于北京的财政部财政科学研究所经济学博士学位。

从上面广发证券公布的董事基本情况来看，其篇幅很长也很详细，但是对于董事的年龄和股权增加情况并未提及。在年度报告中广发集团对董事在

---

① 参见《刑法》第 161 条，男、45 岁；《公司法》第 166 条，男、45 岁；《证券法》第 66 条，男、45 岁；《股票发行与交易管理暂行条例》第 57 条、59 条，男、45 岁；《公开发行股票公司信息披露实施细则》第 13 条、15 条、16 条，男、45 岁；《公开发行证券的公司信息披露内容与格式准则》第 2 号，男、45 岁；《公开发行股票公司信息披露编报规则》第 7、8 号。

② 《公开发行证券的公司信息披露内容与格式准则第 2 号——年度报告的内容与格式（2003 年修订）》第 26 条。

股东单位任职情况进行了说明，但是如果在介绍董事基本情况的时候注明一下将更有助于其他人获取相关信息。而且简单地罗列董事的基本信息并不能满足资本市场的需求，需要进一步规范其披露形式。

2. 董事人员报酬情况

上市公司在进行董事会治理信息披露时，应该对董事会成员薪酬的决定程序和依据进行披露。在年报中董事会成员的薪酬包括以下内容：基本工资、各种奖金、公司福利、各种补贴和津贴等。除此之外还要披露薪酬最高的三位董事薪酬总额。对于独立董事的各项津贴需要单独列明。以广发集团2014年年度报告中薪酬公布情况为例。

表7-3　　　　　广发集团2014年年度报告中薪酬公布情况　　（单位：万元）

姓名	职务	性别	年龄	任职状态	任期	从公司获得的报酬总额	从股东单位获得的报酬总额	报告期末实际所得报酬
孙树明	董事、董事长	男	52	现任	2014-05-12至今	438.37	0	438.37
尚书志	董事	男	62	现任	2014-05-12至今	10.08	123.73	133.81
李秀林	董事	男	61	现任	2014-05-12至今	5.88	342.21	348.09
陈爱学	董事	男	58	现任	2014-05-12至今	10.08	70.80	80.88
林治海	董事、总经理	男	51	现任	2014-05-12至今	410.63	0	410.63
秦力	董事、常务副经理	男	46	现任	2014-05-12至今	369.81	0	369.81
刘继伟	独立董事	男	53	现任	2014-05-12至今	15.12	0	15.12
杨雄	独立董事	男	48	现任	2014-05-12至今	8.82	0	8.82
汤欣	独立董事	男	43	现任	2014-05-12至今	8.82	0	8.82

资料来源：广发集团2014年年度报告。

3. 董事离任情况

公司应披露在报告期内离任的董事和离任原因。下面是广发证券2014年的董事离任情况。

表7-4　　　　　广发证券在2014年董事离任情况

姓名	担任职务	类型	决议日期	原因
李秀林	董事	被选举	2014-05-12	董事会换届
应刚	董事	任期满离任	2014-05-12	董事会换届
杨雄	独立董事	被选举	2014-05-12	董事会换届

续表

姓名	担任职务	类型	决议日期	原因
汤欣	独立董事	被选举	2014-05-12	董事会换届
王福山	独立董事	任期满离任	2014-05-12	董事会换届
左兴平	独立董事	任期满离任	2014-05-12	董事会换届
张威	副总经理	聘任	2014-05-12	公司聘任
赵桂萍	副总经理	任期满离任	2014-05-12	任期满离任
陈家乐	独立董事	被选举	2014-12-08	董事会选举
杨晓燕	董事	被选举	2014-12-08	董事会选举

资料来源：广发集团 2014 年年度报告。

报告还对离任情况进行了比较详细的说明，以广发证券 2014 年 5 月 12 日的股东大会对董事离任情况的说明为例。

报告期内，公司董事会、监事会进行了换届。2014 年 5 月 12 日，公司 2014 年年度股东大会审议通过了《关于选举公司第八届董事会董事的议案》和《关于选举公司第八届监事会监事的议案》，同意选举尚书志、李秀林、陈爱学、刘继伟、汤欣、杨雄、孙树明、林治海、秦力九位先生作为公司第八届董事会董事，同意选举詹灵芝女士、翟美卿女士、赵金先生作为公司第八届监事会监事。李秀林先生的董事任职资格，汤欣先生、杨雄先生的独立董事任职资格均已获得批复。①

（四）上市公司在中期报告中对董事会治理信息的披露

与年度报告相比较，中期报告涵盖期间相对较短，提高了报告信息的有效性，有利于信息使用者尽早评估公司当期状况。编制报告频率的加快，增加了报告编制的工作量，为此我国出台了相关的法律法规以及规章制度。②

中期报告包括半年度报告和季度报告两种，其中在半年度报告中涉及董事会治理信息的内容仅有两方面内容：一是应当披露报告期内董事持有公司股票的变动情况，二是报告期内董事的新聘或解聘情况。在季度报告中基本不涉及董事会治理信息的内容。例如，广发证券 2014 年半年度报告中提到，

---

① 以上资料均引自该公司 2014 年 6 月 18 日、6 月 14 日和 6 月 20 日在《证券时报》《证券日报》《中国证券报》《上海证券报》刊登并同时在巨潮资讯网（http://www.cninfo.com.cn）披露的相关公告。

② 参见《证券法》第 65 条；《股票发行与交易管理暂行条例》第 57 条、59 条；《公开发行股票公司信息披露实施细则》第 13 条、15 条、16 条；《公开发行证券的公司信息披露内容与格式准则》第 4 号；《公开发行股票公司信息披露编报规则》第 13 号。

公司董事在报告期内不可持有公司股份、股票期权、限制性股票。

(五) 在上市公司临时报告中对董事会治理信息的披露

所谓临时报告是上市公司根据相关法律法规以及规章制度的规定,① 在上市公司出现重大事件的时候,依法对投资者及全社会披露的信息。临时报告是上市公司持续信息披露义务的一种体现。

临时报告中涉及董事会治理的信息主要集中体现在董事会的决议上,涵盖的内容包括：会议纪要、董事会的决议、交易所认为需要进行披露的内容。以广发证券的最近的一次临时报告为例。

在报告中,首先,需要做出诚信保证；其次,要列明会议的时间、地点及通知董事会成员的方式；再次,要披露董事会成员的出席情况及会议是否符合法律的相关规定；最后,要列明会议的各项议题及表决结果。表7-5为广发集团最近一次临时报告中通过决议的情况。

表7-5　广发证券股份有限公司第八届董事会第十一次会议通过决议情况

序号	议题	结果
1	审议《广发证券2014年度董事会报告》	以上报告同意票9票,反对票0票,弃权票0票；反对票或弃权票的理由：无；以上报告须报股东大会审议
2	审议《广发证券董事会战略委员会2014年度工作报告》	以上报告同意票9票,反对票0票,弃权票0票；反对票或弃权票的理由：无
3	审议《广发证券董事会风险管理委员会2014年度工作报告》	以上报告同意票9票,反对票0票,弃权票0票；反对票或弃权票的理由：无
4	审议《广发证券董事会审计委员会2014年度工作报告》	以上报告同意票9票,反对票0票,弃权票0票；反对票或弃权票的理由：无

第二节　董事会治理信息披露制度存在的问题

一　强制性信息披露存在的问题

我国关于董事会治理信息强制性披露内容方面作出详尽规定的条文主要

---

① 参见《证券法》第67条；《股票发行与交易管理暂行条例》第60条；《公开发行股票公司信息披露实施细则》第17条、第18条、第19条；《证券法》第84条、第89条；《股票发行与交易管理暂行条例》第47、48、49条；《公开发行股票公司信息披露实施细则》第20条、第21条、第22条。

有《公开发行证券的公司信息披露内容与格式准则第 1 号——招股说明书》和《公开发行证券的公司信息披露内容与格式准则第 2 号——年度报告的内容与格式》（2012 年修订）。根据规定，强制性信息披露的内容主要集中在以下几个方面：一是董事会成员的简要情况及任职资格；二是董事个人及近亲属持股情况；三是日常工作情况；四是薪酬及兼职情况；五是重要承诺及履行情况；六是离职原因；七是董事受到处罚情况；八是独立董事及专门委员会履职情况；九是内部控制声明。

董事会治理信息的大部分内容已被列入强制性信息披露的范畴，但是强制性信息披露的内容远远无法满足利益相关者对董事会治理信息的需求。与外国成熟的资本市场相比，我国的董事会治理信息披露制度内容过于狭窄。例如，美国在招股说明书中要求披露董事车费补贴或配备汽车情况、保险福利情况、董事被迫辞职或离职时公司给予一定补偿的协议、董事职称空缺的填补以及聘请顾问和咨询委员会情况，而我国披露制度并没有涉及这些问题。不仅如此，国内外关于董事会治理评价研究也表明，有一些董事会治理信息可以有效地反映董事会治理水平，如董事会结构与独立性、董事会多样性、审计委员会任职资格、董事来源等内容都是重要的董事会治理信息，但是这些内容并没有被列入我国董事会治理信息强制性披露的范畴，严重影响了投资者进一步了解公司的治理水平。对于董事会治理水平的评价机构而言，由于缺乏上述信息的披露，导致这类信息要通过问卷或者其他非正规渠道获得，真实性和可靠性无法得到很好的保障，严重制约了评级机构的评价水平。与此同时，由于缺乏大量的信息和数据支持，也导致相关的理论研究进展缓慢。

有学者指出董事会治理信息的披露可以有效地改善外部环境及证券市场的运行。董事会治理信息的披露主要视以下四个指标发挥作用，这四个指标分别是：是否提供真实有效的信息；运用信息的投资者是否广泛；投资者权利是否得到较好的法律保护；二级市场的流动性是否足够强。只有这些指标得以实现，证券市场才能很好地发挥有效配置投资和资源的作用，并为公司治理提供较好的外部环境，否则，证券市场运行效率低下并会对公司治理产生严重的消极影响。如果证券市场不能提供充分正确的信息，投资者就不能对证券进行定价，市场最重要的功能——价格发现功能将不再有效。

与大型投资者相比，中小投资者不能承担发现信息的功能，如果强制性信息披露范畴过窄会严重影响其对上市公司价值的判断。而大的投资者有能力获取更多的信息，但倾向于把信息据为己有，获得更多的超额收益。即使是在信息发现中承担重要角色的中介机构，发挥信息和提供信息的作用也很有限，因此，有必要通过法律强制要求公司进一步扩大董事会治理信息的披露范畴，通过行政手段弥补信息不对称给中小投资者决策造成的不利影响。

二 自愿性信息披露存在的问题

当前，我国上市公司实施董事会治理自愿性信息披露的公司与日俱增，但是与国外相比，仍然存在较大差距。一般情况下，为了提高投资者的投资激励，公司会自愿披露大部分信息以向市场传递良好的信号。但经理也会为了掠夺投资者利益而隐藏信息的激励。大股东与中介机构是信息提供的补充，但由于信息具有公共产品的性质，他们提供信息激励会出现不足。公司在信息的提供上有很大的局限性。管理层可能考虑对公司经营决策的保密，个别信息可能被竞争对手加以利用，给公司经营活动带来阻力，因此缺乏信息提供的动力。也有可能是管理者为了更好地"欺骗"投资者以达到谋取私利的目的而不愿提供真实的信息。在《2010 中国公司治理发展报告 NO.2》和《2012 中国公司治理发展报告 NO.2》中分别选取了1582家和2033家上市公司对其自愿性信息披露进行了评分，详情见表7-6、表7-7。

表 7-6　　2009 年上市公司信息披露（自愿性）指数总体分布情况

指数分值区间	公司数（家）	占比（%）
90 分及以上者	9	0.57
80—89.99 分	61	3.85
70—79.99 分	156	9.86
60—69.99 分	174	11.00
60 分（不含）以下	1182	74.72
总计	1582	100.00

资料来源：高明华等《中国上市公司信息披露指数报告》，经济科学出版社 2010 年版。

表 7-7　　2011 年上市公司信息披露（自愿性）指数分布情况

指数区间	公司数（家）	占比（%）	累计占比（%）
[0, 30)	0	0	0
[30, 40)	5	0.25	0.25
[40, 50)	15	0.74	0.99
[50, 60)	238	11.71	12.70
[60, 70)	744	36.60	49.30
[70, 80)	819	40.28	89.58

续表

指数区间	公司数（家）	占比（%）	累计占比（%）
[80, 90)	203	9.98	99.56
[90, 100)	9	0.44	100.00
总体	2033	100.00	

资料来源：高明华等《中国上市公司信息披露指数报告》，经济科学出版社2012年版。

从以上两个表格我们不难看出，我国自愿性披露的水平还很低，远远不能满足市场对上市公司自愿性信息披露的需求，特别是董事会治理信息方面的自愿性信息披露。2009年自愿性信息披露的评分在60分以下的企业高达1182家，占被调查公司的74.72%，在2011年自愿性披露水平有所提高，但是仍然有12.70%被调查公司的达不到60分，达到60分的也多集中在60—80分，占被调查的上市公司的89.58%。从总体上看，我国上市公司自愿性披露的水平正在不断提高，但是现状依然并不乐观。自愿性披露水平低困扰着投资者和监管部门。

我国证券交易市场的建立是以1990年的上海证券交易所和1991年的深圳证券交易所成立为标志的。证券市场在我国从出现以来，发展至今不过30余年时间。虽然有《证券法》《上市公司信息披露管理办法》等法律法规对上市公司的强制性信息加以规定；但是，现实中我国证券市场依然面临缺乏建设经验等诸多问题，尤以上市公司董事会治理信息自愿性规定的缺失问题最为突出。

证券市场的信息需求者对上市公司的强制性信息披露产生强烈质疑。为此，越来越多规模大、效益优的上市公司，采取自愿性信息披露的方式，提高公司的商誉。由于自愿性信息披露情况复杂，我国目前针对自愿性披露的规范性文件不多，其披露内容、方式、时间等要素缺乏相应的规范设置，进而影响到上市公司自愿性信息披露的质量。这些问题主要表现在以下三个方面。

第一，缺少鼓励和保护自愿性信息披露的法律规范。

目前自愿性信息披露监督的相关部门还没有真正认识和重视自愿性信息披露，对自愿性披露的监督问题尚未达成共识。即使有些规定和文件涉及鼓励自愿性信息披露的相关表述，也是非常隐晦，而且态度不一。加之没有对自愿性信息披露的有效保护法规，这使公司在制度面前对是否披露犹豫不决，也是造成我国上市公司自愿性披露不足的主要原因。

第二，缺少专门针对自愿性信息披露的规范文件。

上海证券交易所 2008 年发布的《上海证券交易所上市公司环境信息披露指引》，是少有的针对董事会治理自愿性披露的法律类规范型文件。证监会在《公开发行股票公司信息披露的内容与格式准则》第 1—6 号中的相关条款中仅仅注明"不限于此"，这种说法赋予上市公司董事会在治理自愿性信息的披露中过于宽泛的决断空间，涉及自愿性信息披露的具体内容、披露方式和途径等方面规定的缺失，自愿性披露的内容与强制性披露的内容一起进行披露，严重影响了自愿性信息披露的质量。上海证券交易所的指引虽然明确规定了自愿性信息披露的项目，但是并未对承担责任问题进行明确说明，过于抽象的规定不利于司法实践中的具体实施。

第三，缺乏对投资者尤其是中小投资者保护的相关法律规范。

我国违法信息披露的民事责任和诉讼机制欠缺，对于法律责任中信息披露的及时性的民事赔偿责任未作规定。很多研究表明，现有的信息披露制度还存在着一些缺陷，特别是在民事责任方面与西方发达国家相比还有很大的差距，在诉讼制度上也不够完善。美国对于信息披露的民事责任主要规定在《1933 年证券法》第 11 节和第 12 节，这些规定奠定了违反信息披露义务的民事责任基础。[①] 美国证券法中对于信息披露的民事责任承担，兼具违约责任与侵权责任的性质。[②] 相比之下当前法律关于责任的规定，主要是强调以行政责任为主、刑事和民事责任为辅的责任模式，在这些责任中以民事责任的存在的问题最为严重。[③] 刘峰、许飞（2002）认为在我国现行的信息披露法律体系中，由于过高的诉讼成本和偏低的收益，真正提起诉讼的概率很低，民事责任并不具备约束力。同时，《民法通则》"谁主张，谁举证"的原则忽视了相关信息的特殊性以及股民众多且分散带来的诉讼成本等因素，不利于中小投资者提出诉讼。并且我国法律仍以政府而非公民或诉讼人为导向。因此，就我国目前法律法规而言，针对违规信息披露等行为给广大投资者带来的损失而实施的民事保护是极其有限的。

[①] J. Rober Brown, Jr., "Corporate Secrecy, the Federal Securities Laws, and the Disclosure of On-going Negotiations," *Catholic University Law Review*, Vol. 36, Iss. 1, Fall 1986.

[②] Julie A, Heisel, "Panzirer v. Wolf: An Extension of the Fraud-on-the-Market Theory of Liability under SEC Rule10b-5," *Catholic University Law Review*, Vol. 32, Iss. 3, Spring 1983.

[③] 蒋尧明：《美国财务预测信息披露与监管的经验及借鉴》，《当代财经》2007 年第 12 期。

三 董事会治理信息监管现状及存在的主要问题

目前，我国采用强制性信息披露为主，自愿性信息披露为辅的董事会治理信息披露制度模式。中国证券监督管理委员会在 2007 年发布的《上市公司信息披露管理办法》中明确其对上市公司信息披露享有监督权。2007 年《上海证券交易所上市信息披露事务管理制度指引》的出台，极大地促进了上市公司的信息披露制度的建立。我国现行的董事会治理信息强制性信息披露涉及的法律除了《证券法》《股票发行与交易管理暂行条例》等法律法规外，还有以下三个层次的信息披露规范，即内容与格式准则、编报规则以及规范问答。① 当前的中国资本市场还不成熟，董事会治理信息自愿性披露才刚刚起步。对于证券监督管理委员会来说，董事会治理自愿性披露是一个薄弱环节。证券市场的监督部门对董事会治理信息自愿性披露持的是一种审慎的态度，这不仅是因为我国市场经济制度还不健全，更重要的是贸然照搬其他国家的制度可能适得其反，不利于上市公司的繁荣和发展。

我国上市公司违法违规行为处罚的法律依据主要有《证券法》《会计法》《股票发行和交易暂行管理条例》、上海证券交易所和深圳证券交易所规定的《上市规则》等。执法部门主要包括中国证券监督管理委员会、上海证券交易所等监督部门。我国上市公司自愿性信息披露的监管机构主要是证监会。上海、深圳证券交易所作为自律组织和"一线监管"机构也承担上市公司自愿性信息披露监管的职能，但权限相对有限。②

目前我国信息披露制度中对于自愿性信息披露的相关制度和监管并不完善，导致部分公司进行不真实的信息披露。表 7-8 为《中国上市公司信息披露指数报告（2010）》中 1582 家上市公司对其信息披露真实性进行的评分。

表 7-8　　2009 年上市公司信息披露真实性指数总体分布情况

指数分值区间	公司数（家）	占比（%）
90 分及以上者	15	0.95
80—89.99 分	1304	82.43
70—79.99 分	1	0.06
60—69.99 分	48	3.03
60 分（不含）以下	214	13.53

---

① 朱继祥：《论上市公司信息披露的强制性与自愿性》，《价值工程》2013 年第 28 期。
② 张蓉、陶瑞妮：《我国上市公司监管问题浅析》，《商品与质量·学术观察》2014 年第 6 期。

续表

指数分值区间	公司数（家）	占比（%）
总计	1582	100.00

资料来源：高明华等《中国上市公司信息披露指数报告》，经济科学出版社 2010 年版。

从表中我们发现有 82.43% 的上市公司真实性在 80—89.99 分，总体上说是比较好的。但是我们不能回避的一个问题是被调查的公司中有 13.53% 的公司在 60 分以下，尽管在被调查的公司中看似比例不高，但是这 13.53% 却代表着 214 家公司的信息披露真实性在及格线以下，这是一个很危险的信号，也体现出我国信息披露监管方面存在的严重问题。这些问题可以归结为以下两方面的内容。

（一）监管效率低下

衡量监管的效率通常要看以下两个方面：一是违法行为是否被及时发现并受到处罚；二是违法行为发生后受到处罚的效率。事后处罚效率主要是靠在处罚前违法行为使投资者受到侵害的程度来判断。一直以来，世界各国都把刑事处罚当成了事后处罚手段，但事实上，刑事处罚存在很大的问题，主要是执行效率低下，类似案件较少，而且对很多违法行为无法认定，个人进行民事诉讼成本很高，更重要的是过于沉重的证明责任让人望而却步。违规信息披露的行为的影响是十分巨大的，尤其是对投资者特别是中小投资者，事后处罚也无法有效地遏制违规信息披露所造成的损失，甚至是极其严重的后果，这不仅让机构投资者受到重大的损失，更有可能让一些中小投资者倾家荡产。

查处及时性应该是衡量监管效率的重要标准。正义如果迟到了，那就不再是正义了，对违规行为惩戒不及时，是证券监督效率低下的表现，更加反映了执法效率低下的问题。对于违法违规案件的及时查处，是威慑那些心存侥幸的公司、董事及相关责任人的一把利器。从理论上说，法律监督最好能达到一有违法就被处罚，中间不存在任何的时差，但现实中这根本不可能实现。而且监管部门不独立，受到各种权力的干预和影响，连取证权都受到极大的限制，这大大地延长了惩治违法违规信息披露的时间，时效的延长极大地影响了法律惩戒的实效。

（二）违法信息披露的惩处力度不足

我国《刑法》对于违规信息披露进行了相关规定。[①] 与我国相比，欧洲

---

① 参见《刑法》第 161 条。

和美国对于违规信息披露的惩治是更为严苛的，任何敢于违规进行信息披露的公司及相关责任人都逃脱不了严厉的惩罚。以壳牌石油公司为例，壳牌石油公司进行了违规信息披露，致使投资者高估了公司的盈利能力，2004年英国金融服务管理局（FSA）对荷兰皇家壳牌石油公司（Royal Dutch Shell）处以高达1700万英镑的高额罚款。我国很少作出这么高额的罚款，即使有也不是因为违规信息披露而进行的处罚。对比之下我们不难发现我国法律法规对此处罚过轻，缺乏威慑作用。法律条文存在的缺陷导致违规信息披露的收益远远高于违法成本，在利益的驱动下许多公司不惜挑战法律的权威，以损害投资者和利益相关者的权益来达到盈利的目的。

第三节　完善董事会治理信息披露制度的思路和建议

一　完善董事会治理信息披露制度的基本思路

当前学界对董事会信息披露制度的完善思路主要集中在借鉴外国的先进经验和教训，参考国外的法律和制度。对与经济有关的发达国家信息披露制度进行移植，是提高我国董事会治理信息披露制度水平的重要方式之一。从总体上看，起到了积极的作用，但是有一部分制度在发达国家能够良好的运行，到了中国却发挥不出应有的作用。

以美国的《萨班斯法案》为例。此法案对涉及财务报表方面的要求进行了十分严格的规定，不管是内容还是可靠性上都是史无前例的。不仅如此，该法令还明确禁止上市公司实施某些行为，并且在法案中扩大了审计委员会的职责范围和权力，这些做法无疑更有利于投资者和利益相关者了解公司的情况。[1]

该法案是美国证券法中关于信息披露义务最为严苛的法律，但如果我国采用这样的法案未必会达到预期的效果。究其根本原因是，法律制度的移植还要充分考虑社会意识形态、传统习惯和其他社会制度存在着一定的关联性，因此在移植的过程中要抱着一种审慎的态度。要在理论研究和实践相结合的基础上，寻求一个适应我国国情的董事会治理信息披露制度。可以借鉴董事会治理评价体系的理论研究成果，来为我国董事会治理信息披露制度完

---

[1] Matthew M. Benov, "The Equivalence Test and Sarbane-Oxley: Accommodating Foreign Private Issuers and Maintaining the Vitality of U. S. Markets," Transnat'l Law, Vol. 16, 2003.

善提供参考。董事会治理评价体系的作用在于帮助投资者根据相关标准对董事会治理水平进行判断，降低投资风险、更有针对性地进行监督、提高公司治理水平和建设成熟的基本市场，这与董事会治理信息披露制度的设计初衷不谋而合，因此具有非常重要的借鉴作用，主要体现在以下三个方面。

（一）设立的目的相同

董事会治理信息披露制度和董事会治理评价体系的设立目的可以归纳为以下五点：一是帮助投资者降低信息不对称程度，使投资者更好地了解自己代理人即董事会的治理情况以及由此产生的潜在风险和价值，从而有效规避投资风险，提升投资收益；二是帮助政府监管机构了解上市公司董事会运作和相关政策法规的执行情况，从而使政府更加有的放矢，并促进政府对公司董事会运作施行规范化的引导；三是帮助公司了解自身董事会治理存在的问题，督促公司不断提高董事会治理质量，以增强投资者的投资信息，获得更多的融资机会；四是帮助资本市场真实地反映公司业绩，促使资本市场实现稳定发展并走向成熟；五是为上市公司董事会治理实证研究提供服务平台和数据支持。相近的设计目的使得董事会治理评价体系的相关理论和研究成果对完善我国董事会治理信息披露制度具有重要的借鉴意义。

（二）应该具备的特征相近

董事会治理信息披露制度和董事会治理评价体系所具有的特征有许多相近之处，可以归纳为以下五个方面。

一是都应该厘清董事会治理信息的范畴。董事会治理是公司治理的核心，但不是全部，因此，在制度设计上董事会治理信息披露的相关制度应尽量避免含混不清的缺陷，要把不属于董事会治理的指标从相关制度中剔除出去。

二是全样本化。董事会治理信息披露制度是针对所有上市公司的，而董事会治理评价体系在进行评价时也要对所有上市公司进行评价，否则就不能得出一个严谨而全面的结论。

三是对数据有相同的要求，即数据公开且具有连续性。董事会治理信息披露制度要求公司对数据进行公开，而且要做到定时连续的公开。董事会治理评价体系对董事会治理水平进行评价时，其数据要尽可能地从证监会、年报、公司网站等权威渠道取得，以保证信息获取者对所作出的评价进行验证。对于数据连续性的要求是为了评价结果更加客观，并便于长期跟踪分析。

四是制度和标准都需要公开。对于董事会治理信息披露制度要对外公布，这样上市公司才能根据相关法律法规的规定进行信息披露。而评价标准的公开是为了检验结论并与其他评价体系得出的结论进行相互印证。

五是尽量避免模糊指标。董事会治理信息披露制度设计上要尽量避免模糊的指标，否则不仅降低了制度的可操作性，也给不诚信的公司提供了可乘之机，同时也会给监督工作带来较大的困难。对于董事会治理评价体系而言，模糊的指标虽然可能在一定程度上具有很高的可信性和真实性，但是极容易丧失评价的客观性和真实性，而这客观性和真实性是治理评价体系必须保证的。

（三）存在的问题相近

董事会治理信息披露制度和董事会治理评价体系都面临以下三个问题。

一是对于董事会治理信息披露制度来说存在着强制性信息披露范围过窄的问题，这与董事会治理评价体系中评价范畴模糊不清问题是十分相近的。可以归结为厘清哪些信息和指标能够真实有效地反映董事会的治理水平和状况。

二是董事会治理信息披露制度缺乏激励措施，导致自愿性信息披露缺乏积极性。这关系着董事会治理评价体系中如何激励公司积极提供非强制披露的信息，严重阻碍了对董事会治理水平的进一步评价以及得出更加真实和准确的结论。

三是董事会治理信息披露制度监管问题与董事会治理评价体系如何发挥舆论监督作用是相似的问题，监督是为了促进公司进一步提高董事会治理水平，从而实现公司治理水平的全面提升。没有监督，权力就容易被滥用，就容易滋生这样或者那样的问题，不利于公司进一步的发展壮大。

二 完善强制性信息披露制度的建议

研究发现，我国董事会治理信息强制披露的范围还相对较窄，有些比较重要的董事会治理信息没有被列入强制披露的范畴，导致相关信息获取困难。借鉴国外关于董事会治理研究所提出的应该加入我国董事会治理强制性披露的信息，建议加入以下指标，见表7-9。

表7-9　建议加入我国董事会治理信息强制性披露的内容（借鉴国外）

信息指标来源	内容
美国标准普尔（S&P）公司治理评价系统	董事会结构与独立性

续表

信息指标来源	内容
澳洲黛米若公司治理评价系统	董事会的多样性 董事会委员会的运作与权利
韩国公司治理评价系统	董事专业度与多样性 审计委员会成员任职资格
德国公司治理计分卡	管理委员会与监督委员会的合作 审计委员会成员任职资格

资料来源：笔者根据相关资料整理。

第一，建议把董事会结构与独立性的披露列入强制信息披露的范畴。

对于董事会结构与独立性，我国董事会治理信息披露制度中没有明确的涉及，在公司治理中对董事会的结构和独立性相关法律都进行了规定，但是在对外进行披露的时候有的上市公司进行了详细的披露，而更多的上市公司是简单披露甚至一带而过，根本达不到资本市场和利益相关者对董事会结构和独立性进行了解和决策所要求的程度。

第二，建议把董事会多样性的披露列入强制性信息披露的范畴。

澳大利亚和韩国在研究董事会治理的时候都强调董事会的多样性，这不仅包括性别、年龄、知识背景，还包括工作经历等各方面的内容。对董事会多样性的披露是为了了解董事会在进行公司治理时能否全面科学地看待并解决问题。因此对董事会多样性的披露就显得很有必要。当前的董事会信息披露只是对董事的个人经历和素质进行简单的披露，没有对董事会是否存在多样性，知识领域能否达到一个良好的互补作出说明，这不利于利益相关者和投资者对董事会组成的合理性作出准确的判断。

第三，建议把审计委员会成员任职资格的披露列入强制性信息披露的范畴。

韩国和德国在研究董事会治理时把审计委员会成员任职资格作为重要的考察项目，其原因在于审计委员会的特殊地位。审计委员会作为董事会里的由非执行董事组成的专业委员会，其设立的目的在于监督公司的会计、财务报告以及公司会计报表的审计。其重要性不言而喻。但是对审计委员会成员的披露仅限在董事基本情况中进行披露，而没有针对审计委员会组成人员应该具备的任职要求进行特别的说明，证实其确有能力胜任这一职务。会计、财务报告以及报表是资本市场和利益相关者判断公司运行和盈利情况的重要信息，对于重要信息的监督者的任职资格应该被列入强制性信息披露的范畴以保证相关信息的披露质量。

第四，建议把董事会委员会的运作与权力的相关信息列入强制披露的范畴。

德国和澳洲对董事会委员会的运作与权力很关注，董事会下设三个委员会，分别是决策管理委员会、风险管理委员会以及监督管理委员会，在公司治理中发挥着重要的、不可替代的作用。对其运行和权力的披露是为了了解三个委员会运行是否正常，是否科学合理地行使自己的权力。这些信息能够直接反映公司的运作情况，是确定公司未来发展前景的重要信息，如果能列入强制信息披露的范畴将促使资本市场更加活跃。

借鉴国内关于董事会治理研究所提出的应该加入我国董事会治理强制性披露的信息，建议加入以下指标，见表7-10。

表7-10 建议加入我国董事会治理信息披露制度强制性披露的内容（借鉴国内）

信息指标来源	内容	内容说明
南开大学（2008）中国上市公司治理评价研究报告中董事会指标设置	董事来源	反映董事身份、诚信勤勉意识和履职情况
	董事薪酬形式	用来衡量董事报酬水平和报酬结构的激励约束状态
谢永珍（2006）董事会治理质量评价指标体系	董事培训比例	用来衡量董事专业知识的培训对决策监督职能发挥的保障程度
	董事成员的来源	用来衡量利益相关者利益被代表的程度

第一，建议把董事来源列入强制信息披露的范畴。

董事来源的披露是为了了解董事会代表利益相关者的程度，换句话说就是董事会是否充分地代表各利益相关者的利益，这对利益相关者和投资者来说至关重要。公司是否被第一股东或大股东控制？如果投资该公司自己的利益能否被董事会所重视？这些都可以从董事来源上进行一定的判断，因此董事来源一直是利益相关者和投资者关注的重要信息，但是我国董事会治理信息披露制度对此并没有进行特殊的说明。

第二，建议把薪酬决定形式列入强制性信息披露的范畴。

我国现有的董事会治理信息披露制度有这方面的规定，但是只是要求披露薪酬形式，有很多公司只是简单说明，以广发证券2014年年报中董事薪酬决定形式的披露为例，见下文。

董事会成员中，与公司有劳动合同关系的应该按公司制度领取薪酬，即便是与公司没有劳动合同关系，仍应享有津贴。股东大会、董事会、董事会与提名委员会、独立董事在决策过程中按照有关规定履行相应职责。

在年报中广发证券披露了董事薪酬决定形式，但是没有具体说明哪些董事是依劳动合同关系享受津贴，哪些董事是按照公司制度领取薪酬。对董事薪酬决定形式的细致披露有助于利益相关者和投资人了解董事会成员获得薪酬是否合理，是否存在高薪酬而不积极行使权力的董事，也可以建议调整个别董事的薪酬计算方式，以实现对该董事的激励。

第三，建议把董事进行培训的情况列入强制性信息披露的范畴。

对董事进行培训是为了提高董事的知识水平，弥补其某方面知识和能力上的不足，是提高董事会治理水平的重要手段之一，但是我国现有的董事会治理信息披露制度对这方面明显关注不足，导致利益相关者和投资人无法用发展的眼光去审视董事会，其作出的评价也会相对滞后，不利于活跃资本市场、保障现有股东的利益。一个没有与时俱进、知识更迭的董事会是很难获得投资者的青睐的。因此把董事进行培训的情况列入强制性信息披露的范畴也是在激励董事会不断提高自身的素质，可以更好地为公司的发展保驾护航。

三 完善自愿性信息披露的建议

有些信息对于利益相关者和投资者来说也很重要，但是由于这些信息搜集起来相对困难或者成本较高，要求所有公司对这些董事会治理信息进行披露显然是不合理的。因此在政策和法规中建议上市公司披露这些信息，促进上市公司透明化进程。通过研究，笔者认为以下信息可以作为自愿性信息披露的内容在政策和法规中建议公司进行披露。建议披露的信息如下。

表7-11　建议加入我国董事会治理信息披露制度自愿性披露的内容

指标来源	具体内容	解释
丁忠明（2009）中国公司董事会治理效率内部影响因素评价指标体系	董事年均工作时数	反映董事工作投入时间
	董事会文化（包括制度建设、风险意识、民主和谐和操守文化）	反映董事会文化制度建设及执行情况、董事会对风险的认识、董事会议民主程度和董事遵纪守法的情况
金桂生（2009）董事会治理水平评价标准	独立董事每年的工作时间	反映独立董事参与董事会治理的时间

（一）在政策和法规中建议公司披露董事的年工作日

对于普通董事和独立董事每年工作时间的披露一直没有相关法律的规定，对于独立董事工作时间《中国证监会关于独立董事制度指导意见》中规定为不少于 15 个工作日。① 在实际操作中很多董事成了"橡皮图章",需要作出决议的时候才出现,平时很少出现在公司,对公司的情况并不了解,对所有决议投赞成票。公司不需要这样的"橡皮图章",公司需要了解公司实际情况、积极履行自己职责的董事。虽然每年工作日并不能代表董事就在忙于公司的各项工作,但是对工作时间的披露无疑将最大限度地避免"橡皮图章"的出现。虽然披露普通董事和独立董事的工作时间有利于董事积极履行自己的义务,但是如何衡量董事的工作时间,怎么确定年工作日有待商榷。因为有的董事习惯在家通过网络处理公司的事物,有的董事出差或者为了公司去应酬,因此不宜将此项列入强制性信息披露的范畴。鉴于此,把该信息作为自愿性信息披露更为合适,并由政策和法规以建议的形式提出,激励公司披露这一信息更为适宜。

(二) 在政策和法规中鼓励公司建设和披露董事会文化

我国上市公司都在不同程度上建立了属于自己的董事会文化,但是在信息披露的时候只有极少数的公司披露了自己的董事会文化。董事会文化作为董事会治理的一项重要内容受到越来越多的关注,但对董事会文化的披露制度却一直没有跟上,导致投资者和利益相关者很难获取董事会文化的相关信息。想要不断完善一项可以不披露的制度是很困难的,因为没有披露制度的激励效应,公司不愿意披露本公司的董事会文化,也不愿意花时间精力去完善董事会文化,这很不利于公司未来的成长。但是董事会文化应如何公布、如何制定标准都是难题,因此被列入强制性信息披露的范畴为时尚早。

鉴于以上情况,笔者认为政府和相关部门可以出台针对披露董事会文化的意见或者建议,鼓励公司建设董事会文化,并作详细的披露。这样不仅有利于利益相关者和投资者获取信息,更可以在披露中相互交流董事会文化建设的经验,提高董事会的治理水平。

四 完善董事会治理信息披露追责机制和监管机制

机构投资者在证券市场上具有很大的优势,这种优势是中小投资者很难用其他手段弥补的,它不是投资实力也不是谈判时的优势地位,而是在获取信息的能力方面的优势。解决这一困境,就需要建立健全市场体系,利用制度的力量去弥补中小投资者在获取信息方面的不足,与此同时用信息披露的

---

① 刘中文:《上市公司独立董事制度存在的问题与对策》,《经济纵横》2001 年第 9 期。

追责机制来帮助和维护中小投资者在获取信息方面的权利。不仅如此，当中小投资者受到损害的时候，应该有相应的制度保障中小投资者的求偿权。在国外，中小投资者利用追责机制和民事诉讼的方式维护自身权益的案子很多，相比之下我国现行的法律仅仅规定了上市公司及相关责任人的行政和刑事处罚，这个处罚范围显然过于狭窄，不利于保护中小企业投资者的利益。应当让信息披露的相关责任人如公司法人、高管和参与审核的中介机构也承担相应责任，与此同时民事处罚的规定还需要进一步细化，避免出现投资者的合法权益受到损害而没有相关的规定保障其求偿权的情况。① 针对民事追责机制方面存在的问题，笔者提出以下的建议。

（一）加快上市公司信息披露民事赔偿立法

司法机关对于上市公司信息披露的民事赔偿问题应及时出台相应的司法解释，保护中小投资者的集体诉权。惩治证券市场上的违法违规行为、保障投资者特别是投资机构以外的中小投资者的权益，是我国现有的法律制度需要尽快解决的问题。越早推出保护投资者权益的相关法律和规定，市场越早进入规范的状态，资本也将更加活跃，市场也将更加繁荣。

（二）建立违规信息披露造成投资者损失的救济制度

对于投资者保护而言，对董事会治理信息披露违规行为的惩罚和制裁仅是董事会治理信息披露行为监督的一个方面，虽然其可以有效降低信息、披露违规行为对投资者利益的侵害，却无法对投资者受到的侵害施以补偿，而且这种强制性制裁通常难以对重大违规行为造成有效威慑。这些因素使得投资者参与证券交易时的顾虑及不确定性难以有效减弱。在这种情况下，投资者保护和救济制度在投资者保护中便显得格外重要，因为它能够直接对投资者的损失进行补偿，有效地保护投资者的根本利益。为此必须建立并快速落实证券民事责任的争讼解决机制。

根据我国最新的《民事诉讼法》规定，集体诉讼的形式只有一种，那就是共同诉讼，这种单一的诉讼形式根本无法满足投资者和其他利益相关者的证券方的民事诉求。不仅如此，对于一个证券的侵权行为如果分割成几个或者十几个共同诉讼进行处理，会严重影响执法方面的公平性，甚至出现执法不公的现象。②

---

① 唐波:《完善投资者合法权益自我保护的法律机制——兼谈我国证券法相关条文的修改建议》,《华东政法学院学报》2004 年第 2 期。

② 申玲:《我国证券侵权诉讼形式的构建》,《财经科学》2006 年第 10 期。

国外的一些证券民事赔偿经验非常值得借鉴，特别是集团诉讼制度。①集团诉讼的特点是在诉讼过程中当事人有一方人数较多，同时参与诉讼程序不利于审判的进行，但是他们之间存在的法律问题又是相同的，将他们视为一个整体、一个集团更加有助于实现公平正义，体现法律的价值。鉴于这种情况，就需要在众多当事人中选举出一个或几个代表人来代表整个集团的利益，并提起诉讼行使权利。这项制度最早起源于美国，现在美国集团诉讼制度也是最完善的，其运用也是最好的，值得我们学习借鉴。

（三）采用判例的形式指导信息披露制度的实施

关于上市公司、董事会及相关责任人违反董事会治理信息披露的法律法规的违法行为，由于案情复杂、涉及的专业知识也比较多，需要专业人士甚至是咨询机构的参与才能对案件有一个比较公正合理的结论。这些专业的意见可以作为裁判案件的依据，具有十分重要的作用。由于董事会治理信息披露制度的实施需要比较专业的知识和素质，而且案件的情况随着经济的发展也呈现多样化的趋势，因此为了确保董事会治理信息披露制度能够有效运行，有效改善信息不对称的状况，全面提高董事会治理信息披露的水平和质量，必须建立一套完善的董事会治理保障机制。②这项机制的建立需要在外部建立完善的监督机制，在内部需要公司的自律，只有内因和外因相互促进才能达到理想的效果。提高公司的董事会治理信息的披露水平和质量，需要的不是某一个公司单方面的提升，需要的是整个市场水平的提高。

我们无法控制公司的内因，但是我们可以通过外因去引导内因的发展方向，法院可以通过典型案例的形式引导上市公司作出相应的改变。这些判例既可以为法官今后的审判案件提供参考，还可以帮助公司规范自己的行为，因为如果实施了类似违法违规的行为，就极有可能受到法律的追究。法律法规不再是模糊的、抽象的，而是准确的、具体的，这更有利于规范上市公司和相关责任人的行为，进一步加快市场的成熟化进程。

（四）完善社会监督体系加快信息披露评级机构的建设

在国外有许多很有权威的评级机构，它们针对公司的信息披露情况进行评级，这其中最具代表性的是美国金融分析师协会（CAF）和美国投资管理

---

① 孙少岩、于洋：《中国上市公司信息披露制度的经济分析》，《国有经济评论》2012 年第 2 期。

② 宋梅：《上市公司信息披露诚信机制的构建——以自愿性信息披露为视角》，《商场现代化》2009 年第 6 期。

与研究协会（AIMR）。[①] 这些评级机构会定期对上市公司进行评级，并发布正式的结论和公告，评级内容既包括强制性的信息披露也包括自愿性的信息披露。投资者利用这些结论和报告判断上市公司的信息披露水平，而上市公司则可以通过参考其他公司的披露情况，对自己的披露水平进行调整。学术界充分利用这些结论和公告衡量上市公司的信息披露水平，并进一步研究找出影响信息披露水平的因素，为信息披露的研究提供数据和信息上的支持。

我国可以吸收和借鉴外国的先进经验，建设符合我国国情的相关中介机构。现在中国已经存在着类似的机构和组织，如南开大学、《董事会》杂志等都在积极运作，发挥自身优势对上市公司的董事会治理情况、信息披露情况、董事高管薪酬情况进行评价，但是还远远没有达到像国外那样的权威性和时效性。其主要原因在于缺乏相应的信息披露制度的支持和自身资源的限制。在这种情况下，我们可以从两方面解决上述问题。一是准许境外的评价机构在我国设立分支机构，并实施评级业务，外国评级机构的进入有利于我国的评级机构学习借鉴外国评级机构的先进方法和经验，通过交流学习提高自身的业务水平；二是整合国内的中介机构和评级机构，同时可以充分利用高校的人才资源，一方面提高业务水平，另一方面也给高校的老师和学生更多的实践机会，让理论实践相结合，推动相关理论的研究。

除此之外，还要解决自愿性信息披露存在的敏感性及自愿性信息披露治理评价问题。我国的信息披露制度还处于发展变革阶段，需要广泛地听取各方意见，既包括评级机构和中介机构，也包括上市公司本身。当前中介机构和评级机构还不能充分发挥作用，证监会可以适当地发挥中介机构和评级机构的部分职能作用，当中介机构在市场运作中能够胜任其职责时，证监会再逐步退出。

---

① 齐萱：《上市公司自愿性会计信息披露研究》，博士学位论文，天津财经大学，2009年。

第八章

董事责任追究与公司治理

从20世纪90年代的"银广厦"事件开始,公司董事的违法行为事件时有发生,这反映出我国相关法律对公司董事及董事会束缚上的无力。

公司的董事会一般具有两大职能,一个是经营,另一个是治理。随着董事会的独立性逐渐增强与董事会中心主义的确立,我国新公司法也顺应了董事会中心主义的发展潮流,赋予了董事会更大的权力,使其职权范围不断扩大。但是鉴于董事会成员在很多情形下不能够保证勤勉尽责、诚实守信,所以赋予董事会的权力越大,对公司、全体股东以及投资者的"杀伤力"就越大。同时,我国公司董事会成员兼任公司高管的情形比较普遍,内部人控制现象十分常见,为此董事的违规及违法行为对股东及公司的伤害就显得更为巨大。

公司是市场经济社会的主人翁,是经济发展、科技进步、国家富强、百姓富庶、社会和谐的物质基础。董事是公司经营管理决策的大脑,对公司经营的成败举足轻重,因此对其行为作出更为完善的法律规制能够更好地保护股东及投资者的利益。尤其在上市公司中,董事对公司更是起着决定作用。但由于我国公司董事会结构的特殊性决定了我国公司董事会中的董事更多地代表着大股东的利益,甚至就是大股东自身,因此董事会及其成员为了满足"老板"或者自身的利益而出现各种违法行为的事件屡见不鲜,这在证监会的处罚决定中可以得到证明。

我国对董事法律责任的研究起步较晚,目前为止专门针对董事法律责任研究的著作较少,论文也不多见,对董事责任的论述多在公司治理和公司法的著作里面少量提及。为此,我们通过对董事各种违法行为进行调查分析,可以对我国公司中董事的违法行为特点以及法律上所存在的不足作出判断,进而可以针对存在的不同问题提出相对合理的建议以及完善措施。由于公司对现代社会的重要性及董事对公司的决定性,无论是从公司自身的角度还是从社会的角度出发,对公司董事的法律责任进行分析研究都具有十分重要的意义。

第一节 对我国董事会模式的比较分析

一 英美单层制模式

英美模式的董事会属于外部股东主导型,其董事会成员的控制权掌握在外部股东的手里,公司的经理等人员由董事会确定,对公司董事会负责。采取此种模式的国家主要有美国、英国、澳大利亚等。

以美国为例,美国公司的股东大会负责选举董事,董事会作为公司生产经营管理决策机构,拥有着公司资产控制权,是公司中最为重要的单位。由于董事会的中心地位,为了保证公司治理的有效性,美国建立了很多与其相匹配的复杂安排,其中一项就是独立董事制度的安排,即公司章程中明确规定公司董事会中必须拥有一定数量的独立董事,在美国标准普尔中的1500家大公司中,独立董事的比例占到董事总数的62%。[①] 不仅如此,美国大型公司的董事会还下设提名委员会、审计委员会和报酬委员会等专门机构,在这些专门委员会中,其大部分甚至全部成员均由独立董事担任,三个委员会的职能互不干涉。提名委员会的职能为对下一届董事会成员和经理人员的提名,审计委员会主要对经理等高级管理人员经营行为进行监督和审计,报酬委员会的职责是制定对经理人员的薪金预案。

在美国的公司中,董事长和CEO各司其职,CEO由董事会聘任,董事长负责领导董事会的工作,CEO则负责公司的日常经营。由于CEO的人选关乎企业的兴衰成败,所以董事会对CEO的聘任特别重视,并对聘请的成败负责。

二 德国双层制模式

在德国的公司中,行使董事会职能的是监事会,即以监事会的名义来执行董事会的职能,同时行使经理人员职能的是董事会。德国公司的监事会属于共同主导型,其组成人员由外部股东和内部职工担任,且二者力量均衡,不分伯仲。[②]

公司监事会的主要职责包括:一是任命和解聘董事,对董事会的经营行为是否符合公司章程进行监督;二是对公司在经营过程中涉及的重大事项作出决策;三是对公司资产及财务进行审核,并在必要的时候召集股东大会。

---

① 孙光焰:《公司治理模式趋同化研究》,中国社会科学出版社2007年版,第84页。
② 赵万一:《公司治理法律问题研究》,法律出版社2004年版,第99页。

董事会的职责为：一是执行监事会作出的决议与经营管理；二是将预决算报告提供给监事会并向监事会负责。董事会的成员可以是股东和员工，也可以是从社会聘任担当，但是公司监事会成员与董事会成员之间不得相互兼任。尽管监事会有权对董事会的工作提出自己的意见和建议，但是对于董事会进行的正常管理工作不能随意干预，当监事会和董事会就某项议案不能达成一致时必须交由股东大会决定。可以说，这种制度上的双轨制及股东大会的最终决定权对董事的经营管理行为起到了巨大的监管作用。

三 日本内部主导制模式

在日本的公司中，董事会的成员一般在企业内部产生，通常是在长期工作中经过考察一步步升迁上来的，董事会成员中的大多数董事由分厂的领导和各部部长担任，或者由退休的高级管理人员担任，一般情况下无外部人介入。在日本的公司中，普遍设立由主要董事组成的常务委员会作为总经理的辅助机构，具有执行机构的功能。[①] 这种以内部董事为主的经营模式必然要求公司设立专门的监督机构与股东一起对其进行监督。

四 我国双轨制模式

我国公司董事会制度的依据主要是《公司法》，实际上实行的是董事会与监事会双轨并行制度模式，即一个执行公司经营管理职能的董事会和一个对董事会及高级管理人员执行监督职能的监事会。

董事会的组成人员由股东大会确定，这一点与英美模式相同。在人员的选择上，我国《公司法》（2013，下同）第 44 条和第 108 条规定除了"两个以上的国有企业和两个以上的其他国有投资主体投资设立的有限责任公司"以外，董事会成员中"可以"有职工代表。而其他成员由股东大会决定，其可以是股东也可以是非股东，这一点与德国和日本模式又有所不同。在董事会的成员中，除了上市公司要求含有独立董事以外，其他的公司并不要求设立独立董事，并且董事会并不下设任何独立委员会，这与英美的董事会结构具有很大的不同。

我国公司立法尽管顺应了董事会中心主义的发展潮流，赋予了董事会更大的权力，从《公司法》第 46 条第（11）项的规定可以看出其职权范围的

[①] 孙光焰：《公司治理模式趋同化研究》，中国社会科学出版社 2007 年版，第 88 页。

不断扩大。但是鉴于董事会成员在很多情形下不能够保证勤勉尽责,诚实守信,所以赋予董事会的权力越大,对公司和全体股东的"杀伤力"越大,因此,我国立法者暂时未彻底采纳董事会中心主义的立法原则。①

同时,我国公司董事会成员兼任公司高管的情形比较普遍,内部人控制现象十分常见,为此董事的违规及违法行为对股东及公司的伤害就显得更为巨大。在此情形下,我国董事所发生的违法行为拥有其自身特点,因此,对我国董事违法行为及其法律责任进行分析研究尤为必要。

第二节 违法董事在董事会中的构成分析

通过对中国证券监督管理委员会(证监会)2006—2009 年对董事的 93 个处罚案例进行分析,可以将处罚案例分类如下(见表 8-1、表 8-2)。

表 8-1 案例总体分布情况 (单位:个)

上市公司(含已退市)	非上市公司	共计
71	22	93

资料来源:笔者整理。(如无特别注明,均由笔者整理。下同。)

表 8-2 处罚对象分布情况 (单位:个)

对公司及董事	仅对董事	仅对公司(以董事会决议及记录为证据)	共计
63	23	7	93

同时,我们对各处罚案例中违法董事的特点总结如下。

一 内部人控制现象严重

表 8-3 董事兼职高管情况分布

比例 项目	案例 (单位:个)	占全部公司案例比例	占董事兼职高管比例
董事兼职高管	41	44.09%	—
董事兼职总经理或总裁	35	37.63%	85.37%

---

① 刘俊海:《新公司法的制度创新:立法争点与解释难点》,法律出版社 2006 年版,第 378 页。

比例 项目	案例 （单位：个）	占全部公司案例比例	占董事兼职高管比例
上市公司中董事兼职总经理或总裁	29	31.18%	70.73%

从表8-3中可以看出，在我国公司中董事兼任公司高管的现象较为普遍，董事兼任的高管多为经理或者总裁。由此，我们不难想到，董事对经理层的监督自然地演变为自己对自己的监督，这种监督只能是一厢情愿。这种内部控制现象的普遍，自然为公司董事作出有利于自己或者自己老板——大股东的行为提供了肥沃的土壤。在这种利益的驱动下，他们作出了很多违反职责义务的经营管理行为，甚至还有违反法律的行为。

我国公司监事会的形同虚设也加剧了内部人控制的程度。有人对我国上市公司的监事会成员情况进行过调查，发现监事会主席多由企业内部的纪委书记或工会主席担任，比例占到了2/3，其他监事会成员也多来自公司的基层部门。① 这种公司的管理者也多来自这些部门，这种管理者与监督者来自同一部门的情形自然使得监事会很难起到独立监督的作用。同时由于很多监事会成员并不具备财务、审计等专门知识，监事会对公司财务报告的审计不过是走个过场。②

我国《公司法》规定监事会只能列席董事会会议并无表决权，也就是说监视会无权干涉董事会作出的任何决议。若遇董事会作出的决议违反公司章程或者法律等情况，监事会也只能在事后要求董事会停止行为；如若董事会出现继续违规或违法行为，监事会只能求助法院。但是，在实践中，监事会求助法院的情况绝无仅有，监事会的这种事后监督很难起到真正的作用，更多的是顺从董事会的决议，这使得内部人董事对自己的行为更加肆无忌惮。在我们统计的41个董事兼高管的案例中，其中33家为上市公司或者曾经是上市公司，其无一例外地设有监事会。但这些内部董事的违法行为也无一不是在监事会的注视下完成，并且从证监会对各家公司及董事的处罚决定书中能够看出，没有一家公司的监事会对董事会的决议提出过反对意见，事

---

① 王天习：《公司治理与独立董事研究》，中国法制出版社2005年版，第207页。

② 梅慎实：《现代公司机关权力构造论——公司治理结构的法律分析》，中国政法大学出版社1996年版，第546页。

后监督则更加无从谈起。可以说监事会对"内部人控制"不但起不到任何作用,甚至基本的监督和审计用作都难以发挥。当然,"内部人控制"的问题与独立董事也有一定关系。

二 独立董事未起到应有作用

表 8-4　　　　　　　　　　独立董事处罚情况

比例 项目	案例 (单位:个)	占上市公司案例比例
处罚中含独立董事	34	47.89%

独立董事制度源于美国,我国引进独立董事制度的目的正是它能对一股独大、内部人控制能够起到遏制作用,维护中小股东和其他利益相关者的利益,同时提高董事会的决策效率。但从表 8-4 中可以看出,独立董事在我国公司的经营管理中,并没有起到其自身本应发挥的作用。

我们知道,独立董事不应仅参与对公司经营管理的决策,更应起到对董事会决议的监督作用,但是由于法律规定的不明确与公司股权结构的现实情况,独立董事很难真正地独立起来。我国《公司法》第 122 条仅规定了"上市公司设立独立董事",却并未对其权责等事项作出任何明确规定,而是交由其他规章来具体作出规定。同时,由于我国《公司法》对监事会制度作出了明确的规定,独立董事和监视会的职能不免产生一定的交叉,二者的关系始终没有厘清,监事会制度的明确与独立董事权责的模糊必然对独立董事的作用产生一定的负面效果,我们认为这是独立董事不能发挥充分作用的原因之一。除此以外,我国独立董事制度存在的以下几个问题,也是导致独立董事违法行为比例偏高的重要原因,制约着独立董事作用的发挥。

(一) 人才资源稀缺

上市公司聘任的独立董事要求其具备相应的专业知识,同时要掌握法律、管理、财务等专门知识,因此社会上可供上市公司选择的人才十分有限。如我国著名经济学家吴敬琏先生曾同时担任三家上市公司的独立董事,对此我国必须加大力度对独立董事人才进行培养。

在美国,公司中的独立董事多由其他公司的现任管理者或者退休企业家,或者是经验丰富的注册会计师和律师担任,而学者所占的比重较小。但是在我国上市公司的独立董事中情况则恰恰相反，学者型的独立董事则占了大多数，甚至争先聘请管理学家与经济学家来担任公司的独立董事。问题是，担任独立董事的学者往往都有自己的本职工作需要处理，对公司董事会的工作不免出现懈怠。因此只有我国独立董事的人才及市场真正成长起来后这一现象才能得以缓解。

(二)"人情董事"与"花瓶董事"泛滥

我国引进独立董事的目的就是控制上市公司"一股独大"对中小股东造成的损害，使中小股东的权益得以保护。但在实际情况中，独立董事往往受制于公司中的大股东，以及代表公司大股东利益的董事长或者总经理，因为独立董事的任免、提名的决定权掌握在大股东及他们的代言人手中，乃至其报酬都是由上述三者决定的。因此在这种情况下独立董事很难真正地独立起来，更有甚者变为其忠实的代表，这样独立董事就更不可能起到任何监督作用，有的公司还把独立董事的职位作为对在公司上市过程中立过汗马功劳的人员的奖赏。① 尽管证监会《指导意见》对非独立性作出了规定，但是在实际中，中小股东仍很难找到确凿证据否定"人情董事"的独立性，"人情董事"的泛滥也必然导致"内部人控制"的普遍化。这种"人情董事"在公司只会加剧内部董事对董事会及公司的控制，何谈监督！

有的独立董事在多家上市公司同时任职，由于精力有限，其很难对自己任职的每家公司有细致的了解。大多情况下，公司的信息完全由公司的管理层提供，有时公司在开会的前一两天才把会议资料及信息送到独立董事手中。在这么短的时间内，独立董事很难对资料的内容作出辨别，更何况拿在手中的很多材料都含有故意隐瞒真实信息、误导独立董事的虚假陈述，独立董事依赖这些材料作出的判断更多是片面的，甚至是错误的。所以，很多独立董事认为自己的职责不过是到公司出席下会议，举个手下表决而已，从表8-4中可以看出，独立董事被处罚的案例占到47.89%，上述情形必然是其重要原因之一。试想，这样的"花瓶董事"连对公司作出正确的认识尚不可能，又怎么能积极参与公司董事会的决策，凭什么监督其他董事及董事会的行为呢？

(三)责任与报酬不相匹配

在美国，薪酬委员会决定公司独立董事的报酬，独立董事获得报酬的来

---

① 王天习：《公司治理与独立董事研究》，中国法制出版社2005年版，第220页。

源有两个：一个是固定报酬；另一个是股权激励报酬。独立董事的固定报酬包括年薪和会议费，如果其还是某个委员会的成员的话，还有成员费等收入。美国董事协会公布的 1999—2000 年董事薪酬调查报告显示，被调查公司中的 2/3 采用了股票或者期权的方法作为激励，董事薪酬中有 48% 是以股票形式支付的。①

要独立董事发挥其作用就必须有相应的激励措施。在我国，独立董事的报酬主要是固定薪金。据申富平调查，我国上市公司独立董事报酬在 2 万—5 万元的占了 69.5%，平均为 3.6 万元。② 在固定收入上我国公司的独立董事与美国公司的独立董事相差不大，但是我国公司的独立董事无股票和期权报酬，也就是说独立董事的业绩与薪水不相关联，在此种情形下很难让独立董事有太大的积极性参与到公司的经营管理中。我们认为，我国公司中独立董事的报酬制度可以适当借鉴美国的做法，允许独立董事适当地持有本公司的股份，也就是说只要独立董事持股不超过一个最高规定界限即可，如 0.5%，这样既保证了独立董事工作的积极性，又可以使其不失去自身的独立性。

第三节 我国公司董事违法行为分析

一 上市公司虚假陈述泛滥

根据我国 2003 年 2 月 1 日颁布实施的《最高人民法院关于审理证券市场因虚假陈述引发大的民事赔偿案件的若干规定》第 17 条的规定，"证券市场虚假陈述，是指信息披露义务人违反证券法律规定，在证券发行或者交易过程中，对重大事件作出违背事实真相的虚假记载、误导性陈述，或者披露信息时发生重大遗漏、不正当披露信息的行为"。据此我们可以将虚假陈述主要分为五类：虚假记载、重大遗漏、误导性陈述、不正当披露和预测性信息的不实陈述。

（一）虚假记载

虚假记载，又称不实陈述，是指将不实的重要事项记载于证券文件中的故意或者过失行为。③ 在我们分析的处罚案例中共有 27 家公司及董事因为

---

① 张冰：《论中国上市公司独立董事报酬的法律规制》，《北京科技大学学报》（社会科学版）2002 年第 4 期。
② 张锐：《我国独立董事制度设计与美国的现实比较》，《特区经济》2009 年第 1 期。
③ 杨志华：《证券法律制度研究》，中国政法大学出版社 1995 年版，第 269 页。

在定期报告中作出虚假陈述而受到处罚,分析如表8-5。

表8-5　　　　　　　　　　虚假记载处罚分布情况

项目＼比例	案例（单位：个）	占全部公司案例比例	占上市公司案例比例
虚假记载	27	29.03%	38.03%

通过对案例的分析,发现虚假记载方式多样,其中财务报表的虚假记载比较常见,27个案例中的19个涉及财务报表虚假记载。在财务报表虚假记载中比较常见的有:虚增固定资产及高估无形资产、虚增利润、虚增营业收入、虚增投资收益、虚增资产负债比例、虚假记载主营业务范围、虚增业务成本及管理费用及虚增银行存款。除上述方式之外还有虚假记载关联方占用资金情况、虚减应收账款、虚减短期借款、虚减亏损等方式。

除了财务报表的虚假记载还存在诸如对实际控制人、重大诉讼事项及增发申请文件等事项的虚假记载。

(二) 重大遗漏

重大遗漏是指公司在其披露的信息文件中未记载应依法记载的重大事项或者为避免文件被误解所必须加以记载说明的重大信息。重大遗漏主要是一种消极的不作为,在主观上可是故意也可是过失。

在我们统计的案例中,因定期报告中存在重大遗漏被处罚的案例同样有27个之多,在这27个案例中,有9个同时存在虚假陈述行为(见表8-6)。

表8-6　　　　　　　　　　重大遗漏处罚分布情况

项目＼比例	案例（单位：个）	占全部公司案例比例	占上市公司案例比例
重大遗漏	27	29.03%	38.03%
同时存在虚假陈述	9	9.68%	12.68%

在案例中我们发现,重大遗漏行为主要涉及股东关联关系、关联交易、为关联方或者对外担保、重大诉讼和关联方占用资金。从处罚决定书中我们可以看出,上述几种行为也正是公司及董事获得非法收入的重要来源。除此之外还有隐瞒与关联方共同投资、重大债务及委托理财等行为。这些重大遗

漏行为有全部遗漏和部分遗漏之分，案例中行为主要表现为部分遗漏。

（三）误导性陈述

误导性陈述，是指对已披露的信息文件中的某重大事项虽然作出真实记载，但是由于信息存在缺陷致使投资者容易产生误解，不能使其对已披露的信息产生清晰、正确的认识。①

误导性陈述同重大遗漏不同的是，它既可以是积极作为的方式也可以是消极的不作为，而重大遗漏只是消极的不作为。含有误导性陈述的信息具有一定的多解性和隐蔽性，它不容易被信息的接收者辨认和发现，接收者对信息作出何种方式理解都可以有自己的依据，所以确定误导性陈述难度较大。

表 8-7 误导性陈述处罚分布情况

项目＼比例	案例（单位：个）	占全部公司案例比例	占上市公司案例比例
误导性陈述	2	2.15%	2.82%

在我们总结的案例中，只有两例是因为误导性陈述被证监会处罚，为夏新电子和杭萧钢构（见表 8-7）。由此可见，在实际当中，对误导性陈述作出正确的辨认相对于虚假陈述和重大遗漏来讲较为困难。实践中可把误导性陈述分为两类，一是信息中的陈述语义模糊，会使公众作出各种不同理解，当然此处所说的语义模糊还包括语句晦涩难懂、一般公众不可理解等情形；二是信息陈述中事实不完整，对事实存有部分遗漏，以此来对公众和投资者作出定向误导。对是否构成误导性陈述可以以法律明确规定为标准，有法定标准的依据法定标准，如没有则以具有一般大众文化知识水平和经营知识的公众理解为标准。在我们统计的案例中，误导性陈述所占的比例相对较低，这虽然在一定程度上说明在我国上市公司中该种违法行为比较罕见，但从另一方面也可以看出，在我国，针对误导性陈述的规制法则和稽查尺度相对较为宽松，这需要在今后的司法实践当中逐渐找到适当的标准予以规制。

（四）不正当披露

不正当披露是指信息披露义务人未依法定披露方式披露应当披露的信息或者未在法定期限内披露该信息。通过对案例的分析我们可将不正当披露行

---

① 杨明宇：《证券发行中不实陈述的民事责任研究》，《证券法律评论》2001 年第 1 期。

为分为未按规定披露临时信息和未在法定期限内披露定期报告两类。未按规定披露临时信息行为所涉及的内容，即信息，与上述虚假记载和重大遗漏行为所包含的项目基本相同。

在被处罚的93个案例中，共有54个公司涉及此违法行为，所占比例较高，分析如表8-8所示。

表8-8　　　　　　　　　　不正当披露处罚分布情况

比例 项目	案例 （单位：个）	占全部公司 案例比例	占上市公司 案例比例	单独因该行 为被处罚 （单位：个）	同时伴有虚假记载 和重大遗漏等其他 违法行为 （单位：个）
未按规定披露临时信息	40	43.01%	56.34%	8	32
未在法定期限内披露定期报告	14	15.05%	19.72%	14	0
共计	54	58.06%	76.06%	22	32

从表8-8可以看出，因不正当披露信息的违法行为被处罚的案例较多，可见此种违法行为在上市公司中较为常见。根据表8-8中的数据我们发现，公司及董事在作出不按规定披露临时信息行为的同时一般具有虚假记载和重大遗漏等违法行为，可见二者之间存在一定关联性。我们知道，未按规定披露的临时信息一般是涉及公司的重大事项，并且能够使公司股票的价格产生较大波动。公司的董事会或者董事决定对其不予披露往往是出于自身或者其老板——大股东利益的考虑，更有甚者，个别董事不惜利用机会在股票市场获取暴利，这也成为该行为普遍存在于我国上市公司中的一个重要原因。由于未按规定披露的临时信息一般也要求在公司的定期报告中披露，所以，公司的董事会或者董事为了使其披露的信息事项前后一致，在定期报告中也必然会以虚假记载或者重大遗漏的违法行为来掩饰其之前的错误，可以说这是两种违法行为具有关联性的关键所在。

相对未按规定披露临时信息行为来说，未在法定期限内披露定期报告的行为要少一些。在我们统计的14个案例中，有5家公司已经退市（其中3家是因为连年亏损，2家是因为该处罚事由被勒令退市），有1家因严重亏损正在重组中，另有3家是因亏损被重组后才得以在证券交易所复牌。由于有2家因此被勒令退市，可见相比其他违法行为而言，证监会对该项违法行为的处罚力度较大。同时，我们发现作出未在法定期限内披露定期报告违法行为的公司及董事几乎不同时具有其他违法行为，我们认为，处罚力度的大小在其中发挥了重要作用。在案例中，至少①有 2 家公司延迟披露定期报告是因为董事会换届交接工作出现了问题，因此公司董事会换届交接也成为该违法行为发生的诱因。我们知道，上市公司连续三年亏损将被暂停上市，通过对上述案例分析可知，有此违法行为的公司一般存在业绩不理想的问题，因此公司董事会决定延迟披露公司年报也是一种无奈之举。

（五）预测性信息的不实陈述

预测性信息，又称"软信息"，是上市公司对其经营计划和经营环境以及财务状况和经营业绩等作出的预测，并将该预测信息对外公开披露。"软信息"是相对"硬信息"来说的，"硬信息"是指能够在客观上进行审查核实的资料。在传统的证券法上，我们更倾向于鼓励"硬信息"的发布，而对于"软信息"则更多是消极应对，甚至是禁止它的发布。这是因为"硬信息"相对"软信息"来说更容易辨认和核实，并且在我们的认识中，"软信息"的可信度始终不高，容易对投资者产生误导，从这个角度来说，更多依靠"硬信息"对保护投资者的利益、维护证券市场的稳定更加有利。但是随着市场的发展和投资者的逐渐成熟，我们发现"软信息"对投资者产生的帮助似乎更大，因为投资者对公司投资时更注重这个公司的未来，而不是现在，所以"软信息"在证券市场上出现并且日趋增多。但由于该种信息毕竟是一种预测性信息，所以怎样把握信息的真实性成为大家关注的一个问题。

在我们统计的案例中，并没有单独就"软信息"的不实陈述而受到处罚的情况，但这并不能说明我国上市公司发布的"软信息"完全可靠。相反，据资料显示，1997 年 11 月证监会对 207 家上市公司的 1996 年利润预测的完成情况作了调查，结果显示，有 14 家公司的当年实际利润低于预测值的 90%。② 因此，在我国，预测性信息的真实度备受关注。

目前，针对预测性信息，我国证监会颁布的《招股说明书》中作出了相对比较详细的规定，主要包括两个部分：盈利预测和管理层的讨论陈述。《招股说明书》中对盈利预测采取自愿原则，即如果发行人认为提供盈利预测报告能够帮助投资者对投资行为作出正确判断，并且发行者确实有能力作出比较符合实际的预测，则可以提供预测报告。同时，《招股说明书》对管

---

① 说明"至少"是因为有 2 家公司在处罚决定书中写明了是由该原因造成，其他并未就原因作出说明，所以其遭受处罚是否由此造成的尚不明确。

② 赵万一主编：《证券交易中的民事责任制度研究》，法律出版社 2008 年版，第 120 页。

理层的讨论陈述也作出了相应的具体规定。管理层的陈述只是对自己观点的阐述所以也应属"软信息",在现实中对"软信息"不实陈述的辨别还存在一定的难度,如怎样辨别管理层的陈述或者盈利报告是故意欺骗等。

二 操纵证券市场与欺诈客户频发

(一)操纵证券市场

操纵证券市场又称为操纵行情或者操纵证券交易价格。市场操纵行为早在 16 世纪就已出现,至今已有 450 多年的历史。在证券市场上,正常的、具有权威性的价格应该是由供需关系自然形成的,而操纵行为却人为地将正常的证券价格扭曲,使广大投资者的权益受到侵害,因此该行为被各国证券法所禁止。

尽管操纵证券市场的行为早已出现,但是想对操纵证券市场的行为作出一个统一的定义却相对困难。首先立法、司法、证券监督管理机构以及理论界对市场操纵行为并没有一致的看法;其次,操纵证券市场的行为具有多样性,并不具有完全一致的特征;最后,对证券市场操纵行为的监管方法和手段是随着市场的变化而变化的。尽管如此,国内外的学者仍然对操纵证券市场的行为作出各种不同的定义,我国学者也对其作出了自己的定义,但基本上采取了概括式的定义方法,这种定义方式主要是从行为者的主观意图出发,强调主观动机,而对其行为手段并不限制。当然,在对操纵证券市场作出定义的时候不仅要尽可能包含多种行为类型,还应避免将合法行为纳入该定义的范围。因此操纵证券市场主要是人为的变动股票或者债券行情,以此来引诱市场其他投资者参加交易,从而使自己获利或者将风险转移。

在我们统计的案例中,有 2 个公司是因为操纵证券市场被证监会处罚,分别是武汉新兰德证券投资顾问有限公司和北京首放投资顾问有限公司及其董事,两家均为证券投资及顾问机构,这与证券投资及顾问机构的性质有很大关系,其在证券市场所处的位置更容易通过该种行为获利。操纵证券市场行为的比例尽管不大,但是其对市场的危害却巨大。

表 8-9 操纵证券市场处罚分布情况

项目	比例	案例(单位:个)	占全部公司案例比例
操纵证券市场		2	2.15%

操纵证券市场行为大致可以分为洗售、相对委托、连续交易操纵、借不实表示操纵、安定操作和其他操纵市场行为六种。

1. 洗售

所谓洗售，又称"对敲""对倒""冲洗买卖"，是指行为人为了影响证券交易价格，而在证券市场上进行的实质证券所有权不发生转移的买卖行为。洗售是最为古老的操纵形式之一，其构成要件主要包括两个方面，主观上有影响证券交易价格的故意，客观上有实施了不转移证券所有权的虚买虚卖行为。洗售行为是各国法律明确禁止的行为，《美国证券交易法》对"对倒"和"对敲"的行为作出了明确禁止规定，我国《证券法》第77条第1款第3项实际上即为对洗售的禁止性规定。至于洗售行为是否为"同一人"，学界中存在争议，但是从我国《证券法》规定的"在自己实际控制的账户之间"来看，我国法律采用的是"同一人"说。

2. 相对委托

相对委托是指行为人意图影响证券交易价格，与他人通谋，约定自己在某一价格出售或购买某一证券，另一方同时购买或出售该证券的相对行为。相对委托较之洗售而言，其具有更强的隐蔽性，构成相对委托在主观上要求有影响证券交易价格的意图，在客观上有双方按指定价格同时出售和购买的相对行为，也就是说必须具有时间和价格上的相似性。① 我国《证券法》第77条第1款第2项就是对相对委托的禁止规定。

3. 连续交易操纵

连续交易操纵是指行为人以影响某证券价格为目的，自行或者以他人的名义对该证券实施的连续高价买入或者低价卖出的行为。② 此种操作一般是行为人利用手中资金优势连续进场拉升股价以制造多头行情，进而吸引其他投资者的跟进，然后在股价高点卖出获利，继而使股价下跌再次买入。我国《证券法》第77条第1款第1项规定的内容即对该行为的禁止。但是，对于该行为实施过程中的"高价"或者"低价"如何认定，我们认为，其并不需以涨停板或者跌停板的价格为标准，而是只要该行为导致了某证券价格出现了一定的涨幅或者跌幅就可对该行为进行认定。

4. 借不实表示操纵

在证券市场中，证券价格对信息的反应速度十分灵敏，不论消息真实与

---

① 赵万一主编：《证券交易中的民事责任制度研究》，法律出版社2008年版，第183页。
② 杨峰：《证券民事责任制度研究》，法律出版社2008年版，第325页。

否，都会对证券价格产生波动影响，特别在涉及公司兼并、收购、亏损等重大信息时更是如此。因此，在证券交易过程中，就有人故意散布虚假信息来影响证券价格，为自己谋取利益，此处的虚假信息是指谣言或者不实资料。

在学界中，有学者认为借不实表示操纵证券市场，其散布的谣言或资料应是不真实的。也有的学者认为，即使散布的谣言或者信息是完全真实的，也可能导致市场的过度投机行为，使证券价格严重偏离证券价值，因此应予以禁止。① 我们认为，只有散布的是不真实的谣言或资料时，才应界定其为借不实表示操纵市场。因为在证券市场中，股票的价格几乎不可能时刻反映其真实投资价值，其价格必然会由于各种原因出现一定程度的偏离，有时市场对某一真实信息反应过度强烈也是正常现象。同时，尽管证券法所禁止的是过度投机行为，但借完全真实的信息所为的过度投机应归入其他操纵市场行为中。我国《证券法》第78条对该行为作出了禁止性规定。在我们分析的案例中，北京首放投资顾问有限公司的董事就是以该种手段获利受到处罚。

5. 安定操作

安定操作是指为了使证券的募集或卖出容易进行，在不违反主管机关所颁布的规定的情况下，在证券市场连续买卖有价证券，以钉住、固定或安定证券价格的行为。② 从上述定义我们可以看出，安定操作具有两面性，它既有稳定证券市场的功能，同时也有转化为操纵手段的可能。实践当中，主观上，我们很难识别行为人是否具有影响证券正常交易价格的目的；客观上，其连续买卖行为又符合操纵证券市场的行为要件。美国与日本的证券法规中对其作出了较为明确的规定，但我国《证券法》未对其作出相关规定。我们认为，相比美日的证券市场，我国证券市场结构尚不完善，对是否引进安定操作应当持谨慎态度，在一个不完善的市场当中，安定操作对市场的危害可能大于其益处。

6. 其他操纵市场行为

证券市场上的其他操纵行为包括轧空、利用职权操纵、违约交割和联合操纵等行为。这些行为与安定操作在我国《证券法》中均在第77条第1款第4项中以"以其他手段操纵证券市场"予以概括。尽管这些操纵行为不具有典型性，但是其在证券市场中仍时有发生。在我们分析的案例中，武汉

---

① 杨峰：《证券民事责任制度研究》，法律出版社2008年版，第327—328页。

② 刘道远：《证券侵权法律制度研究》，知识产权出版社2008年版，第229页。

新兰德及其董事即以典型的联合操纵的方式来操纵某些证券价格。因此，在我国证券市场尚不完善和成熟的情况下，对这些非典型的操纵行为亦应予以一定重视。

表 8-10　　　　六种常见操纵市场行为在案例中分布情况　　　　（单位：个）

洗售	相对委托	连续交易操纵	借不实表示操纵	安定操作	其他操纵市场行为
0	0	0	1	0	1

从表 8-10 中我们看到，在六种常见的操纵市场行为中，受到处罚的行为分别为借不实表示操纵和联合操纵，而其他的各种行为则没有被处罚的记录，并且受到处罚的均为证券公司的董事，这在一定程度上说明目前对证券公司及其董事的监管措施存在完善的必要。尽管在我们统计的案例中并没有因其他四种行为受到处罚的记录，但这并不能说明针对该四种行为的监管并不重要。相反，我们认为，这更应该引起监管机关的注意，并提高监管力度。尤其前三种操纵行为，其不论是在证券市场相当发达的国家还是在证券市场逐步完善的发展中国家，往往都是最为常用的操纵手段，并且随着市场的进一步发展，其隐蔽性也在不断地提高，这必然对监管机构在技术和制度上的要求产生重要影响。特别在近两年，基金公司发生的"老鼠仓"事件，其在很大程度上说明了我国监管机构对证券公司及相关机构的经营管理人员缺乏有效的监管措施，这种制度上的缺陷和稽查方面的失效，也必然反映在对操纵市场行为的惩治上，使很多违法行为无法被及时发现和处罚，这正是表 8-10 侧面所反映出的重要问题。

（二）欺诈客户

就其实质来说，欺诈客户就是欺骗客户，损害投资者利益的行为。具体来说，是指行为人利用其受托人、代理人及管理人等地位，进行损害委托或者被代理人利益并从中获利的行为。学界对欺诈客户行为的定义有广义和狭义之分，二者的区别主要表现在责任主体上的不同，狭义的责任主体是证券公司及其从业人员，广义上则不作此限制。但是这种区分在实际当中并无多大意义，因为在实际当中从事欺诈客户行为的主体往往正是证券公司及其从业人员。

客户欺诈行为违背了《证券法》基本立法原则中的诚实信用原则，也就是违背了证券交易活动中应遵循的基本原则。禁止对客户欺诈是保证证券交易市场有序健康成长的基本前提。我国《证券法》规定了 7 种损害客户利益的欺诈行为：（1）违背客户的委托为其买卖证券；（2）未经客户委托擅自为客户买卖证券或者以客户名义买卖证券；（3）挪用客户所委托买卖的证券或者客户账户上的资金；（4）不在规定时间内为客户提供书面确认文件；（5）为谋取佣金收入诱使客户进行不必要的证券买卖；（6）利用传播媒介或者其他方式提供、传播虚假或者误导投资者的信息；（7）其他违背客户真实意思表示，损害客户利益的行为。① 在此之前的《禁止证券欺诈行为暂行办法》（以下简称《暂行办法》）也规定了10种损害客户利益的欺诈行为，从表面看，《证券法》中规定的少了3项，但实际上其是对之前《暂行办法》第10条的合并处理，并且将其中的个别条款在《证券法》里作特别规定。例如，《暂行办法》中的自营业务和代理业务的混合样态就在《证券法》里作了"证券公司必须将其证券经纪业务、证券承销业务、证券自营业务和证券资产管理业务分开办理，不得混合操作"的规定。

在我们总结的案例当中共有18个涉及欺诈客户违法行为，此18例的违法者均为证券公司的董事及其从业人员，这也证明了我们上述对该行为责任主体的论述。在这些欺诈客户的行为中，主要包括：利用客户账户买卖证券、挪用客户保证金、挪用客户交易结算金、挪用客户证券或债券、承诺保底收益及违规开设理财项目等。

从案例中我们可以看出，操纵证券市场与欺诈客户行为主要发生在证券公司董事及其他从业人员当中，这两种违法行为往往成为证券公司董事及其他从业人员获取巨额非法所得的重要途径。为了能够更好地保护投资人和被代理人的利益，有必要对证券公司及其董事与其他从业人员加强监管措施。

三 内幕交易时有发生

内幕交易，在美国和英国被称为内部人交易，在我国台湾地区被称为内线交易，② 与操纵证券市场类似。由于各个国家和地区的法律思维、法律文化和传统的不同，其对内幕交易的看法也各有不同之处。但就其行为样态可以把内幕交易行为归纳为：内幕人员或者其他非法获取内幕信息的人员，以获取利益或减少损失为目的、自己或建议他人或泄露内幕信息使他人利用该信息进行证券发行、交易的活动。③

---

① 赵万一主编：《证券交易中的民事责任制度研究》，法律出版社2008年版，第156页。
② 杨亮：《内幕交易论》，北京大学出版社2001年版，第3页。
③ 同上书，第4页。

在案例中，共有 3 个因内幕交易被证监会处罚，另有 1 例因公司董事从事短线交易被处罚（见表 8-11）。这里，值得注意的是内幕交易是否包括短线交易的问题。至于短线交易的内涵学术界已经基本取得一致意见，即公司的董事、监事等高级管理人员或者持股达到一定比例的股东将自己持有的股票在买入后短期之内又卖出，或者卖出之后又买入的行为，该行为的收益一律归公司所有。有学者认为，短线交易是内幕交易的一种特殊形态，其仅仅是针对特定的主体从事的交易，并且在交易行为主客观方面的规定都有特殊之处。[①] 还有学者认为，应将短线交易作为内幕交易的一种主要形式。[②] 由此可见对内幕交易的定义出现了两种形式，一种仅指内幕交易，一种包括内幕交易和短线交易。我们较为赞成前一种观点，尽管内幕交易和短线交易的主体存在重叠部分，但是其在客观是否利用了内幕信息方面存在较大差异，因此将二者作出区分为宜。

表 8-11　　　　　　　内幕交易处罚分布情况　　　　　　（单位：个）

项目	案例
内幕交易	3
短线交易	1

近几年的案例使我们看到，公司及其董事因内幕交易被处罚的案例并不多见，对此，值得我们深思。我们知道，在公司中，尤其是在上市公司中，公司董事及相关管理人员对与证券市场的其他参与者在信息的获取上具有绝对的优势，这必然导致在市场中信息的不对称。同时，在虚假陈述一节中，我们已经看到虚假陈述在我国仍具有高发性的特点，而虚假陈述的发生也会同样使市场参与者信息处于不对称的状态。这种信息的不对称虽然不必然会导致违法行为的产生，但也正是产生内幕交易的温床，再加之我国证券市场的不尽完善，使对公司董事内幕交易的监管产生了诸多困难，这也正是其难发现、难查处的重要原因。

综上所述，公司董事的违法行为主要涉及虚假陈述、操纵证券市场、内幕交易和欺诈客户四种行为，并且公司董事在作出上述行为时在很大程度上具有隐蔽性，为此，如何完善相应法律责任的追究机制值得我们进一步探讨。

---

① 赵万一：《公司治理法律问题研究》，法律出版社 2004 年版，第 271 页。
② 陈甦主编：《证券法专题研究》，高等教育出版社 2006 年版，第 245 页。

第四节　法律责任追究机制的完善

随着董事会中心主义的确立，董事在公司中的作用愈加明显，甚至决定着公司的兴衰成败，其对公司的行为负有不可推卸的责任，只有董事的责任得以强化，公司的行为才能更加规范。但是长期以来我国公司法对董事责任的追究机制还很不完善，当董事的行为给公司造成巨大损失时，就很难对公司、股东及第三人的利益进行保护。因此进一步完善与强化经营者，尤其是健全公司董事责任的追究机制就显得尤为必要。

一　完善监督机制，强化行政责任

我国证监会对市场实行统一监管，上述章节中我们已经列出公司董事主要涉及的四项违法行为，该四项违法行为无一不在证监会的监管范围内，但参照我们分析的案例，证监会的监管效率有待提高，监管机制有待完善。

（一）监督处罚机制存在缺陷

在我们调查的 93 个案例中，证监会作出处罚决定的时间与公司及董事违法行为发生时间的间隔情形如表 8-12。

表 8-12　　　　　处罚决定与违法行为时间间隔情况

间隔	案例（单位：个）	占全部公司案例比例
1 年以下	12	12.90%
1—2 年	10	10.75%
2—3 年	24	25.81%
3 年以上	47	50.54%

表 8-13　　　　　处罚案例四年间分布情况（单位：个）

年份	案例
2006 年	29
2007 年	22
2008 年	19
2009 年	23

从表 8-12 中我们可以看到，证监会对违法行为的处罚具有明显的滞后

性，在董事作出违法行为之后，有一半以上的情形在三年以后方被追究责任，在一年以内得到处罚的仅有 12 例，而在此 12 例中有 7 例为未在规定期限披露定期报告被处罚，此项处罚基本无须任何技术手段即可作出认定。也就是说，在现行机制下需要证监会借助技术手段进行稽查和处罚时，其执法的周期将明显延长，这在很大程度上说明我国证监会执法时在机制和技术上遇到了较大问题，进而影响到处罚的效果，对董事的违法行为不能很好地起到遏制作用，这在表 8-13 中得到明显体现。为此，我们将从机制和技术两个方面进行分析。

在机制上，我们认为，以下几方面对证监会的执法起到一定的阻碍作用。

第一，中央和地方在利益上的分歧，给执法带来了一定的困难。

在中央和地方行政分权体制下，拥有相对独立利益和一定资产配置权的地方政府，在我国证券市场制度供给中发挥着特殊的作用。① 我们知道，上市公司往往是地方政府缴纳利税的大户，地方政府也因此对本地上市公司的一些不规范甚至违法行为采取纵容甚至包庇的态度，同时地方政府在鼓励地方企业上市之后，在获得相关利益的同时却不承担任何形式的问责压力。因此，当上市公司或者其董事出现违法行为时，地方政府不但不配合，反而采取各种手段来阻碍调查的执行。

第二，"政策市"使违法违规具有隐蔽性。

目前，我国证券市场并非是纯粹意义上的市场。政策对其影响力仍然巨大且深远，由此，市场的可预期性受到了较大程度的破坏，"政策市"也使市场在与政策的博弈中产生了大量的违法违规行为。同时由于我国上市公司绝大多数并非纯粹意义上的公司法人，无论其重组还是发行新股，都必然会有政府的介入，这样就很难保证信息不被泄露。再由于利益的趋势，就会使这种体制性的内幕交易无法查证，从而造成无法处罚的后果。行为人通过这种内幕交易的获利数额往往惊人，这点从我们案例中被处罚的内幕交易行为数量可见一斑（见表 8-11）。

第三，身兼两职影响公正执法。

我们知道，证券监督管理机构的职责应该是严厉查处市场中的违法违规行为，确保市场公正公平地运行，但是自从我国证券监督管理机构诞生的那

---

① 曹里加：《证券执法体系比较研究》，北京大学出版社 2008 年版，第 229 页。

天起，其就具有双重职责，即发展与监督市场。这种双重身份的限制往往使证监会很难始终保持一种统一的执法标准，可以说，发展市场与监管市场二者间的矛盾之处在我国目前的市场中体现得尤为明显。

在双重重任下，证监会的职能往往更倾向于保持市场的稳定，这种倾向必然导致证监会在市场的不同时期会依据不同的监管标准对市场进行监管，这样亦会在很大程度上纵容违法违规行为。由于证监会的双重责任，另加这种价值取向的异化，就必然导致证监会在对市场监管作出处罚决定时更多考虑的是执法外的因素，如股市指数、市场稳定、财政政策与市场形象等，其结果也往往是证监会对上述因素作出妥协。当市场出现大的波动甚至一蹶不振时，证监会往往就会放宽执法尺度，以防止对市场的信心造成进一步的打击。从 2007 年 10 月 16 日至 2008 年 10 月 28 日，上证指数从 6124 点一路探底至 1664 点，我们看到，在市场如此低迷的情况下，证监会也似乎悄悄地转变了执法观念。以我们统计的案例作为参照，在上述近 13 个月的低迷时期内，证监会针对董事违法行为作出了 15 例处罚决定；但 2007 年和 2008 年共作出了 41 例处罚决定；同时，在股指蒸蒸日上的 2006 年是 29 例；股指企稳反弹之后的 2009 年是 23 例。从中我们不难看出，证监会处罚尺度的掌握与市场的运行具有一致性（具体分析见表 8-14），这种执法方式在很大程度上牺牲了其本身应该遵守的公平与公正，其对市场的负面影响是不言而喻的。当然，这种执法的随意性和不确定与行政责任的特点也具有关系，如有些学者所言，行政责任的出发点首先顾及的是便利和效率，其次才是公平和正义，当二者发生冲突时，公平和正义常常沦为"弃儿"。[①] 而无论基于哪种情况，只要公平与正义被抛弃一次，违法行为者的侥幸心理便会增加一分，这对市场的监管也会产生极大的负面影响。这种身份的二重性也必然导致证监会既不能独立于政府，也不能独立于商场中的被监管者，所以，因其缺乏最为根本的独立性，也必然导致公正在很大程度上受到损害。

表 8-14　　　　　　　　股指变动与案例对应情况

项目 时间	股指	历时间隔	案例 （单位：个）
2006 年 1 月 2 日至 12 月 29 日	1163.88—2675.47（稳步增长）	12 个月	29
2007 年 1 月 2 日至 10 月 16 日	2728.19—6124.04（快速拉升）	近 10 个月	23

[①] 袁梅：《闽发证券危机待解》，《财经》2004 年第 16 期。

续表

项目 时间	股指	历时间隔	案例 （单位：个）
2007年10月17日至2008年10月28日	6124.04—1664.93（急速下跌）	近13个月	15
2008年10月29日至2009年7月31日	1664.93—3412.06（逐步反弹）	9个月	19

而在技术层面上，证监会的执法主要存在以下两个缺陷。

第一，证监会的稽查权限受限。

造成证监会执法滞后的另一个重要原因就是其缺乏必要的稽查权限，这与海外成熟的证券市场，尤其是美国证券市场的监管权限集中化的趋势形成鲜明对比，如表8-15所示。

表8-15　国内外证券市场监管机构权限对比

监管机构 项目	中国证监会	香港证券及期货事务监察委员会（SFC）	美国证监会（SEC）	英国金融服务监管局（FSA）
稽查依据	《证券法》《行政处罚法》	《证券期货委员会条例》《证券（披露权益）条例》	《证券交易法》《联邦监管准则》	《金融服务和市场法》
调查权	有权进入违法行为发生场所调查取证	有调查权，可要求被调查人提供总部及附属机构的任何资料	有调查权，可得到任何信息	有调查权，并有权委托调查人员行使调查权
调查银行账户的权力	无权	有权调查涉嫌违规机构或个人的相关银行存款账户	SEC有权不事先通知被调查者即可直接调查其财务、银行账户	有权调查银行账户
传唤当事人的权力	无权	有权传唤当事人，不接受传唤的被视为违法	有权传唤当事人，不接受传唤的被视为违法	不详
冻结证券账户的权力	需要有证据证明有转移或者隐匿违法资金、证券迹象，可以申请司法机关予以冻结	财政司司长可以发出指令，冻结与违法犯罪有关的证券账户；被冻结的任何股份，可向香港法庭提出申请后出售	有权申请禁制令，限制财产的转移	有权申请禁制令，可要求有关交易结算业务暂停
搜查权	无权	有权向法院申请搜查令进入违规场所	不详	有权向法院申请搜查令进入违规场所

续表

监管机构 项目	中国证监会	香港证券及期货事务监察委员会（SFC）	美国证监会（SEC）	英国金融服务监管局（FSA）
直接起诉权	无权	有权	有权	有权
向法院申请：强制令、限制令、破产令、清算令、执行令、返还令等权力	无权	有权申请强制令、清算令、破产令等	有权申请永久或者临时的限制令、强制令，有权申请禁制令和履行令	有权申请强制令、返还财产令、清算令、破产令等

从表8-15中我们可以看出，我国证监会缺少很多的关键性权限，其仅具有部分的调查权、警告、罚没以及取消从业资格等行政处罚权。同时，由于我国一些基本法律规定之间的冲突，也对证监会的执法造成较为严重的影响，如《证券法》与《商业银行法》对银行账户调查权的规定就存在冲突之处。《证券法》虽然规定了证券监管机构有调查权，但是没有规定对银行账户的调查权力，而《商业银行法》却规定除相关法律规定银行账户可接受调查以外，储户的信息严格保密。① 这种基本法律之间的矛盾之处，往往使证监会的调查权在时间当中受到极大的限制，这必然使证监会的执法产生一定的滞后。

第二，可操作性还需要进一步加强和完善。

目前，虽然证监会和证券交易所对董事的违法行为作出了相当多的处罚，但是在此过程中，许多操作性的问题仍然比较突出，如当董事违反法律规定时应给予处罚的行为类型的种类、当行为达到何种危害程度时才应给予处罚、董事的违法行为与出现的危害后果之间如何确定因果关系，以及董事承担行政责任时其归责原则究竟是过错责任还是过错推定还是严格责任，这些问题均有待予以明确。在案例的分析当中我们也很难得到一个统一或相近的标准。

（二）强化监管机构的独立性，完善相关立法

通过上述内容我们可以看出，造成监管机制出现缺陷的一个重要原因就是监管机构缺乏相应的独立性，因此，如何使我国监管机构具有相应的独立性值得探讨。根据1997年《经济合作与发展组织关于规制改革的报

---

① 曹里加：《证券执法体系比较研究》，北京大学出版社2008年版，第234页。

告》①，监管机构的独立性应该包括以下六个方面：一是法律对监管机构授权；二是监管机构在机构的设置上独立于政府行政部门，实行自治管理；三是监管者由多方任命；四是监管者实行固定任期；五是建立职业标准并且薪酬具有一定吸引力；六是监管机构有稳定的经费来源（如行业收费而非政府拨款）。

从监管机构的独立性上看，无论是美国的证券交易委员会或者英国的金融服务局还是香港地区的证监会，它们都具有上述特征。与其相比，我国的证监会则显然不具有上述的独立性特征。在我国，证监会属于特有的事业单位，作为国务院直属部门，其无论是经费开支的来源还是主席等职位的任命都受制于国务院及其财政部门，因此其根本无法独立于政府行政部门行使职权。从证监会与证券交易所的关系上看，我国的证监会未能独立于证券交易所，期货与证券市场完全受到证监会的直接控制，因此，可以说我国的证监会是个标准的政府行政机关。

但这其实也意味着，我国要把美英的制度移植过来，把证监会建立成像美国证券交易委员会或者英国金融服务监管局一样的具有绝对独立性的机构，也是不必要的。尽管美英的制度模式在世界范围内产生广泛的影响，但是其制度价值至今也受到颇多争议，该制度仍然无法完全解决"规制俘虏理论"② 所提出的问题。在市场中，被监管对象仍然可以通过各种行为来对监管者产生影响，并且众多的发展中国家，其是否具备建立独立监管机构的条件仍然受到诸多质疑。③

我国2005年的《证券法》修订之后，赋予了国务院证券监管机构更为广泛的职权，这其中准司法权的给予表明我国立法机关也认同了证监会必须具有独立性的基本定位。但是由于我国国家机构特有的序列安排以及独立监管机构有效运行所需要的监管机制尚不完善，所以我国目前尚无法将证监会改造成同美国证券交易委员会一样的机构。在这个问题上，我们不妨借鉴日本和我国台湾的模式，可以在政府序列内确立证监会的独立行政机关地位，为此证监会也要对职能定位和职权的行使方式作出调整。

---

① 该报告中的"规制机构"的概念实质上是指我国的"监管机构"。

② "规制俘虏理论"为乔治·斯蒂格尔所倡导，其被认为构成了独立监管机构的理论基础。该理论认为，规制者存在寻求经济利益或者政治利益的动机，规制对象（相关利益集团）在决策过程中会积极活动以促成对自己有利的决定，由此可能出现规制者被规制对象俘虏的现象。

③ 马骏：《我国的网络型产业改革与独立规制》，《中国产业经济动态》2003年第21期。

日本在 1992 年设置证券交易管理委员会时，多数的意见是建立一个同美国证券交易委员会一样的完全独立于行政机关的机构，但其最终选择了一种折中方式，将其建立成为隶属于政府的合议制机构（委员会制行政机构）。作为合议制机构，日本政府赋予证监会作为行政机构附属机构的地位，在作出决定方面具有自身的独立性，不受任何上级行政机关的干预。同时日本证监会由委员长及两名委员组成，除法定情形外，在任期内其身份未经本人同意不得罢免。[1] 由此我们可以看出，日本证券交易委员会的设立虽然受到了独立监管模式的影响，但是日本并未将其设立成一个完全独立的监管机构，而是一个独立性很强的独立行政机构。在我国台湾地区，根据 2003 年"行政院金融监督管理委员会组织规定"，作为金融监管机构的金融监理委员会行使证券监管职能，其九名委员由"行政院院长"提请"总统"任命，金融监理委员会属委员会制机关而非首长制机关，各委员依法行使独立行政权。由此，我们可以看出我国台湾地区的金融监理委员会虽然受到美国证券交易委员会的影响，但是其仍为行政机关，然而，其具有自身需要的较强的独立性，这点与日本相同，也正是值得我国在完善证监会独立性上借鉴的地方。

在讨论完善独立性的同时，我们不能不注意到一个与独立性密切相关的问题，即证监会职能的合理定位，这对完善证监会的独立性也至为重要。《证券法》第 179 条第 1 款赋予证监会极为广泛的职权，其职能几乎无所不包，如查处违法行为、监督检查证券发行和交易的信息公开情况，但是其本身最应该履行的职责——保护投资者利益尤其是中小投资者利益、创造公平的市场竞争环境，却未能很好地履行。这一情形的造成固然与我国证券市场尚不完善有关，但是与证监会职能定位的不合理也密不可分。如前所述，我们不必将证监会设立成一个完全独立的机构，但是我们应该将其建立成一个具有极强独立性的特殊行政机构。从目前的情形来说，我国的证监会担负了太多的国家职能，而这些职能正是独立的监管机构需要回避的，也正是如此，证监会在面对政府和市场时往往左右为难。例如，贯彻国家宏观调控政策打击市场泡沫时，其只采取"政策市"中的警告讲话等。在这个过程，证监会就完全脱离了自己的根本职能——保护投资者利益，维护公平竞争环境，而自动地将自身的职能变成了维护国家经济的稳定。事实上，如果证监会能够始终将自己置身于监管者的地位，保持与上市公司的距离，那么很多

---

[1] ［日］河本一郎、大武泰南：《证券交易法概论》，侯水平译，法律出版社 2001 年版，第 310—313 页。

上市公司及其董事的违法事件是可以避免的。

目前，我国仍处于经济转型的时期，在此过程中，政府仍然是主导力量，其主导着政府与市场的关系，政府对市场出现不当的干预也是不可避免。当然作为改革的方向，在加强证监会独立性的同时也必须重视证券自律组织自制能力的发展和健全，也就是既要降低行政监管过多的直接干预，也要坚持对自律组织必要的引导。当然，这种引导要建立在法律的框架内，不能以行政干预的方式实现，应当是采取制度化的安排，即借鉴独立监管机构的运行模式，从干预主义向监管治理转变。这就要求加强证监会监管的清晰度并扩大社会主体的监管，同时加强对证监会的监管，使其职权行使受到有效制约。在具体措施上，应当落实其问责办法，使其具有抗衡各部委和利益集团的能力。[①] 对于证监会行政监管过程中出现的弊端，可以将不适于行政监管的职能下放到证券交易所或者证券业协会，但政府必须保证后者能够形成独立于某个证券公司或者利益集团的意思。同时，国家立法部门应当进一步梳理与解释相关法律中对证监会的权限存在的冲突性规定，以便证监会的执法和稽查，提高工作效率。

（三）加重行政责任处罚力度

行政责任是追究违法董事责任最先适用的外部手段，其本身具有不可替代的作用。行政责任尤其是行政处罚的适当运用，也必然会有效预防违法行为的发生，但在实践当中，行政责任及行政处罚的运用上存在不足之处。我国证监会对市场中违规者的处罚措施主要是警告、责令改过、记入诚信档案以及罚款和市场禁入。警告、责令改过和记入诚信档案对公司及其董事而言基本意味着未受到处罚，较为严厉的罚款往往也是几万元乃至几十万元了事，其对公司董事尤其是上市公司的董事根本起不到什么作用，其处罚力度相对于非法行为所得如"九牛一毛"。案例中如北亚实业、信联股份和精密股份等公司，其董事的违法行为使公司的上千万资产人间蒸发，但其所受到的处罚仅为十几万元。

表 8-16　　　　　　　　　　罚款案例处罚情况

年份 范围	罚款案例 （单位：个）	处罚范围 （单位：元）
2006	21	1万—30万

[①] 王建文：《中国证监会的主体属性与职能定位：解读与反思》，载郭锋主编《全球金融危机下的中国证券市场法治》，知识产权出版社2009年版，第111页

续表

年份 \ 范围	罚款案例 (单位:个)	处罚范围 (单位:元)
2007	16	1万—30万
2008	17	1万—30万
2009	18	1万—30万

在我们统计的2006—2009年的案例中,对董事作出罚款处罚的共有72例,其罚款数额均为1万—30万元,并且在此四年间,证监会的处罚始终保持着同一尺度,未进行任何的调整(见表8-16)。随着我国证券市场的不断完善,上市公司效益的不断提高,公司董事的收入也随之水涨船高,同样不可避免的是违法行为为董事带来的收益也必定大幅增加。在这种情况下,我们认为,证监会在对其作出处罚时有必要加大罚款的力度,从而使违法董事不再是"含笑越雷池",而是三思而后行。

除此之外,在对董事的违法行为作出追究时应当加强对市场禁入处罚的应用。相比警告记过等不能触动违法董事实质利益的处分而言,市场禁入这个资格处罚更能起到较为理想的效果。在我们统计的案例中,此处罚应用比较多的领域当属欺诈客户和操纵证券市场,以此为例,在该项违法行为中共有20个案例,其中的16个对董事作出了相应的处罚,其处罚情形如表8-17。

表8-17　　欺诈客户和操纵证券市场行为中市场禁入情况分布　　(单位:个)

年份	案例	市场禁入
2006	4	4
2007	2	1
2008	4	1
2009	6	0

通过表8-17我们看到,当市场禁入这种资格处罚较为严厉的时候,其能够对之后董事的该种违法行为起到一定的抑制作用;但是当处罚变得宽松时,尤其是在连续的一段时期内变得宽松时,该种违法行为就有抬头的趋势,如表中2007—2009年的数据。同时对比在调查案例中所占比例最高的虚假陈述(如表8-18所示),我们发现同样的特点,但在虚假陈述中,证监会明显限制

了市场禁入处罚手段的适用。但这不能否认一个事实，即市场禁入对阻止董事违法行为的有效性。因此，在今后的执法当中，我们可以适度增加该种处罚手段的应用，以达到减少乃至阻止公司董事违法行为发生的目的。

表 8-18　　　　　　　　　　虚假陈述中市场禁入情况

年份	家数	市场禁入数
2006	22	0
2007	21	2
2008	12	0
2009	13	0

二　完善民事责任追究机制

民事责任作为追究董事法律责任的重要手段，其在抑制董事违法行为上具有自身的优势，但在目前，由于其在承担途径上的问题使民事责任的追究很难展开，并且股东诉讼制度的展开目前也存在一系列的问题。为此，我们将结合案例从以上两个方面研究董事的民事责任追究机制。

进一步优化民事责任的承担途径。我国证券市场尚不成熟，当中存在着各种各样的问题，其中，证券损害赔偿纠纷怎样通过诉讼的方式得以解决是其中的重点。2002年1月15日，最高人民法院发布了《关于受理证券市场因虚假陈述引发的民事侵权纠纷案件有关问题的通知》（以下简称《通知》），《通知》中规定，当事人须以证券监督管理委员及其派出机构调查并作出的处罚决定为依据提起诉讼，也就是说证监会的处罚决定为提起民事诉讼的前置条件，且受理诉讼范围限制在虚假陈述内，对于内幕交易、操纵证券市场和欺诈行为仍然不予受理。作出这样的规定也是出于我国市场的实际情况考虑，因为无论我国市场的规范程度还是法律条件都尚不完善。

该《通知》的发布，使股东及第三人追究公司及其董事的民事责任成为可能，对股东代表诉讼也有所影响，但是对民事损害赔偿诉讼要求以证监会的行政处罚为前提显得并不妥当。尽管以行政处罚为前提使得原告胜诉的可能性增大，也使得法官即使对证券业务不熟悉时也能较为方便地审理案件，提高工作效率；但是这并不能成为将行政处罚作为前置成程序的理由，更不能以此为由不予受理。我国《民事诉讼法》第108条规定了民事诉讼中原告的起诉条件，规定中并没有将行政处罚作为前置程序，所以，在证券民事纠纷中，只要原告符合起诉条件法院就没有理由不受理。① 何况在市场的监管中，由于目前监管体制的种种缺陷和执法的严重滞后，要求民事诉讼必须经过行政机关的处罚决定无疑是对原告诉权的巨大限制，并且使作为原告的投资者蒙受更多不必要的损失，这无益于保护投资者的利益，也增加了追究违法董事民事法律责任的难度。因此，我们认为该前置程序并不适当，应当作出适当调整。

尽管如此，是不是将所有民事纠纷都诉诸法院就是最好的解决方案呢？显然不是，这既不现实也不适当，因为减轻法院负担，实现司法资源的合理配置已经成为当今世界各国民事诉讼改革的共同方向。为此，我们可以考虑设立一个针对该纠纷的先行解决机制，也就是说在提起民事诉讼之前成立一个先行解决纠纷的机构，当该机构的处理结果无法使得双方或者其中一方接受时方可提起民事诉讼。同时，在诉讼之外，可以设置替代纠纷解决机制，这样既可以减轻法院负担，使司法资源得到合理配置，也可以使当事人自由选择纠纷的解决程序。这些解决程序可以是仲裁程序，也可以是调解程序。只是二者在实际运用中存在一定的差异：如果是仲裁程序，按照仲裁法的规定，其与诉讼程序之间能二选其一；如果是调解程序的话，那么它与诉讼程序之间并不排斥，调解不成当事人可以进一步利用诉讼程序解决纠纷。综上，只有对公司董事民事责任追究途径进行优化和改革，在董事发生违法行为时才能更好地保护公司、股东及第三人的权益，使董事承担其应负的民事法律责任。

三 完善《刑法》与相关法律的配套，提高刑罚威慑力

目前，我国对违规董事的刑事惩罚力度，尤其是在证券市场上的违法行为惩罚偏轻，法律之间不配套及规定不明等情形依然存在。在我们统计的案例中，由于违法行为受到刑事处罚的仅有一例，这说明《刑法》在实践当中并未起到其应有的作用。

单从我国《刑法》对董事违法的刑罚幅度看，不可谓不重，但以身试法者仍屡禁不止。这其中当然存在有法不依、执法不严的情况，但是这并非主要原因。首先，如我们所讲，单从我国《刑法》的规定来看，似乎对各种违法行为的处罚已经极为严厉，但若对比美国与英国的处罚来说就相对较

---

① 赵万一主编：《证券交易中的民事责任制度研究》，法律出版社 2008 年版，第 416 页。

轻，这使刑罚对董事违法行为的阻吓作用大打折扣。以虚假陈述为例，美国的《萨班斯法案》中规定，虚假陈述行为最高可处以五百万美元的罚款和二十年的监禁；英国的《防止欺诈投资法》第13条规定，该种行为最高可处以七年以下有期徒刑。① 美国有相对比较完善的诉讼制度，因董事违法索赔成功的民事案件也并不少见，但其仍然对此作出了非常严厉的处罚规定，可见董事的违法行为对市场及社会的危害性之大。因此，我国《刑法》在以后的修订中，可以借鉴美国的规定，加大对董事违法行为的处罚力度，使公司及其董事在作出各种行为时三思而后行。同时，我们还应考虑从以下两个方面完善刑事责任追究机制。

第一，可以将对董事各种违法行为的刑事惩罚规定在相关的法律当中，如《证券法》和《公司法》，也就是说将该种犯罪转化为附属刑法模式，这种模式的设立可以使各种罪状与法定刑罚相对应，实现定罪量刑的一致化、立体化。在司法实践当中，这可以避免既要考虑刑法典还要分析其他法律内容，甚至是不同法律间一词多义的不便之处，也可以实现立法的协调统一。同时，这种形式上的灵活性可以根据市场发展和变动的需要随时对罪名与刑法配置作出符合实际的变更，提高了董事承担刑事责任的可操作性。如果能在相关法律法规中对董事犯罪行为的行政责任、民事责任及刑事责任作出规定，那么这种多层次和多方式互补的惩治机制可以更好地维护市场的正常发展，也能在很大程度上解决在追究董事违法行为尤其是在证券市场上违法行为的刑事责任时，长期存在的程序启动难与定罪量刑难的问题。

第二，妥善确定不同的惩戒方式。② 由于各种违法犯罪的不同情形，执法者可以据此在罚金与监禁之间进行适当的选择，也就是说可以增加罚金来抵补监禁的适当减少，或者通过对监禁时间的适当延长来弥补违法者在罚金支付能力上的不足。在实践当中，对违法者实施监禁的成本要远高出收取罚金的成本，在理想的状态下，只需要利用罚金而不采取监禁的方式就可以起到惩罚和威慑董事违法犯罪的结果（当然这里的罚金应该说是违法者通过违法行为所取得收入的数倍乃至数十倍），同时也使司法资源得到了合理的配置。但是在实践当中，无论采取何种惩罚方式，我们都必须考虑到违法者对罚金的承受能力，如果违法者倾尽其所有也不能支付罚金的话，那么就有必要加重其监禁期限的惩罚方式。当然这并不意味着说只要违法者能够支付

---

① 梁杰、王金凤：《董事对上市公司虚假信息披露的法律责任》，《商业研究》2004年第5期。
② 曹里加：《证券执法体系比较研究》，北京大学出版社2008年版，第250页。

罚金就可以免除监禁的刑事处罚，在运用当中我们应该坚持两者并用的原则，才能达到最为理想的效果，而不是走入某一个极端。

四 强化公司内部处分

我们知道，我国《公司法》偏重于对董事的刑事责任和行政处罚，但是在司法实践当中，董事往往用罚金就承担了责任，其他种类的刑罚和行政处罚往往很少适用。而民事责任则更是平等有偿原则的体现，其与代表诉讼更多地体现了以财产为目的的财产诉讼，而不是一种制裁方式。因此，从这个意义上讲，公司对董事所作出的内部处分作为一种制裁仍有存在的巨大意义，并且其可以作为除上述三个责任追究机制的重要补充机制，作用不容忽视。针对案例中公司董事的各种违法行为，如果公司内部处分能够得以有效运用，那么这种制裁方式也许会成为一种追究董事责任的有效途径，并且也可以有效预防董事的违法行为。

（一）日本的成例

日本《公司法》规定股东大会可随时以决议免除董事的职务；6个月前持续持有相当于已发行股份总数3%以上股份的少数股东以免职为议题召集大会；并且章程已规定比此低的比例的为此比例。① 从上述内容我们可以看出，针对保护少数股东的利益，日本公司法要比我国现行公司法更为可行，因为在其法律规定中少数股东覆盖面更为广泛，同时也赋予公司章程一定的自由，可以根据自身的情况对少数股东在章程中作出较为灵活的规定。虽然《日本商法》与《公司法》中赋予了少数股东对董事的免职提案权，但在公司中由于董事方面的股东一般占到大多数，这一点与我国公司中的实际情形有些相似，所以其提案也往往难以通过。考虑到这种情形，《日本商法》与《公司法》更进一步地赋予了少数股东对董事的免职诉权，也就是说如果少数股东在积极地作出了自己的努力，而提案仍然被不合理地否决时，提出议案的持有规定比例的少数股东就可以提起对董事的免职之诉。即如果董事在执行职务时存在不正当或者违反法令的行为，但股东大会仍然不合适地否决针对该董事的免职议案时，符合法律规定的少数股东就可以在30天以内向法院提起请求免去该违法董事的职务诉讼。② 也就是说对董事提起免职之诉必须满足三个条件：第一，董事具有不正当或者违法行为；第二，必须股东

---

① 马太广：《董事责任制度研究》，法律出版社2009年版，第209页。

② 同上书，第208页。

大会在此情形下仍然否决免职议案；第三，有符合法律规定比例的少数股东提起，在诉讼期间该董事须停止执行职务。尽管如此，日本公司法上规定的少数股东的比例仍然存在一定问题，因为在公司规模越来越大，且上市公司越来越多的今天，百分之三的规定仍显得有些过于严格。

(二) 完善我国公司内部处分

针对公司内部处理，我国现行的《公司法》(2013) 并没有作出任何的规定，但 1993 年的《公司法》中对公司内部处理作出了一般性规定。其第 214 条规定：董事、监事、经理利用职权收受贿赂、其他非法收入或者侵占公司财产的，没收违法所得，责令退还公司财产，由公司给予处分，构成犯罪的，依法追究刑事责任；董事、经理挪用公司资金或者将公司资金借贷给他人的，责令退还公司的资金，由公司给予处分，将其所得收入归公司所有，构成犯罪的，依法追究刑事责任；董事、经理违反本法规定，以公司资产为本公司的股东或者其他个人债务提供担保的，责令取消担保，并依法承担赔偿责任，将违法提供担保取得的收入归公司所有，情节严重的，由公司给予处分。第 215 条规定：董事、经理违反本法规定自营或者为他人经营与其所任职公司同类的营业的，除将其所得收入归公司所有外，还可由公司给予处分。

公司对内部董事作出处罚决定完全可以基于内部管理规则，而不必依照《公司法》的规定，但这并不意味着《公司法》对此作出规定即为画蛇添足。因为《公司法》对此作出规定以后，公司对董事作出上述内部处理决定后，违规董事所受到的处分和应付的责任就会在法律意义上得到进一步的增强。

对于公司内部处分的种类，原《公司法》中并没有作具体的规定，当然这也不应由《公司法》作出具体的规定。由于我国公司所有制形式与内部管理形式的差异，也决定了《公司法》无法对所有公司的内部处罚作统一且详尽的规定。尽管如此，公司内部制裁手段的多样化仍然有可能成为公司管制董事不法行为的重要手段，也是董事承担自身责任的一种方式。

公司内部处分具有其自身的特点与优势，相比司法程序，其具有自主、自律、简洁与直接的特点，在可以达成内部统一决议的前提下，可以根据该决议对董事作出相应的处罚，或者亦可依据董事会的决议进行处分。在内部无法形成统一决议的情况下，可以先由公司提出自己的处分方案，然后将该方案申请仲裁机关或者法院审查，作出最后的决定，再根据该决定作出处分。仲裁机关或者法院在审理处分方案时应该根据方案必须合法以及合理的原则。

对于公司内部处罚的方式，大致上有除名、免职、留用、警告、罚款以及损害赔偿等，但在实践当中，真正对董事能起到作用的不外除名与免职两项。这里存在一定争议，即职位罚与财产罚究竟孰轻孰重的问题。我们认为，二者因董事个人的差异而存在不同，问题的关键在于二者在适用时，何者能对保护公司及股东的利益产生更强的作用。在实践中，财产罚的力度往往不大，其不法行为的非法所得往往是罚款的数倍，即使提出损害赔偿也往往难以弥补公司及股东的全部损失。在此情况下，若对违法董事仅使用财产罚而忽视职位罚的话，亦会使投资者对公司的经营管理丧失信心，尤其在上市公司中，此弊端体现得将更为明显，这将对公司及股东的长期利益产生恶劣影响，甚至改变公司的发展轨迹。而职位罚的目的和财产罚的目的存在一定的差异，其不仅仅是为了弥补公司的损失，而是更进一步通过解除违法董事的职务来将其完全排除出管理层，进而谋求公司更好的发展，重新树立投资者对公司经营管理的信心，因此其更能对公司及股东的长远利益产生正面的影响。至于弥补公司及股东的损失自然可以通过罚款及损害赔偿等方式尽力实现。综上，我们认为，职位罚相对财产罚而言能够起到更为正面的作用。

在此，职位罚的提出及适用成为不可回避的问题。对于职位罚的提案权，我国《公司法》并没有作出明确的规定。我国现行《公司法》（2013）仅规定了少数股东的临时股东大会召集请求权，第101条第2款规定"连续九十日以上单独或者合计持有公司百分之十以上股份的股东可以自行召集和主持"。而对于董事的免职则没有规定少数股东的提案权。在此，如果董事的违法行为对股东的权益造成损害的，满足提起条件的少数股东自然可以提议召开股东大会，从而作出对董事的免职处罚。但是我们应该注意到，现行《公司法》对少数股东的要求显得有些苛刻，尤其在现阶段我国公司中国有股东及法人大股东普遍存在的前提下，这条规定对少数股东的保护作用究竟能否起到作用仍未可知。再者，即使少数股东依条件召集股东大会，对董事的免职议案恐怕也难通过，因为在我国公司中，大多数董事的任职均由主要的大股东决定，即使该董事出现了上述违法行为，想在股东大会上通过针对该董事的免职议案也会阻碍重重，这种阻碍往往也是少数股东难以跨越的。因此，我们应该在赋予少数股东对董事免职提案权的同时，降低少数股东比例的要求，并且赋予少数股东对董事免职的诉权，以此来对违法董事进行制裁，追究其责任。对此，我们可以借鉴日本的做法。

《日本商法》与《公司法》的规定有值得我国《公司法》借鉴的地方。

在我国的公司中，尤其是大型国有公司和上市公司中，公司董事往往就是公司大股东的代表，即使赋予少数股东股东大会召集权与董事免职的提案权，恐怕这种提案也很难获得通过。在很多公司中，公司的董事往往就是公司股东本人，其非法行为往往使自身获利，在这种情况下，少数股东更难以通过免职提案来制裁乃至追究董事的责任。以我们统计的操纵证券市场与欺诈客户的案例为参照，在此 20 个被处罚的案例当中，其中，首放证券、武汉新兰德等 11 家公司的董事既为股东本人，在这种情形下，少数股东的免职提案被通过的可能性基本没有。因此，在赋予少数股东股东大会召集权与免职提案权的同时，有必要借鉴日本的做法，即赋予公司少数股东对董事的免职诉权，以期对公司违法董事作出制裁。同时对具有诉权的少数股东的比例应当作出适当的放宽规定，只有如此才能使内部处理成为一种对董事具有威慑力的制裁机制与责任追究方式。

结　语

我们通过对董事各种违法行为的特点及法律上的不足进行调查分析，提出了进一步完善董事责任追究机制的建议及方案。由于公司已经成为当今社会最为主要的经济组织形式，其对现代社会的重要性不言自明，同时董事对公司的决定性更是毫无疑问的。所以，无论是从公司自身的角度还是从社会的角度出发，完善董事责任的追究机制，使董事在经营公司的过程中能够恪尽职守已经成为当今社会的共识。本书以证监会处罚决定中的数据为基础，对董事尤其是上市公司中董事的违法行为及特点作出了相应分析，同时结合司法实践，针对其违法行为从行政处罚、监管机制、刑罚及内部处理等方面提出了完善建议，这也值得我们在今后更进一步地去研究和探索。

第九章

股东代表诉讼与公司治理

股东代表诉讼亦称股东派生诉讼，起源于英国，之后在世界各国得到发展。被誉为"天才发明"的股东代表诉讼因其有助于维护中小股东的利益被各国相继引入、消化、完善。我国1993年的《公司法》并没有股东代表诉讼的规定，直到2005年的《公司法》在第152条规定了股东代表诉讼制度，才填补了我国在此方面立法的空白。

之后相继公布的《公司法解释（一）》第4条、《最高人民法院关于适用〈中华人民共和国公司法〉若干问题的规定（二）》（以下简称《公司法解释（二）》）第23条，增强了股东代表诉讼的可诉性，进一步畅通了股东以诉讼手段救济权利的渠道。[①]

理论上，《公司法》第20条也可以适用于股东代表诉讼，但实际中鲜有这方面的例子。由于我国的公司治理有别于其他国家，加上舶来的规定相对粗略，致使我国的股东代表诉讼制度与当时的立法意愿相违背。一些研究比较法的专家认为，移植的法律制度来自哪个国家并不重要，重要的是这个国家是否接受了这个法律制度。换言之，在本国现有的法律制度下，引入的法律制度能否适应本国的国情？此外，该舶来制度能否在该国发挥应有的作用？只有同时满足这两个条件，该法律制度的价值才能得到释放，该舶来品才能实现移植的初衷。

我国公司立法者将"股东代表诉讼"这样一个毁誉参半的制度引入我国，既是大胆尝试也是形势所需。无论是立法者、学者、法官还是其他法律工作者都对其在改善公司特别是上市公司的治理中的作用期待甚高。然而，实际情况又是怎样的呢？实务中的股东代表诉讼制度又带给我们什么经验和

---

① 2017年8月《公司法解释（四）》发布，又进一步完善了股东代表诉讼的相关制度。本章在写作时的一些研究建议为《公司法解释（四）》的相关规定提供了强有力的注解和支撑。但《公司法解释（四）》并未毕其功于一役全面解决股东代表诉讼中的所有难点问题，股东代表诉讼中的一些重要的制度还有待于司法解释去进一步完善。

教训呢？应当如何进一步完善？通过检索，发现现有的研究大多是从理论角度剖析该项制度，或者与域外立法进行比较，从而提出完善我国股东代表诉讼的建议。虽然也有法官发表审判实务方面的文章，但都是从个案出发进行阐述。由于我国引入的股东代表诉讼制度是相当粗略的，各地司法实践并不一致，因此，从宏观角度探究股东代表诉讼运行的情况就变得非常有意义。

在繁杂的股东权利体系中，股东代表诉讼是股东直接维护公司合法利益、间接维护自身利益的利器。本书通过收集实务审判资料并对收集的资料进行统计学分析，希望能够通过展示我国股东代表诉讼制度的运行全貌，为政策建议提供基础。本章关于股东代表诉讼的实证数据定位于以审结日期自2006年1月1日起（2005年《公司法》引入该制度后的开始实施日）至2012年12月31日止，七年内的股东代表诉讼案例。[①] 案例取自两个途径，第一个途径来自北大法宝数据库；第二个途径是利用"股东代表诉讼"等关键词搜索互联网，得到相关案例。需要说明的是，统计分析方法可以让我们得窥样本全貌，获得总体认识，有助于我们在整体上认识股东代表诉讼。然而不足之处在于：首先，样本只能反映现实中部分股东代表诉讼争诉情况，实际上，大多数争议都没有经过审判程序；其次，数据库中只收录公布的案例；最后，我国法院的判决书内容通常比较简单，阐述完案件事实后，便引述法条进行判决，致使我们无法获取判案法官的推理过程。剔除所选案例样本中不合格案例，本研究共得有效案例65件，时间跨度为7年。本章便是通过对该65个案例进行分析来展示股东代表诉讼的一些发现和评析。

第一节 样本的统计分析

一 样本的描述统计

（一）我国法院股东代表诉讼案例的概况

表9-1　　　　　　　　我国法院原告胜诉的总体比例

	样本总数	原告胜诉案例数	胜诉率
案例数量	65	32	49.2%

注：总计65例，其中有一例为双方签订调解协议。需要说明的是，胜诉案例数包括部分支持原告诉请的情况。

[①] 为了保存研究时的法律法规的原貌，在实证研究部分中除无特别标明外，本章涉及《公司法》的条文均指2005年《公司法》的条文号，与2013年修改后的《公司法》条文（接下页脚注）

从公司角度来看，股东代表诉讼实际上是剥夺了公司的诉权；从股东角度来看，其是将公司丧失的诉权赋予公司股东。这种"剥夺"的根据何在？这种"赋权"又有怎样的依据？我们以公司自治理论对其正当性进行解读。

公司作为民法上的"人"，具有独立的人格、独立的财产和独立的责任能力，是当然的司法自治主体。公司自治是公司独立主体地位的应有之义。然而，完美状态的公司自治理论上或许能够成立，实践中却很难实现。公司自治的局限性，也称为公司自治的失灵，根本上源于公司的多数决制度。大股东或者说多数股东可能会选择维护自己的利益而放弃或者牺牲公司的利益，这就产生了我们经常说的多数派暴政问题。

从现有理论来看，破解"多数派暴政"，方法主要有三种。一是强化控制股东对少数股东的信义义务；二是为少数股东退出公司提供合理便捷渠道；三是为少数股东提供程序保障，赋予其诉讼权利。[①] 第一种方法实践中很难确定和操作，作用有限。第二种方法采取鸵鸟方式，无法对大股东起到约束和警示作用。第三种方法，也就是本章研究的股东代表诉讼，通过合理的程序设置，为非控制股东纠正公司自治局限性提供诉讼法上的适当路径。应该说，股东代表诉讼虽表现为对公司自治的一定限制，但这种限制是为了更好地保证正常的公司自治，实现公司自治的积极作用。事实上，无论英美法系还是大陆法系的股东代表诉讼，都将原告股东提起诉讼的目的限制为维护公司的利益。

从表9-1可以看出我国法院股东代表诉讼审理的全貌，反映了代表诉讼在实务中运行的总体情况。在为期7年的时间内，我国一共有65个股东代表诉讼案例，平均每年约为9例。与域外情况相比较，这一数目偏小。以日本为例，1994年日本的股东代表诉讼为145例，1995年为174例，1996年为188例，1997年为219例。[②] 在我们的65个案例中，有32

(接上页脚注) 号并不一致，所引判例中适用《公司法》的条文也均是2005年《公司法》的条文号。在本章后半部的评析和制度展望部分中，涉及与《公司法解释（四）》相关的条文则是指2013年修改后的《公司法》条文号，请注意区别，特此说明。

① 参见蔡立东《公司自治论》，北京大学出版社2006年版，第175—188页。

② 李维安等：《现代公司治理研究——资本结构、公司治理和国有企业股份制改造》，中国人民大学出版社2002年版，第125页。

个胜诉,[①] 原告股东胜诉率为49%。这说明我国的股东代表诉讼制度为原告提供了有力的救济。

表 9-2　　　　　我国法院股东代表诉讼案例的时间分布

年份	案例数	原告胜诉案例数	胜诉率
2006	6	5	83.3%
2007	5	4	80.0%
2008	14	3	21.4%
2009	11	5	45.5%
2010	13	7	53.8%
2011	8	5	62.5%
2012	8	4	50.0%

注：有一例为双方签订调解协议，计入原告胜诉案例；另外，原告胜诉案例数包括部分支持原告诉请。

表 9-2 展示了我国股东代表诉讼案例的时间分布情况。总体上看，2008—2010 年案例数较其他年份偏多且原告胜诉率也较低，其他年份案例数相对稳定，胜诉率也较高。从时间上看，2008 年正值美国次贷金融危机席卷全球，经济萧条，大量中小企业倒闭。我们可以推出在这个时候，公司内部矛盾也会相应增多，导致股东代表诉讼增加。这说明，宏观经济在一定程度上对微观主体会产生一定影响。

表 9-3　　　　　我国法院股东代表诉讼案例的地区分布

法院/地区	案例数	原告胜诉案例数	胜诉率
上海市	26	16	61.5%
上海市高院与中院	18	11	61.1%
上海市其他法院	8	5	62.5%
北京市	10	2	20.0%

---

① 其实使用"胜诉"这个词汇是十分不准确的，许多案例只有一部分甚至是很小的一部分诉求得到法院支持，关键原因在于股东对于公司权益遭受侵害举证不足，这些在下文中会有详细论述，此处使用胜诉一词，仅仅表明原告成功地运用股东代表诉讼制度维护了公司的部分或全部权益。

续表

法院/地区	案例数	原告胜诉案例数	胜诉率
北京市高院与中院	6	1	16.7%
北京市其他法院	4	1	25.0%
江苏省	8	3	37.5%
江苏省高院与中院	8	3	37.5%
江苏省其他法院	0	0	0
广东省、海南省各2例	4	0	0
浙江省、河南省各2例	4	2	50.0%
案例仅为1例的12个省份：甘肃、辽宁、重庆、云南、山东、湖南、安徽、广西、内蒙古、福建、陕西、青海	12	9	75.0%

注：案例数总计64例，因有一例为双方签订调解协议，故不计入，其属浙江省高院一审。

大陆地区运用最多的法律数据库当属北大法宝，但它收录的案例也只是一部分。以上海市为例，通过北大法宝检索只有18件股东代表诉讼案例，而在上海法院网，我们找到26件。

表9-3显示了关于案例审理法院的一些情况。第一，从地区上看，大多数案例发生在经济发达地区，尤其是外资发达、外资活跃的地区，其中上海市、北京市、江苏省三个地区的案例数量总计为44例，高达样本总量的67%。相比较而言，经济欠发达地区的案件很少，如甘肃、云南、陕西、青海等。

第二，从法院层面看，股东代表诉讼案例由中级人民法院和高级人民法院审理居多，原因可能是大多数股东代表诉讼案例都是涉外民商事案件，一审法院为中级人民法院。并且，大多数股东代表诉讼案例都会经历二审，上诉到中级人民法院或高级人民法院甚至最高人民法院，故中高级法院受案较多，其中上海中院、高院，北京中院、高院，江苏中院、高院是审理股东代表诉讼案例较多的法院。这表明这些法院在审判该类案例上，认识比较深刻，学习借鉴这些法院的审判经验，对股东代表诉讼的完善意义重大。

第三，在胜诉率上，经济落后地区的法院表现出更容易支持原告的主张，而北京、江苏这些经济发达的地区，相比较而言，原告的胜诉率并不高，且各级法院原告的胜诉率相对持平，没有太大的波动。有可能是因为在经济落后地区，公司治理不规范，损害公司利益的情况更普遍；还有可能是因为，在经济落后地区，法官在法学专业水平方面可能有所欠缺，对复杂的股东代表诉讼制度的理解难以准确把握。

（二）原告的基本情况分析

表9-4　　　　　　　　　　　　原告的身份

原告	案例数	原告胜诉数	原告胜诉率
董事会（董事）	1	1	100.0%
监事会（监事）	2	1	50.0%
股东	62	30	48.4%

注：(1) 样本中有一例为双重股东代表诉讼，计入原告（股东类）。
(2) 样本中有一例为法院驳回被告的管辖权异议，不计入原告胜诉数量。

表9-4展示了关于原告身份的一些发现。在65个案例中，以董事会名义起诉的仅有1例，以监事会名义起诉的只有2例。严格说来，以董事会和监事会名义提起诉讼的不应被纳入股东代表诉讼中来，但为了全面了解该制度的全貌，以便于进行比较，姑且将之统计了进来。而以股东名义起诉的高达62例。这里的问题是，原告以何种身份起诉在一定程度上映射出公司内设机构的独立性、有效性。

董事会（董事）、监事会（监事）作为公司的内设机构，是保证公司健康运营的关键。董事会（董事）拥有经营决策权，监事会（监事）拥有监督检查权，如果有损害公司利益的行为发生，两者应义不容辞、竭力维护公司合法权益。

从表9-4中可以看出，一是样本中出现3例以董事会、监事会为原告起诉侵害公司合法利益的行为，且胜诉率较高。这也许是因为，当董事会（董事）、监事会（监事）参与审判控告侵害公司权益行为时，滥诉的可能性大大减少了，法官从而更倾向于支持原告的主张。二是样本中大多数公司的权益是通过股东起诉来维护的，既表明引入股东代表诉讼是现实之需，也体现了股东代表诉讼的制度价值。然而股东作为原告起诉的胜诉率低于公司机构作为原告起诉的胜诉率，也许是因为法官对以股东为原告的代表诉讼，态度上会更加谨慎，警惕司法干预公司自治。

表 9-5　　　　　　　　　　　原告股东的类型

原告（共62例）	案例数	占比
自然人	26	41.9%
法人	36	58.1%

注：自然人股东包括多个自然人股东一起作为原告起诉的情况。

表9-5是对原告股东身份的统计结果。在62个案例中，我们不难发现，法人股东作为原告的占比略高于自然人股东。这也许是因为，法人在经济实力方面更雄厚，行权能力更强。因此，维权能力也更强。此外，股东代表诉讼案件一般被视为财产案件，需缴纳较高的案件受理费，除去举证等原因（高管们更熟悉公司业务，举证能力更强），诉讼也是有风险的，如果个体股东败诉，原告股东就要因此承担高额的费用。而对法人股东而言，因其较强的经济实力、维权能力，故更有能力提起股东代表诉讼。但是即便如此，也有不少自然人股东（占样本的41.9%）通过法院审判维护公司权益。这是因为，第一，我国的股东代表诉讼多见于有限责任公司，而以自然人股东投资设立的有限公司不在少数；第二，多个自然人股东抱团起诉，在一定程度上增强了诉讼能力，且分担了败诉的风险。

表 9-6　　　　　　　　　　原告股东的持股比例分布

原告股东的持股比例	案例数	占比
10%以下	3	4.8%
10%—30%	15	24.2%
30%—50%	26	41.9%
50%以上	18	29.0%

注：除去董事会、监事会起诉（共3例），样本共62例。

在股东代表诉讼制度设计中，有限责任公司的股东、股份有限公司的股东（满足一定条件），均可提起股东代表诉讼。这表明，不同股东之间股权的具体差别在一定程度上被忽略了，是股东平等原则的重要体现。

股东平等源于股权平等。应该说，离开股权平等片面谈股东平等，股东平等就失去了内在尺度，从而与市场经济条件下的公平正义观背道而驰。股权平等体现的是一种资本层面的平等，股东平等则是正视股东资本差异的前提下，通过一系列制度设计，改进资本多数决的运作机制，谋求股东之间包括大小股东之间的实质平等。股东代表诉讼制度正是体现股东平等原则的制度设计之一。

表9-6汇总了原告股东的持股比例,据法律文本的规定,股东持股10%、30%、50%具有重要意义。持股10%的股东可对公司产生一定影响;持股30%的股东与公司具有更紧密的经济联系;持股50%以上的股东则拥有绝对控股权。表9-6显示,样本案例中持股占比在一成以下的股东占4.8%,10%—30%的占24.2%,30%—50%的占41.9%,三者合计占70.9%。

以上数据表明,通过诉讼途径维护公司合法权益的,以中小股东居多,但需关注的是原告股东持股超过50%的也占了29.0%。通过阅读判决书可知,这多数发生在所有权与经营权"两权分离"的有限责任公司中,被告多为高管兼小股东,公司在被告控制之下,而大股东无法驱逐、解聘高管人员(其兼小股东),只好向法院起诉,这也释疑了理论界、实务界关于"大股东可否起诉"的困惑。

(三)被告的基本情况分析

表 9-7　　　　　　　　　　被告的类型

被告	案例数	占比
自然人	40	57.1%
法人	30	42.9%

注:案例总量大于样本数是因为有的案例既有自然人被告也有法人被告。

样本中被告身份为自然人的,以高管居多,股东兼高管也不在少数;被告身份为法人的,多为股东,普通第三人(如合同相对方)也占有一定比例。对被告身份的分析,有助于我们厘清股东代表诉讼被告范围之宽窄。表9-7是对被告类型的统计结果,自然人占57.1%,法人占42.9%。自然人作为被告占比略高于法人,这或许是因为自然人是一个单独的个体而法人则是一个完整的组织体,个体在经济实力、获得法律服务方面不如法人,导致个体更容易成为被告,故自然人作为被告呈现出的占比就高于法人被告。

表 9-8　　　　　　　　　　被告的身份分析

被告身份	案例数	占比
股东	14	20.6%
股东和普通第三人	2	2.9%
高级管理人员	8	11.8%

续表

被告身份	案例数	占比
股东兼高级管理人员	21	30.9%
股东和高级管理人员	9	13.2%
高级管理人员和普通第三人	8	11.8%
普通第三人	5	7.4%
清算组成员	1	1.5%
公法主体①	0	0

注：高级管理人员包括法定代表人、董事长、执行董事、董事、总裁、总经理、副总经理、监事、财务负责人、业务主管等。

表9-8是对"何人"可以作为被告的统计结果。② 样本中，单独起诉股东占20.6%，起诉股东和普通第三人的占2.9%，单独起诉高管人员的占11.8%，起诉股东兼高管人员的占30.9%，起诉股东和高管人员的占13.2%，起诉高级管理人员和普通第三人的占11.8%，后四者合计达67.7%。普通第三人作为被告出现的占7.4%，以清算组成员作为被告的仅有1个案例，占1.5%，样本中没有出现以公法主体作为被告的案例。

从表9-8展示的被告身份中可以发现，股东兼高级管理人员作为被告占比最高，占30.9%，围绕股东、高管人员和普通第三人之间的纠纷占比高达55.9%。对此的一个合理解释是，样本中的股东代表诉讼几乎都是发生在有限责任公司（另有1例发生在股份有限公司、有1例发生在全民所有制企业），有限责任公司具有封闭性和资合兼人合的法律特征，股东人数较少，股权相对集中，股东或自己出任高管或由其委派高管，权力高度集中，公司内部治理结构异化，治理不规范。样本中仅以高管人员作为被告的占11.8%，这多发生在公司所有权与控制权相分离的有限责任公司之中；以股东及普通第三人作为共同被告，多涉及股权转让纠纷，在样本中所占比例较小；以高级管理人员和普通第三人作为共同被告多涉及关联交易，在样本中也占有一定比例。

---

① 依刘俊海教授对股东代表诉讼的被告分类来看，被告还应包括公法主体，如行政机构对于公司所负的行政侵权和行政违约责任。

② 表9-8列出的样本案例一共有68个，超过样本总数，因为一些案件涉及多个被告。

表 9-9　　　　　　　　　　被告股东的持股比例分布

被告股东的持股比例	案例数	占比
30%以下	4	8.9%
30%—50%	17	37.8%
50%以上	24	53.3%

表 9-9 汇总了被告股东的持股比例，表明样本中持股比例在 30%以下的被告股东占 8.9%，持股比例在 30%—50%的占 37.8%，两者合计达 46.7%，低于大股东 53.3%的比例。这些数据表明，大股东（控股股东）利用控股地位损害公司、中小股东利益比较普遍，而中小股东利用公司损害大股东、公司利益也不容忽视，这主要发生在大股东丧失了公司控制权的情形下，中小股东利用控制公司的便利，转移公司资产为己谋利。

（四）第三人（公司）基本情况分析（《公司法解释（四）》第 24 条）

表 9-10　　　　　　　　　　　　公司类型

公司类型	案例数	占比
有限责任公司	63	96.9%
股份有限公司	1	1.5%
全民所有制企业	1	1.5%

立法者引入股东代表诉讼制度本是期待其能在股份有限公司尤其是上市公司中发挥重要作用，以改善上市公司大股东蚕食中小股东、董事侵害公司权益的状况。然而，表 9-10 统计的结果表明，在样本案例中，几乎所有的股东代表诉讼案件都发生在有限责任公司，仅有一起是针对股份有限公司提起的，[①] 还有一起最高人民法院也支持了全民所有制企业法人的股东代表诉讼。[②] 为什么会出现这种事与愿违的情形呢？有学者认为，政治对代表诉讼的限制，使得在中国的大型公众公司代表诉讼几乎不存在。[③]

---

① 北京市第一中级人民法院（2009）一中民终字第 14727 号民事裁定书。
② 最高人民法院（2008）民申字第 461 号民事裁定书；（2007）民一终字第 49 号民事判决书。
③ Donald C. Clarke and Nicholas C. Howson, "Pathway to Minority Shareholder Protection: Derivative Actions in the People's Republic of China," Working Paper, August 31, 2011, http://ssrn.com/abstract=1968732.

我们先来考察一下英国的股东代表诉讼。与我国的股东代表诉讼很少发生在股份有限公司中情况类似，英国股东代表诉讼也很少在公众公司（类似于我国的股份有限公司）中得到运用。事实上，股东代表诉讼在英国很少得到运用，无论是在公众公司还是在封闭公司，究其根源主要在于英国的法律政策并不利于股东代表诉讼的提起。首先，不干预公司内部经营的思想根深蒂固；其次，"Foss 规则"① 的发展显示英国法院厌恶提起代表诉讼的小股东；同时，独立公司机构的决定亦可阻止股东提起代表诉讼；最后，股东通过评估代表诉讼的风险，也不愿提起代表诉讼。

我们再来考察一下美国的股东代表诉讼。在美国，股东代表诉讼制度主要被适用于公众持股公司（类似于我国的股份有限公司）而非封闭公司，主要是因为美国的法律政策倾向于保护公司和小股东利益，对提起股东代表诉讼的小股东采取比较宽容的态度。此外，胜诉取酬制也对股东代表诉讼的提起起到了推动的作用。

通过考察英美股东代表诉讼适用不同公司类型的原因，我们可以得出初步结论，即法律政策是影响股东代表诉讼适用的主要因素，传统文化也在一定程度上影响了股东代表诉讼的适用。

从表 9-10 统计的结果来看，我国股东代表诉讼更多的是在有限责任公司中适用，而在股份有限公司尤其是上市公司鲜有适用。

这一情况的发生可能是多方面原因引起的。首先，是法律政策上的原因，有限公司采用单独股东权，没有持股时间限制，而股份公司采用少数股东权且有连续持股 180 日以上的限制，这一规定使得有限责任公司更易提起股东代表诉讼。其次，我国有限公司中的小股东缺少其他救济措施，且《公司法》第 75 条提供的退出权也难以适用小股东受到压迫的情况，因此股东代表诉讼便成为他们可以寻求的重要救济手段。再次，股份公司小股东特别是上市公司小股东既无动力也无能力提起股东代表诉讼，他们更倾向于"用脚投票"。而大股东可能为了公司长远利益不提起股东代表诉讼，理由是诉讼会使公司处于非正常经营状态，案件的审理可能为公司带来不利的新闻报道，使与公司有经济利益关系的人员产生不安、不稳定的情绪，特别是对大型公众公司而言，其影响更为深远。另外大股东也可以通过解聘、驱逐不称职的高管人员而非诉讼达到维护公司合法权益的目的，因为前者相对于

---

① See Case Opinions, Wigram VC, (1843) 67ER189, (1843) 2Hare461.

后者省时又省力。最后，相对于上市公司小股东而言，有限公司中的小股东对于代表诉讼的诉讼结果有更大的利害关系，因此，他们更有动机提起代表诉讼。

样本中还出现 1 例[①]全民所有制企业法人的股东依 2005 年《公司法》第 152 条规定提起代表诉讼的案例。最高人民法院在（2007）民一终字第 49 号判决书中认定，原告享有诉权。然被告以原判决存在适用法律错误为由，向最高人民法院申请再审，认为第三人公司并非 2005 年《公司法》规定的公司类型。嗣后，最高人民法院经过再审认为，第三人公司比照有限责任公司设立了有效的治理机构，并参照有限责任公司的治理机制运营，在原告股东代公司提起诉讼的情况下，在无特别法律有相反规定的情况下，可参照适用关于股东代表诉讼的规定。我们认为，在这个案例中，如果适用《中华人民共和国全民所有制工业企业法》，原告不享有诉权，第三人公司的合法权益将很难得到保护。在此，法院只是关注了被告行为的违法性以及因被告的违法行为造成了第三人公司财产减损，并没有纠缠其企业的具体形态，此做法值得借鉴。

表 9-11 公司规模

注册资本（元，人民币）	案例数[②]	占比
1 万—100 万	10	18.2%
101 万—500 万	16	29.1%
501 万—1000 万	10	18.2%
1001 万—5000 万	11	20.0%
5000 万以上	8	14.5%

注：注册资本为美元的，均按当年人民币兑美元的平均汇率折算；注册资本为日元的，均按当年人民币兑日元的平均汇率折算。

---

① 最高人民法院（2008）民申字第 461 号民事裁定书认为："联合公司由三方共同出资设立，设有董事会，实行董事会领导下的经理负责制，其企业形态上基本符合公司法规定的有限责任公司的特征，应受公司法调整。申请再审人环成公司主张应当适用的'全民所有制企业法'并不存在，即使其所指为'全民所有制工业企业法'，该法也不能适用于本案联合公司。公司法在 2005 年修订时，规定了关于股东代表诉讼的制度。另据本院《关于适用〈中华人民共和国公司法〉若干问题的规定（一）》第 2 条规定：'因公司法实施前有关民事行为或者事件发生纠纷起诉到人民法院的，如当时的法律法规和司法解释没有明确规定时，可参照适用公司法的有关规定。'因此，在以往的法律没有对本案争议情形作出明确规定的情况下，原审参照适用修订后的公司法有关股东代表诉讼的规定，认定作为联合公司出资人的汽贸公司、汽修厂享有诉权是正确的。"

② 有 10 个案例的公司注册资本缺失。

注册资本与公司规模、公司机构、公司治理机制存在密切关系。一般来说，注册资本越雄厚，公司机构会相对完善，治理机制会更健全，需要提起股东代表诉讼实现救济的概率会小一些。

表9-11展示了第三人（公司）的注册资本状况。注册资本在1万—100万元的公司占18.2%。注册资本在101万—500万元的占29.1%，在501万—1000万元的占18.2%，在1001万—5000万元的占20.0%，在5000万元以上的占14.5%。注册资本在500万元以上的合计约占52.7%。

这说明规模越大的公司，特别是涉外企业，越容易发生股东代表诉讼，究其原因在于这些公司大多数处于大股东所有权与控制权相分离的状态，无股权的高管人员利用掌握公司的便利"近水楼台先得月"转移公司资产，为己谋利。还有一些公司的小股东，利用股东兼公司控制人的身份，侵害公司利益。但需要注意的是，注册资本在500万元以下的小微、中小企业也约占47.3%。这也许是因为中小企业的控股股东往往兼任公司高管职务，家族色彩浓厚，封闭性强，治理不规范，更容易发生欺压中小股东的现象。[①]

（五）诉由与诉讼类型

表9-12　　　　　　　　诉由

诉由	案例数	占比
侵权	50	72.5%
违约	19	27.5%

注：案例超过样本总数是因为有的案例涉及多个诉由。

表9-12根据诉由将案件分为侵权、违约两大类，其中侵权之诉共50个，占样本总量的72.5%，违约之诉共19个，占样本总量的27.5%。从样本案例判决书中可知，侵权之诉包括但不限于公司高管违反忠诚义务，侵占公司财产、低价转让公司财产、与第三人串通，采取关联交易的方式损害公司利益、禁业竞争、侵占公司证照等；违约之诉包括但不限于违反章程、董事会纪要、股东间协议等。由表9-12可见，股东代表诉讼以侵权较为多见。

---

① 参见［英］保罗·戴维斯《英国公司法精要》，樊云慧译，法律出版社2007年版，第311—312页。

表 9-13　　　　　　　　　　　　　诉讼类型

诉讼类型	案例数	占比
给付之诉	59	84.3%
确认、变更之诉	11	15.7%

表 9-13 根据请求的救济方式将案件分为给付之诉，确认、变更之诉两大类。给付之诉为返还证照、损害赔偿等；确认、变更之诉大多为履行董事会决议、确认合同无效以及禁令等。由表 9-13 可知，给付之诉占样本总量的 84.3%，确认、变更之诉占 15.7%。根据民事诉讼法的一般规定，原告提起民事诉讼一般要预先缴纳案件受理费，股东代表诉讼一般视为财产案件。若按财产案件缴纳受理费，原告胜诉，案件受理费一般由被告承担；败诉，则由原告股东自己承担。故对原告股东来说，风险甚高，但仍有高达 84.3% 的案例要求损害赔偿或返还证照。确认、变更之诉一般按件收费，有鉴于此，部分原告选择确认、变更之诉（非财产案件），避免败诉后缴纳高额的案件受理费，规避诉讼风险。

（六）审理与裁决的基本情况分析

表 9-14　　　　　　　　　　　　　一审级别

受案法院	案例数	占比
基层法院	30	46.2%
中级法院	33	50.8%
高级法院	2	3.1%

由什么级别的法院作为案件的一审法院，与案件的复杂程度、影响范围有紧密的联系。表 9-14 显示，一审由基层法院受理的案例占样本总量的 46.2%，且均适用普通程序，组成合议庭审判；由中级人民法院受理的案例占 50.8%；由高级人民法院受理的案例占 3.1%。根据我国《民事诉讼法》第 18 条和第 19 条的相关规定①，只有在案件有重大影响、重大意义的情况

---

① 我国《民事诉讼法》第 18 条规定：需要由中级人民法院受理的一审案件主要包括：第一，重大涉外案件；第二，在本辖区有重大影响的案件；第三，最高人民法院确定由中级人民法院管辖的案件。第 19 条规定：需要由高级人民法院受理的一审案件是，在本辖区有重大影响的第一审民事案件。

下，才由中级人民法院或高级人民法院一审。从诉讼法的角度来看，由什么级别的法院受理、是否组成合议庭以及是否适用普通程序，与当事人之间的纠纷复杂与否、案件的影响程度、利益冲突是否剧烈、诉讼标的大小息息相关。可见，在股东代表诉讼案例中，大多数案件案情比较复杂，当事人的利益冲突比较剧烈。

表 9-15　　　　　　　　　一审、二审及二审改判情况

	案例数	占比	具体情况	
一审	22	33.8%		
二审[2]	40	61.5%	维持原判案件数	28
			改判案件数	11
			达成调解协议	1
再审	3	4.6%	维持原判案件数	2
			改判案件数	1

案件是否经历二审与当事人之间的冲突是否剧烈有密切的联系。表 9-15 显示，一审审结的案件占样本总量的 33.8%，二审审结的案件占样本总量的 61.5%，另有 4.6% 的案件经再审结案，后两者合计占 66.1%。二审后维持原判案件数占 70%（再审案件维持原判，计入二审案件），改判案件数占 27.5%。可见，样本中高达 61.5% 的案件会被上诉到二审，改判的占比也达到 27.5%。由此推论出当事人之间的利益冲突较为剧烈。样本中的案件，40 个案件经二审审结，一审审结的案件均组成合议庭，适用普通程序，也表明股东代表诉讼是基层、中高级人民法院民商事审判中的重点、难点。

表 9-16　　　　　　　　　　　裁判类型

	案例数	占比
判决	50	76.9%
裁定	13	20.0%
调解[1]	1	1.5%
和解撤诉[2]	1	1.5%

---

[2] 在案件分类时，如果一个案件经历了两审，该案就归入二审案件。
[1] 最高人民法院（2008）民二终字第 123 号民事判决书。
[2] 江苏省无锡市中级人民法院（2005）锡民三初字第 0016-2 号民事判决书。

当事人之间的利益状态以及法院的审理态度与裁决的类型有关。在美国，调解、和解撤诉的比例非常高。由于律师与原告小股东通谋，股东代表诉讼沦为双方谋利的工具，导致股东代表诉讼制度广为诟病。表9-16显示了审结并生效的裁决类型，以"判决"方式结案的达50件，占样本的76.9%，以"裁定"方式结案的仅有13件，占20.0%（多为原告未履行前置程序，被法院驳回起诉），以"调解""和解撤诉"的方式结案的案例各1件。这与我国各级法院普遍坚持"调解优先，调判结合"原则，力推大调解的司法环境③格格不入，也与美国的实证研究结果相左。这表明，我国的股东代表诉讼案件，案情比较复杂，当事人之间的利益冲突比较剧烈，但股东滥诉、律师操纵诉讼的情况并不明显。

（七）前置程序基本情况分析

表9-17　　　　　　　　前置程序的履行情况

	案例数	占比
已履行前置程序	28	45.2%
未履行前置程序	12	19.4%
豁免前置程序	22	35.5%

注：样本中有3例是董事会、监事会自行提起诉讼的，故无前置程序。

表9-18　　　　　　　豁免前置程序的基本情况分析

情形	案例数	占比
被告控制了公司	6	27.3%
公司僵局无法形成有效决议	3	13.6%
无相应机构（如监事空缺）	6	27.3%
董事们否认过错行为的发生	6	27.3%
有关权利行使的期间或者诉讼时效即将超过	1	4.5%

前置程序是立法者调节股东代表诉讼难易程度的一项设计，股东代表诉讼的案件由于属于公司，故前置程序的目的在于允许公司重新考虑是否起诉并控制诉讼。《公司法》第152条第2款将前置程序分为必需和豁免两类，

---

③　2011年一审民事案件调解与撤诉结案率达67.3%。参见王胜俊《最高人民法院工作报告》，2012年3月，中国网，http://www.china.com.cn/news/2012lianghui/2012-03/11/content_24866813_4.htm。

原则上全部请求必需，只有在请求徒劳的情况下才能豁免。

表 9-17 汇总了前置程序的履行情况，样本中原告履行了前置程序的占 45.2%，未履行前置程序的占 19.4%，另有 35.5% 的案例获得了豁免前置程序。未履行前置程序的股东代表诉讼案件，法院多驳回原告的起诉。可见，前置程序在控制原告提起股东代表诉讼方面起到了一定的作用，也得到了大多数原告的遵守。

理论上，我国学者对前置程序可豁免的情况有种种预设。① 美国某些州的公司法的规定也可以借鉴，其规定的特殊情形包括：（1）董事们是所诉的过错行为人；（2）董事在过错行为人的控制之下；（3）董事们否认过错行为的发生；（4）董事们已批准了所诉的过错行为。② 表 9-18 基本上映射了以上各种情况。"何为情况紧急"？简略的立法用语，抽象的法律概念，影响了法律文本在司法适用的效果，在维护股东利益与公司效率之间的利益平衡尤显不足。

（八）案件受理费

表 9-19　　　　　　　　　　案件受理费分类

类型	案例数	占比
财产案件	55	84.6%
非财产案件	10	15.4%

案件受理费过高足以让原告认为代表诉讼特别艰难，使股东代表诉讼制度成为具文。表 9-19 显示，按财产案件收取案件受理费，占样本总量的 84.6%，按非财产案件收取的占 15.4%。可见，股东代表诉讼案件在实践中多被视为财产案件。支持者认为，把股东代表诉讼视为财产案件，可以适当约束原告，是防止原告滥诉的有力手段；与此同时，批评声也不绝于耳，反对者认为，高额的受理费阻挡了对公司有价值的诉讼。然而，事实上高额的受理费并不能阻止原告提起诉讼。因为原告可以通过减少诉讼请求标的的方

---

① 前置程序可豁免的情况有：（1）有关财产即将被转移；（2）有关权利行使的期间或者诉讼时效即将超过；（3）被告有逃避或阻碍追究其责任之虞的情形；（4）发生对公司的不可恢复损害之虞时。参见高旭军《股东代表诉讼的应用探究——论〈公司法〉第 150 条和第 152 条》，《东方法学》2008 年第 6 期。

② 施天涛：《公司法论》，法律出版社 2006 年版，第 449—450 页。

法来减少所要缴纳的案件受理费，规避诉讼风险。在三九医药案中，该案原告只请求被告向公司支付 20000 元的损害赔偿就是有力的证明（因为该数额远低于案件的实际争议额）。①

表 9-20　　　　　　　　　财产案件受理费情况分析

案件受理费（元）	案例数	占比
1 万以下	12	22.6%
1 万以上—10 万以下	25	47.2%
10 万以上—30 万以下	13	24.5%
30 万以上—100 万以下	2	3.8%
100 万以上	1	1.9%

注：还有 12 个案例，法院驳回原告起（上）诉，故无案件受理费。

表 9-20 汇总了财产案件受理费的缴纳情况。样本中案件受理费在 1 万元以下的占 22.6%，在 1 万元以上—10 万元以下的占 47.2%，在 10 万元以上—30 万元以下的占 24.5%，30 万元以上—100 万元以下的占 3.8%，100 万元以上的占 1.9%，1 万元以上—30 万元以下合计占 71.7%。考虑到样本中的案例多发生在有限责任公司，近 50% 的公司为中小企业，却要承受高达 30 万元的案件受理费，巨额的费用足以让原告望而却步。如果再加上财产保全费、公告费、调查取证费、律师费、交通费、审计费、评估费以及时间、精力上的支出，估计愿意借助股东代表诉讼间接救济自身权益的原告所剩无几了。

（九）诉讼请求更改情况分析

表 9-21　　　　　　　　　诉讼请求更改情况

	案例数	占比
未更改诉讼请求	53	81.5%
更改诉讼请求	12	18.5%

我国《公司法》第 152 条规定了股东代表诉讼的前置程序，却没有规定在法院开庭审理后，原告增加、减少、撤回部分请求甚至多次变更诉讼请

---

① 徐国杰：《职业维权者的新使命——首例股东代表诉讼案主角追踪》，2014 年 2 月，http://www.cs.com.cn/csnews/20030419/356031.asp。

求是否需要重新履行前置程序。实践中，也出现了原告增加①，撤回部分诉讼请求②，变更诉讼请求，甚至多次变更③的情况。目前，法院的处置规则是，如果不违反一般民事诉讼法，都会准予。这里的问题是，前置程序可能因为原告随意变更诉讼请求而失去它的制度价值。

表9-21展示了原告更改诉讼请求的情况，据表格显示，未更改诉讼请求占样本总数的81.5%，更改诉讼请求的占18.5%，其中变更诉讼请求的情况涉及变更诉请金额、增加诉讼请求、撤回部分诉讼请求等。在这12个案例中，无一例外，法院都准予原告变更诉讼请求。④

二 样本反映的疑难问题

对65个样本的归类统计表明，2005年修订后的《公司法》自2006年1月1日施行之后的7年间，股东代表诉讼的审理难点主要集中在原告的主体资格、胜诉费用求偿、离职高管是否可诉、直接诉讼与代表诉讼的区分、公司损失的界定及"情况紧急"的认定等问题上。在前文对样本案例进行整体描述统计的基础上，下文结合从65个样本中选取出的有争议的案例，展开分析以上审理难点。

（一）关于原告

《公司法》第152条第1款、第2款、第3款均采用"股东可以……""股东有权……"的表述，依文意解释，股东代表诉讼的原告当然包括股东，但司法实务时常出现若干争议情形无法回应立法的一般条款。

1. 挂名股东、抽逃出资的股东能否提起股东代表诉讼？

在佐藤爱华与许丽等董事、高级管理人员损害公司利益赔偿纠纷上诉案⑤中，原告要求被告承担赔偿责任，然被告辩称："原告佐藤爱华仅是名义股东，不能行使股东权利。"一审法院认为："原告仅是名义股东，既未履行出资义务，也从未经营管理公司，若以股东身份主张实体'权利'，有

---

① 上海市闵行区人民法院（2008）闵民二（商）初字第484号民事判决书。
② 海南省高级人民法院（2012）琼民二终字第197号民事判决书。
③ 上海市闵行区人民法院（2007）闵民二（商）初字第2020号民事判决书。
④ 在海南省高级人民法院（2012）琼民二终字第197号民事判决书中，法院认为上诉人唐军撤回部分上诉请求属于处分自己的权利，符合《中华人民共和国民事诉讼法》第13条、第156条的规定，应准予撤回。
⑤ 江苏省高级人民法院（2010）苏商外终字第0057号民事裁定书。

违民法的诚信原则。"故对原告以名义股东身份主张实体权利的诉讼请求不予支持。原告不服，向江苏高院提起上诉，然江苏高院以原告未履行前置程序为由撤销一审判决，驳回原告起诉。至于原告是否出资，是否为第三人公司的真正股东，能否提起股东代表诉讼，不予审理。

江苏高院对原告是否有权提起股东代表诉讼的问题不予审理，致我们无从知晓主审法官对此争议的态度。我们赞同一审法院的看法。本案中名义股东既未履行出资义务，也从未经营管理公司，从民法权利义务一致和诚实信用的基本法理出发，应驳回原告的诉讼请求。另外，最高人民法院关于《公司法》的司法解释相关规则也为实际出资人提供了法律支持。①

在兴信房地产实业公司等与香港东洋集团侵犯公司财产权和经营权纠纷上诉案②中，被告认为原告股东抽逃出资，不应享有股东应有之权利，包括诉权。原告则辩称：股东抽逃出资的法律后果只是补足出资额，并非丧失其作为股东的法律地位。一审法院认为：是否抽逃出资不影响其行使股东权利，包括提起股东代表诉讼的权利。被告不服，向广西高院上诉，坚持抽逃出资不享有股东实体权利。广西高院认为：依据相关法律规定③，股东资格的确定以股东名册记载为准，原告为国家批准且经工商登记确认的合法股东，虽抽逃出资，但仍为法律意义上的股东。另据《关于中外合资经营企业对外发生经济合同纠纷，控制合营企业的外方与卖方有利害关系，合营企业的中方应以谁的名义向人民法院起诉问题的复函》的规定，股东有权以自己的名义提起诉讼，代表第三人公司行使权利。④

股东抽逃出资是我国法律法规明确禁止的，一旦被发现抽逃出资，股东会被要求补足出资，情节严重的还会被追究行政甚至刑事责任。如果被发现存在抽逃出资的股东意欲提起股东代表诉讼或是股东提起代表诉讼后被发现存在抽逃出资，原告股东是否可以代位公司提起诉讼？我们认为：拥有股权是股东提起代表诉讼的前提条件，分析抽逃出资的股东是否有提起代表诉讼的权利，首先就要确认原告是否有股东资格。一般来说，出资行为决定股东

---

① 《公司法解释（三）》第24条第2款规定：名义股东以公司股东名册记载、公司登记机关登记为由否认实际出资人权利的，人民法院不予支持。

② 广西壮族自治区高级人民法院（2007）桂民四终字第49号民事判决书。

③ 2006年1月1日起施行的《公司法》第33条第2款规定：记载于股东名册的股东，可以依股东名册主张行使股东权利。据此，股东资格应根据股东名册确定。

④ 广西壮族自治区高级人民法院（2007）桂民四终字第49号民事判决书。

资格的取得,股东一旦出资,公司获得股东的出资财产的所有权,股东获得股权,成为股东。如果股东抽逃出资便是侵害了公司的财产所有权,此时公司享有要求股东返还公司财产的权利。反过来推理,如果此时的股东已经丧失了股东资格,公司又何来权力要求股东返还公司财产呢?故抽逃出资的股东仍然是公司的股东,享有股东权,只是其有义务返还公司财产,当然具有提起代表诉讼的权利。

2. 股东代表诉讼制度与"监事诉讼"的关系

问题一:公司监事会(监事)根据股东的请求,是以监事会(监事)名义还是以公司名义对公司高级管理人员提起诉讼?

在北京艺进娱辉科技投资股份有限公司监事会诉王莘等损害公司权益案[①]中,一审法院认为:"原告系基于股东提出的书面请求,按照《公司法》第152条的规定提起的代表诉讼。公司监事会依法有权代表公司行使权力,但监事会仅是公司的内设机构,并不具备独立的诉讼主体资格,且法律规定股东代表诉讼的立法目的就在于在公司不追究董事、高管的违法行为时,赋予股东以自己名义直接起诉的权利,法律规定监事会可代表公司行使诉权,然此种代表行为并不是指监事会以自己名义向法院起诉,而是指监事会应作为公司代表机关以公司名义来行使诉权。故监事会作为本案原告,诉讼主体资格不适格。"[②] 原告不服,上诉称《公司法》第54条第(6)项明确规定监事会有诉讼主体资格。二审法院认为:"《公司法》第54条第(6)项明确规定监事会有权'依照本法第152条的规定,对董事、高级管理人员提起诉讼',监事会可以根据股东的请求代表公司提起诉讼。'代表公司'并非专指'以公司名义'。"据此撤销一审裁定,指令一审法院对本案进行审理。

目前,学界就"前置程序"的诉讼主体厘定不是很清,司法实践也较模糊,以致出现像该案的一、二审裁定理由的不同理解。

从法条[③]上来看,监事会(监事)享有以自己名义向法院起诉的权利。同时,《公司法》第152条第1款规定"董事、高级管理人员有本法第150

---

① 一审北京市海淀区人民法院(2008)海民初字第23876号民事判决书;二审北京市第一中级人民法院(2009)一中民终字第14727号民事判决书。
② 北京市海淀区人民法院(2008)海民初字第23876号民事判决书。
③ 《公司法》第54条第(6)项明确规定:监事会有权依照本法第152条的规定,对董事、高级管理人员提起诉讼。

条……可以书面请求监事会或者不设监事会的有限责任公司的监事向人民法院提起诉讼……"公司监事会依法有权对董事、高级管理人员提起诉讼。然而，法律并没有明确禁止监事会只能以"自己的名义"还是只能以"公司名义"提起诉讼。根据法无明文禁止即为允许，应允许监事会以"自己的名义"提起诉讼。

从法理和立法目的分析如下。第一，若公司监事会不能以"自己的名义"对董事、高级管理人员提起诉讼，当侵害公司权益的董事为公司法定代表人时，作为公司法定代表人的董事不可能签字同意公司监事会以"公司名义"对自己提起诉讼，此时，监事会会因为没有公司的授权而无法以"公司名义"对该董事提起诉讼。《公司法》第54条第（6）项和第152条第1款的规定将成为具文，没有任何存在意义，无法实现立法者通过监事会（监事）提起诉讼救济公司权益的目的。第二，法律赋予股东提起代表诉讼的权利并不能否定监事会的诉讼主体资格，换言之，股东代表诉讼的存在并不能直接推导出监事会不具有诉讼主体资格，两者之间并没有直接的逻辑关系。两者都是在公司遭受侵害时，可寻求的救济方式。况且，公司监事会具有更强的实力，和股东相比能更好地代表公司救济权益。第三，从股东代表诉讼的目的出发，《公司法》赋予监事会以"自己的名义"提起诉讼，为公司实现自己的合法权益增加了一条救济途径，能更充分地维护公司合法权益。

问题二：当原告股东兼监事时，应先以"监事"身份起诉呢？还是无论以何种身份起诉，法院都应予受理？

实践中，经常会出现原告股东与监事身份竞合的情形，在这种情况下，原告应以股东身份起诉还是应以监事身份起诉？身份的选择对当事人有无影响？法院的态度如何？在（2010）闵民二（商）初字第215号裁定书中，法院认为，在股东兼监事的情形下，股东应先以"监事"身份起诉，而后才能以"股东"身份起诉，现原告以"股东"身份起诉，因原告未履行前置程序，故本院驳回起诉。然而，二审法院[①]却支持了原告以"股东"身份起诉的诉请。同样，在刘超与曲红艳等公司控股股东实际控股人董事、监

---

① 二审法院认为，在公司只有两名股东分别担任监事与董事的情形下，如果执行董事的职务行为违反法律、行政法规或者公司章程的规定，进而损害公司合法权益，造成损失，任监事的股东以"股东"身份起诉，法院应予受理。

事、经理损害公司利益纠纷再审案①中，法院也支持了原告以股东身份起诉。但是，浦东新区人民法院在原告杨某（股东兼监事）、范某（股东）诉被告董事于某、高级管理人员损害股东利益赔偿纠纷一案②中认为，"杨某就是监事，杨某、范某完全可以请求杨某先行起诉，现由于监事未提起诉讼，故驳回原告杨某、范某的起诉"。法院似乎只允许杨某一人以"监事"身份先行起诉，只有在杨某拒绝起诉后，杨某和范某才能一起以股东身份起诉于某。无独有偶，在蔡创华与陈景良股东代表诉讼纠纷上诉案③中，二审法院也认为：上诉人同时具备股东和监事的双重身份，其可以根据《公司法》第54条的规定，应先以监事身份提起诉讼，上诉人却以股东身份提起本案诉讼。然而，根据《公司法》相关规定，以股东身份提起代表诉讼必须以履行书面请求的前置程序为前提条件，现上诉人未履行前置程序，故驳回上诉。以上四个案例显示出，原告（股东兼监事）以什么身份提起代表诉讼，会直接影响法院对案件的判决。

我国2005年《公司法》对股东提起代表诉讼，设置了门槛，规定了前置程序④，如果董事、高级管理人员侵害公司合法权益，股东应先请求监事会向法院起诉，同样，如果侵害公司权益的是监事，那么，股东应先请求董事会或执行董事向法院起诉。从条文的字面意思来看，在前述案例（2010）闵民二（商）初字第215号裁定书中，法院的裁定就是完全符合法律规定的，二审法院的判决便是适用法律错误。然而，真的是这样吗？

我们以为，当公司出现原告兼监事、被告兼执行董事、公司又无其他独立的机构、人员对是否提起代表诉讼发表独立的意见的情形下，应允许原告向法院提起代表诉讼，无论其是以"监事"身份起诉还是以"股东"身份起诉，均应予受理。如果原告是以"股东"身份起诉，我们可以认为，此时出现了前置程序豁免的情形。

假如公司还有其他监事，则股东兼监事的原告便不能直接以"股东"

---

① 湖南省株洲市芦淞区人民法院（2010）芦法民二再初字第2号民事判决书。
② 上海市浦东新区人民法院（2008）浦民二（商）初字第3260号民事判决书。
③ 广东省广州市中级人民法院（2010）穗中法民二终字第2152号民事判决书。
④ 第152条对股东提起代表诉讼应履行前置程序的表述为："……股东可以书面请求监事会或者不设监事会的有限责任公司的监事向人民法院提起诉讼……监事会、不设监事会的有限责任公司的监事……收到前款规定的股东书面请求后拒绝提起诉讼，或者自收到请求之日起三十日内未提起诉讼……前款规定的股东有权为了公司的利益以自己的名义直接向人民法院提起诉讼。"

身份起诉。对此,刘俊海教授也持同样的观点,"监事虽可单独行使监督职权,但对于重大监督决策而言,仍需要监事会以会议的形式作出决议"①。因为,此时的监事只代表个人意见,只有在得到多数或全部监事的同意下,才能以"监事会"的名义提起诉讼;或者在多数监事明示、默示拒绝起诉的情况下,以"股东"身份代公司提起诉讼。

3. 双(多)重股东代表诉讼

样本案例中仅出现 1 例双重股东代表诉讼案例。在江文宏诉吴金辉损害公司利益赔偿纠纷一案②中,法院的判决书表述为:"原被告均是媚若诗公司的股东,两人持股量持平,媚若诗是蔻薇尔公司的唯一股东,两者系母子公司关系,被告吴金辉是子公司蔻薇尔的法定代表人,原告江文宏认为被告吴金辉在担任蔻薇尔公司董事长期间,违反法律、法规及公司章程,低价转让蔻薇尔公司资产,于是向母公司媚若诗发函,要求媚若诗公司作为股东,应要求蔻薇尔公司监事会或监事对被告吴金辉提起诉讼,然媚若诗公司未予回应,原告又向蔻薇尔公司监事会函告,仍未得到回应,故原告自己代蔻薇尔公司向法院提起股东代表诉讼。"③法院经过审理认为,根据现有法律的相关规定,江文宏并不是适格的原告,故法院驳回了原告的诉讼请求。

目前,股东双重代表诉讼制度已得到美国、日本等国家的广泛承认,韩国也将其纳入立法,而我国现行公司法并未规定双重股东代表诉讼制度。现我们以美国双重代表诉讼的发展历程为例,论述我国确立此制度的必要性以及设计股东代表诉讼应注意的问题。在早期,美国是根据否认法人人格的法理,从忠实股东代表诉讼的精神出发,为了排除违法行为者自由地、合法地利用控股公司作为其规避法律的设计,肯定了双(多)重股东代表诉讼。在双(多)重股东代表诉讼确立的阶段,美国判例法则侧重于诉讼程序的设定,即母子公司存在支配关系,并母公司及子公司不正当拒绝了母公司股东提出的起诉申请时,才对母公司股东提起双(多)重股东代表诉讼予以认可。④

---

① 刘俊海:《现代公司法》,法律出版社 2008 年版,第 422 页。

② 上海市第二中级人民法院(2008)沪二中民五(商)初字第 21 号民事判决书。

③ 法院认为,本案中,第三人蔻薇尔公司是原告江文宏诉称的利益受到损害的公司,该公司的唯一股东是媚若诗公司,原告并非蔻薇尔公司的股东,根据第 152 条的规定,只有媚若诗公司才具有原告的诉讼主体资格,本案原告江文宏无权行使股东代表诉讼的权利。

④ 参见薛夷风《论美国的多重股东代表诉讼》,《厦门大学法律评论》2002 年第 1 期。

如今，我国企业的组织形态逐渐从单一走向集团化，母子公司或控股公司与被控股公司之间存在直接或间接的利益关系，通常情况下，子公司的财产遭受损害，也会间接地损害母公司利益，进而损害母公司股东的利益。另外，控股股东为了追求利润最大化或集团效应，通常会委派高层担任被控制公司的高管人员。在公司所有权与经营权高度分离的今天，被控股公司的经营者拥有非常大的经营权，"绝对的权力导致绝对的腐败"，缺乏监督的高管们很容易发生侵害公司利益的行为。同时，在公司集团的架构下，大股东蚕食中小股东的利益也不容小觑。因此，应允许母公司（控股公司）股东直接对子公司（被控股公司）高管行使股东代表诉讼的权利。

4. 胜诉后的诉讼费用求偿问题

在迈克尔·维切尔与上海和元建筑设计有限公司民间借贷纠纷上诉案①中，第三人佩尔西建筑设计咨询有限公司涉及损害公司权益，一审法院经过审理认为：原告和元公司虽要求第三人佩尔西公司负担原告案件律师代理费、翻译费、调查费，却未出示证据明确这些费用的具体数额，故对原告的诉讼请求不予支持。二审法院亦维持了一审法院的全部判决。无独有偶，在陆某、翁某、张某、溪某、王某五小股东诉曹某（大股东兼法定代表人、执行董事）、第三人上海A化工有限公司损害公司利益纠纷案②中，上海市闵行区人民法院认为提起股东代表诉讼的股东在案件胜诉之后，理应对公司享有费用的补偿权，嗣后判决第三人上海A化工有限公司补偿原告陆某、翁某、张某、溪某、王某律师费用损失100000元。在这两个案例中，法院都支持了对原告股东进行诉讼费用补偿的请求。

然而在另一个案例③中，法院却没有支持对原告股东进行诉讼费用补偿的请求。在南方航空股份有限公司海南分公司与三亚佳速航空服务有限公司，股东代表诉讼纠纷上诉案中，一审法院认为："原告要求第三人公司承担本案律师费2万元，无事实和法律依据，不予支持。"④ 二审法院亦维持

---

① 上海市高级人民法院（2009）沪高民四（商）终字第28号民事判决书。
② 上海市闵行区人民法院（2011）闵民二（商）初字第962号民事判决书。在判决书中，法院阐述了支持原告的理由，法院认为五位原告提起的股东代表诉讼已经胜诉，而胜诉产生的利益亦归属于公司，虽然原告胜诉可以从侵权行为人对公司的赔付中获得间接利益，但如果这要以巨额的诉讼成本作代价的话，对于提起代表诉讼的股东而言，仍然是缺乏激励的；另外，由原告股东个人"掏腰包"，但胜诉结果由全体股东共享，这也是显失公平的。
③ 海南省高级人民法院（2008）琼民二终字第45号民事判决书。
④ 海南省海口市中级人民法院（2007）海中法民二初字第71号民事判决书。

此判决。

我国现行公司法和民事诉讼法均没有涉及公司对原告股东进行诉讼费用补偿的问题，实践中，法院的态度也不尽相同，有的地区的法院支持，有的地区的法院不支持。迫于法律文本的粗疏和现实裁判的需要，有的省、市高级人民法院的审判指导意见应运而生。① 从已发布的审判指导意见来看，都或多或少地支持了公司应补偿原告诉讼费用的请求。有了这些准司法意见，这些地区的法院一般会判令公司给付原告诉讼费用，而没有发布审判指导意见的地区就面临着法无明文规定的尴尬。在这种情况下，法院一般也不会支持原告要求诉讼费用的诉请，因为法无明文规定。故公司对原告股东进行诉讼费用补偿的做法是否会被广泛接受，仍值得期待。

在普通民事案件中，原告是需要承担自己因为诉讼而花费的费用，然而，股东代表诉讼的案由于属于公司，胜诉结果也归于公司，如果由股东个人"埋单"，既对股东个人不公平，挫伤其维护公司合法权益的积极性，也容易滋生"搭便车"的情形。为此，有的国家的股东代表诉讼制度会对原告在合理费用的范围内对其进行补偿，如美国、日本。我们认为，股东为了公司利益而提起的诉讼，胜诉结果由全体股东共享，虽然原告胜诉可以获得间接利益，但如果这要以巨额的诉讼成本作为代价的话，这显然是不公平的。

《公司法解释（四）》第26条对此作出了相应的规定，股东依据《公司法》第151条第2款、第3款规定直接提起诉讼的案件，其诉讼请求部分或者全部得到人民法院支持的，公司应当承担股东因参加诉讼支付的合理费用。

（二）关于被告

在司法实践中，当事人对离职后的高级管理人员可否作为被告争议颇多。在TAT公司诉陆致成损害公司股东权益纠纷案②中，被告认为其已不再

---

① 如上海市高级人民法院民二庭《关于审理涉及公司诉讼案件若干问题的处理意见（一）》（2003年6月）第5条规定："……原告诉求成立的，可以判令撤销有关的交易行为，或判令不当行为人与有关交易的相对人对公司承担损害赔偿责任，并判令公司对原告予以适当补偿。"同样，《江苏省高级人民法院关于审理适用公司法案件若干问题的意见（试行）》（2003年6月）第78条规定："……因诉讼发生的其他合理费用如律师代理费、差旅费等由公司负担……"

② 一审北京市第一中级人民法院（2009）一中民初字第5468号民事判决书；二审北京市高级人民法院（2010）高民终字第534号民事判决书。

是董事长，不同意原告的诉讼请求，然而法院支持了原告的诉讼请求。同样，在唐军与符传琼等损害公司利益责任纠纷上诉案[①]中，法院同样也确认了前任法定代表人、执行董事可以成为股东代表诉讼之被告。类似案例还有汇丰控股有限公司与朱栋山股东代表诉讼纠纷上诉案[②]等。

我们认为，《公司法》关于股东代表诉讼的"董事、监事、经理等高级管理人员"的规定，系指损害公司利益时，担任公司董事、监事、经理等高级管理职务的人员，并非仅限于股东提起诉讼时担任董事、监事、经理等高级管理职务的人员。换言之，离退职的高级管理人员仍可以成为股东代表诉讼的被告。法律如果不能对这些人员追究责任，那么，根据理性经济人的假设，高管们很有可能在掏空公司后，向公司辞职，来逃避法律的惩罚。离退职将成为高管们侵吞公司财产后，金蝉脱壳的"罗马大道"。

（三）关于第三人

1. 公司诉讼地位之争

表 9-22　　　　　　　　公司诉讼地位情况分析

公司诉讼地位	案件数（共 65 件）	占比
第三人	55	84.6%
未列明	8	12.3%
被告	2	3.1%

实践中公司的诉讼地位有列为第三人、被告、未列明三种情况。表 9-22 表明公司在审判中的诉讼地位，大多为第三人，也出现了被列为被告、未列明的情形。

理论上，关于公司的诉讼地位众说纷纭。概括起来主要有以下几个方面：第一，公司为（形式）被告，这和美国的通行做法一致；[③] 第二，公司应与股东一起作为共同原告或将公司追加为原告；[④] 第三，公司为有独立请

[①] 海南省高级人民法院（2012）琼民二终字第 197 号民事判决书。

[②] 江苏省高级人民法院（2010）苏商外终字第 0046 号民事判决书。

[③] 甘培忠：《论股东派生诉讼在中国的有效适用》，《北京大学学报》（哲学社会科学版）2002 年第 5 期。

[④] 钱玉林：《论股东代表诉讼中公司的地位》，《清华法学》2011 年第 2 期；杨路：《股东派生诉讼问题研究》，《人民司法》2003 年第 4 期。

求权的第三人;① 第四,公司为无独立请求权的第三人;② 第五,公司在股东代表诉讼中处于类似日本法中的"辅助参加人"那样的地位。③ 还有其他观点,本章不再一一列举。

我国现行《公司法》没有涉及公司在股东代表诉讼中的地位问题,但是一些地方法院率先做了尝试。④ 从已发布的审判指导意见来看,大多是将涉案公司列为第三人,有了这些准司法意见的规定,这些地区的法院一般会列公司为第三人,通知其参加诉讼。将公司列为被告的案例,大多是因为被告控制公司实施了损害公司利益的行为,原告便将公司一同列为被告。

《公司法解释(四)》明确了《公司法》第151条涉及两类不同诉讼。司法实践中,对《公司法》第151条第1款规定的诉讼类型,以及公司的诉讼地位存在不同认识。《公司法解释(四)》认为,公司董事会或者执行董事、监事会或者监事系公司机关,其履行法定职责代表公司提起的诉讼,应当是公司直接诉讼,应列公司为原告。《公司法解释(四)》第23条对此予以了明确规定,其第1款规定:"监事会或者不设监事会的有限责任公司的监事依据《公司法》第一百五十一条第一款规定对董事、高级管理人员提起诉讼的,应当列公司为原告,依法由监事会主席或者不设监事会的有限责任公司的监事代表公司进行诉讼。"第2款规定:"董事会或者不设董事会的有限责任公司的执行董事依据公司法第一百五十一条第一款规定对监事提起诉讼的,或者依据公司法第一百五十一条第三款规定对他人提起诉讼的,应当列公司为原告,依法由董事长或者执行董事代表公司进行诉讼。"第24条第1款规定:

---

① 沈秋明:《有关股东代表诉讼范围及诉讼当事人确立的探讨》,载顾耕耘主编《中国商事评论》,中信出版社2006年版,第52页。

② 王建文:《我国股东代表诉讼制度评判与适用》,《北方法学》2007年第4期。

③ 周剑龙:《日本的股东代表诉讼制度》,载王保树主编《商事法论集》(第2卷),法律出版社1997年版。

④ 上海市高级人民法院民二庭《关于审理涉及公司诉讼案件若干问题的处理意见(一)》(2003年6月)第5条规定:"……股东提起诉讼之后,法院应通知公司以第三人的身份参加诉讼。"同样,2002年《浙江省高级人民法院民事审判第二庭关于公司法适用若干疑难问题的理解》第15条,2003年《江苏省高级人民法院关于审理适用公司法案件若干问题的意见(试行)》第17条,2004年《北京市高级人民法院关于审理公司纠纷案件若干问题的指导意见(试行)》第1条第8款都规定,公司应当作为第三人参加诉讼。

"符合公司法第一百五十一条第一款规定条件的股东,依据公司法第一百五十一条第二款、第三款规定,直接对董事、监事、高级管理人员或者他人提起诉讼的,应当列公司为第三人参加诉讼。"

2. 非《公司法》调整的企业是否受股东代表诉讼约束的讨论

在张志强诉毛金明等损害公司权益纠纷案①中,原告认为被告违反公司章程有关竞业禁止的规定,既是对股东协议的违约,也是对公司利益的侵权。第三人公司虽系民办学校,但是按《公司法》运作,理应参照适用公司法股东代表诉讼的规定,于是向法院提起股东代表诉讼。然而被告辩称:"第三人系非营利性、非企业的社会组织,并非经营性公司,因而不适用公司法股东代表诉讼之规定。"法院认为,第三人系民办学校,不属于《公司法》调整的公司类型,学校虽参照《公司法》经营,但仍然不能改变其无法律支持的困境,故驳回原告的起诉。

而在东风汽车贸易公司等与内蒙古物资集团有限责任公司等共同侵权纠纷案②中,申诉人认为,原判决根据《公司法》有关股东代表诉讼的规定,赋予原告诉权属适用法律错误,因为第三人系全民所有制企业法人,并不属于公司法调整的主体。然而最高人民法院经过审理认为,原告享有诉权。③最高人民法院还认为,第三人企业法人没有设立监事会或监事,参照2005年《公司法》的规定,原告股东认为第三人高管侵犯公司合法权益,有权以自己的名义提起股东代表诉讼。④我们一般认为,最高人民法院的审判具有示范意义,其他法院如果再日后遇到相似情况可以参照适用,但是由于法律没有明确规定,类似的案件仍然面临相左的判决。另外,在东风汽车贸易公司等与内蒙古物资集团有限责任公司等共同侵权纠纷案中,最高人民法院

---

① 北京市海淀区人民法院(2009)海民初字第22259号民事判决书。
② 最高人民法院(2008)民申字第461号民事判决书;最高人民法院(2007)民一终字第49号判决书;内蒙古自治区高级人民法院(2005)内民二初字第6号民事判决书。本案经过了内蒙古高级人民法院一审、最高人民法院二审及最高人民法院再审。
③ 法院认为:"第三人公司在企业形态上基本符合《公司法》规定的有限责任公司的特征,应受公司法调整。另据本院《关于适用〈中华人民共和国公司法〉若干问题的规定(一)》第2条规定:'因公司法实施前有关民事行为或者事件发生纠纷起诉到人民法院的,如当时的法律法规和司法解释没有明确规定时,可参照适用公司法的规定。'因此,在以往的法律没对本案争议情形作出明确规定的情况下,参照适用修订后的公司法有关股东代表诉讼的规定,赋予原告诉权是正确的。"
④ 最高人民法院(2008)民申字第461号民事判决书。

似乎还传达这样一个信息,即在有限责任公司中,当被告是高管,在公司又没有设立监事会或监事的情形下,股东提起代表诉讼应该可豁免前置程序。

以上两个案例在承认原告诉权的态度上迥异。我们认为,参照公司经营模式运作的企业,在没有专门法律调整的情况下,都可参照适用股东代表诉讼的规定,无须纠结企业的形态,否则当事人很有可能利用公司形态规避法律,损害公司利益,逃避责任。

3. 公司合法权益的界定

何为公司实际损害?公司合法权益的边界何在?损失是否包括直接损失和间接损失?

在上海中星集团振城不动产经营有限公司与平海发展有限公司因合资、合作开发房地产合同纠纷上诉案①中,一审法院查明:第三人公司将其名下的384套房屋分配给股东平海公司及振城公司,分别由其进行销售、抵押等处置行为,并各自承担相应的税费,然因平海公司未按董事会决议缴纳相应的税费及维修基金,致使第三人公司被税务机关处罚,而后振城公司代表第三人公司提起诉讼,要求平海公司向第三人公司缴纳房屋维修基金及出售房屋所应承担的相应税费。一审法院认为,本案中第三人公司并未出现合法权益受到损害,需要股东代位救济的情形,故法院驳回了原告的诉讼请求。②原告不服,上诉到上海高院,二审法院亦驳回了原告的上诉,维持原判。

在应某某与东方国际(集团)有限公司因股东、实际控制人损害公司利益纠纷上诉案③中一审法院认为,应某某向第三人公司所借款项的来源和性质应为公司所有,故法院判决应某某赔偿公司损失。二审法院认为:"原告是基于我国《公司法》第152条的规定提起的股东代表诉讼,被告承担侵权赔偿责任的前提是给公司造成损失。但反观本案的诉讼事实,应某某的借款行为是合法的。故本案的争议应为系争借款是否已届偿还期限以及原告

---

① 上海市高级人民法院(2010)沪高民一(民)终字第2号民事判决书。

② 法院认为:"公司的财产虽来源于股东的投资,但公司一经成立,就对全体股东投资的财产及公司经营积累的财产拥有独立的法人财产权,在公司存续期间,公司的全部资产属于公司所有,非经合法程序不得被转移到股东手里。本案中,第三人公司股东在公司存续期间未经合法程序擅自分配公司财产的行为有悖于公司法的规定。第三人公司开发的房地产项目,由此产生的缴纳维修基金及房屋销售税等属开发商德城公司应承担的义务,并非其权益,在第三人公司存续期间不发生公司合法权益受到不法侵害需提起股东代表诉讼的问题,故驳回振城公司的诉讼请求。"上海市第一中级人民法院(2007)沪一中民二(民)初字第3号民事判决书。

③ 上海市第二中级人民法院(2011)沪二中民四(商)终字第530号民事判决书。

是否系比照我国《合同法》第 73 条的规定而行使的债权人代位权。基于第三人公司正在清算的事实，提起该还款诉讼的主体应为破产管理人，原告存在请求权基础错误，故本院撤销一审法院的判决，对原审原告的诉讼请求不予支持。"①

在浙江嘉兴同创房地产开发股份有限公司与民丰特种纸股份有限公司等公司的控股股东、实际控制人、董事损害公司利益赔偿纠纷案②中，原告要求三被告赔偿第三人公司应得利益损失。法院认为：要求赔偿应得利益损失，缺乏法律依据，故不予支持。

对公司合法权益损害的界定，是司法实务审判中的难题，当事人对公司合法权益损害的认识与法院的认定常出现分歧，上面引述的第一个案例便是例证。另外，利益损失是否包括应得利益损失，由于法律的阙如，也给当事人造成了困惑。然而，对造成公司合法权益损失的缘由的看法，在当事人之间的分歧似乎更为严重。更多的时候是，原告会因为公司出现了损失而倒推公司高管有违反行为，进而起诉高管要求其承担责任。事实上，这种由于正常的商业判断给公司带来的损失与他们由于违反一般勤勉义务而给公司带来损失的情况在实践中往往很难区分，因此加大了法院对公司损失的界定难度。

（四）关于"情况紧急"

我国《公司法》第 152 条规定，原告可以在"情况紧急"的情况下豁免前置程序，③ 但是并没有明确什么样的情形属于"情况紧急"，立法上的粗略在司法实践上带来了很多难题。

在样本案例中，共有 22 个案例因"情况紧急"获得了前置程序豁免，法院支持"情况紧急"的情形有：第一，被告控制了公司（共 6 个）；第二，公司僵局无法形成有效决议（共 3 个）；第三，无相应请求机构，如未设立监事会或监事（共 6 个）；第四，董事们否认过错行为的发生（共 6 个）；第五，有关权利行使的期间或者诉讼时效即将超过（1 个）。

下文我们对上述司法认定的"情况紧急"的情形在实践中的表现一一进行分析。第一，被告控制了公司，是指请求对象不独立，请求人向其提出

---

① 上海市黄浦区人民法院（2009）黄民二（商）初字第 3513 号民事判决书。
② 上海市嘉定区人民法院（2008）嘉民二初字第 67 号民事判决书。
③ 《公司法》第 152 条第 2 款规定：情况紧急、不立即提起诉讼将会使公司利益受到难以弥补的损害，前款规定的股东有权为了公司的利益，以自己的名义直接向人民法院提起诉讼。

请求只能得到明确拒绝的答复。第二，公司僵局无法形成有效决议，包括但不限于公司进入清算程序，清算组尚未能或不能组建，对股东提起诉讼或根据《最高人民法院关于适用〈中华人民共和国公司法〉若干问题的规定（二）》第23条规定，对侵害公司权益的清算组成员提起代表诉讼等。第三，无相应请求机构，如未设立监事会或监事。实践中，不少公司治理机构缺失，并未设立监事会或监事，在此种情况下，法院认为原告可豁免前置程序。第四，董事们否认过错行为的发生，包括但不限于董事们是所诉的过错行为人、董事们已批准了所诉的过错行为等。第五，有关权利行使的期间或者诉讼时效即将超过，例如具有撤销权的当事人行使权利的期间即将届满。

需要说明的是，《公司法》第152条第2款中的"情况紧急"属于概括性概念，在今后的股东代表诉讼审判中，对"情况紧急"的探讨还将长期持续，有必要专门搜集该类案件，在借鉴域外经验的基础上，形成"类型化"标准。

《公司法解释（四）》也没有涉及这个问题，有待司法实践进一步予以总结和学者的理论提炼。

第二节 制度的移植与司法的应对

一 立法规则的移植

法律规则不是静止不变的，它总是随着实践或确立或改变或废止。探究一个制度，只有了解它的历史，才能更好地设计未来。

（一）2005年之前的司法实践

1993年的《公司法》只规定了股东直接诉讼，然而现实中，大股东利用控股地位侵害中小股东利益的现象比比皆是，特别是在大型上市公司，不少高管们把公司当成"提款机"，肆意掏空公司资产，这种现象在现有法律的框架下，很难得到救济。① 此时，赋予股东提起代表诉讼的权利就非常必要。事实上，为了保护公司和小股东的利益，我国法院在2005年《公司法》修订之前就已经开始适用股东代表诉讼。

---

① 《民事诉讼法》对原告的规定表述为，"原告是与本案有直接利害关系的公民、法人和其他组织"。因此，当公司受到侵害时，根据该规定，只有公司才是适格的原告。然而，如果争议事项涉及公司控制股东、董事或法定代表人，他们往往会阻止公司提起诉讼。

1. 最高人民法院 1994 年在复函中部分认可股东代表诉讼

在张家港案中最高人民法院认可了股东在一定情况下可以提起代表诉讼，但是其没有使用"股东代表诉讼"的字眼，并没有确立股东代表诉讼制度，故最高法院在该复函中的态度并没有在随后的司法实践中被广泛采纳，而是仅限于适用中外合资经营企业的利益被外方股东所侵害，中方股东意欲提起诉讼的情形。① 在"中添诉碧纯案"中，法院并没有认可股东代表诉讼即明证。

2. 地方法院的司法实践

近些年，各地法院逐渐出现了承认股东代表诉讼的案例。有限责任公司股东提起的代表诉讼首先被认可，如 1998 年无锡市中级人民法院审理的新江南案。② 但是法院对上市公司股东提起的代表诉讼则要保守得多。由于缺少统一的立法以及最高法院的司法解释，各地法院在对待股东代表诉讼的态度上显示出明显差异。对于类似的案件，有些法院受理，有些法院却拒绝；而受理案件的法院在提起代表诉讼的前提条件等问题上也采取截然不同的观点。不过，从已公开的股东代表诉讼案件中，也能看出其中一些端倪：首先，大部分的股东代表诉讼案件都发生在有限责任公司中，很少涉及其他公司类型；其次，大部分案件涉及的问题是控制股东和非控制股东之间的矛盾；最后，在大部分案件中，被告为直接侵害公司利益或直接从该侵害行为中受益的人员，董事如果没有直接从该侵害行为中受益，那么即使他协助实施该侵害行为或故意拒绝以公司名义对该侵害行为提起诉讼，也往往不会因为违反了诚信义务而被起诉。

3. 关于适用股东代表诉讼的具体规定

由于司法实务中股东代表诉讼的案件越来越多，法院意识到承认股东代表诉讼，制定适用股东代表诉讼的具体规则的重要性。随后，出现了由高级

---

① 1994 年 11 月 4 日最高人民法院在其《关于中外合资经营企业对外发生经济合同纠纷，控制合营企业的外方与卖方有利害关系，合营企业的中方应以谁的名义向人民法院起诉问题的复函》中承认当合资公司由于被控制股东控制而无法提起诉讼从而导致利益受到损害时，其他股东可以行使诉权。

② 唐青林：《强制收购广东恒通集团股份有限公司持有的股份以抵顶其债务执行案》，《最高人民法院公报》2001 年第 6 期。

人民法院发布审判指导意见①指导辖区内股东代表诉讼的审判，以回应审判之需。这些规定有简有繁，有的仅仅规定应当受理股东代表诉讼案件，如北京的规定；有些则规定了适用股东代表诉讼的具体规则，如上海和浙江的规定。先不论这些规定的合理性与实用性，从现实情况来看，即使发布了审判指导意见，在省市辖区范围内，仍然不能得到下级法院的贯彻执行，无法统一裁判尺度。

（二）2005年《公司法》的规定

2005年《公司法》修订时，舶来了众望所归的股东代表诉讼制度，之后，又相继公布了两个与股东代表诉讼制度相关的司法解释。② 其一为对股份有限公司股东持股时间、持股份额的规定；其二为在公司清算时，如果清算组成员有损害公司权益的行为，股东亦可依据股东代表诉讼的规定，提起诉讼。尽管我国舶来了众望所归的股东代表诉讼制度，并且在有些方面进行了改进，但是相关规定依然过于原则化、概括化，无论是实体概念，还是程序操作，都具有较大的弹性空间。我国2005年《公司法》有关股东代表诉讼的立法安排详见表9-23。

表9-23　　　　2005年《公司法》股东代表诉讼之立法安排

立法措施	2005年公司法的安排
案件受理费标准	财产案件
诉讼费用求偿权	无
诉权性质	有限公司适用单独股东权，股份公司持股1%以上
持股时间	有限公司无持股时间要求，股份公司持续持有180日
担保义务	适用民诉法一般规定
赔偿责任	适用侵权法一般规定

---

①　一些省市的高级人民法院出台了审判指导意见，如2003年《江苏省高级人民法院关于审理适用公司法案件若干问题的意见（试行）》第17条以及第73—78条；2003年上海高级人民法院民二庭《关于审理涉及公司诉讼案件若干问题的处理意见（一）》第5条；2004年《北京市高级人民法院关于审理公司纠纷案件若干问题的指导意见（试行）》第1条第8款。

②　《公司法解释（一）》第4条规定：180日以上连续持股期间，应为股东向人民法院提起诉讼时，已期满的持股时间；规定的合计持有公司百分之一以上股份，是指两个以上股东持股份额的合计。《最高人民法院关于适用〈中华人民共和国公司法〉若干问题的规定（二）》（以下简称《公司法解释（二）》）第23条规定了公司清算时股东可以依据第152条的规定对清算组成员提起代表诉讼。

续表

立法措施	2005年公司法的安排
公司的诉讼地位	适用民诉法一般规定
被告	高管、股东、普通第三人
前置程序	向董事、监事请求，情况紧急可豁免
公司决定起诉期限	30日
举证责任	适用一般规定

从表9-23可以看出，我国现行立法对股东代表诉讼制度的规定相对简略，如没有规定胜诉费用求偿权、公司的诉讼地位、无举证责任的特别规定等。同时我们也可发现，立法对股东代表诉讼的约束是比较严厉的，且法条用语抽象。何谓"他人"？实践中，甚至有法官认为，股东代表诉讼的被告仅限高级管理人员。① 何谓"情况紧急"？既无相应司法解释，也无相应指导性案例，导致司法裁判规则供给不足，给司法裁决带来困难。

（三）展望中的股东代表诉讼制度

2005年修订的《公司法》虽然引入了股东代表诉讼制度，但相关条文仍相当模糊和原则化，有些问题在立法时，已被广泛讨论，但在立法政策上一时难以取舍，故意或者无奈留白，以致司法裁判规则的供给不足，给司法裁决带来困难。虽然一些地方法院已对此作了诸多有益的探索②，发布了审判指导意见，但这些意见仅在地方区域内得到适用且高级人民法院发布的这些审判指导意见并无法律强制适用效力，即使同一地区的法院仍可出现相左的判决，妨碍了裁判的统一。

同样，股东代表诉讼的问题也得到了最高人民法院的重视，其在起草的两个《公司法解释（四）》的征求意见稿中，都涉及了股东代表诉讼制度的规定。在《公司法解释（四）》（2009年10月专家论证会征求意见稿）中，其中包含了10条关于股东代表诉讼的规定：第48条规定了案件的地域

---

① 河南省安阳市中级人民法院（2009）安民二终字第498号民事判决书。
② 2002年《浙江省高级人民法院民事审判第二庭关于公司法适用若干疑难问题的理解》第15条；2003年上海高级人民法院民二庭《关于审理涉及公司诉讼案件若干问题的处理意见（一）》第5条；2003年《江苏省高级人民法院关于审理适用公司法案件若干问题的意见（试行）》第17条以及第73—78条；2004年《北京市高级人民法院关于审理公司纠纷案件若干问题的指导意见（试行）》第1条第8款。

管辖；第 49 条规定了原告和被告；第 50 条规定了公司诉讼地位；第 51 条规定了参加诉讼的后果；第 52 条规定了董事会、监事会、董事、监事提起诉讼的处理；第 53 条规定了诉讼费用担保；第 54 条规定了诉讼中的调解；第 55 条规定了胜诉利益处置；第 56 条规定了申请强制执行的权利；第 57 条规定了再审申请权利。而在《公司法解释（四）》（法院系统征求意见稿）中包含股东代表诉讼的规定共 7 条，大体上与专家论证会的征求意见稿一致，两者在具体条款的安排上区别不大。①

2013 年 12 月 28 日，十二届全国人大常委会第六次会议对 2005 年《公司法》作出最新修订。修订后的公司法自 2014 年 3 月 1 日起生效实施。此次修订主要涉及三个方面：一是将注册资本实缴制改为认缴登记制；二是放宽了注册资本登记条件；三是简化了登记事项和登记文件。据财会信报 2014 年 3 月 17 日报道，新《公司法》实施半月以来，各地新公司注册出现"井喷"现象，投资者热情空前高涨。② 据烟台市工商局企业注册局时任的科长介绍，截至 3 月 10 日，短短十天时间就办理名称登记 641 户，同比增长 22%；新登记注册公司 315 户，同比增长 27%。市场主体数量是标志性指标，以往最大增幅也只有大概 8%，像这样大的增幅从没有过。其实，早在该年的政府工作报告中，李克强总理也曾提到，自 2013 年国务院推动工商登记制度改革以来，全国新注册企业增长了 27.6%。虽然此次《公司法》修订并未涉及股东代表诉讼制度，但就司法实务角度而言，在取消了公司最低注册资本要求，放宽公司设立的门槛之后，客观上必然促使市场主体大幅增长，并对现行规范公司的法律制度带来冲击。随之而引发的相关商事纠纷也可能会增多，相应地，股东代表诉讼也可能随之增多。

2005 年《公司法》根据司法实践的需求，在导入股东代表诉讼制度时，只作了原则性规定，这种过度谨慎是无可厚非的。随着理论的成熟、审判经验的积累，为回应司法实践中的困惑，统一裁判尺度提上了最高人民法院的

---

① 两者的区别表现在：《法院系统征求意见稿》对诉讼费用担保的规定，提供了两种意见，即人民法院判决原告股东败诉的，应当同时判决将原告提供的诉讼费用赔偿担保款项支付给被告董事、监事或者高级管理人员（此为第一种意见）和人民法院判决原告股东败诉的，应当告知被告在三十日内可以起诉主张原告赔偿诉讼费用，逾期不予起诉的，人民法院将原告提供的诉讼费用赔偿担保款项予以退回（此为第二种意见）。此外，《法院系统征求意见稿》没有涉及《专家论证会征求意见稿》中的第 49 条、第 52 条、第 57 条之规定。

② 丁静：《专家：新〈公司法〉配套法规应尽快修订》，《财会信报》2014 年 3 月 17 日，第 5 版。

日程。2013 年最高人民法院民二庭负责人在接受《法律适用》期刊的记者采访时表示："……近年来，随着公司股东权益诉讼类案件逐渐增多，最高人民法院民二庭已起草并拟适时出台有关公司法律适用的第四个司法解释，其中涉及股东代表诉讼案件的管辖、诉讼费用担保、当事人的诉讼地位、诉讼中的调解、胜诉利益的处置及申请强制执行和申诉的权利等具体程序问题。"①从内容上来看，《公司法解释（四）》（征求意见稿）适度地为股东代表诉讼"松绑"，期待实践中股东代表诉讼制度的价值可以得到应有的释放。

为正确适用《公司法》，审理好决议效力、股东知情权、利润分配权、优先购买权和股东代表诉讼等纠纷案件，2016 年 12 月 5 日最高人民法院审判委员会第 1702 次会议讨论原则通过了《公司法解释（四）》。2017 年 8 月 28 日上午，最高人民法院召开新闻发布会，发布《公司法解释（四）》，并于 2017 年 9 月 1 日起施行。

最高人民法院在新闻发布会上介绍，当代《公司法》通常包括三个方面的制度：投融资及其退出的法律制度、公司治理的法律制度和公司并购重组的法律制度。最高人民法院关于《公司法》解释工作的安排和布局基本遵循了这一体系。2005 年，我国《公司法》修订并重新颁布后，最高人民法院随即出台《公司法解释（一）》，主要解决了新旧法衔接适用的问题。2008 年和 2011 年，最高人民法院分别出台了《公司法解释（二）》和《公司法解释（三）》，主要解决了股东出资纠纷和公司解散清算纠纷案件审理中的法律适用问题，均属于投融资及其退出的法律制度范畴。

随后，以股东权利保护和公司治理为主题，最高人民法院着手起草《公司法解释（四）》稿，历时五年多。在此过程中，最高人民法院相关人员深入地方各级法院调查研究，多次举办法学专家论证会，分别举办仲裁员和律师、上市公司、民营企业等专题座谈会，先后两次向全国人大法工委和国务院法制办等中央有关部委以及地方各级法院征求意见，两次向全社会公开征求意见。先后收集了数百条各方面的宝贵意见，充分发扬了司法民主，凝聚了社会各界的共识和智慧。2017 年 3 月 15 日《中华人民共和国民法总则》正式颁布后，又历时近十个月，反复论证，对审判委员会原则通过的《公司法解释（四）》进行了认真梳理和校核，以确保解释与新法的规定保持一致。

---

① 理喻：《涉公司股东权益司法实务问题答疑——专访最高人民法院民二庭负责人》，《法律适用》2013 年第 7 期。

《公司法解释（四）》在完善公司直接诉讼和股东代表诉讼机制方面作出了一些相关规定。一是明确《公司法》第151条涉及两类不同诉讼。司法实践中，对《公司法》第151条第1款规定的诉讼类型，以及公司的诉讼地位存在不同认识。最高人民法院认为，公司董事会或者执行董事、监事会或者监事系公司机关，其履行法定职责代表公司提起的诉讼，应当是公司直接诉讼，应列公司为原告。《公司法解释（四）》第23条对此予以明确。二是完善了股东代表诉讼机制。《公司法》第151条第2款、第3款规定了股东代表诉讼，但对于股东代表诉讼中的当事人地位、胜诉利益的归属、诉讼费用的负担等问题，没有规定具体的操作规则。《公司法解释（四）》第24条、第25条、第26条分别就这三个方面的问题作出了规定。

二　司法的应对

在经济转型变革的背景下，我国《公司法》也处在不断的演进过程中。从目前的情况来看，很多具体规则还不好拿捏，加上股东代表诉讼天生的缺陷（非适格原告、非资本多数决），在国外名声不佳，使立法者更为谨慎。由于立法留白且修订滞后，各高级人民法院只好发布审判指导意见以应对裁判规则的匮乏。

实际上，早在2003年最高人民法院便意识到了股东代表诉讼的重要性，也为此做过相关努力。[①] 然而，该征求稿由于《公司法》面临全面修改而搁浅。由于缺少统一的司法解释，各高级人民法院陆续制定了审判指导意见，对所辖区域内的法院具有"准司法解释"的作用，在一定程度上缓解了裁判规则的匮乏。审判指导意见一般由高级人民法院发布，而各高级人民法院出台的审判指导意见是建立在所辖区域积累的审判经验基础上的，由于各省经济社会发展大不同，面临的裁决情况也有差异，不同的审判经验必将导致不同的审判指导意见，故各个地方有关股东代表诉讼的审判指导意见也不尽相同。有出入的司法政策必将损害法律的统一实施。而在没有发布审判指导意见的地区，裁判的困境仍无

[①] 最高人民法院通过中国法院网，向社会公布了《关于审理公司纠纷案件若干问题的规定（一）》（征求意见稿），其中包含5条股东代表诉讼的规定：第43条规定了法院应当受理的股东代表诉讼的情况；第44条规定提起代表诉讼的股东应当具备的条件；第45条规定了股东提起代表诉讼必须提供证据证明一定的事实；第46条规定了一些主体在诉讼中的地位；第47条规定了股东代表诉讼的费用担保问题。

法避免，只能寄希望于个案审判法官的创造性适用法律。鉴于个案法官创造性适用法律的能力强弱有别，加上股东代表诉讼的复杂性，案件的审判结果难免有出入。故发布统一的司法解释才是解决问题的根本之道，希望针对《公司法解释（四）》有关股东代表诉讼尚未明确规定的问题，相应的司法解释可以早日出台令其进一步明确。

第三节　观察与思考

一　研究结论

本章的实证数据揭示了中国股东代表诉讼制度在现实中的适用情况，虽然样本数量有限且法院的判决书内容通常都比较简单（北京、上海、江苏法院系统的判决书相对翔实），但我们仍可管中窥豹，发现一些问题。我国股东代表诉讼制度更多的适用于有限责任公司，这与英国股东代表诉讼很少在公众公司（类似于我国的股份有限公司）中得到运用类似。这既与立法安排有关，也与我国的经济、社会、传统有密切关系。虽然我国移植了股东代表诉讼制度，但相关条文仍相当模糊和原则化，没有规定胜诉费用求偿权、公司的诉讼地位、无举证责任的特别规定等。对于何为"情况紧急"？"他人"的界定也语焉不详。同时，也没有赋予股东提起双重、多重股东代表诉讼的权利。一言以蔽之，目前，我国关于股东代表诉讼的规定，立法留白较多。

我国是大陆法系国家，引入股东代表诉讼制度必然要将其进行某种形式的成文化，因此，真正的问题是如何进行成文化和如何实施。从其他国家关于股东代表诉讼制度的经验和教训中，我们可以得到以下几点总体性启示：第一，总结实践经验，颁布统一全面的司法解释迫在眉睫；第二，为避免股东代表诉讼制度的僵化，必须保持一定的弹性，对于目前难以界定的问题，不妨先予搁置，待法院充分实践后再作判断；第三，在保持弹性的同时，要结合其他配套制度来全盘考量股东代表诉讼的相关规则。从目前的实践情况来看，应适当为股东代表诉讼"松绑"。

二　完善股东代表诉讼制度的建议

根据实证研究的结论，我们提出以下拙见，希冀股东代表诉讼制度能释放其应有的制度价值，实现立法者之初衷。

在立法层面：第一，最高人民法院应尽快出台更加全面的司法解释，统一裁判标尺,维护审判权威;第二,在内容的设计上,应适当激励股东代表诉讼的提起。

在实施层面:第一,将股东代表诉讼案件的初审权限制在中级人民法院。本章的实证研究表明,我国股东代表诉讼案件,其案情比较复杂,当事人之间的利益冲突也比较剧烈,经二审审结的案件占比非常高,表明股东代表诉讼是民商事审判中的重点和难点,且股东代表诉讼涉及商业判断,对法官的素质和水平要求也比较高。第二,最高人民法院应当充分利用指导性案例的形式,为股东代表诉讼案件的审判工作提供指导和积累经验。最高人民法院发布的指导性案例,具有示范意义,各级人民法院审判类似案例时应当参照,这对股东代表诉讼的审判具有重要意义。第三,加强法院在股东代表诉讼中的作用。法院的作用不仅体现在认定高级管理人员和控制股东的诚信义务方面,而且体现在对"情况紧急"的认定,还体现在对诉讼性质和决定是否允许股东提起代表诉讼等方面。这实际上反映了《公司法》发展的一个趋势,由于各公司的情况千差万别,对公司及其股东、董事及利益相关人的利益进行平衡又相当困难,加上当今社会经济高速发展,《公司法》要想在调整公司法律关系方面游刃有余,就必须具有一定的灵活性和弹性。弹性的规则设计要求法院在审理案件时必须公正,法官必须胜任。故提高法官的素质,既是我国法院需要进一步努力的方向,也是完善股东代表诉讼制度的保障。

三 研究的不足及有待进一步研究的问题

本章的不足主要表现在以下几个方面。第一,材料收集上的不足。作为研究的样本材料,数量偏小,无法涵盖股东代表诉讼的各种情况,样本案例的判决书表述过于简单,在一定程度上影响了我们的判断。另外,股东代表诉讼分布在多个案由中,全部收集完整比较困难。第二,研究方法上的不足。虽然统计分析方法能够比较好地揭示整体特征,但对个性问题发掘不足。此外,本章较少运用法理分析方法和比较分析方法。第三,研究者学识有限,在认识、判断上不免偏颇,在结论上也难免肤浅。

尽管自20世纪90年代中期起,我国的一些法院已经陆续开始在司法实践中运用股东代表诉讼制度,但该制度直到2005年新《公司法》第152条的出现才第一次以立法形式明确。由于我国具有成文法的传统,这种较长时间内缺少有关股东代表诉讼立法的情况在实践中造成了很多问题,如判决的不一致和法律的不可预测等。2005年新《公司法》对股东代表诉讼的规定旨在解决这些问题。第 152 条能否起到预期的作用呢？考虑到中国特殊的国情，以及第 152 条本身和相关法律所存在的问题，目前还无法回答这一问题。立法政策的背后是利益衡量的较量，"立法者之所以对不同的行为采取不同的立法政策，核心原因还是对各种社会利益进行取舍的结果"①。股东代表诉讼制度的移植也不例外。完善我国股东代表诉讼制度将是一个不断探索、不断调适、不断修正的漫长过程。我们将继续关注股东代表诉讼在我国的运行情况，特别是从我们实证研究的数据来看，股东代表诉讼制度在上市公司中还很少得到运用，这与制度引进时的初衷是事与愿违的，特别值得立法者、监管者的重视和反思，也值得学界去进一步探讨其根源。希冀日后我们的研究可以有更多的发现。

---

① 汤唯、雷振斌：《论立法政策取向与利益衡量》，《法学论坛》2006 年第 3 期。

第十章

非讼程序与公司治理

第一节 司法介入公司治理的
新路径：非讼程序

司法介入作为公司治理的一种外在程序保障，可以对公司内部各主体之间的权利、义务纷争进行直接协调，从而对公司法人治理结构的有效运作和私法主体的权利进行救济和保护。实际上司法介入公司治理同公司诉讼是一个问题的两个方面。司法介入公司治理突出表现为司法权对完善公司内部治理的意义；反观公司诉讼，主要表现为其作为纠纷解决机制的一个侧面。[①]不过，此处的"公司诉讼"是从广义上来说的。由于传统大陆法系的民事诉讼理论及制度在审判程序中有诉讼程序与非讼程序之分，一方面法院能够利用诉讼程序对公司控制者的权力予以监督、对公司投资者的权益进行保护；另一方面还扮演着"监护人"的角色，通过非讼程序来解决公司运营过程中发生的梗阻问题。基于此，依据介入方式的差异，可以将公司治理的司法介入机制划分为诉讼机制与非讼机制。

通常情况下，公司治理机制被认为是一套用来联系并规制公司所有者、经营者、控制者之间权利、义务关系的一种制度设计。但同时它又是一项动态的制度设计，在公司的经营权与所有权相分割的大背景之下，通过外部众多因素的影响，最终以动态方式达到公司权力与权利、权利与利益之间的制衡状态。通常情况下，发挥公司本身的内部调控和自治能够取得更好的治理效果。这一制度设计很好地展现了公司所特有的法人性质，有效保障了中小股东、债权人等的合法权益，使公司的经营者不断努力追求公司利益最大化，而且不会因为某些细微的错误而遭受非议。因此，合理完善公司自治机

[①] 刘桂清：《公司治理的司法保障——司法介入公司治理的法理分析》，《现代法学》2005年第4期。

制能够使公司领域内的多方利益在总体上趋于制衡和稳定。但由于我国公司治理和调控机制本身的局限性，"一大超强"的控制模式在实践中尤其明显，这就使得公司治理难以实现预期的目标。司法介入我国公司治理的必要性主要表现在以下几个方面。

第一，保护中小股东的利益。我国的上市公司多数由之前的计划经济时代国企改制而来，这使得我国民营资产控制的公司在公司总体格局中显得微不足道。由于受我国落后的传统公司经营文化和思维的影响，在公司治理机制方面生硬僵化、照搬照拿、毫无创新可言。加之公司成员各异且数量较为庞大，团体出动坐"顺风车"，以及各种商业投机行为时有发生，这些情形使得公司领域广泛推行"内部人控制"机制。公司实务过程中许多公司大股东通过其已有的优势地位干预公司作出的重要决议事项，侵害公司和少数股东权利的现象举不胜举。公司内部人起初的善与恶并不重要，最关键的是能有一套行之有效的制衡机制。由于众多掌握控制权的股东与生俱来似乎就难以走出"权力滥用"的怪圈，所以把公司的"内部控制权"关进制度的笼子里就变得十分迫切和需要。

第二，弥补公司内部监督的不足。公司的内部治理对其内部监督机构的作用具有严重的依赖性。我国监事会的监督功能是以一种事后监督的方式进行的，它属于非参与性的公司外部监督。由于监事会成员的独立性不足，监督方式过于单一，致使对我国公司的监督在程序方面严重匮乏，监督本应具有的功能和价值仅仅流于形式而未落到实处。此外，新兴的独立董事制度尽管于国外公司治理实践中取得了显著成效，但自打其进入我国本土以后，就呈现出严重的水土不服现象，独立董事制度应有的独立性根本就没有用武之地。同时，监事会和独立董事作为公司监督机构，二者之间还存在着各自权利义务关系不明、内部各要素复杂交错、相关制约机制匮乏等诸多问题，这些问题的存在不利于监事会和独立董事监督效果的有效发挥。

第三，促进市场主体间的合作。在公司治理过程中，因公司内外部资源之间具有相互依存的特点，其中只要有一方出现不正当行为就会使另一方主体的权益受损。为了有效减少和消除损失，公司的经营合作需要持续不断地开展，作为公司成员便可因此而从中获利。这离不开某种有效机制来对生产要素、生产关系及其他因素进行合理配置，以此保障公司运作稳健持久。另一方面，值得一提的是，无休止地谋求个人利益是人性所固有的顽疾。很多时候，当公司的各权利主体在利益方面不能达成一致，甚至爆发利益冲突时，就需要评估利益的多与少、大与小，从而设计出相应标准去对最优的利益进行救济和保护。为此，立法者设计出具体的规则、原则及相关法律条文。而司法介入公司治理的目标即通过协调公司各权利主体之间、公司与债权人及其他利益相关者之间的各种法律关系，通过各种协调机制的运用，使各主体之间的权利、义务及利益在争议解决的过程中趋于合理和平衡并得到保护。

我国现行的《公司法》于2013年进行了修订，在法律实施的过程中，学界、司法界对其褒贬不一。该法在立法思想和立法技术乃至制度配置上均有一定创造性和前瞻性，充分彰显了作为外部力量的司法在维护和促进公司自治过程中的重要作用。其在股东派生诉讼、公司股东权利保护和公司利益等诸多方面规定了司法监督、司法干预、司法救济等一系列新的制度安排，在相当程度上弥补了公司法律制度相关领域的空白，为司法介入公司治理提供了广阔的空间。

司法介入公司治理的路径一般分为两种：诉讼机制和非诉机制。2005年《公司法》的相关规定中在解决有关的可诉性问题时笔墨甚少，给非诉机制的司法介入问题留下了许多空白。国内目前通常把司法介入跟公司诉讼相互混淆，大多在股东直接诉讼和股东派生之诉的大框架下来对公司治理的司法介入问题进行探讨和研究。实际上相较于诉讼机制，非诉机制尤其能体现司法介入同公司治理相互间的特殊关系。

第二节 公司治理非诉程序在国外的应用

一 公司非诉程序的内涵与特征

（一）公司非诉程序的内涵

我国现行《民事诉讼法》和现行《公司法》都没有就公司非诉程序作出法律规定。而在法律学界，学者们也对公司治理非诉程序的概念争执不休。唯一与公司非诉程序相近的法律规定要数现行《民事诉讼法》的特别程序规定。但特别程序也是以督促程序、公示催告程序等表现出来的，并无相关的特别程序专门立法。尽管如此，公司非诉程序还是与我国现行《民事诉讼法》的特别程序有着很大的差别。

立法的缺失导致了关于公司非诉程序的问题讨论仍只停留在学理层面。一般来看，公司非诉程序即非诉程序在公司法中的详细运用。故笔者将紧密结合我国现行的《民事诉讼法》和《公司法》，从双重角度来对公司非诉程序进行分析。

1. 民事诉讼程序视角下的公司非讼程序

从学理上来看，我国民事诉讼程序分为了普通程序与特别程序。其中特别程序可以分为特别诉讼程序和非讼程序，非讼程序里还可以进行更为深入的划分。例如，在日本《非讼案件程序法》又对非讼程序再一次分类。因此，从民事诉讼程序与公司非讼程序的架构中，不难看出两者存在着多层级的隶属关系。①

2. 公司纠纷解决机制视角下的公司非讼程序

在现代法治国家的公司制度背景下，当公司发生纠纷，其解决的重要途径主要有：第一，按照公司章程实施自我管理与救助，即公司治理解决纠纷；第二，通过法律诉讼的形式，即公司诉讼机制化解纠纷。两种纠纷解决途径互相各有优劣，相互补充，对保障公司中小股东的基本权利起到了重要作用。②从学理分析的角度出发，公司治理的关键准则，即妥善处理公司各项事务，化解众多利益之间的摩擦与矛盾，同时又能使得公司可以正常运作。这样既平衡了众多股东、管理人员之间的利益，又不会影响到公司本身正常的经营。遵循这种准则十分必要，但想要达到这种准则，也成为公司治理的一大难题。公司治理动用自身力量完成纠纷解决，即公司实现了自治。公司治理的自治过程作为化解公司内部矛盾的第一道屏障，具有及时性。而在实践过程之中，仅靠公司治理仍然无法完全解决利益冲突之间的矛盾。公司治理结构存在一定的不足，主要反映在所有权与管理权相分离的模式下，公司管理层的代理成本问题。另外，资本多数决的规则会造成大股东操控公司并侵犯小股东相关权益的状况，同样也反映了公司治理结构的缺陷。故有必要设置外部力量，对公司自治的不足予以救济。公司诉讼机制在很多情况下就是一种很好的选择。公司诉讼机制，通过公权力的外部救济，实现公司内部利益的平衡与公司的正常运作。虽然作为私法自治原则的体现，公司自我治理处于最核心的部分，但公司诉讼机制作为一种强制力能够有效地保障公司相关方的合法权益，它是达成权利救济的最后一道防线。

3. 公司非讼程序：司法介入公司纠纷的"新路径"

公司诉讼广义上的界定，指在公司运营过程下，由于公司相关利益方违

---

① 日本《非讼案件程序法》：非讼程序可划分为民事非讼案件程序和商事非讼案件程序两大类，其中商事非讼案件程序中规定了公司债、股权、公司清算等公司非讼案件内容。

② 公司纠纷的解决机制，除了公司治理和公司诉讼外，也包括仲裁、人民调解等机制。从这些机制所发挥的作用来看，公司纠纷的解决机制主要是公司治理和公司诉讼两种。

背了所应当遵循的权利义务从而导致适用特别程序的民事诉讼活动。① 几乎所有公司诉讼和非讼案件都可归为广义层面的公司诉讼范围。狭义层面的公司诉讼范围较小，即单指公司的诉讼案件。② 本章讨论与研究的公司诉讼，主要采用了广义的界定。

根据公司诉讼概念的相关界定，结合实践上的相关操作，其有如下几个特点：第一，公司诉讼具有程序性，即公司诉讼案件严格依照现有的法律规范进行，例如公司诉讼存在起诉前提，适用非讼程序，还适用特别程序；第二，公司诉讼涉及的利益相关人主要有股东、董事、公司自身、清算组以及公司债权人，即利益相关人是众多的；第三，从公司设立到公司注销之间的时间节点，都可能发生公司诉讼，即公司诉讼产生时间段较为广泛。

根据不同的标准和视角，我们可以将公司诉讼进行划分。如从诉权的性质视角，可以划分为直接诉讼和间接诉讼。从我国立法状况与实践经验来看，我国直接诉讼十分普遍。间接诉讼特指的是《公司法》第152条的股东代表诉讼或股东派生诉讼。由司法介入公司争端所采用的程序来看，依据公司诉讼案件所适用程序的不同，能将公司诉讼分成普通公司诉讼和非讼程序公司诉讼。通常情况下公司争议案都选择公司普通诉讼程序。但并非所有公司争议案都适合用普通诉讼程序解决，有时可能会适得其反。在这种情况下适用公司非讼程序处理争议变得尤为迫切和需要。从国外的立法例来看，非讼程序是公司纠纷司法解决机制中一种重要的制度，在解决公司纠纷案件中具有特殊的神奇功效。因此，普通诉讼程序与公司非讼程序共同组成了司法介入公司纠纷的有效途径，为公司的利益保驾护航。

从国外相关立法来看，日本《非讼案件程序法》分为3编，依次为总则、民事非讼案件和商事非讼案件，第3编囊括了几乎所有的公司非财产型非讼案件的处理办法，包含公司解散命令、公司整顿管理、自行召集股东大会许可等。③ 2005年修订的《日本公司法》对第7编作出调整。第7编中有"非讼"制度，体系完备，对非讼制度都作出了详细的规定。在英美法系的相关立法中，由于受司法传统的影响，凡事讲求从事实出发，其立法未对非讼程序作出明确规定。而英美法系处理类似案件的做法，是以法官为主导的

---

① 奚晓明、金剑锋：《公司诉讼的理论与实务问题研究》，人民法院出版社2008年版，第15页。

② 参见李求轶《公司诉讼类型化探析》，法律出版社2010年版，第40页。

③ 参见白绿铉编译《日本新民事诉讼法》，中国法制出版社2000年版，第170—196页。

颁布令状、选派检查人等方式来达成公司的介入。这表明了英美法系针对特殊的公司事件，也会有相似的程序而并非直接适用诉讼程序。

(二) 非讼程序的特征

由于非讼案件具有多样性与复杂性，决定了其特征与诉讼程序有所不同。如实体权益争议不明显、公益色彩较强、审判程序简便、迅速的要求非常突出等。[①] 非讼程序的主要特征如下。

1. 当事人的处分原则受限

当事人处分原则，即当事人享有处分权，民事诉讼应当由当事人主动开启。然而，任何权利也不是绝对的。非讼程序中当事人的处分权难免会受限。这是由于其通常涉及国家的利益和社会公众利益，具有公益性。故可以规定：一般状况下，当事人申请启动非讼程序，特殊情况下，出于公共利益的考量，法院得依职权主动启动或者终结非讼程序。比如，法院对某一非讼案件作出裁判后，认为裁判有误的，可以主动依职权启动程序，改变或撤销之前的不当裁判。

2. 采取职权探知主义

一般的诉讼程序贯彻辩论主义原则，即法院庭审过程中存在当事人的辩论环节，这是对当事人辩论权利的体现。但在非讼程序中，法院采取职权探知主义，辩论原则不再一定适用。就具体情况而言，纵使当事人未提交相关事实和证据，法院也能依职权进行调查和收集相关证据材料和案件事实。但这并不意味当事人在程序性权利方面丧失过多。依照现行法律规定，当事人享有充分表达自己意见的权利，法院也应当对此加以尊重，更好地听取当事人的意见。此外，即使采取职权探知主义，也没有排斥当事人自行收集、提供证据。事实上，当事人提供的证据能够更好地帮助法院弄清案件的真相，使得法院的裁判更为公正、合理。职权探知作为法院必须履行的义务，不能因当事人举证不能而直接判决其败诉，这样的做法是不合理的。其他立法，如日本《非讼事件程序法》第 11 条[②]均对此有规定。

3. 以不公开审理为原则

非讼程序实行的是不公开审判原则。我国台湾地区与日本均对此有自己的规定，如日本的《非讼事件程序法》第 13 条[③]规定就涉及这一原则。不

---

① 参见江伟主编《民事诉讼法专论》，中国人民大学出版社 2005 年版，第 437—440 页。
② 日本《非讼事件程序法》第 11 条：法院依职权探知事实及调查证据。
③ 日本《非讼事件程序法》第 13 条：审问不公开，但法院认为相当者，得许旁听。

公开的审理是由于非讼程序一般不存在实体权利纠纷，当事人之间也无其他明显的矛盾和纠纷。法院只需要认定某种事实或者权利即可。故无须通过公开审理的方式以寻求公正。不公开审理的另一个考虑是，有些案件涉及了国家机密、公司秘密或是个人的秘密，这些都是需要依法严格保密的。

4. 直接言词原则受限，采取书面审理原则

长期以来，直接言词原则和书面审理原则是各国民事诉讼立法遵守的两项基本准则。而在非讼程序中，直接言词原则应当被限制，间接审理原则应当予以启用，即法官不用开庭审理，而是书面审理为主要方式。基于职权探知主义的贯彻，法官能够依职权进行调查取证等活动，还可委托其他的审判人员协助调查。例如，我国台湾地区规定，此类案件可以委托司法事务官调查案件的事实和证据。直接言词原则是一把双刃剑：就其优点而言，直接言词原则让当事人陈述更加清晰、形象，使得法官易于掌控争议焦点，也避免其他的不正当干扰，保障了司法的准确；但其缺点也是显而易见的。例如，当事人受种种因素的影响，其口头陈述可能会遗漏，加之各个当事人表述水平不一，对还原事实真相的表述产生差异。相比之下，书面审理原则使得陈述更加趋于准确、全面，书面陈述的材料相对容易保存。适用书面审理原则能够符合非讼程序强调高效、快速定分止争的要求。

5. 法官拥有较大的自由裁量权

法官的自由裁量权，体现在法官对案件的判断和认定时需采用相应的证明标准，其证明标准从法官内心形成。证明标准的证据则会对证据加以采信，反之则不会采信。非讼程序中，法院的法官很少解决实体权益争议的有关内容，而是作出确认某种权利或事实的行为，而且需要法院简洁、高效的裁判结果，因而，其证明标准低于诉讼程序的证明标准，法官手中自由裁量权自然更大。

6. 对当事人程序权利保障相对薄弱

非讼程序一般是一审终审，这会影响到当事人的听审权等司法权利。非讼程序进行中，法官可以不公开，也可以不对席即审判；即使要对相关利害关系人进行询问，也无须有对质的程序；法院收集的证据不需要当事人发表意见，仍然可以据此认定案件事实。当然，当事人权利并不是被绝对地削弱。在涉及实体权利义务的非讼案件中，应当给予当事人较强的程序性权利保障。在公司非讼程序中，涉及当事人的实体权利和义务的情况非常常见，务必注意当事人权利的保障。

7. 不同类型的非讼程序之间无统一的、必然联系的程序

在诉讼程序案件中，一审、二审、再审或简易程序均可适用于所有诉讼程序案件。而在非讼程序案件中，因非讼事件的差异性，每一类非讼程序的法律规定必然有差异，否则，纠纷无法得到合理的、科学的、有效的解决。例如，宣告失踪程序、督促程序、公示催告程序等，均有各自独立的程序规定，相互之间不存在也不能存在必然的关联。当然，这并不意味着其法理基础的不同，仍有少部分制度设计有诸多差异的非讼案件可以共同适用的如一审终审等。正是有这样的交叉的共性存在，才能将各个非讼程序独立在诉讼程序之外而存在，并发挥其作用。[①]

总体来看，非讼程序对保障当事人权利较诉讼程序来说有不足、需要弥补的环节；与诉讼程序追求程序的公平和正义，非讼程序更追逐简便、迅捷的效率价值；合理和适当是非讼程序的侧重点。值得特别指出的是，审慎准确的裁判、诉讼低成本和高效的裁判、合情合理的裁判不会因为诉讼和非讼的不同而有不同的程序价值的追求，只能说在不同程序制度的构建下，上述价值追求并非处于同一水平，而是各有侧重。

二 国外公司非讼程序简析

（一）大陆法系国家和地区相关经验借鉴

在传统的大陆法系国家中，德国和日本的立法中都有专门的非讼程序法典，可见非讼程序在大陆法系中的重要地位。作为大陆法系国家的后起之秀，日本于19世纪末单独出台了《非讼案件程序法》，分为两个部分，分别对民事和商事范围中的非讼程序作了明确的界定和区分。2005年，修改后的日本《公司法》中更加详细、具象化地明确了非讼程序的规范细则，更是将非讼程序引入公司治理中，涵盖了公司治理的股东大会自行召集的许可、如何评估股票价格以及有关债权债务、解散和清算等，其中还涉及管辖法院、时效、当事人、收费等程序性问题。如此一来，日本的《非讼案件程序法》在程序上、《公司法》在实体上，正式全方位构建起了完善的、专门针对公司纠纷的非讼程序法律机制。

德国非讼程序领域中现行的法律规范是1898年5月制订，并于2004年修改的《非讼事件法》。该法第七章专门针对公司纠纷使用的非讼程序进行

[①] 参见杜瑶《公司非讼程序基本问题研究》，硕士学位论文，中国政法大学，2008年。

了笔墨浓重的规定,其中明确了由何机构单位、遵循怎样的程序管理、合作社登记簿、商业登记簿,还对初级法院开展工作时适用的法律规范作了详细的列举。①

虽然作为大陆法系发源地的法国并未在公司非讼程序方面通过专门的立法进行规范和约束,却能在《法国民事诉讼法》和《法国商法典》中零散地瞥见其作为。这些非讼程序无一不体现了法国立法的迅捷、高效、经济和审理方式的灵活、证据规则的宽松等特点。

我国台湾地区通过系列规定将"非讼事件"这一概念予以贯彻普及。"非讼事件"的申请、管辖、讯问、当事人以及费用承担、裁定、当事人不满裁定如何申请抗告等程序性问题均有明确规定。另外还借鉴了日本的《非讼案件程序法》的立法模式,将非讼事件同样区分为民事领域和商事领域。在民事和商事领域之外的非讼事件同样可以适用《非讼事件法》进行裁定。不过这样的适用应当是在没有其他特殊规定的情况下进行。之后,因为社会结构的变化,人们在民商事领域内的权利义务纠纷日益多样化、复杂化。为了迅速解决纠纷、节省劳资和诉累,于是便有了非讼程序。为了更好地施行"非讼事件规定",台湾当局对其作了必要的修改。修订后的"非讼事件规定"将商事领域中公司纠纷范围的非讼事件归类为九类。② 另外,我国台湾地区的相关规定也对非讼程序的适用范围作出了界定。

纵观上述相关国家和地区的立法实践很容易看出,大陆法系国家均有一套较为完善的非讼程序法律机制,大都偏好于采用单独立法的方式。这是对纠纷解决作了科学性、合理性和实效性的权衡后而采用的立法模式,这也是为了更好地适应解决公司非讼纠纷的需要。

(二) 英美法系国家相关经验借鉴

由于长期深受判例法的影响,英美法系各国不存在法典化或者说成文化的非讼程序立法,但是这并不是说非讼程序在英美法系国家就不存在。非讼程序独特、方便、高效的纠纷解决在追求实际效益的英美法系国家同样受欢迎。例如,检查人制度、司法估价制度等。受浓厚的判例法传统的影响,在

---

① 李大雪:《德国〈非讼事件法〉的现状和前景》,《河南社会科学》2006年第4期。
② 这九类是:一是法人登记事件;二是股东申请法院准许其退股和选派检查人事件;三是有限责任公司股东申请法院准许其查阅公司账目、业务以及财产事件;四是股东申请法院作出回购股价的裁定事件;五是有关公司清算事件;六是公司解散事件;七是公司重整程序事件;八是有关公司债权人会议决议之认可事件;九是关于公司清算程序的相关事件。

审理案件的过程中，为快速化解纠纷和矛盾，法官可以充分运用自由裁量权，根据各案的实情并结合自身的学术修养、知识储备和价值判断来颁布相关令状。但是这样的令状必然受当时案件的具体情况的限制而不能广泛地适用。

正如前文所说，非讼程序制度并没有系统地在英美法系中出现，而是零星散碎地在每一个判例中得到具体的采用施行。比如说美国的《示范公司法》中就规定，若有适格的股东向法院提出申请，代表司法权的法院就可以介入公司治理，具体明确公司召开会议的时间及地点，并且还可具体明确与会的相关成员；[①] 英国《1986年公司董事消极资格法》中，董事的消极资格令经由法院颁发。具体来说就是，公司董事实施了犯罪行为或不正当行为，此时，公司的法定接管人、债权人或其他有权主体，均有权向法院提出相应申请，请求法院颁发董事消极资格令。法院采用非讼程序的目的，就是要迅速化解矛盾，定分止争，使公司纷争尽快解决，从而确保公司的运营不受影响，维护公司的利益。大部分英美法系国家的法治程度非常高，国民的法律意识很强，法官的专业水准更是毋庸置疑的。也正是因为这样，法官的自由裁量的范围也非常宽泛，能独立根据案件的实际来决定其最终适用的程序、诉讼或是非讼。实践中，法官在处理公司纠纷非讼案件时，可自由地作出司法裁判。根据案件的实际快速结束案件的审理，以达到便捷、高效的要求，确保公司的健康持久运营，所以更确切地说英美法系国家的非讼程序应为实质意义上的。

第三节　我国公司治理非讼程序存在的问题分析

一　我国公司治理非讼程序的发展趋势

我国目前的立法体制中，民事领域的程序性法律规范《民事诉讼法》并未对非讼程序有作相关的制度构建。实践中，非讼案件则一般是按照有关的特别程序来处理。立法上的不足和缺失不能指导司法实践，显然是有缺陷的。一方面在立法形式上不科学，特别程序划分和界定的标准十分模糊。我国民事诉讼法将非讼案件均纳入特别程序的框架内进行处理，这使得我国非讼程序的制度设置显得非常不科学、不合理。另一方面我国现行立法规定的

[①] 沈四宝编译：《最新美国标准公司法》，法律出版社2006年版，第64页。

条文表述不够准确。比如，我国民诉特别程序所规定的几类案件中，除了选民资格案，条文所列其他几项均属非讼案件范畴。

将非讼案件纳入特别程序的适用范围，主要是因为受到《苏俄民事诉讼法典》的影响。苏联和当今俄罗斯联邦的民事诉讼法典均把非讼案件纳入特别程序的适用范围之内。我国《民事诉讼法》第十五章与《苏俄民事诉讼法典》中有关特别程序的规定如出一辙，在相当程度上借鉴了《苏俄民事诉讼法典》的立法体例。为了使我国民事非讼程序的制度设计更科学、合理，修改现行《民事诉讼法》中有关特别程序的规定变得尤为迫切，在《民事诉讼法》修订时也应当对此重点关注和考虑。立法机关应当在立法上完善非讼程序在我国的适用机制。

综上所述，通过对国内公司非讼程序立法的分析，借鉴国外非讼程序立法和实践经验，我们了解到我国现阶段的相关立法仍然有很大的不足，存在亟待解决的问题，尤其要解决实践中无法可依的尴尬境地。因此，应当充分考虑我国国情，有选择地借鉴引进域外相关的先进立法和司法实践经验，为我国非讼程序法律制度的构建添砖加瓦。

二　实体法的不足

（一）已有的规定不尽完善

我国《公司法》有少许性质上属于非讼机制的相关规定，例如第34条有关股东查阅权的规定及第184条有关清算的规定。其中第34条规定股东可"要求"查阅公司会计账簿，如果遭到拒绝，则股东可请求法院要求公司提供会计账簿。此处"要求"的表述体现了立法者有意将其与公司诉讼程序相区别的意图。有关清算的规定中，若存在逾期仍未成立清算组的情况，公司的债权人有权向法院"申请"指定清算组的组成人员，并对公司进行清算。从此处使用的"申请"二字以及《公司法解释（二）》第24条中与"解散公司诉讼案件"明显区别的"公司清算案件"字样看，我们有理由认为法院组织清算是属于公司非讼案件的范畴。

但没有相关程序法的依据支撑，法院仍然只能依照诉讼程序对案件进行审理。在此情况下，上述规定只能流于形式，公司非讼机制不能有效发挥其应有的效用。例如，股东查阅权案件中，即使股东资格确定，并且案情简单、明了，法院仍然是按照普通诉讼程序进行审理的。其审理期限普遍较长，且大量案件会进入二审程序之中。尽管在这类案件中原告的合法权益终究得到了司法救济，但是其烦琐的审理过程与民商事主体追求经济效益最大化的目标相违背。且法律条文本身也存在许多固有的遗漏和缺陷。比如，公司清算案件，《公司法解释（二）》明文规定了法院组织清算期限为 6 个月，且遇有特殊情形还可申请延长，但对于公司自行组织清算的具体期限未作出明确规定。很显然，我国的公司非讼程序机制迫切需要进一步完善，以应对日渐增长的公司非讼案件。

（二）存在立法空白

除我国《公司法》上述规定外，从大陆法系国家和地区有关公司治理的非讼机制来看，具有代表性的公司非讼程序还有股东大会的司法召集、对董事的司法任免、异议股东回购请求权的司法估价程序以及检查人的司法选任制度等。但这些制度在我国公司法中属于立法的空白地带。当然，立法的空白并不意味前述制度不适用于我国《公司法》的具体实践。诚如有些学者所言，尽管世界各国法律观念和价值追求因国情而异，但过分片面强调中国特色的做法可能会使我们在步入法治国家的道路上渐行渐远而远离全球化视野。对当今世界各国法律理论发展的潮流持观望或回避态度，必然会阻碍我们自身的长远发展，特别是在公司法领域体现得尤为明显。

例如，公司董事的司法解任程序中，我国《公司法》第 47 条就规定了公司相关高管人员的消极任职资格情形。如果在公司委派、选举、聘任初期，董事就有违反消极任职资格的情形，但公司未予解职的，股东可以根据《公司法》第 22 条提起股东大会决议无效之诉。若在任期期内出现上述情形，公司未予解任的，并且由于该董事所代表的大股东行使否决权，使得股东大会也无法通过解任提案时，将如何对中小股东的权利进行救济，《公司法》并未作出明确规定。如果借鉴大陆法系国家的立法例，这一问题就可以通过董事的司法解任程序予以解决。

综上，从实体法角度来看，我国司法介入公司治理的非讼机制主要存在以下问题：第一，尽管我国现行的《公司法》中有少许部分明文规定，但是由于程序法方面的严重匮乏致使其非讼性质模糊不清、不甚明确，且法律条文本身也存在诸多缺陷；第二，《公司法》中一些亟待确立的非讼机制存在立法上的漏洞和空白。

三 程序法相关规定的缺失

通常情况下，实体法仅对非讼事件的范围和内容作出相应规定，指明某一具体事件应当由法院管辖。但是具体的程序性规则是由相关的程序法来加以规定的，如德国的《非讼事件管辖法》、日本的《非讼案件程序法》。目前我国尚无单独的非讼程序法，在《民事诉讼法》中也尚无"非讼程序"这一法律概念，那么我国相应的商事非讼案件程序乃至公司非讼程序也就无从论及。我国目前并未依照大陆法系传统的民事诉讼理论和相关机制，把民事审判程序作诉讼程序与非讼程序的分辨，而是在借鉴苏联民事立法的基础上引进了"特别程序"这一法律概念与"普通程序"相对照。我国《民事诉讼法》中的特别程序规定除了选民资格案外，其他几类案件的性质均具有非讼程序的属性。且除了公示催告程序以外，并不适用于几乎所有特殊的公司非讼争议案件。由此可见，我国的公司治理在非讼程序方面的制度性安排实际上是十分匮乏的。

伴随着我国市场经济的逐渐发展，我国公司争议案件表现出新型化、复杂化的态势，法院受理的公司非讼案件数量急剧攀升。但由于非讼程序方面的严重匮乏，法院通常的做法是不予立案或者适用诉讼程序来进行审理，因而造成了程序上的错位。这样一来，导致当事人的权利得不到及时有效的保护和救济，冗繁的诉讼程序也造成对司法资源的严重浪费。此外，由于非讼程序的匮乏导致我国公司治理中非讼程序无从施展其应有功效，阻塞了司法介入公司治理的路径。从我国司法介入公司治理的方式来看，可以说是强制性与单一性并存，主要是通过法院审理公司纷争的方式来实现。其结果可想而知，僵硬而固化的程序设计加之以刚性且具有强制力的司法，忽视了公司诉讼本应具有的灵活柔性特征；过于单一的模式加之以普遍一刀切的审理程序，也忽视了公司诉讼所具有的多样性特征。[①]

四 缺乏有效的救济机制

（一）有限公司股东查阅权缺乏有效救济

股东查阅权作为一项极其重要的股东权利，在保护股东利益方面具有十分重大的意义。在我国，股东的知情权一般是通过查阅本公司的相关经营资料来予以行使的。《公司法》第33条第2款对此作了明确规定。[②] 实践中，

[①] 赵蕾：《司法介入公司自治的第二条道路——公司特别诉讼的基本程序》，《法学论坛》2011年第1期。

[②] 参见《公司法》第33条第2款规定：股东要求查阅公司会计账簿的，应当向公司提出书面请求并说明目的。公司有合理依据认为股东有不正当目的、可能损害公司合法利益的，可以拒绝提供查阅，并应自股东提出书面请求之日起十五日内作出书面答复并说明理由，遭拒绝的股东可以请求法院要求公司提供查阅。

股东欲行使这一权利，一方面实体上要满足"正当目的"，另一方面程序上还得满足"用尽内部救济"。如果对是否满足上述两个条件存在分歧时，就会寄希望于司法裁决来解决。起诉的终极目标即行使查阅权以获取公司的真实经营信息，进而便于实现与之相应的一系列合法权益。因此十分迫切需要便捷、高效地化解公司纷争。但当前冗杂的公司诉讼程序使得股东查阅权应有的制度价值大打折扣。

（二）股东会召集权缺乏有效救济

在"两权"分离背景下，参加公司股东会议是中小股东参与公司经营的必由之路，而股东会又由董事会召集，如中小股东的某项决议欲在股东会上获得支持，但董事会拒绝召集，那么一切将是徒劳。有学者提出：当且仅当召开会议是干预公司的唯一途径时，且多数股东有理由相信董事在其权限范围内处理公司事务时所采行动非为公司权益时，若继续阻止股东（尤其是中小股东）召开会议，那将难以让人承受。[①] 正是基于此考虑，多数国家在立法上才赋予中小股东关于会议的召集权。但在实务中，中小股东的股东会召集权的行使往往面临着许多阻碍和挑战，如何对其进行有效救济和保护，也成为司法实务中一个不容忽视的问题。

我国《公司法》中明确规定，代表 1/10 以上表决权的股东可提议董事会召集临时股东会。第 40 条、第 101 条规定，在董事会、监事会不正常履行召集、主持职责的前提下，代表 1/10 以上表决权的股东得自行召集、主持股东会。[②] 上述条文存在许多缺陷。简而言之，一是在召集提议权的规定方面太过模式化，一旦遭到拒绝怎样予以补救和保护，未有一般的可操作性规定。二是召集权，股东径行召集股东会多出现于公司治理混乱多变的情形下；并且法律也未规定股东有向公司董事会作相关报告和解释的义务，仅需合乎法律规定，股东即可自行召集股东（大）会。但当其他股东反对，或者其决议得不到认可时，一旦发生争端，对此怎样处理，我国《公司法》尚未作出明确规定，在通常情况下是借助于诉讼程序来解决的。但在司法实务过程中这种制度安排的效率可想而知。

（三）异议股东评估权的定价纠纷缺乏有效救济

如果公司决议会对股东造成严重影响时，异议股东有权请求公司合理对其持有的公司股权估价后予以收购。此举意在保护中小股东免受大股东或控

---

① 何美欢：《公众公司及其股权证券》（上册），北京大学出版社 1999 年版，第 605 页。

② 参见《公司法》第 40 条、第 101 条。

股股东的欺压,特别是对有限公司意义十分重大。

对于异议股东的回购请求权,《公司法》第74条作了明确规定。① 而异议股东评估权的核心集中表现在回购股权时的定价机制。当事人达不成收购协议大多是由于在价格上存在分歧所致。对此可以通过自由协商或者诉讼的方式来解决。因此,异议股东起诉的目的在于要求确定公平合理的股权评估价格。关键问题在于,上述规定恰恰对于法院怎样判断该公平合理的评估价格未着一墨。立法上过于简洁、抽象,不利于法官严格依法裁判,也使得相关制度的应有功效大打折扣。② 举例来说,异议股东请求公司回购其股权而公司并不反对,二者唯独在股价上达不成一致意见时,依目前的法律规定仅能按照诉讼程序处理,很显然确定公司股价纯属事实问题,倘若对其适用诉讼程序,势必造成程序适用的错位和混淆。

（四）董事司法任免纠纷缺乏有效救济

当今公司普遍采取"董事会中心主义"的运作模式,公司的权力均归董事会（法律、公司章程另有规定的除外）,董事会居于公司的核心。通常情况下公司董事的任免是公司利益相关主体之间竞争最为激烈的领域,由此产生的纷争在公司法实务中最为常见。司法对此将如何处置,值得重点关注。

对于有限公司董事的司法选任,根据《公司法》第45条第2款规定,董事任期届满未及时改选或任期内辞职导致董事会成员低于法定人数的,在改选出的董事就任之前,原董事仍应继续履行其职务。但如果出现其他特殊情形（如患病或死亡、不符合任职资格等）造成董事会因不足法定最低人数而无法举行,而股东会又未选任出临时董事的,怎样进行补救和保护,立法对此未予明确。

对于有限公司董事的司法解任,《公司法》第146条明确规定,当公司董事违反消极任职资格的,该选举、委派当然无效。如果任期内发生此情形的,公司得解任之。由此可见,董事在选举、委派时违反任职资格条件的,公司得解任之,否则其他股东有权提起决议无效之诉。关键问题在于,董事在任期内存在不符合任职资格情形时由公司自行解任,但如果公司拒绝解任

---

① 《公司法》第74条规定:对股东会的某些特定事项决议投反对票的股东可请求公司按照合理价格收购其股权。自决议通过之日起60日内股东与公司不能达成股权收购协议的,股东可以自决议通过之日起90日内向人民法院起诉。

② 魏磊杰:《论美国公司法中的异议股东股份评估权制度》,《研究生法学》2006年第3期。

时应该如何获得救济，立法对此未作出明确规定。如果放任之，将导致立法关于董事任职资格的相关规定流于形式。

第四节 我国公司治理之非讼程序的完善

一 立法体例的选择

目前，非讼程序的立法模式主要有两种。一种是民事诉讼法中设计非讼程序，如法国和我国澳门地区就是采用此种立法模式。另一种是单独设置专门的非讼程序法，如德、日等国和我国台湾地区。

从我国公司非讼程序立法模式的选择来看，借鉴大陆法系国家和地区的单独设立法模式更可取。我国的民事非讼程序法在立法体例上也应当参考德、日非讼程序法的立法体例，在总则中对非讼程序的基本问题作出总领性规定；在分则部分根据民商事非讼案件程序的特点分别作出相应的具体规定，并且在商事非讼案件程序部分对公司非讼程序作出相应的具体规定，使我国非讼程序的制度设计更具针对性、科学性。

二 程序构建的具体建议

（一）当事人及其诉讼权利的行使

在公司非讼案件中，由于没有权利义务纷争双方当事人，故可以根据案件的实际状况，将在公司非讼案件庭审称谓中的相关权利关系主体列为申请人、被申请人以及利害关系人。一般情况下，公司作为参与案件的主体，以被申请人的身份参与非讼程序。

在职权干预主义的原则背景下，诉讼权利的行使受到了一定的限制。职权干预主义是指当私权纠纷涉及国家利益或者社会公共利益时，为使国家利益或者社会公共利益免受损害，法院主动启动诉讼程序并对该程序中的相关权利加以合适的干预。这种理论是基于对国家利益和社会公共利益的保护考虑，它的基本的特征在于对当事人私权利的任意行使在一定范围内加以限制。当事人处分主义原则是诉讼程序中的一个基本原则，但在此程序之中，不仅涉及特定相关当事人的权利，还会触及当事人以外其他主体的利益或者社会公共利益，所涉及的性质及利益早已超出私权自治的范畴。因此公权力机关须对其主动出面进行干预，进而在一定程度和范围内限制当事人的部分诉讼权利被恣意行使，以保障和维护他人的合法权益及社会公共利益。

(二) 审理方式及审判形式

审理方式方面，采用书面审理。因为绝大多数非讼案件，有可能在非讼程序的开始到结束都只出现一方当事人，而且案件成立本身也不需要对方当事人一定存在。因此，法官在审理非讼案件时，多数只能凭借书面材料对案件事实进行认定，进行审判。双方当事人对案件的任何陈述和意见都可能不被重视。书面审理反映了公司非讼程序追求案件审理的高效和便捷。值得注意的是，在非讼案件审理中，言词审理不能被完全否决和排除。当事人通过口头方式提出相应申请是被允许的。法官在单凭书面材料难以作出合理判断的、复杂的事实认定问题上，也应听取当事人的陈述。

审判形式方面，采取不公开原则。公司非讼程序应当采取不公开审判的形式并不意味着绝对的不公开，在特别情况下，法官可以自由裁量是否需要采取公开审判。

(三) 程序的主导采用职权进行主义

职权进行主义要求法院依职权主导审判程序的进行，程序一经启动即不允许当事人随意介入司法程序的运行过程。与当事人进行主义不同，职权进行主义中，法官并非消积、被动地应对，而是积极、主动地主导程序的开展。因为大部分情况下，许多非讼案件往往还涉及他益或公益，所以法院应当适时采取合理措施干预程序运行，积极主动地推进审判程序的顺利进行。

(四) 案件事实及证据规则

就案件的主要事实认定及证据的收集、提出层面而言，应当遵循职权探知主义。采取这一原则的理由，不仅是因为公司非讼事件所涉及的法律关系大多牵涉社会公共利益，而且其判决的效力还经常会涉及第三人的相关利益。所以在公司非讼程序中，法院出于发现案件事实真伪、保护不特定人的合法权益和社会公共利益考虑，必须主动对案件的事实进行了解考察、深入研究。在非讼程序审理公司利益纠纷案件的过程中，采用职权探知主义是十分必要而有意义的。

在证据规则方面，采用自由证明的方式予以规制。自由证明，即法官在审理公司非讼案件的同时，不必考虑证据的有关来源、内容制作路径及其基本形式。在价值追求层面上，非讼程序以追求效率为基本的价值导向，对申请人提出的证据不必以严格模式进行审判与断定。在出现新的证据时，法官可以依职权进行整理和完善，决定最终采纳或者不采纳，从而在尽可能短的时间内结束案件的审理。因此，在公司非讼程序中采取自由证明方式具有一定的科学性。

（五）在案件审理者和裁判者的关系上允许采用间接审理主义

间接审理主义，是指法官不直接参与庭审，便可对其他法官的判决或裁定作出结论的审理模式，这种模式通常被认为不具有可靠性。但在非讼案件的审理过程中，往往只存在一方申请人，而且在庭审辩论和法庭调查中并非双方当事人都参与其中，因而可以适当采用间接审理主义以节约成本减少诉累。此外采取间接审理主义，合乎法理，基于公司非讼程序追求的效率价值以及间接审理主义的诸多优势，只要不是必须采取直接审理主义的情况下都可以适当采取间接审理主义对相关的案件进行审理。

（六）原则上采用一审终审制的审级制度

一审终审制，是指案件一经某级法院审判即告终结的一种审级制度。非讼程序一般只有一方当事人，不存在法院审结案件之后另一方当事人提异议的情况。公司非讼案件中，法官并未对相关的实体权利义务作出有效裁决，而是可以根据新的事实及案情的发展变化对原有裁定作相应的改变或撤销。一方面一审终审制度可以有效节约司法资源，另一方面它还能够便捷和加速案件的审理过程。纵观世界各国有关民事非讼程序的立法，大都采取一审终审制度。当然也有例外，例如，日本的《非讼案件程序法》就将非讼案件划分成通常抗告、及时抗告和对不符裁判的申请限制这三种情况，其中前两者可通过抗告进而向法院提起申诉。

（七）关于费用标准

通常情况下公司非讼案件都不会涉及财产标的额，且由于案件审理程序相对简单快捷，几乎不会对司法资源造成浪费，所以公司非讼案件的费用收取标准可以参考简易程序的相关收取标准，适合在一个相对合理的区间范围内收取相应的诉讼费用。同时，鉴于非讼程序所具备的国家干预性，在司法实务中，对许多公益性较强的公司非讼案件完全可以减收或免收相应诉讼费用。

三 公司治理领域非讼程序的特殊规则设计

（一）股东会的司法召集

股东行使其权利最为重要的场合便是股东大会，股东大会在维护股东权利方面意义非凡，它是发挥公司任免、决策策略的核心机制。[①] 但出于效率

---

① ［美］莱纳·克拉克曼等：《公司法剖析：比较与功能的视角》，刘俊海等译，北京大学出版社2007年版，第27页。

和防止股东机会主义的考量,各国立法通常将股东大会召集权赋予公司的执行机构（一般为董事会）。若董事会为了自身或者大股东的利益而拒绝召集时,因股东大会不能正常如期召开,那么股东权利的行使也只能化为空谈。"在股东干预公司的唯一办法是召开会议,且多数股东有理由相信董事在其权限内处理公司事务时所采行动非为公司权益时,拒绝股东召开会议将使人难以承受。"[①] 为此,各国的立法均赋予了公司股东在一定条件下可以召集股东大会的权利。这里的"一定条件",除股东消极任职资格情形和设置前置程序外,还包括司法介入在内。

我国的《公司法》第40条及第101条分别是对有限责任公司和股份有限公司股东（大）会召集权的相关规定。对比上述两条文我们不难发现,我国《公司法》在程序方面对有限责任公司和股份有限公司的股东会召集权的规定,并没有实质性差异,仅仅是在自行召集股东大会的股东资格方面作了区分。有限责任公司要求的是"代表公司十分之一以上表决权";而股份有限公司则是要求"连续九十日以上单独或合计持有公司股份百分之十以上"。

上述法条存在明显弊端:一旦股东符合了主体资格要件,便可向董事会提议召开股东大会,而无须将相关目的和理由进行解释和说明;不论提议合理与否,只要遭到董事会或者监事会的拒绝,股东即可自行召集和主持股东大会。这将不利于召集权的正当行使,况且在这种情况下召开的股东（大）会上所形成的决议的效力通常争议颇多,进而容易引发决议撤销之诉,使公司及其股东在漫长而冗杂的诉讼程序中备受煎熬。

鉴于此,我国在《公司法》司法实践中应当允许外部司法力量介入股东大会召集程序（例如法院的介入）。一方面司法的介入能够有效防止公司股东滥用股东大会召集权,破坏公司的正常经营活动,侵害公司及其他相关股东的合法权益。另一方面司法介入能够有效降低因股东自行召集股东大会所形成决议的不确定性,有效减少股东大会决议撤销之诉案件的发生。此外,司法介入还能有效防止公司董事会或部分大股东通过召集股东大会相互恶意串通。我国《公司法》在将来进行修订和完善的过程中,应当借鉴传统大陆法系国家的做法,规定符合一定条件的公司股东在履行相应的前置程序后,股东大会的召集义务人于一定期限内未予召集和主持的,应当允许法

---

① 何美欢:《公众公司及其股权证券》（上册）,北京大学出版社1999年版,第605页。

院适用公司非讼程序介入公司治理,允许股东在征得法院的同意后可召集公司股东大会。

(二) 董事的司法任免

现代公司一般将董事会作为其执行机关。董事会按照《公司法》和公司章程规定,是由符合一定条件的董事组成;董事会有严格的人数限制,且对会议的议事规则和表决程序的要求也十分严格。如果因董事缺位而影响公司董事会的正常运行,且不能马上通过召开股东大会进行补选的情况下,将如何处理?如果董事不具备法定任职资格或违反忠实勤勉义务时,且股东大会又未及时解任董事,又将如何处理?

现代各国的《公司法》实务中,尽管存在着股东大会中心主义与董事会中心主义的区别,但是由于公司风险的最终承受者仍是股东,为了使股东对公司的终极控制权得到有效保障,一般将选任和解任董事的权利赋予公司股东大会。但股东大会并非公司常设机构,其召开必须符合一定的条件和程序,而这一权利的行使在实践中往往可能遭受多种困难和阻挠。因此,许多国家在本国的立法上规定了特定情况下的司法任免权(包括司法选任与司法解任权)。它是指在公司治理机关出现阻塞时,由公司外部的相关司法机关来充当选任的主体,进而使公司恢复正常经营活动。①

1. 董事的司法选任

我国《公司法》对董事缺位这一问题也作了相关规定。根据《公司法》第 100 条的规定,股份有限公司的董事人数不足本法规定人数或者公司章程所规定人数的 2/3 时,应于两个月内召开临时股东大会。《公司法》第 45 条第 2 款规定,董事任期届满未予及时改选或任期内辞职致使董事会成员不足法定最低人数的,仍应在选任出新董事之前继续履行其职务。由第 108 条第 3 款可知,股份有限公司也能适用上述规定。另外,《公司法》第 52 条对于监事的缺位问题也作了类似于董事的相关规定。其实这样的一系列规定不具有周延性,董事缺位的原因各异,除《公司法》规定的原因外,还包括其他许多原因(如辞职、死亡等)。若遇法条未列的情形,公司原董事无法继续履行职务,在改选出的新董事就任前,极有可能会对公司的正常经营活动造成影响。若将董事缺位问题全部交由股东(大)会补选决定,董事会可能怠于或者不召开股东大会,故意拖延时间。因此,若不设置其他途径

---

① 蒋学跃:《司法介入公司治理法律问题研究》,人民法院出版社 2010 年版,第 127 页。

进行救济，相关利害关系人的权利最终势必遭受巨大损害。

建议我国《公司法》应当增设法院选任董事这一规定。理由如下。一方面，《公司法》现行规定不周延，在特殊情况下权利无救济的漏洞仍然存在。我国应当借鉴其他国家和地区的立法例，规定在一定条件下可由法院任命临时代履行职务者，并以此作为兜底条款。另一方面，公司董事的司法选任仅作为一种临时性救济措施适用，法院选任的临时代履行职务者在公司股东大会正常召开并补选出新董事时即告消亡。因此司法介入公司治理的程度并不够深入。另外，董事司法选任制度适用的是非讼程序，其价值追求集中表现在避免了召开股东大会的繁缛程序和步骤，体现出便捷性、高效性的特点，能快速恢复公司的正常经营活动，契合商事主体追求高经济效益、高效率的价值取向。

2. 董事的司法解任

董事的司法解任权是股东大会的又一法定职权。但由于特殊情况的存在，许多国家的《公司法》中规定了董事的司法解任制度。汉密尔顿提出，当发现公司董事有违法情行，公司股东（大）会尚难以作出解除该董事职务的决议时，法院可以解除该董事的职务，因为公司董事作为股东通常持有多数表决权股并以此抗衡股东会作出解任自己的决议。当董事存在应当辞职的情形而拒不辞职，并且召开股东（大）会作出解任决议的成本十分巨大时，法院有权解除董事的职务。[①] 解任董事的原因不仅包括董事的不正当行为或者违反法律、公司章程规定的事实（如违反对公司的忠实勤勉义务，此为主要原因），还包括公司董事消极资格的违反。

不管是基于董事违反对公司的忠实义务或勤勉义务，还是基于董事违反任职的消极资格，我国《公司法》中均无任何关于司法解任董事的明确规定。而大陆法系国家的立法例大都规定了公司股东提请法院解任董事的权利，亦即公司董事的司法解任之诉。

我国《公司法》对此情形未予回应，仅在法条第149条规定，公司的董事、监事、高级管理人员在执行职务过程中违反法律、行政法规或者公司章程规定、侵害公司和股东权益的，应依法赔偿。这只能算是一种事后追偿制度，无法对遭受侵害的股东权益进行及时有效的保护和救济，并且多数情况下都只是流于形式。因此，我国《公司法》立法时应借鉴上述国家和地

---

① 参见［美］罗伯特·W. 汉密尔顿《公司法》（第4版），法律出版社2000年版，第168页。

区的立法例,增设公司董事的司法解任制度。由于要对董事存在的"不正当行为"或"违反法律、公司章程的重大事实"进行认定比较困难,双方当事人往往存在重大争议和矛盾。而且许多中小股东容易利用这项权利对公司进行敲诈勒索,进而扰乱了公司的正常经营秩序,因而法院在介入公司董事的解任程序时应当十分慎重。

因此,建议我国《公司法》及其司法解释应当对董事在任职期间违反消极任职资格而公司和股东大会均拒绝解任该董事的情形作出回应。应当允许法院通过公司非讼机制予以介入。首先,我国《公司法》详细列明了董事的消极任职资格,董事对于该资格违反与否,纯属事实问题,对此比较容易作出分辨,当事人之间并不存在相关实体权利争议。其次,消极任职资格属于《公司法》的强制规定,如果放任违背消极任职资格的董事胡作非为,势必严重影响公司的正常经营秩序,损害公司和股东的合法利益。因而,法院解任违反消极任职资格的董事凸显出浓厚的公益性色彩。最后,由于这种情形对公司的影响十分重大,法院应当及时、便捷、高效地解决,相较于诉讼程序,非讼程序显然更为适合。

(三) 股东查阅权的司法保护

股东查阅权是指法律赋予公司股东在一定条件下,对公司的财务会计报告、会计账簿等有关资料进行查阅的权利。① 为充分行使查阅权,股东一般享有包含以摄影、录像或其他方式进行复制或调查的相关权利。② 股东查阅权是股东知情权的一种,它是股东的一项非常重要的基本权利。公司法中赋予股东的众多权利,是建立在公司股东正确了解和掌握公司的业务情况和财产经营状况的条件之下的,即股东应知悉本公司的详细经营状况。这里所谓的知情既包括股东被动地接受公司所披露的相关信息,也包括股东主动收集和查阅公司的相关信息。前者从监管者视角来说的,后者则主要体现为公司股东享有的查阅权。

对于我国公司股东查阅权相关司法救济的完善,首先,应当借鉴日、韩等国的立法例,赋予股份公司的股东在一定条件享有对公司账簿的查阅权。因为发起设立或定向募集设立的股份公司在公众性上与有限公司并没有多大区别,其股东与有限公司股东在获取公司信息的途径上也没有多大差异,那么在法理上前者也应当同后者一样被赋予公司会计账簿查阅权。其次,需要

---

① 于莹:《股东查阅权法律问题研究》,《吉林大学社会科学学报》2008 年第 2 期。
② 施天涛:《公司法论》,法律出版社 2006 年版,第 246 页。

进一步明确股东查阅权行使受挫时公司非讼程序的司法救济途径。如前文所述，"股东提请人民法院要求公司提供查阅"属于适用公司非讼程序的规定。但由于程序法上存在缺失，对该条规定的非讼性质仍然存在不少争议。因此，除了在程序法方面加以完善外，在实体法方面也要进一步明确其性质。在目前的法律体系之下，可以在《公司法》相关司法解释中明确规定股东查阅权纠纷案件适用公司非讼程序。

四 公司非讼程序纠错机制的构建

（一）原审法院自行纠正的救济机制

通过非讼程序的法理分析可知，法院适用非讼程序的公司案件，一审裁判一经作出即发生法律效力。这意味着当事人不得反悔，也不得另行提起诉讼或者上诉。一方面，由于《公司法》非讼程序的审理周期一般相对较短，这就要求法官必须迅捷、灵活地作出裁判。另一方面，相较于诉讼程序，对于当事人的程序性权利保障略显薄弱，法官拥有较大的自由裁量权，不排除出现错误裁判的情形，且公司非讼案件通常关乎公司的重大经营事项，法院适用非讼程序作出的裁判对公司各利益相关主体的影响十分重大，若法院作出错误裁判，将如何进行救济？因此，对公司非讼程序应该设置一系列行之有效的救济机制。

依非讼程序的法理，法院所作的裁判对于法院的羁束力将下降或者被排除，非讼程序重在强调裁判结果应合目的性、适当性。法院一旦发现非讼案件的裁判结果有误，得依当事人申请或主动依职权予以修正或撤销。法院采用非讼程序对公司非讼案件作出裁判后，该裁判当即生效。若发现该裁判确有错误的，可以主动依职权变更或撤销原裁判，也可依相关利害关系人的申请变更或撤销原裁判，作出新的正确裁判。这种救济机制并非一般诉讼程序中的审判监督程序，而是适应非讼程序法理的一种特殊救济机制。日本在《非讼事件程序法》第19条第1款规定："法院裁判后，认为其裁判不当时，得撤销或者变更之。"我国《民事诉讼法》第170条、第172条、第176条也对此有类似规定。

另外，从非讼程序的法理视角来看，由原审法院对错误裁判自行纠正，不失为一种有效的救济机制。但问题在于，这种救济机制只是一种自行纠错机制，从监督的方式来看，这实际上是一种自我监督行为，其缺陷不提自明。对于原审法院启动监督程序与否，何时启动监督程序等一系列问题均无外界力量对其加以有效约束。因此，这种自行监督机制的可行性和有效性值得怀疑,难以确保公司非讼程序的正当性、公平性和公正性。鉴于此,在日本、我国台湾地区的诸多公司非讼案件中,均引入了抗告制度,以此确保公司非讼程序的正当、公平和公正。

(二) 公司非讼程序复议制度的构建

我国的《民事诉讼法》没有规定抗告制度,但设计出了类似于抗告制度的复议制度。因此,在我国民事诉讼法的大框架下,为确保公司非讼程序的正当性,实现公正与效率的相互协调平衡,引入非讼程序复议制度具有十分重要的意义。引入复议制度,大体需要考虑以下几个方面的问题。

第一,申请复议的主体。申请人和被申请人一般为公司非讼案件的当事人,主要是股东和公司。尽管公司非讼案件可能涉及的利害关系方十分广泛,但一般情形下,申请复议的主体应限定为案件的当事人,即复议的申请人和被申请人。在特殊情形之下,可以允许利害关系人提出复议,例如股东会司法召集案件,因召集股东会事关重大,可以赋予其他股东申请复议的权利,从而更好地维护股东自身的合法权益。

第二,法院管辖问题。当事人向哪个法院提出复议申请?又由哪一级法院进行审查?申请复议案件的管辖问题,既要重视充分保障当事人的权利,又要考虑相应的效率问题。因此,规定向上一级法院申请复议较为适宜,一般情况下原审法院应当直接移交上级法院进行审理,但复议申请提出后,原审法院认为复议申请有理的,也可直接改变或者撤销原裁判,此处便可与法院自行纠错机制相衔接适用。

第三,申请复议的形式。为有效避免当事人肆意滥用复议权,对有限的司法资源造成浪费,应当要求复议申请得以书面的形式提出。一方面可以有效敦促当事人三思而后行,节约相关司法资源;另一方面也有便于法院对提出异议的主体是否合格、复议事由是否具有事实和法律依据等事项进行直观的审查。

第四,复议的审查处理。只要当事人提出了复议申请,上一级法院就必须依法对其进行审查;而且还应当对审查的期限作出明确而具体的要求。一般情况下应当于收到复议申请之日起 30 日内审结。对于理由成立的,裁定变更或者撤销原审裁判;理由不成立的,裁定驳回申请。

第五,申请复议对原审裁判的效力。从我国《民事诉讼法》关于复议的相关规定来看,复议期间不停止执行。从日本和我国台湾地区的公司非讼案件司法实务中适用的抗告制度来看,一般也遵循上述规定,但也存在例外情形。一是原审法院(或抗告法院)对抗告事件作出裁定前,认为应当暂停原裁定的执行时，主动依职权决定其停止执行。二是相关法规（一般指非讼案件程序法或《公司法》）对某些非讼案件作出了特别规定。根据我国台湾地区民事诉讼和非讼事件相关的规定，"抗告除特别规定外，无停止执行之效力。原法院得在裁定前，停止原裁定之执行或为其他之必要处分"。考虑到公司非讼案件的特殊性质，我国公司非讼程序中的复议制度可以借鉴上述规定作出类似的例外情形的规定。

第六，关于复议的适用范围。并不是一切公司非讼案件都能适用复议制度，部分公司非讼案件就没有必要适用非讼程序的复议制度。比如，日本和我国台湾地区的抗告制度，对抗告的适用范围就作出相应的限制。在公司非讼程序中，抗告的提出也受到一定限制，比如对有权提出抗告的主体范围就作出了限制，规定对于有的裁定不得提出抗告。日本《公司法》第874条对不得申请不服的案件进行了列举，主要包括公司债、法院命令解散、特别清算的某些案件。因此，我国公司非讼程序复议制度应当对申请复议的案件范围作出相应限制，明文规定某些不得申请复议的案件类型，使我国公司非讼程序在公司治理中的运用更加游刃有余。

主要参考文献

一 中文著作

孙光焰等：《公司治理的非正式制度依赖与变迁研究》，中国社会科学出版社2017年版。

孙光焰等：《金融企业与企业集团公司治理法律结构实证研究》，中国社会科学出版社2016年版。

孙光焰：《公司治理的理论分析框架与法律制度配置》，中国社会科学出版社2012年版。

孙光焰：《公司治理模式趋同化研究》，中国社会科学出版社2007年版。

孙光焰编：《公司控制权：专题案例与实训（第一辑）》，法律出版社2015年版。

孙光焰编：《公司控制权：专题案例与实训（第二辑）——中国首富公司控制权之争》，法律出版社2016年版。

陈甦主编：《证券法专题研究》，高等教育出版社2006年版。

王保树主编：《实践中的公司法》，社会科学文献出版社2008年版。

赵旭东主编：《上市公司董事责任与处罚》，中国法制出版社2004年版。

赵旭东主编：《新公司法制度设计》，法律出版社2006年版。

赵万一：《公司治理法律问题研究》，法律出版社2004年版。

赵万一主编：《证券交易中的民事责任制度研究》，法律出版社2008年版。

刘俊海：《股份有限公司股东权的保护》，法律出版社2004年版。

梁上上：《论股东表决权——以公司控制权争夺为中心展开》，法律出版社2005年版。

上海证券交易所资本市场研究所：《中国公司治理报告（2012）：投资

者行为与公司治理》，上海人民出版社 2013 年版。

程啸：《证券市场虚假陈述侵权损害赔偿责任》，人民法院出版社 2004 年版。

曹里加：《证券执法体系比较研究》，北京大学出版社 2008 年版。

蔡元庆：《董事的经营责任研究》，法律出版社 2006 年版。

杨峰：《证券民事责任制度比较研究》，法律出版社 2008 年版。

杨亮：《内幕交易论》，北京大学出版社 2001 年版。

蒋学跃：《司法介入公司治理法律问题研究》，人民法院出版社 2010 年版。

杨勤法：《公司治理的司法介入——以司法介入的限度和程序设计为中心》，北京大学出版社 2008 年版。

李建伟：《公司诉讼专题研究》，中国政法大学出版社 2008 年版。

李建伟：《公司制度、公司治理与公司管理：法律在公司管理中的地位与作用》，人民法院出版社 2005 年版。

谢文哲：《公司法上的纠纷之特殊诉讼机制研究》，法律出版社 2009 年版。

汪青松：《股份公司股东异质化法律问题研究》，光明日报出版社 2011 年版。

萧凯：《跨国证券交易的国际私法问题》，武汉大学出版社 2008 年版。

郭锋编：《全球化时代的金融监管与证券法治——近年来金融与证券法的理论研究与学术争鸣概览》，知识产权出版社 2010 年版。

胡静波：《我国上市公司信息披露制度及其有效性研究》，科学出版社 2012 年版。

黄振中编：《美国证券法上的民事责任与民事诉讼》，法律出版社 2003 年版。

梁飞媛：《中国上市公司自愿性信息披露与监管》，经济管理出版社 2011 年版。

二 中文论文

孙光焰：《股权设立企业基金会实在法上的障碍及其消解制度创设》，《政法论丛》2017 年第 6 期。

孙光焰：《论国有企业法的重要地位——以国有企业混合所有制改革为中心》，《江汉论坛》2017 年第 11 期。

孙光焰：《董事会独立性之惑与董事分类选举制度的构建》，《北京社会科学》2017年第11期。

孙光焰：《论提名股东对提名董事利益输送的补充责任》，《广西民族大学学报》（哲学社会科学版）2017年第5期。

孙光焰：《以股权设立企业基金会：质疑与辩护》，《中南民族大学学报》（人文社会科学版）2017年第5期。

孙光焰：《国企董事薪酬激励控制权的公司治理配置进路》，《中南民族大学学报》（人文社会科学版）2014年第4期。

孙光焰：《董事证券虚假陈述职务侵权责任制度的重构——以公司治理为视角》，《法商研究》2010年第4期。

孙光焰：《公司治理模式演进趋势之争的方法论检视》，《法商研究》2008年第3期。

孙光焰：《股权分置改革对价的改革观》，《华东政法学院学报》2007年第1期。另见人大复印报刊资料《经济法学、劳动法学》2007年第4期。

孙光焰：《我国应如何引入独立董事制度》，《法学》2001年第7期。另见人大复印报刊资料《经济法学、劳动法学》2002年第1期。

孙光焰：《也论公司、股东与董事之法律关系》，《法学评论》1999年第6期。另见人大复印报刊资料《民商法学》2000年第4期。

孙光焰：《经济全球化背景下公司治理模式的趋同趋势》，《河南师范大学学报》（哲学社会科学版）2009年第1期。

孙光焰：《公司治理演进趋势主要争论点述评》，《湖北大学学报》（哲学社会科学版）2009年第1期。

孙光焰：《中日股东代表诉讼激励与约束制度安排立法比较》，《中南民族大学学报》（人文社会科学版）2009年第4期。

孙光焰：《公司治理模式形成原因比较研究》，《中南民族大学学报》（人文社会科学版）2008年第3期。

肖珉、沈艺峰：《跨地上市公司具有较低的权益资本成本吗？——基于"法与金融"的视角》，《金融研究》2008年第10期。

何丹、张力上、陈卫：《交叉上市、投资者保护与企业价值》，《财经科学》2010年第3期。

计方、刘星：《交叉上市、绑定假说与大股东利益侵占——基于关联交易视角的实证研究》，《当代经济科学》2011年第4期。

吕秀华、张峥、周铭山：《交叉上市降低了控股股东与中小股东的代理冲突吗》，《财经科学》2013 年第 8 期。

徐健、李维安：《交叉上市约束效应研究述评与未来展望——基于法律约束和声誉约束视角》，《外国经济与管理》2014 年第 4 期。

张平：《高层管理团队的异质性与企业绩效的实证研究》，《管理学报》2007 年第 4 期。

潘越、戴亦一：《双重上市与融资约束——来自中国"A+H"双重上市公司的经验证据》，《中国工业经济》2008 年第 5 期。

宋增基、陈全、张宗益：《上市银行董事会治理与银行绩效》，《金融论坛》2007 年第 5 期。

白重恩、刘俏、陆洲、宋敏、张俊喜：《中国上市公司治理结构的实证研究》，《经济研究》2005 年第 2 期。

孙永祥：《所有权、融资结构与公司治理机制》，《经济研究》2001 年第 1 期。

李光贵：《境外上市对资本成本形成和作用的影响》，《经济经纬》2009 年第 5 期。

邱永红：《中国企业赴美国上市的法律风险和对策》，《法学论坛》2012 年第 2 期。

余波：《境外中概股危机：背景、成因与影响》，《证券市场导报》2013 年第 1 期。

詹浩勇、陈成：《我国赴美上市企业遭遇的诉讼困境及对策研究》，《新金融》2011 年第 7 期。

胡淑丽：《论中国新三板市场的功能、主体定位及制度创新》，《经济研究导刊》2010 年第 13 期。

周茂清、尹中立：《"新三板"市场的形成、功能及其发展趋势》，《当代经济管理》2011 年第 2 期。

蒋学跃：《中小板民营上市公司治理调研分析报告》，《证券市场导报》2010 年第 3 期。

储小平：《家族企业研究：一个具有现代意义的话题》，《中国社会科学》2000 年第 5 期。

佴澎、安柯颖：《证券内幕交易法律规制研究》，《云南大学学报》（法学版）2009 年第 5 期。

胡滨、全先银：《论我国上市公司虚假陈述的董事责任》，《经济经纬》2009 年第 3 期。

栾驭、石军：《中国上市公司独立董事制度与公司价值关系的实证研究》，《山东大学学报》（哲学社会科学版）2009年第2期。

杨明宇：《证券发行中不实陈述的民事责任研究》，《证券法律评论》2001年第1期。

刘俊海：《论股东累积投票权》，《环球法律评论》2003年第126期。

伍坚：《论我国累积投票制的立法模式选择》，《兰州学刊》2010年第1期。

官欣荣：《我国司法介入公司治理的迷惑及对策——华尔街金融危机背景下的新思考》，《政法论坛》2009年第4期。

赵蕾：《司法介入公司自治的第二条道路——公司特别诉讼的基本程序》，《法学论坛》2011年第1期。

李建伟：《公司非讼程序之适用研究——公司纠纷解决的民事行政路径分析》，《中国法学》2010年第5期。

刘凯湘：《股东代表诉讼的司法适用与立法完善——以〈公司法〉第152条的解释为中心》，《中国法学》2008年第4期。

甘培忠：《论股东派生诉讼在中国的有效适用》，《北京大学学报》（哲学社会科学版）2002年第5期。

钱玉林：《论股东代表诉讼中公司的地位》，《清华法学》2011年第2期。

三　中文译著

［西班牙］戈西马丁·阿尔弗雷泽：《跨境上市：国际资本市场的法律问题》，刘轶、卢青译，法律出版社2010年版。

［美］托马斯·李·哈森：《证券法》，张学安等译，中国政法大学出版社2003年版。

［美］莱瑞·D.索德奎斯特：《美国证券法解读》，胡轩之、张云辉译，法律出版社2004年版。

［澳］保罗·阿里、［美］格雷格·格雷戈里乌编：《萨班斯-奥克斯利法案后的公司治理》，王燕祥、陈铃译，中国时代经济出版社2010年版。

［美］杰伊·塞库洛：《美国大法官的法理及信仰》，牛玥等译，中央编译出版社2011年版。

［美］萨利·安格尔·梅丽：《诉讼的话语——生活在美国社会底层人的法律意识》，郭星华、王晓蓓、王平译，北京大学出版社2007年版。

[美] 史蒂文·苏本、玛格瑞特（绮剑）·伍：《美国民事诉讼的真谛：从历史、文化、实务的视角》，蔡彦敏、徐卉译，法律出版社 2002 年版。

[美] 理查德·M. 斯坦恩伯格、凯瑟琳·L. 布罗密罗：《公司治理和董事会》，倪卫红、刘瑛译，石油工业出版社 2002 年版。

[美] 苏珊·F. 舒尔茨：《董事会白皮书：使董事会成为公司成功的战略性力量》，李犁等译，中国人民大学出版社 2003 年版。

四 外文文献

J. Rober Brown, Jr., "Corporate Secrecy, the Federal Securities Laws, and the Disclosure of Ongoing Negotiations," *Catholic University Law Review*, Vol. 36, Iss. 1, Fall 1986.

Julie A. Heisel, "Panzirer v. Wolf: An Extension of the Fraud-on-the-Market Theory of Liability under SEC Rule 10b-5," *Catholic University Law Review*, Vol. 32, lss. 3, Spring 1983.

Matthew M. Benov, "The Equivalence Test and Sarbanes-Oxley: Accommodating Foreign Private Issuers and Maintaining the Vitality of U. S. Markets," *Transnat'l Law*, Vol. 16, 2003.

William A. Reese, Jr. and Weisbach, "Protection of Minority Shareholder Interests, Cross-listings in the United States, and Subsequent Equity offerings," *Journal of Financial Economics*, Vol. 66, Iss. 1, October 2002.

Craig Doidge, "U. S. Cross-listings and the Private Benefits of Control: Evidence from Dual-class Firms," *Journal of Financial Economics*, Vol. 72, Iss. 3, June 2004.

M. R. King and D. Segal, "Are There Longer Horizon Benefits to Cross-Listing?: Untangling the Effects of Investor Recognition, Trading and Ownership," *Working Paper*, 2005.

A. N. Licht, "Cross-Listing and Corporate Governance: Bonding or Avoiding?" *Chicago Journal of International Law*, Vol. 4, Spring 2003.

Martin Lipton and Jay W. Lorsch, "A Modest Proposal for Improved Corporate Governance," *The Business Lawyer*, Vol. 48, No. 1, November 1992.

A. Charitou, C. Louca and S. Panayides, "Cross-listing, Bonding Hypothesis and Corporate Governance," *Journal of Business Finance & Accounting*, Vol. 34, Iss. 7-8, September/October 2007.

R. M. Stulz, "Globalization, Corporate Finance, and the Cost of Capital," *Journal of Applied Corporate Finance*, Vol. 12, No. 3, Fall 1999.

A. Dyck, L. Zingales, "Private Benefits of Control: An International Comparison," *The Journal of Finance*, Vol. 59, No. 2, April 2004.

Jianfei Leng, Yiran Ding, "Internal Control Disclosure and Corporate Governance: Empirical Research from Chinese Listed Companies," *Technology and Investment*, Vol. 2, No. 4, January 2011.

Andrei Shleifer and Robert W. Vishny, "A Survey of Corporate Governance," *The Journal of Finance*, Vol. 52, Iss. 2, June 1997.

Donald C. Clarke and Nicholas C. Howson, "Pathway to Minority Shareholder Protection: Derivative Actions in the People's Republic of China," *Working Paper*, August 31, 2011, http://ssrn.com/abstract=1968732.

Ann M. Scarlett, "Investors Beware: Assessing Shareholder Derivative Litigation in India and China," *University of Pennsylvania Journal of International Law*, Vol. 33, No. 1, 2011.

Dan W. Puchniak, Harald Baum, and Michael Ewing-Chow, *The Derivative Action in Asia: A Comparative and Functional Approach*, Cambridge University Press, 2012.

后　　记

本书是我主持的中国法学会部级法学研究课题"交叉上市、多层资本市场法律约束与公司治理改进机制研究"［批准号：CLS（2017）D99］的最终成果。自2007年9月我开始指导经济法学专业的研究生以来，国家研究生培养发生了一些重大改革。2010年9月全国开始招录法学本科教育背景的法律硕士研究生即法律硕士（法学）专业学位研究生，此后专业学位研究生便成为国家研究生教育的重点。学校也将大部分研究生招生指标用来招录专业学位的研究生，就法学院来讲，专业学位研究生和学术型研究生的比例几乎达到了3∶1。

如何培养研究生的思维能力和动手能力一直是我在指导研究生学位论文写作中首要思考的问题。我从开始指导研究生的第一天起，就一直坚持以为，学位论文的写作主要是要教会学生一些思维和写作的方法和技巧，以及获取知识的手段和渠道，而不是知识本身。基于此种理念，我始终要求我的研究生通过实证的方法去认识事物本身并努力去发现其内在规律性，从而尽可能地去做到理论与实践的有机结合。在这一思想的指导下，我每年都围绕某个主题给学生指定一些选题，并教会他们一些收集资料的方法以及一些写作上的技巧。并且每当他们在写作过程中遇到一些瓶颈问题时，我都将他们组织起来开展讨论，共同探讨解决之道，启发他们去通过寻找参照物的思路来进行比较研究和模拟研究以开阔视野，同时也可以让同学们借此机会相互共享一些收集资料的途径和方法，交流一些写作的心得和技巧。

特别是在当有些主题还很少有人涉猎，学生认为没有多少资料可资参考，又不知从何处着手开展研究而茫然不知所措时，就需要对他们循循善诱：使其在别人已经进行过的研究中寻找最相类似和最为接近的主题；去领会别人的研究思路，揣摩别人的研究视角，继而进行对比并探索可以模拟借鉴的研究思路和研究视角，进行模仿研究，从而做到举一反三、触类旁通。

本书就是围绕公司上市与公司治理这个主题展开研究的一个成果结晶。

参与这个主题进行学位论文写作的学生有经济法学 08 级的研究生匡仁国、王磊，10 级的梁桂莲，11 级的邱富萍，12 级的杨彦；法律硕士（法学）11 级的黎黎，13 级的艾巧、刘疏影、卢俊义，14 级的周沛佩；法律硕士（非法学）12 级的曲志杰等 11 位同学。其中学术型的研究生各撰写了 2.5 万字、专业型的研究生各撰写了 1.5 万字。在论文写作的过程中，从文章结构的构思到具体标题的拟定，核心观点的提出，我都字斟句酌，全程对他们进行深度的指导并提出修改意见，其中的创新性观点都倾注了我的思想。在将之整编出版之际，我又根据法律法规的新变化和理论发展的新动态新趋势进行了相应的补充和完善。本书的出版既是对参与这个主题写作的学生的一个肯定和鼓励，对我指导的正在进行论文写作的学生来说也是一个鞭策和参照，还是我 11 年来指导研究生学习与科研的又一个中继站。感谢我的全体研究生一直以来对我甚至是有些过分的严格要求的理解、包容与认同！对他们平时对我的无私帮助表示衷心的感谢！对他们在学位论文写作过程中付出的辛勤劳动致以崇高的敬意！

感谢中南民族大学党委边境书记和李金林校长给我们营造的自然宽和的学术环境，感谢白江源副书记、段超副校长、赵晓珊副校长、杨胜才副校长、李俊杰副校长、杜冬云副校长、乔俊杰总会计师等校领导的关心与支持！

感谢中南民族大学学报编辑部何海涛主任、彭建军编审长期以来给我的大力支持！

感谢法学院班子成员对我分管的科研工作的大力支持。感谢经济法教研室和法学院全体同人在教学和科研上传授给我的宝贵的经验和帮助！

终生难忘的是我的恩师漆多俊教授对我的关心和爱护。恩师的励志故事一直激励着我辈砥砺奋进。祝我最亲爱的导师福如东海寿比南山！

特别需要说明的是，本书的研究跨度自 2010 年至 2017 年长达 8 年之久。这期间我国《公司法》经历了 2013 年的重大修改，其相关条文序号在作了相应调整后重新予以公布，并且《公司法解释（三）》和《公司法解释（四）》也于 2010 年 12 月和 2017 年 8 月先后出台，其他部门规章及交易所规则也都有一些修改变化。但为了保存研究时的法条原貌和实证分析时的一致性，在这次出版之际并未全面更新修订后的法律法规和规章规则条文的序号，只在特别作了变更的地方予以了相应说明，敬请读者注意鉴别。

作为学术研究成果，本书没有对书中涉及的真实人物和事件进行任何技术性处理，希望能得到各方的谅解。由于时间仓促和获取资料的渠道有限，有些细节难免存在差错，还请读者不吝指出。

希望本书的出版能对推动我国公司治理的理论研究和实践探索有所助益。

最后还要感谢的是，中国社会科学出版社的任明主任，这已经是他对我第五本著作的出版给予大力的帮助和无私的奉献与支持。

孙光焰

2017 年 12 月 28 日于中南民大寓所